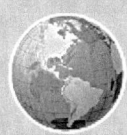

21世纪经济学管理学系列教材

宏观经济管理学

第三版

MANAGEMENT OF MACRO ECONOMY

主 编 江 勇
副主编 袁和平

WUHAN UNIVERSITY PRESS
武汉大学出版社

21世纪经济学管理学系列教材编委会

顾问

谭崇台　郭吴新　李崇淮　许俊千　刘光杰

主任

周茂荣

副主任

谭力文　简新华　黄　宪

委员（按姓氏笔画为序）

王元璋　王永海　甘碧群　张秀生　严清华

何　耀　周茂荣　赵锡斌　郭熙保　徐绪松

黄　宪　简新华　谭力文　熊元斌　廖　洪

颜鹏飞　魏华林

总　　序

一个学科的发展，物质条件保障固不可少，但更重要的是软件设施。软件设施体现在三个方面：一是科学合理的学科专业结构，二是能洞悉学科前沿的优秀的师资队伍，三是作为知识载体和传播媒介的优秀教材。一本好的教材，能反映该学科领域的学术水平和科研成就，能引导学生沿着正确的学术方向步入所向往的科学殿堂。作为一名教师，除了要做好教学工作外，另一个重要的职能就是，总结自己钻研专业的心得和教学中积累的经验，以不断了解学科发展动向，提高自己的科研和教学能力。

正是从上述思路出发，武汉大学出版社准备组织一批教师在两三年内编写出一套《21世纪经济学管理学系列教材》，同时出版一批高质量的学术专著，并已和武汉大学商学院达成共识，签订了第一批出版合作协议，这是一件振奋人心的大事。

我相信，这一计划一定会圆满地实现。第一，合院以前的武汉大学经济学院和管理学院已分别出版了不少优秀教材和专著，其中一些已由教育部通过专家评估确定为全国高校通用教材，并多次获得国家级和省部级奖励，在国内外学术界产生了重大影响，对如何编写教材和专著的工作取得了丰富的经验。第二，近几年来，一批优秀中青年教师已脱颖而出，他们不断提高教学质量，勤奋刻苦地从事科研工作，已在全国重要出版社，包括武汉大学出版社，出版了一大批质量较高的专著。第三，这套教材必将受到读者的欢迎。时下，不少国外教材陆续被翻译出版，在传播新知识方面发挥了一定的作用，但在如何联系中国实际，建立清晰体系，贴近我们习惯的思维逻辑，发扬传统的文风等方面，中国学者有自己的优势。

《21世纪经济学管理学系列教材》将分期分批问世，武汉大学商学院教师将积极地参与这一具有重大意义的学术事业，精益求精地不断提高写作质量。系列丛书的出版，说明武汉大学出版社的同志们具有远大的目光，认识到，系列教材和专著的问世带来的不止是不小的经济效益，更重要的是巨大的社会效益。作为武汉大学出版社的一位多年的合作者，对这种精神，我感到十分钦佩。

第三版说明

《宏观经济管理学》1996年出第一版,2002年出第二版。承蒙读者厚爱,先后多次重印,发行于全国各地。借本书第三版出版之时,再一次对广大读者和各界朋友表示衷心的感谢。

即将出版的第三版,我们根据学生对教材使用的反馈意见和教师教学的需要,以及2002年以后经济理论与实践发生的变化,对全书内容进行了一些修改、增删和完善。第三版力求反映近年来我国经济学界所取得的新的理论成果和经济发展、经济改革的实际情况,同时修改了部分不够严谨的提法,更新了相关数据,使本书能够更加完善一些。

参加本书第三版修订工作的有:王吉平、吴光柄、袁和平、陈芳、江勇、刘通、殷文、涂舒、张思远、郭江龙、孟新宇、陈丽吉。全书由主编江勇教授统稿。

编　者

2010年3月

目 录

第一章 宏观经济管理的意义和任务 ·········· 1
- 第一节 宏观经济管理的必要性 ·········· 1
- 第二节 宏观经济管理的任务 ·········· 11
- 第三节 宏观经济管理的内容 ·········· 15
- 思考题 ·········· 19

第二章 宏观经济管理的目标和组织 ·········· 20
- 第一节 宏观经济管理的目标 ·········· 20
- 第二节 宏观经济管理的职能 ·········· 26
- 第三节 宏观经济管理的组织机构 ·········· 30
- 第四节 宏观经济管理体制 ·········· 32
- 思考题 ·········· 35

第三章 经济发展战略和宏观经济计划 ·········· 37
- 第一节 经济发展战略的内容 ·········· 37
- 第二节 经济发展战略的制定 ·········· 41
- 第三节 宏观经济计划的内容和体系 ·········· 50
- 思考题 ·········· 57

第四章 国民经济总量管理和社会总供求平衡 ·········· 58
- 第一节 国民经济总量管理 ·········· 58
- 第二节 社会总供求及其形成 ·········· 61
- 第三节 社会总供求的平衡 ·········· 65
- 第四节 社会总供求的失衡及其治理 ·········· 71
- 思考题 ·········· 84

第五章 经济增长和经济效益的宏观管理 ·········· 85
- 第一节 经济增长概述 ·········· 85
- 第二节 经济增长速度与经济增长质量 ·········· 86
- 第三节 经济增长因素和模式 ·········· 89

第四节　经济增长的决策和调控 ··· 94
　　第五节　经济效益的宏观管理 ·· 102
　　思考题 ·· 108

第六章　产业结构的宏观管理 ·· 110
　　第一节　产业结构及其宏观管理的意义 ··· 110
　　第二节　产业结构的演进规律 ·· 113
　　第三节　产业结构的优化 ··· 121
　　第四节　产　业　政　策 ··· 125
　　思考题 ·· 132

第七章　投资的宏观管理 ·· 134
　　第一节　投资及其宏观管理的意义 ·· 134
　　第二节　适度投资规模 ··· 140
　　第三节　合理的投资结构 ··· 146
　　第四节　投　资　效　益 ··· 151
　　思考题 ·· 157

第八章　消费的宏观管理 ·· 158
　　第一节　消费管理的必要性 ··· 158
　　第二节　消费规模和消费水平 ·· 161
　　第三节　合理的消费结构 ··· 170
　　第四节　消　费　市　场 ··· 175
　　第五节　消　费　模　式 ··· 179
　　思考题 ·· 181

第九章　对外经济贸易的宏观管理 ··· 183
　　第一节　对外经济贸易活动及其宏观管理的意义 ····························· 183
　　第二节　进出口贸易管理 ··· 186
　　第三节　技术引进管理 ··· 191
　　第四节　利用外资管理 ··· 193
　　第五节　国际收支管理 ··· 197
　　思考题 ·· 204

第十章　收入分配的宏观管理 ·· 206
　　第一节　收入分配宏观管理的意义 ·· 206
　　第二节　收入分配宏观管理的内容 ·· 210
　　第三节　居民收入的管理 ··· 216

第四节　收入分配政策……………………………………………… 225
　　思考题……………………………………………………………… 228

第十一章　宏观计划管理和综合平衡……………………………………… 229
　　第一节　计划管理的地位和作用…………………………………… 229
　　第二节　计划管理的编制和实施…………………………………… 235
　　第三节　宏观计划的综合平衡……………………………………… 240
　　第四节　财政、信贷、外汇、物资的平衡…………………………… 244
　　思考题……………………………………………………………… 249

第十二章　宏观经济调控体系……………………………………………… 250
　　第一节　宏观经济调控体系的作用和特征………………………… 250
　　第二节　宏观调控手段系统………………………………………… 252
　　第三节　宏观经济政策系统………………………………………… 257
　　第四节　宏观经济管理信息系统…………………………………… 262
　　第五节　20世纪90年代以来我国的宏观调控实践……………… 267
　　思考题……………………………………………………………… 279

第十三章　宏观经济运行的监督、监测和分析…………………………… 281
　　第一节　宏观经济监督……………………………………………… 281
　　第二节　宏观经济监测……………………………………………… 285
　　第三节　宏观经济预警……………………………………………… 289
　　第四节　宏观经济管理效果的分析………………………………… 293
　　思考题……………………………………………………………… 297

第一章 宏观经济管理的意义和任务

第一节 宏观经济管理的必要性

一、宏观经济管理是对国民经济总体运行的管理

宏观经济管理是政府对国民经济的总体运行和相应的经济总量变化所进行的管理过程。可以从管理、经济管理的角度来认识宏观经济管理概念。

（一）管理

管理是指人们为实现一定的目标而进行的计划、组织、指挥、协调、监督、控制等活动。管理产生于人类的共同劳动和社会行为，它是人类特有的、控制自身行为和有目的的自觉活动。只要有人类及其社会活动，小到家庭、单位的活动，大到国家、社会的活动，都普遍存在着管理。

管理作为针对人们行为的活动过程，要求明确管理的目标是什么，谁去进行管理，管理什么，怎样管理，这些就是管理构成的要素。管理的基本要素有四个：管理目标、管理主体、管理客体、管理活动。管理目标是管理预先设定并且要求达到的目的；管理主体和管理客体就是管理者和管理对象；管理活动是指管理方法、措施及管理手段的实施运用过程等。

管理的一般功能包括：计划、组织、指挥、协调、监督和控制等。计划功能在于事先确定做什么，如何做，何时做，达到什么标准等，即对将要进行的活动做出安排；组织功能在于建立一定的组织形式，有明确的分工和岗位，赋予相应的权限和责任；指挥功能在于建立统一的政策、法规、制度，下达统一的指令；协调功能在于使各单位、各部门之间做到密切配合，使各个方面、各个层次的关系得到协调；监督功能在于检查、发现和监察偏离、违背管理目标和要求的行为；控制功能在于对出现的新情况和新问题予以适时调整，对于偏离管理目标和要求的行为予以及时纠正。这些功能是管理的最一般的功能，是综合在一起而共同发挥作用的。

管理普遍存在于人们社会生活的各个方面，如行政管理、经济管理、军事管理、科技管理、教育管理、卫生管理、企业管理，等等。管理可以使人们在社会活动中目标明确、组织有序、利益协调、群力集中、效率提高，因而它的重要性是显而易见的，而且已经越来越被人们所认识和重视。

（二）经济管理

经济管理就是对经济活动的管理，它是为了实现一定的经济目标而对经济运行过程进

行的计划、组织、指挥、协调、监督和控制等行为的过程。经济管理包括对社会再生产全过程及生产、交换和消费等各个环节和方面的管理。

一般而言，经济管理是为了实现某种经济目的而进行的管理活动，即它追求的是资源的合理配置、资源的充分利用、一定的劳动投入以取得尽可能大的劳动成果以及效率、节约等经济目的，因而它区别于行政管理、军事管理、教育管理等非经济的管理活动。

经济管理具有二重性，即自然属性和社会属性，这是由生产过程中的二重性即生产力属性与生产关系属性所决定的。马克思指出："资本主义的管理就其内容来说是二重的，因为它所管理的生产过程本身具有二重性：一方面是制造产品的社会劳动过程，另一方面是资本的价值增殖过程。"[①] "制造产品的社会劳动过程"，即生产的自然属性，使资本主义的经济管理具有社会生产力要求的一般性或共同性；而"资本的价值增殖过程"，即生产的社会属性，又使资本主义的经济管理具有资本主义生产关系要求的特殊性。

社会主义经济管理也具有二重性。因为社会主义生产过程既是一个制造产品的一般的社会劳动过程，又是一个在社会主义生产关系下进行的特殊的社会劳动过程，因此，要求社会主义的经济管理既要体现现代社会生产力发展的一般要求，又要体现社会主义生产关系的特殊要求。由于社会主义生产关系建立在以生产资料公有制为主体的基础上，它使得社会主义的生产目的是不断满足人民日益增长的物质文化需要，使得劳动者成为社会和生产的主人，使得他们在生产、分配、交换和消费方面是平等的、互助互利的关系。

认识经济管理的二重性具有十分重要的意义。管理具有自然属性，使我们可以大胆地学习和借鉴包括资本主义在内的一切有利于生产力发展的、先进的管理经验和现代化的管理手段，共享人类共同的文明成果，以提高我们对现代社会生产的管理水平。管理具有社会属性，又使我们的社会主义经济管理在生产关系的性质上区别于资本主义经济管理，我们要坚持经济管理的社会主义方向，维护劳动者作为社会和生产中主人翁的地位以及管理者与被管理者平等互利、相互配合和协作的关系，充分发挥劳动者的积极性与创造性，完善和巩固社会主义经济制度。

(三) 宏观经济管理

经济运行按其主体和层次的不同，可以分为微观经济与宏观经济。微观经济是指单个经济单位（如个别企业和消费者）的经济行为及其相应的经济变量；宏观经济是指一个国家社会范围内的经济关系或整个国民经济活动以及相应的经济变量。与之相适应，经济管理也分为微观经济管理与宏观经济管理。微观经济管理通常是指对工商企业的管理，宏观经济管理是指对整个国民经济的管理。

宏观经济管理是政府及其管理机构代表全体人民的意志和利益，遵循客观经济规律要求，为实现预期的发展目标，运用经济的、法律的、行政的手段和措施，对国民经济的总体运行和相应的经济总量变化进行计划、组织、指挥、协调、监督和控制的管理过程。简而言之，宏观经济管理就是政府对整个国民经济进行的全局性的和综合性的管理。

宏观经济管理的主体是政府。首先，政府具有宏观管理的政治权威，作为宏观经济管理主体的广义的政府，是一个集行政、司法和立法等多种机构为系统的政府，它最能集中

---

① 《马克思恩格斯全集》第23卷，人民出版社1972年版，第368~369页。

和体现各阶层和各方面的利益，并能以制度、法律和行政等手段来支持和维护其管理；其次，只能政府才能承担国家管理经济的职能。随着生产力的发展和日益社会化，特别是分工的不断深化，各种经济联系日趋复杂化，社会再生产的矛盾和社会各方面利益冲突进一步加剧，使得国家产生了干预调节经济的职能，国家的经济职能只能通过政府相应的职能机构来贯彻实施。在现代市场经济条件下，国家的基本经济职能是：①制定、维护产权制度和管理国有资产；②规范市场秩序；③提供公共物品和公共服务；④干预调控社会经济；⑤促进社会公平的分配和再分配。再次，只有政府才有可能从总体上反映国民经济总量运行的客观要求，并具有调控宏观经济运行的能力。因为只有政府才能掌握国家最重要的资源，包括行政资源和经济资源。政府不仅有相应的宏观管理机构，而且掌握着国家财政、国家金融体系，控制着国家雄厚的国有资产和最主要的自然资源，建立了信息网络和数据处理中心等。这些都是政府实行宏观经济管理的重要保证。

宏观经济管理的对象是国民经济总体及其运行过程。与微观经济管理的对象是企业的生产经营活动不同，宏观经济管理涉及的是整个国民经济的可持续发展，经济总量的平衡和经济结构的优化、升级，区域经济的合理布局和协调发展，国土资源的合理开发、有效利用和生态环境的改善等一系列关系全局的重大问题。宏观经济管理就是通过适当的手段和途径来全面提高国民经济的综合素质和运行效率，促进国民经济的快速健康增长和综合国力、国际竞争力的不断增强。

二、宏观经济管理的必要性

宏观经济管理是社会化大生产的客观要求，是现代市场经济的内在机制，是建立和完善我国社会主义市场经济体制的必要前提。

(一) 宏观经济管理是生产社会化的客观要求

生产社会化是指由分散的、孤立的、小规模的个体生产转变为集中的、相互联系的、大规模的社会生产的过程。生产社会化是社会生产力和社会分工日益发展的必然趋势。生产社会化的特点主要表现在：①生产过程由过去分散的、孤立的过程变为由许多人既相互分工又相互协作共同进行的社会化的生产过程；②生产资料由过去只提供个人家庭使用变为许多人共同使用的社会化的生产资料；③产品由单个人的产品变为社会的产品；④各个企业和各个部门之间的分工和专业化不断发展，它们之间的相互依赖和相互制约的协作关系更加密切；⑤随着生产规模的扩大和社会分工的发展，促进了生产的商品化，使过去分散、狭小的地方市场变为全国统一的市场，并进而突破国家和民族的界限，形成和发展成为世界市场。

宏观经济管理的必然性在于生产的社会化所导致的社会分工和协作关系的发展。在社会化大生产条件下，社会分工越专门化、越细密和越广泛，所要求的协作和相互依赖关系就越密切，越不可分割，这就需要对社会经济活动的各个方面、各个部门、各个地区以及社会生产的各个环节进行计划、组织、指挥和协调，因而客观上就要求对国民经济进行统一的管理，要求借助宏观管理系统来调节社会生产的各个方面和各个环节，以保持整个国民经济活动协调一致的运行。特别是随着生产社会化的发展，生产规模的日益扩大，分工和协作关系的不断深化和广泛，国民经济活动就更不能离开宏观经济管理。正如马克思指出的：："一切规模较大的直接社会劳动或共同劳动，都或多或少地需要指挥，以协调个人的活动，并执行生产总体的运动——不同于这一总体的独立器官的运动——所产生的各种一般职能。一个单独的提琴手是自己指挥自己，一个乐队就需要一个乐队指挥。"①

当今，随着科学技术和国际社会分工的发展以及生产社会化程度的提高，世界各国、各地区的经济活动越来越超出一国和地区的范围而更加紧密联系，即具有了经济全球化的趋势。经济全球化包括生产全球化、贸易全球化和资本全球化。经济全球化虽然可以实现资源在世界范围的优化配置，加快技术的进步和产业结构的调整，但同时也导致了国际竞争的加剧和各种矛盾和冲突的突显，从而增大了各国的经济风险。因此，在经济全球化的条件下，更加离不开政府的宏观经济管理。

宏观经济管理作为生产社会化的客观要求，无论在哪一种社会经济制度下都是相同的。但是，在不同社会经济制度下，宏观经济管理的社会属性，即体现的社会生产关系性质，则是根本不同的。

早在资本主义建立的初始，资产阶级国家就行使着诸如保障私人财产不受侵犯、保障经济契约的公正和交易的公平、建设和维持社会公共工程和公用事业等国家经济职能；在资本原始积累时期，国家在严禁金银出口、奉行保护贸易、对外殖民掠夺等方面发挥重要作用；在工场手工业时期，政府就已经采用某些宏观政策措施来引导经济活动，如对大型工场手工业实行税收收入优惠和关税保护；机器大工业的工厂制出现后，政府又制定和实施劳工法、工厂法，限制工作日长度，规范企业行为；19世纪40年代，随着英格兰银行成为英国事实上的中央银行，运用货币政策来调控经济就成为了国家调节经济的重要手段。1929—1933年世界性经济危机的大爆发，彻底粉碎了市场经济万能的神话，使市场经济的缺陷充分显露出来。以当时美国总统罗斯福主张政府全面干预经济即"罗斯福新政"和英国经济学家凯恩斯提出的宏观经济理论为标志，资本主义开始走上了政府全面干预经济之路，并逐步建立起比较完整的宏观管理体系。随着新的技术革命的出现和生产的进一步社会化、国际化的发展，以及资本主义固有矛盾所引起的社会经济中的各种矛盾的加剧，资本主义国家的政府宏观经济管理在范围上进一步扩大，在力度上明显加强，在调整手段上也更加完善。应该看到，资本主义宏观经济管理虽然在一定程度上适应了社会化大生产的要求，但是它体现的是资产阶级的意志和资本家的利益，不能从根本上克服生产资料私人占有形式与生产社会化的矛盾，因而这种宏观管理是有限的，不可能最终消除资本主义的整个社会生产的无政府状态。

社会主义生产的社会化建立在以生产资料公有制为主体的基础上。一方面，生产的社会化使社会分工越来越细，生产的专业化程度越来越高，各企业、各部门之间的相互依赖程度越来越高，因此，要求加强对社会生产活动的计划、指挥和协调，加强对整个国民经济的宏观管理，是社会主义社会化大生产的客观要求。另一方面，社会主义生产资料公有制的建立又为国家进行宏观经济管理提供了充分的条件。由于公有制的主体地位，可以使整个国民经济成为一个统一的有机整体，使各个部门、地区、企业的根本利益相一致，使社会主义生产目的成为满足广大人民日益增长的物质文化需要，因而社会主义国家可以集

---

① 《马克思恩格斯全集》第23卷，人民出版社1972年版，第367页。

中代表人民的根本利益，正确处理国家、集体、个人三者之间的利益关系，在社会范围内调节社会资源，从整体上保证国民经济活动有计划、按比例地进行。同时，还应该看到，为了促进社会生产力的发展和生产的进一步社会化，社会主义条件下还必须建立和完善市场经济体制，发挥市场机制在资源配置中的基础性作用，因此，社会主义的宏观经济管理又是社会主义市场经济条件下与市场机制作用相结合的宏观经济管理，而不是计划经济体制下高度集中、事无巨细和无所不包的经济管理。

（二）宏观经济管理是市场经济的内在要求

市场经济是通过市场机制作用来配置社会资源的经济形式。市场经济来源于商品经济，但又与商品经济有区别，市场经济是商品经济发展到较高级阶段的产物，即随着资本主义商品经济的发展，不仅劳动产品是商品，有商品市场，而且生产要素也成为商品，有了生产要素市场，并形成了全国统一市场体系，市场机制在资源配置过程中发挥基础性作用，在这样的条件下，才出现市场经济。

市场经济的基本特征是：①市场主体的行为具有独立性。在市场经济条件下，参与市场的企业和经济组织必须是自主的经济实体，具有自主经营、自负盈亏、自担风险、自我约束和自我发展的权力和能力。②经济关系市场化。在市场经济条件下，所有的经济活动，包括生产、分配、交换和消费等活动，都要通过市场来进行，要求形成包括各类生产要素市场在内的完善的市场体系。在市场上，企业可以自由地购买自己所需要的生产要素，自由地出售自己的产品；在价值规律的作用下，通过价格机制的调节、供求关系的变化和竞争，使资源配置到经济效益较好和社会需求程度较高的生产和需要中，从而实现市场对资源在优化配置中的基础作用。③经营行为竞争化。在市场经济条件下，一切经营活动都要通过市场竞争才能实施，竞争不仅广泛地存在于市场卖者与卖者之间、买者与买者之间、买者与卖者之间，而且还广泛地存在于企业与企业之间、部门与部门之间；从竞争方式上看，市场上还普遍存在着价格竞争、质量竞争、品种竞争、科技竞争、人才竞争、服务竞争等。通过竞争的优胜劣汰作用，能促使生产者改进技术、加强管理、降低成本、提高质量、改善服务等，使社会生产力水平不断提高。④市场秩序规范化。市场经济还要求建立和健全各类相应的法律和法规，遵守国际经济交往中通行的规则，以规范市场行为，维持市场秩序，保护公平竞争，反对不正当竞争，确保市场经济运行的健康、有序。⑤宏观调控间接化。为了弥补市场经济本身的弱点和缺陷，必须建立有效的、间接的宏观调控机制，以便对市场经济实行导向和监控。政府对社会经济的干预和调控主要是通过指导性计划、经济政策和经济杠杆来间接地进行的，也就是在政府宏观调控下，发挥市场机制在资源配置中的基础作用。

宏观经济管理既是社会化大生产的要求，同时也是市场经济的内在要求，特别是现代市场经济的内在要求。因为，首先，市场经济的一个重要特点就是市场主体的目的是通过交换来实现经济利益的最大化，而它的经济行为又是自主的，从而一切经济活动都是围绕着价值增值而展开的；每一个商品生产者在追求最大经济利益的目的驱使下，都具有采取不正当竞争或不择手段来获取高额利润的倾向，如不加以限制，市场上的经济秩序就难以维持。因此，只有一种超越个别利益之上的力量，即政府的宏观经济管理，才能有效地规范市场主体的行为，维护市场秩序，保证市场经济的正常运行。其次，在现代市场经济条件下，广泛发达的社会分工和专业化协作使各个部门之间、企业之间的相互依赖关系进一步加强，这种通过市场交换形成的相互依赖关系又使经济运行的各个方面、各个环节紧密相衔、环环相扣，使整个社会经济如同一个紧张运转的复杂的有机体。一旦经济运行链条中的某一环节出现断裂，势必造成其他环节的连锁反应、整个经济运行的失衡甚至全面崩溃。为了避免这种情况的发生，或在这种情况发生后把损失降到最低，就需要市场经济运行本身有一个调控系统，即要求有政府的宏观经济管理。因此，宏观经济管理应该看成是市场经济内在的要求和机制，而不是外在的因素。所以，党的十四大也明确指出，社会主义市场经济体制就是要使市场在社会主义国家宏观调控下对资源配置起基础性作用的经济体制。

(三) 克服市场机制的缺陷离不开宏观经济管理

市场机制在资源配置中的作用被称为"看不见的手"。它是指企业主在追逐自身利益，即利润最大化目的下，通过市场上的价格机制和竞争机制的作用，使资源得到有效配置。"看不见的手"配置资源的观点是英国古典经济学家亚当·斯密提出来的。他认为，客观的自然规律只有在完全自由放任的条件下才能发挥作用。他说："在这种场合，像在其他许多场合一样，人们受着一只'看不见的手'的指导，去尽力达到一个并非他们本意想要达到的目的。也并不因为事非出于本意，就对社会有害。他们追求自己的利益，往往使他们能比在真正出于本意的情况下更能有效地促进社会的利益。"① 在亚当·斯密看来，"看不见的手"使人们在追逐个人利益时，达到了社会利益的增进，客观上提高了分工程度，增加了资本数量，改善了资本的用途，即优化了资源配置和促进了经济的协调发展。

由"看不见的手"配置资源，在自由资本主义时期充分发挥了作用，促进了资本主义生产力的进一步发展，致使一些人认为市场机制的作用是"万能"的，市场是"完美无缺"的，而竭力主张完全自由放任的市场经济。但是，随着资本主义基本矛盾的加深，资本主义经济危机的频繁爆发，特别是1929—1933年世界性大危机的爆发，使自由市场经济的缺陷明显地暴露出来。

在现代经济中，市场机制的缺陷主要表现在：

①市场机制的调节具有盲目性、滞后性，容易造成经济的波动。由于市场调节是一种事后的调节，生产经营者单纯地根据市场上的价格信号来决定其生产经营，但价格变动往往与供求变动并不完全同步，而且经常出现失真和扭曲，这就使生产经营者的决策不可避免地具有盲目性；同时，并不是所有的市场调节都具有瞬时调节的功能，一方面，价格反映供求变化具有时滞性，另一方面，从生产的调整到产品的产出又有滞后性，特别是那些生产周期比较长的生产部门，如农业、建筑业等，滞后性更为明显，这种单纯的市场调节往往会造成经济的"蛛网波动"。为了避免市场调节盲目性、滞后性带来的严重后果，可以在市场制度内进一步健全和完善市场，如建立期货市场以分散风险，但更需要政府在建立对经济的中长期预测体系、改善市场的信息结构和提供信息服务质量、制定正确引导市场的价格政策（如支持价格和限制价格）等方面发挥作用，尽可能减少经济运行的不确

---

① 亚当·斯密：《国民财富的性质和原因的研究》（下卷），商务印书馆1974年版，第25页。

定性，有效"熨平"经济波动。

②市场机制不能解决商品生产者个别利益与社会公共利益的矛盾。在市场经济中，每一个市场主体都具有追逐自身经济利益的动机，但是市场机制并不能自发地把商品生产者的个别利益与社会的公共利益统一起来。如某些商品生产者为了自身的经济利益而不顾环境被污染或对自然资源进行掠夺性开采，某些生产者为了单纯追求利润而生产出售假冒伪劣商品来坑害消费者，扰乱正常的市场秩序，某些生产者为了牟取暴利甚至违法生产销售毒品、淫秽物品，以及偷税漏税、走私贩私和从事"地下经济"活动，等等。要解决商品生产者的狭隘的、个别的、局部的利益与社会公共的、整体的利益的矛盾，就必须依靠和发挥国家对经济的调节、控制和监督作用。

③市场机制调节不能解决收入分配不公平和收入差距悬殊的问题。在市场经济中，人们是根据自己提供的生产要素的稀缺性以及它的效率的大小而从市场上获取报酬的，这种分配机制虽然具有激励的作用和促进效率的功能，但是由于人们天赋能力、后天受教育以及拥有资源和机会的差别，这种市场分配机制又必然会造成收入分配的不公平甚至收入差距的过分悬殊。如果分配严重不公，必然会导致一系列社会矛盾和冲突的加剧。因此，只有依靠政府实施正确的收入政策、税收政策和社会救济政策等来调节分配，才能在确保效率优先的前提下，实现公平与效率的统一，才能解决收入差距悬殊的矛盾，真正实现全民共享改革与发展带来的成果。

④市场机制本身不能克服不完全竞争的问题。完全竞争和公平竞争是市场经济繁荣的前提条件。但是，在市场机制下，竞争又必然会产生垄断，特别是那些适合规模经济的行业更容易出现垄断，而过度的垄断又会妨碍充分的竞争和抑制市场机制的有效运作。同时，市场机制也不可能保证生产经营者自觉地进行正常竞争和公平交易。因此，必须靠政府的力量来建立和维护正常的市场竞争秩序，反对垄断和不正当的竞争。

⑤市场机制难以保证基础设施建设和公益事业的发展。在单纯的市场机制作用下，由于投资者追求自身利益最大化，对一些关系到国民经济长期发展的基础设施，如能源、交通、通信等投资大、周期长、盈利小或非盈利的项目，不愿意或无力进行投资；一些公共事业、文化教育卫生、环境保护、基础性科学研究等事业也难以得到应有的发展，这些只有靠政府来组织投资和宏观管理。同时，市场经济也不能提供国防、公安、司法、公共教育等公共物品，需要政府来组织提供。

此外，市场机制的局限性还表现在宏观经济层面上，如不能解决宏观经济失衡、失业、通货膨胀、经济震荡等问题；表现在对外经济关系上，如贸易摩擦加剧、保护主义抬头以及不利于维护本国民族工业和动态比较优势的发挥、不利于提高本国产品的市场竞争力和打破国外企业对国内外市场的垄断等方面。

总之，弥补和克服单纯市场机制的缺陷，必须要有政府的宏观经济管理。

三、我国社会主义市场经济体制与宏观经济管理

我国正处在由过去高度集中的计划经济体制向社会主义市场经济体制的转轨过程中，建立和完善与社会主义市场经济相适应的宏观调节体系、加强宏观经济管理，是我们当前必不可少的极为重要的任务。

我国原有的高度集中的计划经济体制是在一定的历史条件下建立的，曾经发挥过重要的作用，但是随着社会生产力的发展和日益社会化，原有体制忽视价值规律和市场作用的弊端日益显露出来，束缚了企业的活力，导致了资源配置的不合理，使本应是生机盎然的社会主义生产力在很大程度上被禁锢了。社会主义的本质就是解放生产力和发展生产力，消灭剥削，消除两极分化，最终达到共同富裕。为了使社会生产力有更快、更大的发展，我国选择了比计划经济体制更具有活力和效率的市场经济体制。党的十一届三中全会以来，我国实行改革开放，引进市场机制，推进经济体制改革，搞活了经济，促进了社会生产力的发展和人民生活水平的提高；党的十四大明确提出，我国经济体制改革的目标就是建立社会主义的市场经济体制。我国社会主义实践和改革开放的实践证明，实行市场经济体制是我们明智的、正确的、必然的选择。

社会市场经济是建立在生产资料公有制为主体、多种所有制经济共同发展基础上的，在国家的宏观调控指导下充分发挥市场在资源配置中的基础性作用的经济。社会主义市场经济是与社会主义基本制度结合在一起的，它既具有市场经济的一般特征，又具有不同于资本主义的社会主义特征。因此，在社会主义市场经济条件下，加强宏观经济管理的必要性就必然表现在两个方面：（1）是市场经济运行本身的内在要求和弥补市场机制缺陷的要求。世界上实行市场经济的国家，无论是资本主义市场经济，还是社会主义市场经济，都无不例外地有国家对经济的宏观管理，所不同的是宏观管理代表的根本利益以及宏观调控的模式、范围、程度。传统的观点认为，只有社会主义公有制经济才实行宏观经济管理，资本主义私有制经济无法实行宏观经济管理，只能是社会生产的无政府状态，这实际上是一种误解。从资本主义市场经济的实践来看，政府始终没有放弃对经济的控制和干预，而是随着资本主义市场经济的发展而不断得到加强。（2）是由社会主义市场经济中公有制经济的主体地位所决定的。由于社会主义市场经济是建立在生产资料公有制为主体的基础上，劳动人民有了根本一致的利益，有了统一的社会主义生产目的，要求迅速发展生产力，摆脱落后，走上共同富裕的道路，因此，加强宏观经济管理在社会主义制度下更具有必要性和迫切性。国家的宏观管理和调控有利于实现国家的经济发展战略，合理安排生产布局，优化产业结构；有利于处理好效率与公平的关系，提高人民的生活水平和尽快实现共同富裕的目标；有利于深化经济体制改革，顺利实现由高度集中的计划经济向社会主义市场经济的转变；有利于我国经济持续、快速和健康的发展和尽早实现现代化。

应该看到，当前我国尚处于由传统的计划经济体制向社会主义市场经济体制的转换过程中，新、旧体制的转换更需要加强国家对经济的宏观调控。因为，一方面，旧的高度集中的管理体制还没完全退出历史舞台，仍在经济生活中起一定的作用；另一方面，新的与社会主义市场经济相适应的宏观经济管理体系仍在建立和不断完善过程中，尚没有充分完全地发挥作用；旧体制的弊端还没有完全克服，新的有效的宏观约束机制还正在建立之中，容易造成经济生活中各种矛盾和冲突的突出以及经济运行的波动。因此，在经济转型时期，更应该加强宏观经济管理，只有这样，才有利于加快培育和完善包括商品、资金、劳务、技术、信息等市场在内的完整的市场体系，有利于保证国有大中企业顺利实现转制和现代企业制度的不断完善，有利于规范市场秩序、治理市场环境、保障市场机制作用的充分发挥，有利于进一步扩大对外开放和与世界经济接轨、保护国内市场和协调国际经济关系，等等。

当前，我国正处在全面建设小康社会和加速社会主义现代化建设的重要历史时期，坚持科学发展观，实现经济、社会、政治、文化、生态的全面、协调、可持续发展，也要求我们必须高度重视宏观经济管理。

总之，社会主义市场经济是在国家宏观调控下的市场经济，社会主义市场经济加强宏观经济管理的必要性是不容置疑的。那种认为社会主义市场经济可以不要宏观调控，主张自由放任的观点是不符合实际的。但是，加强宏观调控，决不意味着又重新回到传统的计划经济体制。加强国家的宏观调控，应该是与社会主义市场经济相适应的，即赋予企业充分自主权，充分发挥市场机制配制资源的基础性作用，实行以经济手段、法律手段为主的具有指导性的、间接的宏观调控。

四、实施宏观经济管理的基本条件

实施宏观经济管理必须具备一定的条件，即组织条件、物质条件、信息条件、法律制度条件和人才智库等条件。

（一）组织机构和决策体系

实施宏观经济管理，必须具备与之相适应的、完整的组织体系和高效能的决策机构。宏观经济管理的主体是政府，管理的对象是整个国民经济，宏观经济管理的实施是中央政府和地方政府以及按照经济内在要求（如社会分工与协作的要求）所建立的各种经济管理部门共同完成的，因此，各级政府之间、政府各个宏观管理部门之间的相互联系、相互制约，形成了宏观经济管理的组织体系。这种宏观经济管理的组织体系既要与政府的立法、司法和行政体制的职能相适应，又要与经济的内在要求和市场经济的运行相衔接。它应该包括经济决策系统、立法系统、调控系统、平衡系统、信息系统和审计监督系统，包括中央、地方宏观管理系统和各专业管理系统。在宏观经济管理体系中，应该按照科学民主、统一协调、高效率的原则，既要建立科学、民主的决策程序、统一的指挥系统，又要注意协调平衡，确保国民经济健康运行。

（二）物质条件

实施宏观经济管理还必须有一定的物质条件作为保证。在市场经济条件下，国家为了保持整个国民经济的协调发展（如加强重点建设，支持落后地区脱贫），保证各项调节干预经济的宏观经济政策的贯彻和发挥作用（如政府关于加强基础设施的财政支出政策的实施），以及为了保证改革顺利推进和市场经济体制的不断完善，而需建立社会保障体系、社会救济体系、风险保障体系等，都需要国家掌握必要的资源，具有一定的经济实力。国家的经济实力主要是财力和物力。为此，必须使财政收入在国内生产总值中占有一定的比重。如1995年，在财政收入占国内生产总值的比重方面，法国是40.61%，美国是19.895%，而我国的财政收入占国内生产总值的比重近些年来总体却是下降的，由1978年的31.2%下降到1995年的10.7%，近几年虽略有上升，1999年为13.9%，2000年为15.0%，但远低于世界平均水平。显然，国家收入比重偏低，与国家在建立社会主义市场经济体制中所承担的宏观经济管理的职责不相适应。国家的财政资金不足，会导致国家的基本建设功能萎缩，重点建设资金不足，国家宏观调控作用削弱，社会保障和扶贫解困能力下降以及科、教、文、卫等其他事业的发展和国防的巩固都受到影响。

国家掌握必要的物力，也是宏观经济管理必不可少的条件。国家除了掌握属于国家所有的土地、森林、河流、矿山等重要的资源外，还应该掌握和控制一些关系到国计民生和国家安全的重要物资，如钢材、有色金属、石油、煤炭、电力、粮食、棉花等。

（三）信息条件

经济信息是指反映经济活动特征和发展变化情况的消息、情报和资料的总称。宏观经济管理要以真实、快捷、准确的经济信息为依据。宏观经济决策与计划、宏观经济的调控和监督都离不开经济信息。在现代市场经济条件下，经济运行本身的瞬息万变和影响经济的外在因素的复杂多变，使得政府必须建立与宏观经济管理相适应的高效、快速的信息处理系统。我国宏观经济管理信息系统的建设是从20世纪80年代开始的，起步较晚，但发展较快。现在已经形成了一个由国家、省（自治区、直辖市）、中心城市、县四级信息中心为纵向系统的信息网络。随着我国经济实力的进一步加强，计算机网络和通信业的不断发展，我国的宏观经济管理的信息系统将会得到进一步的完善。只有信息采集覆盖面宽，信息搜集迅速准确，信息通达能力强，信息处理快速而又质量高，信息系统之间协调配合、管理完善，信息资源能充分共享，这样的信息管理系统才适应国家经济管理的要求。

（四）法律和制度条件

现代市场经济是法律和制度严格规范下的经济，它不仅要求市场机制的运行遵循相关的法律和制度，而且宏观经济管理活动也必须在一定的法律和制度的框架下进行。实践证明，政府的宏观调控既要运用必要的法律手段，又要以完备的法律制度来规范调控行为本身。这是因为，一方面，政府重大的宏观调控政策和措施必须要以法律来维护其严肃性，保证其顺利地贯彻实施，否则，就会造成"上有政策，下有对策"，使政府的调控既无约束性，又无法到位。另一方面，政府宏观调控行为本身也要受到法律和制度的规范，否则，既容易造成市场主体的短期行为，引发其经济活动的不规范，又会造成一些政府职能部门或个别官员滥用权力，权钱交换，甚至滋生出化公为私、中饱私囊的贪污及"寻租"行为。因此，完善的法律体系和必要的制度规定是宏观经济管理的重要基础和保证。

（五）智库和人才条件

宏观经济管理是具有战略性、综合性和长期性的经济管理。它的实施既需要有成熟的智库（亦称思想库）组织的支持，又需要大批与之相适应的、具备专业知识和综合素质的宏观经济管理人才。所谓智库，一般是指那些为政府的宏观经济决策和重大经济政策的制定而提供科学依据的调查、研究和提供建议、咨询、论证的理论或学术研究机构。这些研究机构既有隶属政府的，又有独立于政府之外的如研究中心、研究院所、高等院校的相关研究机构等。实践证明，智库组织的作用为政府宏观经济决策的科学化和民主化提供了保障。宏观经济管理还需要有一支素质高而又精干的宏观经济管理人才，这样的管理人才不仅要具有某一方面的专业知识，而且还必须具有宏观经济管理的综合知识；不仅要具有自然科学的知识，还应具有国际市场经济活动的知识；不仅要具有我国社会主义市场经济的知识，还应具有国际市场经济活动的知识，特别是应该具有熟悉和运用我国以及世界各国通用的有关经济的法律法规的知识，以及熟练地运用计算机网络等处理大量信息和建立数学模型的能力等。目前，我国的宏观经济管理人才还比较缺乏，我们必须花大气力来培养和选拔宏观经济管理人才。我国有关的高等院校和科研机构要在重视和加强宏观经济理论研究的同时，加快培养高素质的宏观管理的专门人才。有了一批高素质的宏观经济管理人才，宏观经济管理的实施才有可靠的保证。

第二节　宏观经济管理的任务

一、宏观经济管理的基本任务

政府对宏观经济的统一管理，是从全社会共同利益和国家长远利益出发，根据经济规律和市场经济运行机制的要求，对国民经济总体进行的计划、组织、指挥、协调、监督和控制。宏观经济管理的任务包括：制订经济社会发展战略和计划，维护产权制度和对国有资产进行管理，对整个国民经济进行宏观调节和控制，规范市场运行秩序，调整社会分配和完善社会保障，提供公共物品，保护环境、维护生态平衡，促进国民经济持续、快速、有序、健康发展和整个社会经济效益的全面提高，等等。在宏观经济管理的这些任务中，对国民经济总量调控，即实现社会总供给和总需求在量上和结构上的基本平衡，并在此基础上努力促进国民经济的持续、快速、有序和健康的发展是宏观经济管理最基本的任务。因为，在宏观经济运行的诸多矛盾（如社会发展与经济发展的矛盾、工业与农业的矛盾、积累与消费的矛盾、经济发展与资源环境保护的矛盾、效率与公平的矛盾等）中，有一对基本的、主要的矛盾，即经济总量（社会总供给量与总需求量）平衡与不平衡的矛盾，它贯穿于宏观经济领域所有的矛盾之中。这一矛盾无论是在传统的计划经济体制下，还是在社会主义的市场经济体制下都是存在的。在社会主义市场经济体制下，它有时还会表现得更明显、更突出。宏观经济管理只有牢牢抓住了这一基本的、主要的矛盾，才能把整个国民经济链条带动起来。所以，正确处理宏观经济总量的平衡问题，努力实现宏观经济的基本平衡，并且在此基础上促进国民经济全面、协调、可持续地发展，便成为了宏观经济管理的两项最基本的任务。

（一）努力追求宏观经济的总量平衡和结构平衡

经济中的平衡是指经济中各种对立的、变动着的经济变量处于一种势均力敌、相对均衡和暂时不再变动的状态。在任何动态经济中，平衡总是暂时的、相对的，不平衡则是绝对的，呈现常态的现象。社会经济的实践和现代数理经济理论表明，经济趋于平衡有利于既定资源得到优化配置和充分利用，有利于社会福利达到最大化。宏观经济管理的任务就是通过对经济干预和调节，使宏观经济运行的不平衡状态向平衡状态趋近，而不是使之越来越偏离平衡状态。为此，必须做到：

（1）努力保持社会总供给与社会总需求在量上的基本平衡

社会总供给与社会总需求的基本平衡是国民经济快速、健康发展的前提，是理论与实际工作者追求的目标。如果总需求与总供给不平衡，市场价格就会偏离价值规律运行的轨道，就不能正确指示社会资源的稀缺状况和程度，不能正确反映供求关系的变化，从而导致市场机制失灵和经济运行的不正常。例如，过去由于在发展经济上急于求成的"左"的思想作怪，曾多次出现社会需求膨胀，使总需求大于总供给，致使物价上涨、通货膨胀、经济过热，结果给整个社会经济的协调、健康发展和人民生活造成严重影响。近几年，由于经济的发展和经济体制的转型等原因，在我国经济生活中随着买方市场不断扩大，总供给与总需求的关系发生了新的变化，需求不足的矛盾开始突出。总供给大于总需求的失衡会造成市场疲软，生产滑坡，资源闲置，资金周转缓慢，也会妨碍资源的充分利用和社会经济效率的提高。1997年以来，我国先后采取了一系列增加投资、刺激消费、拉动需求的宏观经济政策，以促使社会总供给与总需求的基本平衡，保持整个国民经济的正常运行。可见，保持社会总供给与社会总需求在量上的基本平衡，乃是宏观经济管理的首要任务。

(2) 努力保持社会总供给与社会总需求在结构上的基本平衡

国民经济总量的平衡与国民经济各种结构的平衡是总供给与总需求平衡的相互联系、相互制约的两个方面。总量平衡是结构平衡的前提，总量一旦失衡，必然引起结构的紊乱；结构平衡又是总量平衡的基础，结构一旦失衡，也必然表现为总量平衡的破坏。结构平衡的实质是产业结构、产品结构同需求结构相适应。虽然需求结构是随着生产力的发展而变化的，但在一定的生产力水平之上的社会需求结构是基本稳定的。所以，在通常情况下，总需求结构决定生产结构，而不是相反，因而不能强制地让需求结构适应生产结构。可见，在供给与需求的结构矛盾中，矛盾的主要方面是供给结构，即生产结构。要根据社会经济的发展以及科学技术的进步来不断地调整产业结构、产品结构，以适应人民日益增长的物质文化需要，适应国内外市场变化的需求。

(3) 努力实现经济结构的优化

社会总供给与总需求在量上和结构上的平衡最终取决于经济结构是否合理和优化。经济结构是指国民经济各部门、各地区、各企业之间，社会再生产各个环节之间，以及各种经济成分之间的构成及其相互关系。从经济运行方面看，经济结构主要包括产业结构、地区结构、企业组织结构、产品结构、技术结构等；从生产关系看，经济结构主要包括所有制结构、分配方式结构、交换关系结构、消费关系结构等。宏观调控任务所要实现的经济结构优化，主要就是指经济运行结构方面。要根据总供给与总需求平衡的内容和国民经济结构变化的趋势和规律，保持产业结构、地区结构、企业组织结构、产品结构、技术结构等经济结构的合理与优化，以使整个国民经济协调、有效地运行和增长。当前，应根据我国经济发展的现状，抓住世界科学技术加快发展和国际经济结构加速重组带来的机遇，以全面提高国民经济的整体素质、增强综合国力和国际竞争力为目标，对整个经济结构进行战略性调整。这也是宏观经济管理的迫切和重要的任务。

(二) 努力追求国民经济全面、协调、可持续地发展

搞好宏观经济的基本平衡，抓住国民经济的主要矛盾进行宏观经济管理，其目的就是保证和促使整个国民经济全面、协调、可持续地发展。

①要力求国民经济的全面、协调发展。所谓全面发展，就是着眼于经济、社会、政治、文化、科技、生态等各个方面的发展。所谓协调发展，就是经济结构优化和比例合理，以及各方面的发展要相互衔接、相互促进、良性互动。宏观经济管理必须坚持运用统筹兼顾的根本方法，把握经济社会发展全局，处理好各方面的重大比例关系。要统筹城乡发展，统筹区域发展，统筹经济社会发展，统筹人与自然和谐发展，统筹国内发展和对外

开放，推进生产力和生产关系、经济基础和上层建筑协调发展，推进经济、政治、文化建设的各个环节、各个方面协调发展。

②要力求国民经济做到可持续地发展。所谓可持续地发展，是指经济的发展要与社会、人口、资源、环境的发展相协调、相一致，即经济的有效增长既要建立在社会体制创新、技术进步和有利于社会公平的基础上，又要与资源的可利用能力、环境的可承载能力和整个生态环境的改善相适应。促使国民经济的可持续发展，要求我们尊重自然的、社会的、经济的客观规律，能动地调控自然—社会—经济这一复合系统，在不超越资源与环境承载能力的条件下，保持经济的连续发展，既保证人们的生活质量不断提高，又保持资源永续利用和生态环境的不断改善；既满足当代人的需求，又不损害后代人满足其需求的能力。实现自然生态系统和社会经济系统的良性循环，为下一代人留下充足的发展条件和发展空间。同时，经济的持续发展还应该避免经济发展过程中的大起大落。在新中国历史上，经济发展曾出现过几次大起大落的情况，究其原因，主要是由指导思想上"左"的错误和宏观管理的失误所造成的。不顾实际可能，不遵循客观规律，盲目大干快上，其结果往往是发展速度一时上去了，但很快又不得不降下来。

③要力求国民经济又好又快地发展。所谓又好又快，是指经济发展速度与经济结构（比例）、质量和效益相统一。一般来说，提高经济效益是经济工作的核心内容，快速发展是经济工作的基本出发点和根本宗旨。社会主义要体现自身的优越性，就必须创造出比资本主义更高的经济增长速度。在具备条件时，我们应该抓住有利时机，加速发展经济，力争隔几年上一个新台阶。但是，我们要充分地认识到，快速发展要与经济效益的提高相统一，不能不顾经济效益而片面地追求高速度，同时，快速发展又要以比例协调为基础，离开了协调的比例关系，快速冒进只能导致经济大起大落。因此，保持国民经济的快速发展，必须正确处理好速度、效益和比例的相互关系。同时，我们还应注意到，快速发展是一个相对概念，判断速度的高低不能以一两个年度的速度为依据。从一个发展时期来看，只有持续、稳定地发展，才能有真正的高速度。宏观经济管理的一个重要任务，就是要把快速发展建立在比例协调，效益比较好，经济持续、稳定发展的基础上。

国民经济全面、协调、可持续地发展是一个完整统一的概念，反映了社会主义市场经济内在规律的根本要求，是科学发展观的集中体现，是宏观经济管理的长期根本性的任务。

总之，保持国民经济的总供给与总需求在总量和结构上的平衡，追求经济的全面、协调和可持续发展，是宏观经济管理的最基本的任务。

二、宏观经济管理的具体任务

有效地进行宏观经济管理，是通过把它的基本任务化为各个经济发展时期的具体任务来实现的。按照宏观经济管理的过程和宏观调控收效的快慢，可以把经济发展时期分为短期、中期和长期，把宏观经济管理的任务分为短期任务、中期任务和长期任务。为了完成总的宏观经济管理的任务，对涉及不同期间的宏观经济管理的侧重点要有所不同。

（一）短期任务是控制经济总量平衡

短期任务一般是指在一个年度以内宏观经济管理所要完成的任务和要解决的主要问

题。其中，最主要的是保持社会总供给与社会总需求之间的平衡。总供给与总需求之间的平衡主要包括财政、资金、劳动、外汇等方面的平衡以及它们相互之间的平衡，这是宏观经济管理经常性的任务。在经济运行过程中，不平衡是经常发生的，它通常表现为财政赤字、通货膨胀、重要资源短缺、待业人口增加、国际收支逆差等（当然也会表现为相反的情况）。对于这些，我们都要及时采取措施加以解决。

短期宏观经济管理的侧重点一般应放在总需求的调控方面，即通过必要的财政政策、货币政策等及其他政策和措施来抑制或刺激消费需求和投资需求，进而调节总需求，来适应既有的供给水平，以实现总供给与总需求的平衡。当出现需求不足时，政府的宏观调控应侧重于刺激总需求，以求在短期内解决需求不足带来的经济衰退和失业等问题；当出现需求过度时，政府的宏观调控就应侧重于抑制总需求，以尽快解决经济过热、通货膨胀和物价上涨等问题。1997年以来，我国经济运行中出现了市场疲软、需求不旺的非均衡状况，据国内贸易部1998年调查，600种商品中，30%供求平衡，70%供大于求，特别是长期紧缺的电力，在1998年也出现了过剩。在这种情况下，政府调控的重点应放在刺激消费、拉动需求上。通过扩大财政对基础设施和重点建设的投入，降低利息率，推行信贷消费等政策和措施来鼓励消费，是我国在总需求不足条件下宏观经济管理短期任务的主要内容。

需求调节手段可以在短期收到一定成效，但具有治标性质。因为一些严重的不平衡并非是在该年内造成的，而是多年积累的，所以在年度内并非任何不平衡都能够解决。要解决宏观经济中的根本性问题，还需要中、长期的供求管理来实现。

（二）中期任务是优化经济结构

中期任务是指宏观经济管理5年左右所要解决的问题以及需要5年左右取得效果的任务。它是与国民经济和社会发展5年计划基本一致的。中期任务的期限接近一般经济活动的平均周期，如大、中型工业企业，水利和交通建设项目，产品的更新换代，一般专门人才的培养周期等，大都在5年左右。由于任何宏观经济问题的解决都需要一定时间，特别是深层次问题的解决则需要更长一段时间，因此，中期任务是解决宏观经济管理的中心问题。凡属重大的宏观经济问题都是靠中期任务的完成来解决的。

中期宏观经济管理任务的主要内容一般包括：确定国民经济和社会发展的规模和速度；安排重大比例关系；制定产业政策和调整产业结构；确定固定资产投资规模和投资结构；确定对外贸易和经济技术交流、科学技术和教育事业发展任务；确定投资与消费的比例、人民生活水平提高幅度；自然资源的调查和使用规划；环境的保护、碳排放的控制和新能源的开发；区域经济发展政策和生产力布局等国民经济中的重大问题。在这些任务当中，最重要的是确定固定资产投资规模和投资结构。管理好固定资产投资规模和结构，对于形成新的生产能力，对于宏观经济的正常运行和国民经济的稳定增长，具有决定性的作用。

中期宏观经济管理的侧重点是调节和管理社会总供给，其主要手段是通过优化资源配置，改善供给效益，加快经济发展，扩大未来供给能力，以实现总供求的平衡。其效应是中长期的，短期内不可能收效。但是，它具有治本性质，弥补了短期需求调节只能治标的缺陷，两者共同作用，能达到互补的效果。因为短期宏观经济管理的侧重点放在需求方面，并不是社会主义宏观经济管理的最终目的本身。宏观需求调节的最终目的是通过调节需求流量来引导国民经济生产或供给。从这个意义上讲，调节需求不过是调节供给的一种间接形式。从现实来看，社会主义宏观经济中的非均衡在很大程度上来自于生产力不足而造成的短缺，克服短缺就必须增加供给；同时，社会主义的生产目的是不断满足人民日益增长的物质文化需要，这也要求把发展生产、增加社会总供给作为根本任务，因此，优化经济结构、提高经济效益、增加社会总供给能力等为内容的供给管理乃是整个宏观经济管理的着重点。

（三）长期任务是促进社会经济的全面发展

宏观经济管理的长期任务是促进社会经济的全面发展，主要是涉及国民经济发展的长远的、具有战略性的问题。宏观管理主要包括：制定和实施国民经济与社会发展的战略目标、战略重点、战略布局、重大建设项目、科学与教育事业发展、环境保护和资源合理利用的长期规划以及一些重大方针政策等。

长期任务通常是以制订10年或10年以上的国民经济和社会发展规划的形式来体现的。发展规划的内容应该具有纲领性、原则性和指导性，而不可能也没有必要涉及一些详细具体的规定。由于在长期中存在着许多难以预料的可变因素，因此，在经济和社会的实际发展过程中，还需对规划的任务内容做出某些修正。同时，在各个时期和各个年度，还应把长期任务不断地具体化为中期任务和短期任务。

短期任务、中期任务和长期任务是相互联系、彼此衔接的，从而构成一个体系。在每一个特定时期，宏观经济管理都必须同时兼顾、合理安排这三者。

第三节 宏观经济管理的内容

一、宏观经济管理是对社会再生产总体运行过程的管理

社会经济运行过程实际上就是社会再生产的运动过程。从这个意义上说，宏观经济管理也就是对社会再生产总体运行过程的管理。

（一）社会再生产是一个有机的统一体

社会再生产过程是由生产、分配、交换、消费四个环节组成的。生产是社会再生产的起点，消费是社会再生产的终点，分配和交换是生产和消费之间的中间环节。社会再生产四个环节之间不是彼此孤立的，而是相互依存、相互制约的，共同构成一个有机的统一体。

在生产、分配、交换和消费之间的关系上，消费是由生产、分配、交换所决定的，反过来，消费又对生产、分配、交换产生重要的作用。生产、分配、交换的对象、规模、结构和方式决定着消费的对象、规模、结构和方式，并创造出消费的动力。消费对生产的作用表现为使作为生产要素的劳动力被再生产出来，消费对分配的作用表现为分配得到最终实现，消费对交换的作用表现为使交换最终完成，并促进交换的扩大。在生产和消费的关系上，一方面，生产决定消费，决定消费的对象、消费的方式和消费的动力；另一方面，通过消费，才能使产品成为现实的产品，消费又创造出生产的动力。在生产和分配的关系

上，一方面，生产决定分配，表现为生产为分配提供了对象，即用于分配的产品，人们参与生产的方式决定了分配的方式；另一方面，分配也决定着生产，生产资料的分配决定着生产结构，产品的分配也反作用于生产。在生产与交换的关系上，一方面，无论是生产过程内的交换，还是产品的交换，都是由生产决定的，生产的性质和分工发展的深度、广度决定了交换的性质、交换的深度和广度；另一方面，交换又反作用于生产，交换的发展、市场的扩大能够促进生产的进一步发展。

可见，社会再生产过程是一个包括生产、分配、交换和消费四个环节的有机的统一体。

（二）宏观经济管理与社会再生产的正常运行

社会再生产要顺利经过生产、分配、交换、消费四个环节，并循环往复、不断运动，必须具备一定的条件。这个条件就是再生产的各个环节、各个方面所要求的比例关系必须相互协调。在社会再生产过程中存在的这些错综复杂、千变万化的各种比例关系，特别是一些关系到社会再生产总体运行的重大比例关系，如果单靠市场机制的自发调节，显然是要付诸如经济剧烈波动、资源极大浪费等沉重代价甚至是无能为力的。因此，社会再生产的正常运行离不开政府的宏观经济管理。宏观经济管理的任务主要是调节和控制涉及社会再生产总体运行的全局性、战略性的各种比例关系，如社会总供给与总需求的比例、生产资料生产与消费资料生产的比例、不同产业之间的比例、投资与消费的比例、固定资产投资与生产要素供给的比例、各地区间的比例等，使它们相互协调。这些比例关系协调了，社会再生产的各个环节之间就能够相互衔接，整个国民经济也就能按比例顺利地发展。

（三）宏观经济管理的经济内容

宏观经济管理就是在国民经济全局范围内实现社会总需求与社会资源供给的增长相适应，使现有的资源获得最有效、最合理的利用，实现最佳的经济效益和社会效益，使社会再生产的规模和能力逐步扩大和增强，使人民群众日益增长的物质和文化需要得到更好的满足。其具体内容主要包括：社会总需求与社会总供给的总量平衡和结构平衡；经济增长速度和经济效益；固定资产投资的规模、结构和效益；产业结构的合理化和升级，消费基金的规模、结构和水平；进出口总额和国际收支的平衡；国民收入的分配和再分配；生产布局和地区协作，等等。从推进社会市场经济体制改革的角度看，宏观经济管理的任务还包括：培育和完善包括劳动、资本、技术、土地等生产要素市场在内的社会主义市场体系；维护产权，规范市场秩序，保证公平竞争；调节分配促进效率与公平；推进现代企业制度；完善社会保障制度；整治国土，保护环境和维护生态平衡；等等。

宏观经济管理的内容除了包括经济发展的内容，还包括科学技术和社会事业发展的内容。因为经济不可能脱离科技和社会事业而孤立发展，因此，科技和社会事业发展也是宏观经济管理的重要内容。

二、宏观经济管理是对经济、科技和社会协调发展的管理

社会经济运行过程是经济、科技与社会事业之间相互依存、相互促进的"三位一体"的协调运行的过程。从这个意义上说，宏观经济管理必须对经济、科技与社会事业发展统筹规划、协调安排。为此，我们应对经济、科技与社会事业发展及其相互关系有一个总括的认识。

（一）科学技术与经济社会发展的相互关系

当代科学技术突飞猛进地发展，愈来愈明显地、直接地表现为一种现实的、巨大的生产力，关系着生产建设发展的深度和广度，成为经济发展中具有决定意义的因素。经济建设和社会发展所面临的许多重大问题的解决，都有赖于科学技术的发展和突破。有关资料表明，一些经济发达的国家依靠技术进步所取得的经济增长，20世纪初只占5%~20%，到了20世纪90年代，已经提高到70%以上。21世纪将是高科技发展的世纪，随着高新技术的不断突破，必将把整个经济社会发展推进到一个新的阶段。从另一方面来说，科技的发展也以一定的经济和社会发展为基础。发展科技要靠长期的、大量的人力、物力、财力的投入。没有经济实力的支撑，教育事业的发展及人才的培养、科技事业的进步是难以实现的。因此，一方面，科学技术的发展必须面向经济建设，考虑如何实现经济和社会发展的目标；另一方面，科技发展的方向、目标、重点以及规模和速度都必须同经济实力和社会发展状况相适应。

一方面，现代科学技术的发展使得一个重要科研项目要集中大量资源和众多专家人才，要有跨部门、跨地区的广泛协作才能完成；另一方面，科学技术从书斋到社会、从实验室到生产车间所经过的若干阶段必须紧密衔接。因此，在科学技术的管理上，必须处理好科技事业内部的各种关系。

（1）正确处理基础研究、应用研究和开发研究的关系

基础研究是探索自然界各种物质运动的基本规律，为解决自然科学面临的各种问题所进行的理论探索，或为生产中提出的科学技术问题提供理论依据的研究。应用研究是利用基础研究的理论成果探讨应用的可能，为进行新技术、新产品、新工艺的研究提供方案和研制实物样品。开发研究是运用基础研究和应用研究的成果寻求明确的、具体的技术解决方案的研究，以及为解决新产品、新技术在不同条件下推广应用可能遇到的技术问题而进行的研究等。在处理基础研究、应用研究和开发研究三者之间的关系时，既不能忽视基础研究，也不能片面强调基础研究而忽视应用研究和开发研究，必须根据实际情况合理安排三者的投资比例。目前，大多数国家都倾向于将大部分力量放在应用研究和开发研究上。这些国家对三类研究的投资比例一般是基础研究占10%~15%，应用研究占20%~25%，开发研究占60%~65%，大体是1∶2.5∶6.5。我国目前经济力量有限，科技水平落后，三者均急需加强。在近期，应在基础研究稳步发展的情况下加强应用研究和开发研究，完善国家创新体系，增强企业的自主创新能力，使科学技术更好地为生产建设服务。

（2）正确处理先进技术、传统技术和高新技术三者之间的关系

在处理三者之间的关系时，既要注重先进性，又要注重适用性。为了迎接新技术革命的挑战，实现我国的科学技术现代化，应注重高新技术的发展，如发展微电子技术、信息技术、新型材料技术、生物工程技术、核技术以及空间技术等。同时，由于我国人口众多，劳动力资源过剩，必须允许相当一部分能吸纳较多劳动力的中间技术和传统技术存在，因而我们也要注重应用一些适合我国国情和原有技术基础的中间技术，逐渐淘汰传统技术。实践证明，那种片面追求高速度、高起点和完整的科学技术体系的倾向，也是违反

科学技术自身发展规律的,是不可取的。

(3) 正确处理国内研究与国外引进的关系

我国在进行社会主义现代化建设过程中,必须扩大对外经济技术交流,积极引进一些适合我国实际情况、符合我国资源特点、有明显经济效益的技术,这是增强我国自力更生能力和加速现代化建设的一项重大措施。但是,我们必须坚持以自力更生为主,以国内科学技术研究为基础,充分运用本国研究力量。这是因为,首先,对于某些敏感的先进技术,科技发达国家实行垄断,我们必须自己开发;其次,只有通过国内研究,才能消化吸收引进技术,改造我国的传统工业。

(二) 社会事业发展与经济发展的相互关系

从广义上说,社会是指由一定生产关系所规定的人们在一定物质生产活动基础上所形成的相互联系的有机整体。社会发展是指经济发展、政治发展、文化、教育、科技发展,以及生态、自然环境发展和人自身的发展等方面的综合。从狭义上说,社会发展则是指非经济的发展,包括与经济发展有间接联系的民主与法制的进步,社会结构与制度的优化,物质和非物质的交换、分配和消费活动的发展(如劳动力就业),人口数量的合理增长和人口质量的提高,社会保障、城市住宅和公用事业发展,环境保护、国土资源开发与整治,人民生活水平和质量的提高,等等,还包括文化、体育、教育、卫生各项事业的发展,人类精神生活的丰富,人自身的全面发展,以及政治制度的进步,等等。这里所讲的社会发展是指狭义的社会发展。从一定意义上可以说,科技发展也是社会发展的一部分,但我们通常把它作为一个单独的部分来研究。

一般说来,社会活动是起源于经济活动的。经济活动是各项社会活动的源泉,社会活动是经济活动的派生物。但是,社会活动也存在着自身独特的发展规律,总是对经济活动产生一定的影响。由于社会发展与经济发展之间在客观上存在着内在的联系,一国的社会事业发展的规模和速度必须同其经济发展状况相适应,既要考虑不超过经济发展水平提供的可能,也不能忽视了社会事业的落后会对经济发展造成的不良影响。

从经济与社会发展的历史来看,二者的发展存在着超前、同步与滞后三种基本的关系:

①社会事业超前发展。所谓超前发展,是指当经济发展水平较低时,社会事业已颇具规模或达到相当完备的水平。例如,教育事业的发展需要具有超前性,这同经济活动乃至整个社会活动对它的需要有关,也与教育事业自身发展的需要有关。

②经济活动与社会事业同步发展。所谓同步发展,是指在同样的经济发展水平下,该项社会事业具有大致相称的发展规模、水平和速度。如文化活动、行政活动以及国防活动,一般说来都是同经济活动保持同步发展水平的。

③社会事业的滞后发展。所谓滞后发展,是指该项社会事业同经济发展已达到的规模和水平相比,差距悬殊,远远落后于经济发展的实际水平。其典型例子有卫生保健活动、社会保障活动以及环境保护活动等。一般说来,在经济发展的初期到中期阶段,教育和科技发展受到重视,与经济发展不太紧密的文化、体育、卫生保健、社会保障、环境保护、司法、社会参与等活动有滞后发展的倾向。在经济发展中期到成熟阶段,各项社会事业发展才不再单纯围绕经济发展而同样受到重视。事实上,从长远来看,一些社会事业发展滞

后，不利于经济发展以及社会事业自身的发展，最终还是会被迫回到应有的位置上来的。

总之，宏观经济管理工作要保证经济、科技和社会事业协调一致地发展，需要在两个方面保持协调：一是发展目标一致，即经济发展目标与科技、社会事业发展目标要相一致，不可相互脱节；二是在人力、物力、财力的分配上要统筹安排，保持协调一致。这些都要通过中、长期国民经济和社会发展计划的制订和实施来统一解决。

思 考 题

1. 什么是管理？管理有哪些功能？
2. 经济管理和宏观经济管理的含义是什么？
3. 社会主义国家为什么要进行宏观经济管理？
4. 市场机制的局限性有哪些主要表现？
5. 为什么社会主义市场经济的发展离不开宏观经济管理？
6. 实行宏观经济管理必须具备哪些基本条件？
7. 宏观经济管理的基本任务是什么？
8. 宏观经济管理的中、长期任务是什么？
9. 经济发展与科技事业、社会事业发展之间的关系是怎样的？

第二章　宏观经济管理的目标和组织

第一节　宏观经济管理的目标

一、宏观经济管理目标的含义和要求

（一）宏观经济管理目标的含义

目标是指在一定的客观条件和一定时间内，主体（国家、机构或个人）的各种实践活动所想要达到的结果。它是主体的主观愿望。所谓宏观经济管理目标，是指国家宏观经济管理部门运用经济的、法律的和行政的管理手段期望国民经济运行达到的理想状态。宏观经济管理目标的确立要建立在客观经济的基础之上，既不能好高骛远，确定无法实现的目标，又不能妄自菲薄，低估国家的实力。

（二）宏观经济管理目标的重要性和必要性

宏观经济管理目标在宏观经济管理过程中具有核心地位。管理目标的确定，决定着管理的重点、内容和归宿，它贯穿于整个宏观经济管理活动的过程之中。宏观经济管理过程包括对国民经济和社会发展状况及其变动趋势进行预测，并据之做出管理决策，确定目标，进而采取调控措施，督促管理目标的实现。同时，它也是考核和评价宏观经济管理工作成效的重要依据。

没有科学、正确的宏观经济管理目标，就难以实施对整个国民经济的科学管理。因此，管理目标确定得正确与否以及目标实现的程度，反映着管理活动成效的高低。在社会主义市场经济条件下，宏观经济管理目标的确定与实现尤为重要。经济周期导致的大起大落在社会主义市场经济体制下仍会起作用。经济追求的首要目标是效率、是资源的最优配置，但对资源最优配置的评价是受社会共同目标的取向制约的，市场调节并不能保证资源配置与这种取向的一致，有时还会造成对社会整体利益的严重损害，包括：经济的负外部性蔓延、垄断滋生、公共物品的短缺供应、信息不完全、公平交易受损、寻租现象突出、经济结构失调、国家利益受损、"有害物品"和"非市场品"的进入等，这些问题的出现均不能由市场机制来解决。市场机制的自发调节功能存在着缺陷或局限性，使其自身不能解决社会共同目标的问题。正是鉴于此，1993年11月党的十四届三中全会做出《中共中央关于建立社会主义市场经济体制若干问题的决定》中明确提出，我们建立社会主义市场经济体制，就是要使市场在国家宏观调控下对资源配置起基础作用，此后，党的十五大、十六大、十七大多次重申了这一目标。因此，需要国家预先确定要达到的目标，并按照目标的要求发展国民经济和社会事业，力求使市场调节的作用与国家宏观指导方向趋于

一致，实现资源在国民经济各部门、各行业的合理配置，取得良好的经济效益和社会效益。

（三）选择宏观经济管理目标的要求

为了有效地发挥宏观经济管理目标的作用，以实现其对宏观经济的调控目的，在对宏观经济管理目标的选择上，必须符合下述一些基本要求：

（1）全局性

宏观经济管理目标所涉及的是社会经济发展中事关全局和总体运行的一些主要活动。在社会主义市场经济体制下，一些微观层次的生产经营活动不属于宏观经济管理的范围，在宏观经济管理中就不必为其设定目标。

（2）综合性

这是与宏观经济管理目标的全局性要求直接相联系的。由于宏观经济管理目标是关系宏观经济总体运行的，因此它必须具有综合性。这种综合性的目标，一般以总量指标来表示，如国民收入增长率、国内生产总值增长率、通货膨胀率、失业率等。

（3）系统性

由于宏观经济管理目标是要在一定时期内通过国民经济多方面共同进步才能达到的国民经济总体发展的预期结果，因而决定了目标的多面性和多层次性。它们之间相互联系、相互制约，构成一个有机的整体。在这个体系中，诸如：既要有经济目标，也要有社会目标；既要有生产目标，也要有消费目标；既要有经济增长目标，也要有结构优化和经济效益目标；既要有劳动生产率提高的目标，也要有充分就业方面的目标；等等，共同构成一个相互有机联系的目标体系。

（4）科学性

虽然目标是人们主观的产物，但作为宏观经济管理的目标，应当是在对宏观经济运行进行客观分析的基础上加以选择或确定的。因此，必须克服目标确定上的主观随意性，要在广泛开展调查研究的基础上，全面深入地了解客观现状，分析其发展变动趋势，并进行科学的预测和可行性研究，使确定的目标具有现实可行性。

（5）稳定性

宏观经济管理目标按时间长短划分为长期管理目标和短期管理目标，不同时期的目标量化指数是不一样的。但就一定时期而言，目标量化指数一经确定，则应保持相对稳定，以便于实施有效的管理，有利于目标的实现。

二、宏观经济管理目标体系

宏观经济是一个复杂的有机体，因此，宏观经济管理目标也是一个由多目标组成的目标体系。

（一）宏观经济管理的一般目标

宏观经济管理的一般目标是指宏观经济运行的总目标。它包括的内容有以下几个方面：

（1）经济增长目标

经济增长是一国在产出方面追求的宏观经济管理目标，也是宏观经济管理的首要目标。如果没有经济的增长，各项事业的发展就会缺乏根基。经济增长可以为国家综合经济实力的增强和人民生活水平的提高提供物质保证。从宏观经济管理各目标的关系来看，只有实现经济的快速增长，才能为实现宏观经济管理的其他目标创造条件。因此也可以说，经济增长是宏观经济管理的条件目标。

(2) 结构优化目标

经济结构尤其是产业结构是否合理，对于加快经济增长和提高宏观经济效益，对于整个国民经济的健康协调发展和良性远行，有着十分重要的作用。因此，优化结构就成为宏观经济管理的另一个重要目标。经济结构的优化是在一定经济发展阶段的优化，也是把经济结构推向更高发展阶段的优化。一般而言，其优化的主要标准是：能够合理开发和配置资源；能够使国民经济各部门、各地区、再生产各环节协调发展；能够促进技术进步、产品质量和劳动生产率不断提高；能够促进社会经济效益的提高、经济的持续稳定增长、人民生活水平的不断提高；能够促进经济、科技、社会的协调发展。

(3) 总量平衡目标

宏观经济总量平衡的核心内容是求得社会总供给与总需求的平衡。社会总供给是指由社会提供各种产品和服务的价值总量；社会总需求是指全社会对各种产品和服务需求的价值总量。这一目标的实现情况，直接关系到整个国民经济的增长与稳定。保持总量平衡对于社会再生产的顺利进行，对于物价总水平的基本稳定，对于人民生活的改善等，都具有重要的意义。

(4) 宏观经济效益目标

宏观经济效益是指从国民经济总体来看的经济效益。在社会化大生产条件下，各企业作为社会分工体系的基本环节，在再生产过程中，彼此是互相依存、互相制约的。任何一个企业都需要别的企业为它提供生产资料，又向别的企业销售它的产品；其生产能否符合社会需要，能否减少劳动消耗、降低生产成本、提高经济效益，都直接或间接地对其他企业的经济效益发生重要的影响。这种相互联系、相互交错、相互依存的微观经济效益的总体，构成了全社会的宏观经济效益。显然，与微观经济效益相比，宏观经济效益具有全局性和长期性的特点。对作为宏观经济管理目标之一的宏观经济效益的衡量，就需要考察社会经济活动从总体上是否符合社会需要，是否有利于提高人民生活水平，是否有利于资源的合理利用和环境保护，进而是否符合国家的整体利益和长远利益。

(5) 人民生活水平和生活质量提高的目标

这一目标既包括生活水平的提高，如城乡人民实际收入的增长、人均消费额及人均主要食品消费量的提高等，也包括生活质量的提高，如居住和交通条件的改善、文化娱乐活动的丰富、卫生健康水平和受教育程度的提高、生活环境的优化等。这一目标的实现程度，是宏观经济管理各项目标实现结果的一个最终体现，因为社会经济活动的最终目的就是要满足人民生活需要，使人民生活水平和生活质量得到提高。

(二) 宏观经济管理的具体目标

宏观经济管理的具体目标是上述一般目标的具体化，是一定时期、一定条件下的管理目标。主要有如下一些内容：

(1) 适度的经济增长率

经济增长速度的快慢应和经济周期联系在一起，既要和同一国家或地区的历史经济周期比较，又要和世界主要国家的经济周期比较，过快和过慢，都是不利于国民经济正常发展的。如果经济增长速度过快，就会使国民经济比例失调，结构不合理，最终使经济发展遭受挫折；如果经济增长速度过慢，又会贻误发展时机，使资源条件不能得到充分利用，许多经济和社会问题会因为缺乏必要的物质条件而难以解决。为了使国民经济健康发展，必须要有一个适度的经济增长率。因此，宏观经济管理应选择适度的经济增长率作为其管理目标。衡量或评价经济增长率是否适度的标准有两个：一是速度的快慢，即适度的经济增长率应当是在充分考虑各有关因素的基础上的一个较高的经济增长率；二是经济增长的稳定性，即这种增长率还要求是有利于结构的优化和经济的持续、稳定发展基础上的较高经济增长率。如果经济增长忽上忽下、大起大落，从长期看，就不可能实现经济的快速增长，而且会在很大程度上阻碍经济的发展。

(2) 合理的固定资产投资规模和投资结构

固定资产投资规模是否适当、投资结构是否合理，直接影响整个国民经济能否正常发展。适当的投资规模，就是要使一定时期内的固定资产投资既能满足经济和社会发展对生产的需求，又能保证它不超过社会在一定时期内所拥有的、能够用于固定资产投资的人、财、物的资源量。投资结构是各种投资之间的内在联系及其数量比例。各种投资之间的相互联系方式不同，投资效果也会大不相同。建立合理的投资结构，就是要正确处理各种投资之间的关系，以取得良好的投资效益，促进整个国民经济的持续、快速、健康发展。

(3) 财政收支、信贷收支基本平衡

财政收支和信贷收支是社会资金运动的两种主要形式。财政收支和信贷收支的平衡状况，在很大程度上反映着社会总需求与社会总供给的平衡状况。财政收支、信贷收支不平衡的表现有收大于支和支大于收两种情况。在现实经济生活中，主要表现是支大于收，即表现为财政赤字、信用膨胀，进而引致货币发行过多，流通中货币数量过大，社会总供求不平衡。因此，作为宏观经济管理的目标，应当是经常保持财政收支、信贷收支的基本平衡，以利于从财力上保证国民经济的健康发展和人民生活水平的不断提高。

(4) 国际收支平衡

国际收支的基本平衡是各国在对外经济方面力求达到的宏观经济管理目标。由于不同国家的经济实力和资源拥有状况不同，会使一些国家的国际收支出现顺差或逆差的不平衡状态。如果顺差过多，就等于把出口所得的外汇储存起来，不但未能将之用于进口商品，还要承担通货膨胀的风险；反之，逆差过大，又会造成外汇储备大量减少，不但不利于进口，还可能引起信用危机。可见，实现国际收支平衡，对于经济的稳定发展是至关重要的。

(5) 保持物价总水平的相对稳定

在传统的计划经济体制下，我国的物价完全由国家控制，长期稳定不变，结果使价值规律的作用无从发挥，生产效率低下，物资匮乏。自1979年以来，国家逐步放开物价，尤其是在确立了社会主义市场经济体制目标以后，绝大多数商品的价格已由市场形成。但在此期间，经济发展过程中也出现过通货膨胀、物价大幅度上涨的问题。其中，严重的有三次：第一次是在1985年，全年食品物价指数上升了14.4%；第二次是在1988年，全年通胀率为 18.5%；第三次是在 1994 年，全年通胀率为 21.7%。由于物价牵涉到千家万户，与企业生产和人民生活息息相关，因此，物价涨幅太大、通胀率过高，不利于人民生活的改善，会损害经济的健康发展和社会安定。

在防止通货膨胀的同时，也要防止通货紧缩。根据"单要素"定义，通货紧缩，就是物价水平持续普遍下降。学术界关于通货紧缩的标准还有"三要素"通货紧缩和"两要素"通货紧缩。前者包括价格水平的持续下降，货币供应量的持续下降与经济增长率的持续下降，后者包括价格水平的持续下降和货币供应量的持续下降。通货膨胀和通货紧缩均为改革开放后引入的新名词，对其定义的区分远不如对其危害程度的预计和应对更具有实际意义。1997 年 10 月至 1999 年 8 月，中国商品零售价格指数已连续下降 23 个月。1997 年 8 月生产资料价格首次进入负增长时期之后，社会商品零售价格指数和社会商品消费价格指数相继于 1997 年 10 月和 1998 年 3 月出现负增长态势。1998 年，全年商品零售价格和居民消费价格分别比上年下降了 2.6%和 0.8%。2000 年，全国居民消费价格指数比上年上涨了 0.4%，商品零售价格指数比上年下降了 1.5%。考虑统计误差的影响，2000 年的居民消费价格指数实际上有可能是下降的。通货膨胀会对国民经济产生的一系列不利影响表现在：抑制国民经济的正常增长与发展，造成经济效益的全面下降，诱发其他经济问题。当紧缩达到一定程度时，国民经济运行中那只"看不见的手"必定会伸向经济活动中，将各种形式的"准货币"推向市场，以此来填补市场货币不足的缺口。当银行信用收缩到一定程度时，商业信用就会相应地扩大，并进行强制替代。但是"准货币"对货币的强制替代、商业信用对银行信用的强制替代，实际上是不规范对规范的替代，是分散对集中的替代。因此很容易产生一系列的弊端，比如货币供应量更加难以控制、企业之间相互拖欠等。

通货紧缩会在一定程度上牺牲经济增长与发展，对企业、对政府、对社会都将造成不利影响，而且这种影响绝不亚于通货膨胀。就通货紧缩对消费者的影响而言，从短期来看，消费者可以用同样多的货币购买到更多的商品；此时，货币持有者由于物价水平的下降，其同等数额的货币购买力增强。但是，通货紧缩必然带来收入水平的下降，如果单个购买成本的降低不足以弥补因总的可支配收入下降而减少的购买机会的话，那么通货紧缩给消费者带来的收益也是十分有限的。更为重要的是，通货紧缩必然会减少就业机会，减薪、下岗、失业不仅给人们带来经济方面的损失，而且给人们带来心理方面的压力。

可见，抑制通货膨胀和通货紧缩，保持物价的相对稳定，是实现我国经济的持续稳定发展和进一步有效实施对外开放政策的关键，当然，也是宏观经济管理的一个重要目标。

(6) 充分就业

就业率与生产力水平密切相关。高的产出水平有利于吸收更多的劳动力，但由于景气循环和经济结构发生变动等原因，往往存在一些有工作能力和愿意工作的人不能找到适当就业岗位的情况，即出现一部分人失业。如果失业率过高，既给失业者造成个人和家庭生活困难，又可能引起社会不安。从我国当前和今后一段时间来看，由于新增人口总量在继续膨胀及劳动人口在总人口中的比重不断提高，使我国劳动力供给继续增长；我国加入世界贸易组织后，随着关税的降低，大量的外国资本和商品的涌入，跨国公司的进入使我国一些效率低的行业和企业面对国际的激烈竞争必然受到较大的打击；与此同时，我国产业结构调整幅度在加大，农业将出现更多的剩余劳动力，因而会导致国家较大的就业压力。政府必须对此给予高度重视，在发展经济、控制人口的同时，努力创造条件，为有劳动能力的人口提供更多的就业机会，将失业率控制在较低的水平。

提高人口和劳动力素质，也是新形势下我国实现充分就业的一个有效途径。在经济全球化背景下的当今世界，中国要参与国际市场的竞争，必须拥有大量具有涉外知识、能面向国际市场、适应国际竞争、富于开拓精神的高素质的外向型、整合型、实践应用型人才。要培养众多有扎实的文化科学知识、较深的专业造诣、较宽的综合知识面，同时熟悉国际惯例和法规，并了解一些有关国际礼仪、风土人情、人文地理、政治经济等方面知识的高端人才，以适应经济和社会发展的需要，从而也可以通过劳动力结构的优化，缓解就业的压力。

(7) 适度人口自然增长率

就再生产各要素而言，人口发展问题始终是社会经济发展的主题。人口发展与社会经济发展互相联系，互相依存，互相制约。目前，我国的人口增长率已大大低于世界平均水平，但由于人口基数大，就绝对数量而言，人口增长的压力依然很大。人口增长过快，经济发展的成果就会被新增人口所抵消，这对国家整体经济实力的增强和人民生活水平的提高都是不利的。在未来的较长时期，中国仍要保持低生育水平。与此同时，经过改革开放以来的高速经济增长和严格计划生育控制，中国已进入老龄化社会，而且正开始进入人口老龄化快速发展时期。随着新中国的同龄人步入老年，我国将出现第一次老年人口增长高峰。老年人口由年均增加 311 万人发展到年均增加 800 万人。老龄化社会带来的挑战是国家及众多家庭的养老成本压力增大。因此，对于人口增长的有计划调节，既要控制人口数量，也要调整人口结构，提高人口素质，以实现人口、经济、社会、资源、环境的长期整体协调。

(三) 宏观经济管理的长期目标和短期目标

宏观经济管理目标按时间不同，可分为短期目标和长期目标。宏观经济管理中的短期一般是指 1 年时间，长期一般是指 5 年或更长的时间。不同时间的目标选择是不一样的。

宏观经济管理的短期任务是维持经济的稳定，保持重大比例关系的平衡协调。其目标主要包括：社会总供给与总需求的平衡；适度的经济增长率；财政收支和信贷收支平衡；国际收支平衡；物价的相对稳定等。

宏观经济管理的长期任务是实现资源的合理配置，保证经济的持续、快速增长及社会的协调发展。其目标主要包括：经济结构尤其是产业结构的优化；适度的固定资产投资规模及合理的投资结构；宏观经济效益的提高；人民生活水平的提高和生活质量的改善；经济、社会、生态环境三者的协调等。

宏观经济管理的短期目标和长期目标是相互联系、相互制约的有机整体。前者为后者的实现提供条件，后者是前者的目的。没有短期目标的实现，就不可能实现长期目标，而没有长期目标的确立，则难以确立适当的短期目标。

三、宏观经济管理目标的选择

宏观经济管理目标的选择包括：重点目标的选择；目标方向的选择；目标度量的选

择。在不同国家的不同时期，由于社会面临的现实问题不一样，其目标选择的重点、方向和度量也会不一样。

所谓重点目标，一般是指能够解决宏观经济运行中的主要矛盾，并起到主导作用的目标。宏观经济管理目标作为一个体系，就大的方面而言，涉及效率、增长、稳定、公平等及其相互关系。一般来讲，稳定是一切进步的最低要求，增长是社会进步和社会问题妥善解决的重要条件，而效率是经济健康发展的基础，公平则是维持正常经济秩序和社会稳定的重要前提。在一定时期，以何种目标为重点，主要取决于有关现实问题的严重程度及社会的承受能力。例如，当经济波幅过大而危及经济活动正常秩序和社会安定时，政府要将稳定作为重点目标；当经济和社会基本稳定时，政府会努力追求效率和增长。由于各种目标是相互联系的，在宏观经济管理中，既要优先考虑重点目标，也要兼顾非重点目标，把重点目标和非重点目标较好地结合起来。目标方向的选择，是指对各种目标提出的正向或逆向要求。例如，经济增长的加速或减速、物价水平的提高或降低等。具体讲，当一国经济出现停滞、萧条、衰退和不景气的情况时，政府就要刺激经济复苏，提高经济增长率；相反，当经济波幅过大，且主要方面又是经济过热时，就要降低经济增长率。当出现较为明显的通货膨胀、物价大幅度上涨时，为抑制通货膨胀，就应稳定通货和力求使物价水平降低。

在目标方向既定的条件下，还要进行目标度量的选择。目标度量的选择，就是确定其量的界限，使目标量化。例如，经济增长率达到百分之多少，失业率控制在多少以内，等等。目标数值以多少为合适，这在不同国家和不同国家的不同时期会有差异，但在一个国家某一时期内是大体可以确定的。如果目标数值超过了社会经济所能承受的程度，从宏观调控角度来说，它已达到"警戒线"或"社会临界点"，于是政府就必须对其加以干预或调控，使经济运行回到"警戒线"之内。

以上重点目标、目标方向和目标度量都应遵循一定的原则来进行选择和确定：

首先，对宏观经济的运行过程要有一个客观的、实事求是的认识，以便对经济运行中的主要矛盾及其原因做出较为准确的判断和分析。这是进行宏观经济管理目标选择的一个必要前提。

其次，必须对经济发展趋势进行科学的预测，考虑到未来影响经济发展的各主要因素及组合关系，提出各种不同的方案，进行比较、论证和评估，以便做出最优的目标选择。

再次，要力求各目标的协调一致。因为各项宏观经济管理目标是相互联系的，其中某一目标的变动，会影响其他目标的实现。例如，增加就业有利于满足基本需要，但却可能降低劳动生产率，影响国民收入水平；加快经济增长速度，有可能出现通货膨胀，等等。因此，充分注意和正确处理各项目标之间的相互关系和作用，使各目标协调一致，才能有利于达到宏观经济管理的总体要求。

第二节 宏观经济管理的职能

一、确立宏观经济管理职能的依据

宏观经济管理的职能是指国家机构主要是政府部门在组织和领导国家经济活动中的职

责和权力。这里，职责和权力应当是统一的，其核心是职责，即承担一定的任务，负有一定的责任，并拥有相应的权力。

由于宏观经济管理和调节职能是由国家的政府来担负的，因此，这里讲的宏观经济管理的职能亦可称为政府的经济职能。一般来说，在任何经济形态下，政府都要对经济履行调节和管理的职责，但在不同性质的经济形态下，政府的职能不尽相同。在我国传统体制下，政府的经济职能是按照计划经济思想设计的，其突出特点是：政府职能无所不包，企业一切经济活动都由政府统一指挥和控制，而且行使职能的方式是直接干预企业和用行政手段管理基层单位的生产经营活动。由于政府是经济活动的主体，并渗透到国民经济的各个方面，结果形成管得过多，管得过死，使经济缺乏活力的局面。中国在改革开放30多年的道路上，从完全由政府主导经济到推进市场经济的全面进行，其职能也经历了全方位的转变。按照社会主义市场经济的要求，政府的经济管理职能与过去有根本的不同：政府不直接干预微观主体的经营活动，其主要职能是对整个经济实行宏观管理，做好发展经济的规划、指导、协调、监督和服务工作；特别是要为企业在国家宏观指导下充分发挥积极性、主动性、创造性提供良好的外部条件。对此，我国党和政府曾做过如下原则性规定：

1984年，中共中央做出了《关于经济体制改革的决定》。该《决定》指出：根据多年来的实践经验，政府机构管理经济的主要职能应该是：制定经济和社会发展的战略、计划、方针和政策；制定资源开发、技术改造和智力开发的方案；协调地区、部门、企业之间的发展计划和经济关系；部署重点工程，特别是能源、交通和原材料工业的建设，制定并监督执行经济法规；按规定的范围任免干部，管理对外经济技术交流和合作，等等。这些内容都属于宏观经济管理的范围。

在党的十四大提出了建立社会主义市场经济体制的目标之后，1993年，中共中央在《关于建立社会主义市场经济体制若干问题的决定》中又进一步提出了转变政府经济职能的任务。该《决定》指出：政府管理经济的职能，主要是制定和执行宏观调控政策，搞好基础设施建设，创造良好的经济发展环境，同时，要培育市场体系，监督市场运行和维护平等竞争；调节社会分配和组织社会保障，控制人口增长；保护自然资源和生态环境；管理国有资产和监督国有资产经营；实现国家的经济和社会发展目标；改革政府机构，要遵循政企分开，精简、统一、高效能的原则，专业经济部门要逐步减少，综合经济部门要做好综合协调工作，同时，加强政府的社会管理职能，保证国民经济正常运行和良好的社会秩序。

党的十六大以来，以推行政企分开、政资分开、政事分开、政府与市场中介组织分开为重心实现政府由计划管制型到服务型的转变。增加了涉及群众生产生活环境、公共安全、医疗卫生、环境保护等社会发展事业的投入，加强了政府法治化、透明化建设。

党的十七大报告指出：要着力转变职能，强化政府社会管理和公共服务；要理顺关系、优化结构、提高效能，形成权责一致、分工合理、决策科学、执行畅通、监督有力的行政管理体制。

二、宏观经济管理职能的内容

适应社会主义市场经济发展的要求，国家宏观经济管理职能的主要内容应包括如下三大方面、十个具体方面：

（一）经济制度维护职能

（1）制定规划、政策的职能

制定规划、政策是国家经济决策的主要体现，也是国家从宏观上引导和调控国民经济运行的基本依据和主要手段。国家通过制定规划、政策，确定国民经济整体的发展目标及实现目标的主要途径和政策措施。主要包括：制定经济和社会发展的战略和计划；制定产业政策、投资政策、技术政策、资源开发政策；制定提高全民科学文化水平的政策；制定地区布局和收入分配调节政策等。

（2）宏观调控的职能

国家依据制定的战略、规划及政策，从市场关系入手，对社会供给和社会需求从总量和结构上进行研究；通过政府宏观调节机构综合运用各种经济手段、政策法规及必要的行政手段来调节宏观经济运行，使社会经济中的各种主要比例关系相互衔接和协调，实现资源的优化配置，为微观经济运行提供良好的宏观环境，保证全社会的生产和需要基本平衡，使整个国民经济得以持续、快速、健康发展。

（3）统筹协调的职能

国民经济中存在着各部门、各地区及各企业间的复杂联系，为了保证社会经济的正常运行，国家必须从全局出发，对其中的一些主要关系加以协调。这些主要关系包括：经济、科技、社会各领域的发展政策和经济关系；计划、财政、金融部门的调控政策和经济关系；各产业间的关系；各地区间的关系；中央与地方的关系；国家与企业的关系；国家、企业、个人之间的经济利益关系，等等。

（4）监督服务的职能

监督是指对经济活动的监察和督导。国家要随时检查经济活动参与者的经济行为，督促和引导其纠正偏差，以保持国民经济按既定的目标正常运行。服务是指政府提供信息，预测资料、情报，进行咨询服务等管理活动。与微观经济活动的主体相比，政府在搜集和提供信息与咨询服务方面有着独特的优势。政府可以提供全面的经济信息和咨询服务，为企业生产经营活动创造良好的外部环境。

（二）经济发展职能

（1）培育、引导和调控市场的职能

培育市场是指国家根据社会主义市场经济运行的需要，建立和健全统一、开放、竞争、有序的市场体系。引导市场是指国家通过及时、准确地向市场提供各种信息，传达国家的产业政策，指导和帮助微观经济活动与国家宏观经济管理目标的要求相协调，以减少市场波动的盲目性。调控市场主要是指国家利用其掌握的经济参数，即利用货币增发量、信贷投放量、财政收支及其差额、重要物资和商品的储备和上市量、外汇结存量、国家直接投资额等的变动，来影响社会总供给和总需求，并通过总供求关系的变化调节市场信号，进而调节市场主体的行为，保证市场运行有序，使企业的市场行为趋于合理化。

（2）部署和组织重点建设的职能

这是体现国家在资源配置方面所起作用的职能。为了弥补市场功能的不足，实现资源合理有效配置，国家需要掌握必要的资金，安排和组织重点建设项目。例如，一些具有投资规模大、建设周期长、资金回收慢等特征的基础设施的建设，战略部门的发展，新兴产业的开拓，重大科技开发和国防建设等，都需要国家从整体利益出发，统筹部署和组织实施。

(3) 组织和指导对外经济活动的职能

我国的对外经济活动是为社会主义现代化建设和满足人民的物质和文化生活需要服务的，这就决定了它必须置于国家的统一领导之下。国家按照经济发展的要求和对外政策的需要进行统筹规划，搞好综合平衡，协调好外贸与生产、外贸与内贸等各方面的关系，保持国际收支平衡，维护国家的主权和经济利益。

(三) 经济安全职能

(1) 管理国有资产和自然资源的职能

国家通过经济手段、政策法规和行政手段管理国有资产，促进国有企业及事业单位有效地使用国有资产，依法缴纳各项税收和费用，向国家上缴利润和国有资产的股权收益，实现国有资产增值，国家依法保护自然资源，使自然资源能被科学、合理地开发和有效利用，不断提高经济效益。同时，要注意经济效益和环境效益的统一，使自然资源的开发、利用处于良性循环，能够长期稳定地为社会经济发展提供好的物质基础。自然资源作为国家生存和发展的基本保障，对国家经济安全有着举足轻重的作用。经济的高速增长最初由自然资源的过量消耗支撑，但在全球化新的国际条件下，资源供需形势日益严峻，未来资源安全的走向如何，是迫切需要回答的问题。我国作为崛起大国，一方面要保证储量不足的战略资源的供给价格、供给渠道和供给方式的安全，另一方面要保证暂时储量丰富的资源，如钨、稀土等的安全。粮食是关系社会和谐、政治稳定、经济持续的重要战略物资。我国人口占世界的22%，耕地仅占世界10%。我国政府解决粮食安全问题的基本方针是能够依靠自己的力量实现粮食基本自给，我们做到了。然而，随着城市化进程加快，耕地变成建筑用地，水资源减少等因素的出现，粮食安全问题日益突出。因此，完善粮食应急储备体系，确保粮食顺利生产和流通，最大限度地减少紧急状态时期的粮食安全风险，是粮食安全保障体系的重要组成部分。

(2) 发展社会事业，解决重大社会问题的职能

经济建设的发展与社会事业的进步是密不可分的。当今，没有社会协调和进步，经济就不可能在较大程度上发展。而社会协调和进步，单靠市场调节是不可能实现的，如教育、文化、卫生、体育等社会事业的发展，人口增长、劳动就业、环境保护等社会问题，都需要通过政府的宏观经济管理来统筹安排和解决。国家可以从促进经济发展和保证社会发展相统一的角度，实现经济与社会的协调发展。2008年9月1日，全国实现了城乡免费义务教育，该阶段1.6亿学生的学杂费全部免除，这是改革开放以来，我国教育发展取得的一个重大成绩，使中华民族千百年来"学有所教"、"有教无类"的教育理想成为现实。

(3) 调节社会收入分配，组织社会保障的职能

维护社会公正和实现共同富裕，是社会主义国家政府的基本政策目标。然而，市场本身不能自动实现这一目标，需要由政府采取措施促其实现。政府可以通过经济的和法律的手段，调节居民收入分配，使人民生活水平在经济发展的基础上得到普遍提高。

建立和完善社会保障体系，是保证社会安定的需要。从我国实际情况出发，建立和完善社会保障体系的内容主要包括：建立和完善养老保险制度，实行基本社会养老保险与劳动者个人储蓄保险相结合的制度，建立和完善劳动失业保险制度，建立和完善医疗保险、工伤保险和生育保险等保险制度。

第三节　宏观经济管理的组织机构

一、宏观经济管理组织机构建立的原则

建立合理的宏观经济管理组织机构，是国家经济职能得以有效发挥、宏观经济管理目标能够实现的组织保证。

建立宏观经济管理组织机构的基本原则是民主集中制。这一原则要求宏观经济管理的机构设置及其职责划分要有利于充分调动各方面尤其是基层单位的积极性，建立起合理的分层管理机构和分工协作关系；同时，也要求能有效地体现国家的宏观指导和调控作用，以保证国家各项宏观经济管理目标的顺利实现。为此，在宏观经济管理组织机构的建立与完善中还应贯彻如下几个具体原则：

（一）政企职责分开的原则

在传统的计划经济条件下，经济管理的机构是按照企事业单位隶属于各部门和各地区的行政管理关系来设置的，存在着严重的政企职责不分的问题。按照建立社会主义市场经济体制的要求，宏观经济管理机构的建立必须贯彻政企职责分开的原则。宏观经济管理的重点是对经济总量实施管理，并不直接管理企业的经济活动。贯彻这一原则，既能使企业拥有充分的自主权，同时也有利于政府机构集中精力，从全局出发调控市场，引导企业，搞好宏观经济管理。

（二）精简的原则

按照精简的原则，组织机构的设立在做到有利于宏观经济管理职能作用的发挥，使国家能有效地进行决策、监督和调控的前提下，应当合理划分和组合管理层次，力求避免机构臃肿、组织层次重叠。

（三）统一的原则

如果没有国家统一指挥下的协调行动，宏观经济管理预定的目标是难以实现的。因此，在组织机构设置上，应当有统一计划、统一调控和有利于发挥组织机构整体效能的中心。在这个中心的统一指挥下，各职能机构协调运作，形成合力。

（四）效能的原则

效能原则不仅是设置机构的出发点，也是检验机构设置的合理和有效程度的基本标准。对机构设置效能的衡量，既要看各有关机构自身的工作成效，如决策的制定是否科学、信息的传递是否及时和准确等，又要看各机构在实施宏观经济管理职能的动态过程中所表现出来的社会整体效能。而且，从宏观经济管理的要求来看，尤为重要的是要从整体出发，建立起具有高效能的组织管理系统。

二、宏观经济管理组织系统

宏观经济管理必须通过建立一系列组织机构来进行。由这些相互联系、相互制约的各宏观经济管理组织机构所组成的有机整体，就是宏观经济管理的组织系统。

宏观经济管理组织系统由若干个子系统所组成。这些子系统可以从以下两个角度进行分类：

按照主要职能划分，宏观经济管理组织系统包括的子系统有：宏观经济决策系统，宏观经济调控系统，宏观经济平衡协调系统，宏观经济信息系统，宏观经济监测与监督系统。

宏观经济决策系统：按照我国现行建制，有全国人民代表大会、国务院。全国人民代表大会是国家经济管理的最高权力机关，有关国民经济和社会发展的战略目标、规划、计划及重大法规、政策等，都需经全国人民代表大会审查批准。全国人民代表大会选举产生的国务院，是政府的最高层次，直接负责对国民经济有关政策的制定和组织管理。

宏观经济调控系统：主要包括计划、银行、财政、税务等机构。计划部门的主要职责是协调经济发展规划、计划和政策的制定与实施过程，搞好综合平衡；主要通过指导性计划来引导和规划市场活动，贯彻国家的经济增长政策、产业政策、投资政策、收入分配政策等来实现国家的调控目标。中央银行是国家货币政策的操作主体，通过实施货币政策实现国家的既定调控目标。财政和税务部门通过财政收入和财政支出政策对总供给和总需求进行调节，实现宏观经济调控目标。

宏观经济平衡协调系统：目前我国主要包括的组织机构有国务院、国家发展与改革委员会等。其主要任务是以宏观调控目标为中心，协调宏观经济政策的制定与实施过程中的各种经济关系和经济政策措施，搞好综合平衡。由于能源是涵盖多个领域，涉及多个部门的战略资源，2010年，国务院决定成立了国家能源委员会，其主要职责是：负责研究拟定国家能源发展战略，审议能源安全和能源发展中的重大问题，统筹协调国内能源开发和国际能源合作的重大事项。

宏观经济信息系统：主要包括统计部门、信息中心和财政金融等机构。管理信息系统是宏观经济管理的神经网络系统，广泛服务于宏观经济管理过程的各个方面，如宏观决策需要以信息为基础；控制要以信息反馈为依据；组织协调需要信息进行沟通联络；企业的微观决策也需要信息系统从宏观角度提供及时、准确的信息服务。

宏观经济监测与监督系统：主要包括统计、信息、工商行政管理、审计、纪检、监察等机构。宏观经济监测是对宏观经济运行的全面情况进行监测，及时提出对宏观经济活动的综合监测分析，并为有关方面报警。宏观经济监督是根据国家的既定调控目标，检查、监督国家经济政策的实施，并及时将信息反馈给政策协调部门，为宏观调控的正确导向提供依据。

宏观经济管理组织系统除上述分类外，还可按组织机构的性质划分为综合管理系统和专业管理系统两大子系统。宏观经济综合管理系统主要包括发改委、经贸委、银行、财政等机构，其职责是对宏观经济进行综合管理。宏观经济专业管理系统包括工业、农业、商业、对外经济贸易、交通、通信等专业部门，其职责是从宏观经济角度对行业的发展进行管理。

我国的政府经济职能与权限在中央与地方进行过多次循环调整,政府经济职能机构规模也出现了相应的"精简膨胀"的反复。1949—1952年,政府只对经济进行有限的干预。1954年,为加强中央集权领导,撤销了大区行政委员会,改为国务院,64个部门中经济管理部门占55%。1955—1956年,国务院机构大调整到81个,经济部门增量名列前茅。1958年开始,中央集权下放,国务院经管部门由50个减为36个,1965年底又增到53个。1970年90个政府部门裁减到27个,编制缩减了82%,1975年恢复到52个机构,1978年增到76个,政府部门又经历了1982年的下降、1986年的上升、1988年的下降、1989年的上升,1992年的下降和1998年的深幅缩减,政府部门降为29个,人员减少了50%。近十年的政府机构改革更是本着统一、精简、效能的原则,解决机构职能划分不清、相互交叉的矛盾,十七大报告提出的"大部制"改革就是本着这一原则,目前国务院部委机构有29个,中央直属机构有16个。每次政府机构的膨胀和缩减,经管部门首当其冲成为改革的先锋,这并不能说明经管部门是无足轻重的,反而说明经管部门的职能是复杂而不好驾驭的,需要经过反复锤炼,积累丰富的经验,才能更好地为公众服务。

第四节 宏观经济管理体制

一、宏观经济管理体制的内容

经济管理体制是指适应一定生产力发展水平和生产关系状况的、由政府对社会经济活动进行调控的组织管理体系和制度。我国当前的宏观经济管理主要是依靠计划、财政、金融等部门进行的。因此,宏观经济管理体制就是计划、财政、金融等部门管理体系和制度结合而形成的有机整体。

建立宏观经济管理体制的主要任务在于确定宏观经济管理决策如何产生,决策实施采取什么方式和手段,以及适应决策和调控的需要建立起什么样的组织管理体系。因此,宏观经济管理体制的主要内容相应地由三个部分所组成,这三个部分是:宏观经济决策制度、宏观经济调控制度、宏观经济组织制度。

(一)宏观经济决策制度

宏观经济决策是国家对未来经济如何发展所做的抉择。宏观经济决策的主要内容包括:经济社会发展战略、发展规划、计划方案、经济增长、总量平衡、结构优化、地区布局、重大建设项目、重大社会问题的解决、政策策略和重大措施的制定等。为了保证决策的正确性,宏观经济决策制度的核心问题是要建立起科学的、民主的决策程序和严格的决策责任制。按照决策程序科学化、民主化的要求,凡属宏观经济的重大问题,首先要由有关部门及其智囊机构通过深入调查研究,提供足够的经济信息,进行反复的经济论证,设计多种方案进行比较、评估和选优。为使宏观经济决策主体行为规范化,要建立和完善严格的决策责任制,包括建立一定的奖惩制度和罢免制度。严格的决策责任制能够为决策者的行为优化提供制度约束和保证。

(二) 宏观经济调控制度

宏观经济决策必须通过一定的宏观调控方式和调控手段的运用才能实现。建立一定的宏观经济调控制度，正是从管理体制上确定国家的宏观调控方式、调控手段及其相互关系。在不同的经济体制下，宏观调控的方式和手段是不一样的。在我国传统的计划经济体制下，国家采取的是通过指令性计划主要用行政手段管理经济的直接调控模式。在社会主义市场经济体制下实行的是以间接调控为主的调控模式，国家不再直接调节微观经济活动，而是通过一定的中间环节对整个国民经济活动实行调节和控制。宏观调控的手段有国家计划、经济政策、法律规范及必要的行政干预。这些手段各有一定的职能和特点，在具体运用时，必须互相配合和协调，使各种手段能扬长避短，使其发挥的作用能符合国家宏观调控的目标要求。

(三) 宏观经济组织制度

宏观经济决策的制定和宏观调控的实施，都离不开一定的宏观经济管理机构。宏观经济组织制度的建立，就是要从制度上确立宏观经济管理机构的设置、各机构的职能分工及其相互关系。由于宏观经济管理是政府的职能，因此，宏观经济管理的组织系统是以各级政府经济管理机构为主体而形成的组织体系。我国目前的宏观经济管理组织系统是由以全国人民代表大会为最高权力机关，以国务院为最高行政机关，以后者所属宏观经济管理机构及地方经济管理机构为网络所组成的宏观经济管理组织体系。在这个体系中，国务院对国民经济的管理主要通过两个系统：一是部门管理系统，包括综合性职能部门和专业管理部门；一是地方管理系统，即通过各级地方政府及其管理机构进行管理。此外，为了有效地实施一些重大的经济活动，还需要建立有关跨部门、跨地区的经济管理组织。

二、宏观经济管理体制类型的选择

(一) 宏观经济管理体制的三种类型

综观当今世界各国的宏观经济管理实践，每个国家都有其不同的特征，据此，可以区分为各种不同的宏观经济管理体制模式。这些不同的模式如果按照计划、财政、金融在宏观经济管理中所处的地位不同，可分为计划主导型、财政主导型和金融主导型三大类型。

计划主导型体制是国家计划在宏观经济管理中处于主导地位。这种体制的主要标志是：①国家制定了较为完整的计划体系，主要包括长、中、短计划，中央与部门、地方计划；②从中央到地方，有一个较为完整的计划组织系统；③政府计划能直接或间接地影响各个经济主体的活动。社会主义国家曾普遍实行过这种类型的体制。在资本主义市场经济国家中，韩国是实行计划主导型体制较为典型的国家。在韩国，有拥有权力很大的国家计划机关——经济企划院，负责制定战略、长远规划和年度计划，协调各部门在经济发展中的关系，监督、检查计划的执行。财政部参与国民经济发展计划的拟定，负责预算的执行。金融政策的制定和银行资金的运用是根据国家计划进行的。从韩国二战后拟定和实施计划的情况看，计划安排的主要指标大都得到了实现。除韩国外，法国、日本也属于计划作用发挥比较突出的市场经济国家，即都是在市场协调的基础上实施间接的、以计划为轴心的政府宏观调控。但这两个国家相比，法国的国家计划协调机制在宏观经济管理中的地位和作用要突出得多。

财政主导型体制是许多市场经济国家采用的体制。这种体制要求税收体制健全，政府的财政税源充足和税基广泛；同时，以预算为中心的财政机构在宏观经济管理中的地位较高，因而有利于主要依靠财政政策调控宏观经济运行。当社会总需求大于总供给时，政府就采用减少财政支出或增税的办法，以抑制需求；当社会总需求小于总供给时，政府则采用增加财政支出或减税的办法，以刺激需求。实行这种类型的体制，通常要辅之以货币政策。中央银行通过货币发行、买卖政府债券、升降贴现率等办法来放松或紧缩银根，调节货币流通和信用流通，从而扩大或减少社会需求。

金融主导型体制是以金融作为宏观经济管理中心的。这种体制要求国家有健全的中央银行体系和完善的金融市场，国家主要通过货币政策，即通过对货币供应量和信贷规模的增减及其投向的变动，来调节社会总供求，以达到管理宏观经济的目的。实行这种体制的国家，其中央银行独立于政府之外，且能够对专业银行进行较为直接和严密的控制。政府可以对中央银行的政策发表意见，但没有决定权。实行金融主导型体制的国家在运用金融政策的同时，也配合发挥财政的作用，而且财政还占有重要的地位。

(二) 我国宏观经济管理体制的选择

我国宏观经济管理体制的建立必须适合我国的国情，具有中国特色。为此，我国宏观经济管理体制的选择必须考虑如下几个客观依据：

其一，所有制多元化，包括国有经济、集体经济、私营经济、个体经济、联营经济、股份制经济、外商投资经济、港澳台投资经济等在内，形成了一种以公有制为主体、多种经济成分并存的所有制结构。

其二，在分配制度方面，由多种所有制并存决定了多种分配方式并存，实行以按劳分配为主体、多种分配方式并存的分配制度。

其三，我国是一个国土广大、人口众多的发展中国家，资源丰富，但人均水平低，各地区经济发展也很不平衡。

其四，改革发展中出现了双重体制基础，即社会主义市场经济体制正在建立，传统的经济体制正在转变。政府一方面要集中精力抓宏观调控和基础设施建设，另一方面又要负责制定市场法则，维持社会在变革中的稳定。

这种具有开创性意义的体制创新是具有相当难度的，它也同时决定了适应新制度要求的宏观经济管理体制需要有一个逐步形成的过程，改革目标的实现只能是渐进式的。

根据建立社会主义市场经济体制的要求和我国国情特点，我国宏观经济管理体制，既不能选择计划主导型，也不能选择财政或金融主导型，而应选择计划、财政和金融结合型的体制。建立这种体制的要求主要有如下几个方面：

①计划、财政、金融三者之间，既要有明确的职责分工，又要密切配合，协调一致。在宏观经济调控中，计划部门不仅要运用产业政策，促进国民经济协调发展，而且要提出国民经济和社会发展的目标、任务以及需要配套实施的政策。在新型的宏观管理体制中，国家计划要以市场为基础，总体上应当是指导性的，计划应具有宏观性、战略性和政策性。财政要通过预算和税收手段，着重调节经济结构和社会分配，调节货币的流向和流量。中央银行以稳定币值为主要目标，运用存款准备金、中央银行贷款利率和公开市场业

务等手段，调控货币量并监督各类金融机构，维护金融秩序。这三种手段相比较而言，计划主要着眼于中、长期的总量平衡和结构优化问题，调控力度偏重于供给管理方面。财政和金融则主要在调节短期的社会总需求与总供给的平衡和产业结构协调方面起着重要作用。

②要建立统一协调宏观经济政策和经济杠杆的组织制度。国家的宏观经济管理是面对整个国民经济的，宏观调控的各种杠杆则分别掌握在政府的各个职能部门手中，主要由国家发改委、财政部、中央银行等部门及各级地方政府行使。因此，要使计划、财政、金融的宏观调控在方向上保持一致，作用上形成合力，就需要建立有权威的、统一的宏观经济调控中心。调控中心的职能是对宏观经济运行进行决策、指导和协调，调控依据的是全国人民代表大会通过批准的国家计划和财政预算。通过调控中心的作用，实行杠杆联动，使各部门的经济活动能相互协调和配合。在中央宏观调控中心的统一决策指导下，按调控内容和手段的不同，再分别按垂直体系进行分层调控，按各专业部门和行业管理实行分类调控，以及通过政府行政层次进行分组调控，因而也需要建立起与宏观决策实施相配套的宏观经济调控组织网络。

③要建立中央管理与地方（省、自治区、直辖市）管理合理分工的组织管理体系。在传统体制下，我国实行的是事无巨细都由中央统揽的组织管理方式，极大地妨碍了地方积极性的发挥。改革开放以来，传统的体制格局已经被打破，但也必须明确的是，新体制的建立，并不是对中央决策权的完全否定。实行宏观经济管理的权力，如国民经济发展战略、规划、计划，全国性产业政策，生产力布局，收入分配政策，货币的发行，基准利率的确定，汇率和主要税种、税率的调整等，必须集中在中央。在国家宏观经济决策的指导下，从我国的特点出发，也要发挥地方对宏观经济管理的作用。我国地域辽阔，人口众多，要赋予省、自治区和直辖市必要的权力，以建立起中央和地方既有分工，又互相补充；既有制约，又相互促进的分级调控体系。地方可依据国家法律、法规和宏观政策，制定地区性的法规、政策和规划；通过地方税收和预算，调节地区的经济活动；充分运用地方资源，促进本地区的经济和社会发展。

思 考 题

1. 什么是宏观经济管理目标？宏观经济管理目标的制定有哪些基本要求？
2. 宏观经济管理目标体系的组成部分有哪些？
3. 什么是一般目标？一般目标的内容有哪些？
4. 短期目标和长期目标各包括哪些内容？短期目标和长期目标的关系是怎样的？
5. 宏观经济管理目标的选择包括哪些方面？
6. 正确进行目标选择的原则是什么？
7. 宏观经济管理有哪些职能？这些职能的内容是什么？
8. 宏观经济管理组织机构建立的基本原则是什么？具体原则有哪些？
9. 宏观经济管理组织系统包括哪些子系统？
10. 宏观经济管理体制的主要内容是什么？

11. 宏观经济管理体制有哪几种类型?
12. 我国宏观经济管理体制的选择应考虑哪些客观依据?
13. 我国应选择什么样的体制?建立这种体制的主要要求是什么?

第三章 经济发展战略和宏观经济计划

第一节 经济发展战略的内容

一、经济发展战略的概念和特点

(一) 经济发展战略的概念

"战略"(strategy)这个词最早是军事方面的概念。"strategy"一词源于希腊语"strategos",意为军事将领、地方行政长官,后来演变成军事术语,指军事将领指挥军队作战的谋略。公元579年,罗马皇帝毛莱斯用拉丁文写了一本名为《stratajicon》的书,被认为是西方第一本战略著作。在中国,"战略"一词历史久远,"战"指战争,"略"指谋略。春秋时期孙武的《孙子兵法》被认为是中国最早对战略进行全局筹划的著作。在现代"战略"一词被引申至政治和经济领域,其含义演变为泛指统领性的、全局性的、左右胜败的谋略、方案和对策。

所谓经济发展战略,就是对较长时期内,经济及与经济发展密切相关的社会生活发展的目标、途径和步骤的总体部署。这一含义表明,经济发展战略具有的明显特征是:它所规定的目标是全局性的;它要实现的任务是长期内有待解决的问题;它所要解决的是关系国计民生的重大问题。我国要建立在国家宏观调控下市场对资源配置起基础性调节作用的社会主义市场经济体制,为了实施对经济、科技和社会发展的有效调控,推动社会主义建设事业的发展,必须立足现实,高瞻远瞩,制定一个科学的、可行的经济发展战略。

经济发展战略与宏观经济计划有着直接的联系。前者是后者的依据,为后者指明了方向、目标;后者是前者在一定历史时期的具体部署,是前者在该历史时期的具体化。概括地说,两者的共同点在于:都是对未来的经济和社会发展做出安排,以指导人们的行动;两者的主要区别在于:计划有长期、中期、近期之分,而战略则只能是长期的;计划是具体的,而战略则只限于确定战略指导思想和战略目标、重点、步骤和对策等。

(二) 经济发展战略的特点

经济发展战略在经济决策体系中起统帅和领导的作用,具有如下特点:

(1) 全局性

经济发展战略是从宏观的角度出发,总体地研究经济发展过程全局应该采取的方针政策,而不是囿于某一局部、某一部门或者从微观角度出发,去制定这些方针政策的。经济发展战略也研究经济发展中的某些局部因素和阶段因素,即那些对经济发展起决定性作用和具有全局性意义的局部因素和阶段因素。反之,则不是经济发展战略所研究的范围。

(2) 长远性

经济发展战略所提出的战略目标是一个国家或地区在较长时期内需要努力实现的目标。它充分体现出战略的制定者和实施主体对未来的设想。有时，它需要一代人甚至几代人坚忍不拔的长期奋斗才能得以实现。

(3) 概括性

经济发展战略是最高层次的经济决策，是未来国民经济和社会发展的纲领。由于其时间跨度大，加之经济发展又是一个受诸多因素影响和制约的极其复杂的运动过程，容易受人们认识局限性的影响以及许多不确定因素和难以进行精确定量因素的干扰，因此，经济发展战略只能是一种纲领性、综合性、概括性的远景设想。为了实现战略目标，在各个阶段需要根据具体情况做出更加细致的安排。

(4) 稳定性

由于经济发展战略具有全局性、长远性，它牵一发而动全身，如果朝令夕改、变幻无常，则很难发挥预期的作用，取得预期的效果，因此，它必须具有相对的稳定性。当然，这并不排除在实施过程中对经济发展战略进行必要的调整和修正。

(5) 多学科性

制定经济发展战略是一项巨型系统工程。战略决策所依据的信息是多方面的，有赖于从事各种有关学科研究的专业人员去共同收集、整理、研究、综合。因此，制定经济发展战略，不仅需要经济学家，而且需要各行各业与各方面的专家广泛参与，共同完成。

上述经济发展战略的一般特征是制定经济发展战略所必备的，只有综合地反映了上述特征，才能制定科学、可行、最优的经济发展战略。

(三) 经济发展战略在宏观经济管理中的意义

正如军事战略的得当与否对战争的胜败具有决定性意义，经济发展战略的正确与否对国家的经济发展成败也起着举足轻重的作用。经济发展战略决策的失误是经济工作中最大的失误，而且对其造成的严重后果的纠正难度比一般政策失误造成的后果的纠正难度要大得多。经济发展战略在宏观经济管理中居于战略指导地位。

①经济发展战略确立了经济和社会的发展方向，有利于增强全国人民的向心力，鼓舞人民自觉地为本国的阶段性历史任务而奋斗。经济与社会发展战略勾画出一定时期内国民经济和社会发展的蓝图，它不仅是一个国家最高政治经济决策的一部分，更是人民群众利益的集中体现。因此，经济发展战略是团结全国各族人民自觉地为实现本国的历史任务，提高本国的综合国力以及在国际上的地位和优势而努力奋斗的纲领。它具有鲜明性、动员性和坚定性。

②经济发展战略是制定宏观经济计划的依据。在一个经济发展战略时期内，各个阶段的宏观经济管理实际上是经济发展战略的分阶段安排和时间上的有序组合，从属于经济发展战略。在各个时期内，都要根据经济发展战略目标的要求，在尊重客观经济规律的基础上，自觉地运用计划和市场两种手段，对该时期内经济和社会发展的规模、速度、地区布局进行计划、组织、指挥、协调、监督。各个时期的宏观经济管理活动虽然所处的阶段不同，所完成的任务和采取的手段及对策也会有所差别和变化，但它们都必须内在、一致地反映和贯彻经济发展战略的要求，共同推进和保证经济发展战略目标的顺利实现。所以，

经济发展战略对于各个时期的宏观经济管理起到统帅和驾驭的作用。

③经济发展战略提出的经济发展的基本对策，决定着经济发展进程中资源配置的取向和效率，利于实现经济发展中速度、比例、效益的统一。宏观经济战略包括经济发展水平、经济增长速度、生产结构调整和地区比例等指标。在市场经济条件下，市场对资源配置起基础性的作用，企业根据市场上供求关系的变化状况，根据市场上产品价格的信息，在竞争中实现生产要素的配置。但这种方式也存在着一些不足之处，例如，由于市场机制作用的盲目性和滞后性，有可能产生社会总供给和社会总需求的失衡、产业结构不合理以及市场秩序混乱等现象。因此，需要经济发展战略起宏观指导作用。

④经济发展战略的制定有利于发展社会事业，提升国际竞争力。经济基础决定上层建筑，重大社会问题的解决有赖于经济的发展，包括控制人口增长、提高文化教育水平、改善劳动条件、保护生态环境以及提高全民素质等。同时，在全球经济一体化的大趋势下，如何发挥本国优势，弥补劣势，避免国内外曾经出现过的挫折和失误，组织和利用好国内和国外两种资源，把人民的当前利益和长远利益结合起来，获得优化的经济效益等这样一些关键性问题，只有在战略高度上才能得到科学的论证和正确的把握。

总之，经济发展战略是国家最高决策的重要内容，为宏观经济管理的全过程设定了基本框架和依据，加强对经济发展战略的研究，制定和实施正确的经济发展战略，是宏观经济管理促进经济发展的基本保证。

二、经济发展战略的内容

经济发展战略的内容，从范围上考察，应当是一个由科技、经济和社会等多方面协调发展的总体战略。这是因为，当代经济发展、社会发展与科技进步相互交织、互为条件、日益渗透，成为密不可分的整体。因此，经济发展战略的内容从涉及的范围上看，就不能只着眼于经济本身的发展，而应当从更高、更远、更全面的角度对经济、社会、科技发展进行全面综合研究，形成多方面协调发展的总体战略。如果从经济发展战略本身的层次上考察，其基本内容包括确定战略目标和实现战略目标的途径两大方面。这两大方面的内容在经济发展战略的制定中，具体为战略指导思想、战略目标、战略阶段、战略重点、战略布局和战略对策六个方面。

(一) 战略指导思想

战略指导思想是战略的灵魂，是指导战略制定和执行的基本思想或总方针。战略指导思想的水平，影响着整个战略的成败。

(二) 战略目标

战略目标是经济发展战略的核心内容，是一定时期内经济和社会发展总体活动所要达到的目的。制定战略目标，可以为整个经济和社会发展总体活动指出一个较长历史阶段中的发展方向，因而对国民经济全局发展有着决定性的影响作用。战略阶段、战略重点和对策都要围绕着如何实现战略目标而制定。

衡量社会主义经济发展战略目标的指标，既要反映经济的增长，又要反映人民消费需要的增长。要建立起一个能反映经济实力、社会经济发展水平和人民物质文化生活状况的指标体系，以具体从社会生产、科学技术、人民生活和文化教育等方面勾画出未来经济社会发展的大致图景。

经济发展战略目标既可以用单项指标来表示，也可以用综合性指标来说明。但是，在战略目标的表述中，必须突出反映目标的确定性，才能使经济发展战略具有鲜明的动员性和坚定性。经济发展战略目标一般应包括以下四个方面的内容：

（1）提高人民物质文化生活水平的目标：如平均每人消费额、平均每人主要消费品的消费量等，它集中体现了社会主义生产的目的。

（2）经济增长目标：包括经济发展的规模、速度、生产结构转变等目标。主要指标有国民生产总值、社会总产值、国民收入、人均国民收入、人均主要产品产量等。经济增长目标是经济发展战略目标的核心内容。

（3）科学技术发展目标：包括科学研究事业的发展，重大科研课题的突破，重大科研成果的推广，改造大自然的计划以及技术结构的改变等。科学技术现代化是四个现代化的关键，科技发展目标也是经济发展战略目标的关键。

（4）社会发展目标：包括发展社会事业和解决重大社会问题等目标，是构成社会主义生产目的重要内容。主要指标有人口自然增长率、平均寿命、劳动就业率、教育事业与国民义务教育的普及程度、体育卫生、文化艺术、生态环境、社会福利、社会安全保障等方面。

此外，还有投入产出规模、对外贸易等反映综合国力的目标。

战略目标的确定必须适度，既不能定得太高，又不能定得太低。战略目标定得太高，超过国家所能承受的能力，就难以建立与经济发展目标相适应的合理的经济结构，导致社会资源浪费，经济效益低下，妨碍经济发展战略目标的实现；反之，如果战略目标定得太低，又不利于挖掘资源潜力，失去战略目标应有的积极作用。选择经济发展战略目标的根本原则和方法是从实际出发，广泛开展调查研究，充分掌握和深入分析国内、国际社会经济发展的状况和趋势，使战略目标的确定建立在可靠的基础之上，既积极，又稳妥。

（三）战略阶段

战略阶段是战略的时间部署，是指一定战略时期为实现战略目标而采取的具体部署。战略目标的最终实现，是要经历一个相当长的历史时期的，这期间可以划分几个不同的发展阶段，每个发展阶段都有其特定的战略任务。一般来说，一个战略期可分为近期、中期和远期三个阶段。近期阶段通常称为准备阶段，其主要任务是解决上期存在的各种问题，为新战略的全面实施打下一个良好的基础。中期阶段也称为发展阶段，是实现发展战略的起飞阶段，其主要任务是通过采取各种措施，使国民经济得到迅速发展，并达到一个新的发展水平。远期阶段即调整或完善阶段，其任务是采取适当措施保证战略目标的最终实现。在制定发展战略时，对远期阶段只做一般的预测分析和粗略安排。

（四）战略布局

战略布局是战略的空间部署，是经济布局和社会布局两方面的统一。经济布局主要是指社会生产力的空间分布形式；社会布局是社会发展事业在空间上的配置。二者相互制约，相互促进，密不可分。经济布局是整个经济和社会发展战略布局的重点，是社会布局的前提和基础，决定着社会布局；社会布局是经济布局的保证，也影响和制约着经济布局。

战略布局对于合理地开发和利用自然资源、人口资源和社会资源及科学技术，减少不合理运输，提高劳动生产率，逐步缩小城乡差别、地区差别，加强民族团结和巩固国防，加快国民经济现代化建设进程等，具有重要的意义。它既是一个重大的经济决策，也是一个重大的政治问题，要在贯彻统筹兼顾、合理安排的总方针指导下牢固树立"全国一盘棋"的思想，正确处理好国家经济发展与地区经济发展、先进地区与后进地区发展、关键行业领域与一般行业领域、总体发展与局部发展的关系问题。

（五）战略重点

战略重点是指为实现战略目标所必须抓住的根本环节。一定阶段的战略重点应当是对实现本阶段目标具有关键意义，而目前发展又比较薄弱、需要特别加强且在发展方面具有显著优势的部门或环节。作为战略重点，只能是少数几个部门或环节，其具体选择，应在分析研究各个发展阶段具体情况的基础上进行。可能成为战略重点的部门和领域往往具有以下特点：

①属于经济发展战略目标体系中的关键部分，如教育、科学技术等；
②在国民经济中既重要而又薄弱的环节，如我国的农业，基础设施等；
③国民经济中存在潜在优势的部门，如水力资源利用等；
④具有扩散效应的部门，如某些原材料工业等；
⑤新兴的、具有重大意义的部门，如生态与环保等。

由于战略重点的状况如何对于能否顺利实现战略目标关系极大，因此对其存在的问题必须集中力量加以解决。

（六）战略对策

战略对策是指一定时期内为实现战略目标所采取的策略和具体措施。战略对策具有如下特点：①具有针对性，即战略对策的制定要根据不同发展阶段战略任务、重点的不同，有针对性地进行；②具有多元性，即对策不是单一的，而是围绕战略目标的实现，制定多方面的措施；③具有配套性，即不同的对策措施作用特点各不相同，应相互协调，共同发挥作用；④具有灵活性，即在战略实施过程中，可以根据客观实际情况的变化，及时补充和替代相应的对策，以更有利于战略目标的顺利实现。

第二节 经济发展战略的制定

一、制定经济发展战略的依据

（一）国情是制定经济发展战略的基本依据

制定经济发展战略，必须从本国与经济社会发展密切相关的各种基本情况出发。这个基本国情包括的内容十分广泛，其中各组成部分在经济和社会发展中所处的地位和所起的作用不一样。具体来讲，制定经济发展战略主要应该考虑如下几个方面的国情内容：

（1）自然资源条件

一定的自然资源条件不仅是人类生活的环境，也是经济社会发展的自然基础。自然资源包括各种生物矿物资源及地理条件。一个国家自然资源条件的优劣，对经济发展规模、结构、对外贸易等方面都有着重要影响，因而，构成经济发展战略目标的客观基础。我国自然资源丰富，但在开发利用中，资源浪费和环境破坏的问题严重，因此，在制定经济发展战略时，必须彻底摆脱传统的高投入、高消耗、高污染、低效益的发展模式。

（2）社会状况

社会状况包括人口、社会秩序、文化传统、社会公平与社会效率等。人口状况包括人口数量、素质、构成及发展态势等。人是社会经济活动的主体，能够自觉地调解和影响整个经济社会的发展。在具体制定经济发展战略时，要充分考虑人所具有的两重性。一方面，人作为生产者，是经济社会发展的重要条件，人口状况可以通过劳动力数量、质量等方面影响和制约着实现战略目标的措施途径；另一方面，人作为消费者，是经济社会发展服务的对象，人口状况对战略目标有直接影响。在人口规模过大的情况下，满足其基本生活需要以及逐步提高人民生活水平，就是一个重要和艰巨的任务。我国改革开放走到今天，正步入需求快速增长和利益关系深刻变化的经济社会转型的重要时期，利益主体和社会结构正在发生重要变化，社会矛盾和社会问题日益突出，并已成为世界上收入差距比较大，城乡差距比较严重，就业、公共医疗、义务教育、社会保障等公共需求和公共服务方面问题比较突出的国家之一。这一现实给改革发展和建设和谐社会带来许多不稳定因素，给政府扩大社会管理和公共服务职能提出了严峻而迫切的课题。因此，全面协调利益关系，构建和谐社会，向以人为本的公共政策转型，重视收入分配体制改革中的公平与效率、社会责任、公共利益与公共治理是国家在制定经济发展战略必须考虑的。

（3）经济发展水平

经济发展水平包括经济基础、经济体制、生产关系、生产力布局、对外经济贸易等。一定的经济和社会发展水平，既决定战略目标，又影响战略措施。这是因为，战略目标的确定必须以现实的经济和社会发展水平作为基础。同时，一定的经济和社会发展水平反映了一个国家现实的经济实力，因而也决定了实现战略目标所拥有的能力。

以上是制定经济发展战略要考察的几个重要国情内容。此外，社会经济制度、社会历史传统等也是研究制定和实施经济发展战略目标应当考虑的客观依据。

（二）要符合客观经济规律的要求，以保证战略目标的科学性

从客观实际出发、按客观规律办事，是研究制定和实施经济发展战略的基本原则。我国经济发展的实践充分表明，脱离客观实际、违反客观规律要求的发展战略是难以实现的。在过去的经济工作中，经常犯的一个错误就是盲目追求高指标。究其根源，在相当大程度上是因为在制定经济发展战略时忽视了客观规律的要求，长远战略目标定得过高，结果导致国民经济和社会发展中长期计划奋斗目标和年度计划指标过高，最终是欲速则不达。因此，为了保证经济发展战略的科学性，必须树立起正确的战略指导思想，深入调查研究，进行科学的预测和可行性战略研究，把经济发展战略的制定建立在切实可靠的基础上。目前，我国的经济发展水平和人民生活水平与世界上发达国家相比，还存在着较大的差距，这有待于通过经济发展战略目标的拟定和实施去改善。但这种改善只能是逐步的。在制定经济发展战略目标时，要兼顾好当前和长远，使经济能够持续、快速、健康地发展。在此基础上，首先应做到能满足人民个人和社会公共消费的基本需要，然后再使人民生活水平逐步提高。

（三）要考虑国际环境条件

国际环境条件主要是指国际政治、经济及其发展趋势。国际环境条件如何，对国内的经济社会发展有着很大的影响和制约作用。安定的国际政治环境，是进行国内经济建设的有利条件；反之，如果国际政治形势不稳定、战争的危险频繁出现，为了国家的安定，经济发展战略就要转变，要围绕着巩固和加强国防来进行经济建设。国际经济环境主要包括国际贸易关系、国际经济结构、国际市场状况等方面的内容及其发展变化趋势。世界各国经济发展的实践表明，努力使国内的经济和社会发展与国际经济环境条件相适应，充分利用国际上的各种有利条件，在国际间互通有无，有利于加快国内经济建设的步伐。总之，应通过科学的预测，对国际政治经济形式及其发展做出正确的估计，以作为研究制定和实施经济发展战略的重要依据。

2002年召开的党的十六大，做出了"21世纪头20年是我国一个必须紧紧抓住并且可以大有作为的重要战略机遇期"的重要论断。展望"十二五"，我国仍将处于重要战略机遇期。机遇前所未有，挑战也前所未有，机遇大于挑战。在2008年爆发的全球经济金融危机之后，来自国际贸易、国际金融、国际投资领域对我国经济带来的巨大外部冲击，尤其是来自国际市场价格的冲击最为广泛和直接。危机爆发的原因有内生性和广泛性，对全球经济的影响深远，除了短期经济衰退之外，从中期来看，全球经济将面临一个中低速的增长环境；在增长方式上，以美国过度消费、中国等出口导向经济体过度生产为代表的增长方式要面临调整。此外，国际贸易、新能源产业、国际金融市场动荡等多个方面在中期内都会影响到中国经济的发展，也是我们规划"十二五"所必须考虑的国际环境变数。国际金融危机将导致包括全球经济增长方式、产业结构以及金融模式等在内的全球经济发展战略做出重大调整，我国的经济发展战略的转变也势在必行。

二、经济发展战略的转换和调整

世界上不存在完美无缺的经济发展战略，也不存在一成不变的经济发展战略。在一种特定条件下较适用的经济发展战略，当条件发生了变化之后继续实行，则可能失效，甚至会带来消极的后果。所以，必须根据客观条件的变化对战略进行适当的转换和调整。这种条件的变化通常包括：国内、国际环境发生了重大变化；某些战略任务已提前完成；出现了新的社会、经济、技术和自然资源条件；战略在实施过程中出现某些缺陷；战略决策层认识上的某些深化，等等。

所谓经济发展战略的转换，是指制定新的发展战略以取代原有的发展战略，通常包括战略指导思想、战略目标和战略对策等方面的根本性变化。所谓战略调整，是指对经济发展战略的某些内容、步骤、布局、对策做一定的补充或修正。按照战略调整的方向和特点，战略调整包括战略思想调整、战略目标调整、战略对策调整和对外经济关系战略调整等几方面的内容。

在进行经济发展战略的转换和调整时，应注意以下几点要求：

①要自觉推动战略转换和调整。随着战略环境的变化，应能及时把握时机，提出战略转换和调整计划，始终从战略高度制定促进经济发展的政策。

②要重视战略的稳定性和严肃性。经济发展的总体战略不宜频繁变动，要保持战略的

相对稳定性和严肃性。凡属一般性战略调整问题，可在战略实施中通过对策的局部性转换加以解决。

③要制定备用战略对策。这是指在制定新的发展战略时，要为必要时的可能调整留有一定的备用对策。由于制定战略时，决策者主观认识上的局限性和未来客观情况的可变性及不确定性，在战略实施过程中往往会出现一些新的情况和问题，需要在战略制定时为调整战略留有备用的对策。

④要注意新、老发展战略之间的衔接和平稳过渡。这是经济和社会发展的阶段性与连续性相统一所要求的。特别是一些关系经济和社会发展的重大问题的调整与变动，需要采取渐进的方式来进行。

⑤对转换或调整可能引起的社会心理、社会观念上的变化，要有充分的预计，并能制定必要的对策，使战略转换或调整顺利实现。

实践证明，根据实际情况进行战略转换或调整，有利于提高经济效益，改善经济结构，提高劳动生产率；有利于战略目标和战略部署的顺利实现；有利于加快经济建设的发展和促进科技、社会事业的进步。

三、经济发展战略的类型

根据发展战略要素的不同特征，经济发展战略可以分成若干不同的类型或模式，常见的分类主要有如下几种：

（一）按照战略目标的不同选择划分（也称为以目标和对策相结合的特点划分）

（1）传统发展战略

第二次世界大战后到20世纪60年代初，一些发展中国家获得了政治上的独立，迫切要求迅速发展国民经济，实现经济起飞，缩小与发达国家的经济差距，于是模仿发达国家的经济发展模式制定了经济发展战略。其主要特点是以国民生产总值或国民收入的高速增长为主要目标，以优先发展工业特别是重工业，追求高积累、高投资为主要手段，而轻视人民生活水平的提高，忽视农业生产的发展。它具有不可避免地导致经济比例失调的弊端。

（2）变通的发展战略

这种战略又称满足基本需要的战略，是相对于传统的发展战略而提出来的。其战略目标是满足人民群众需要，注意适当的吃、穿、住条件，教育与卫生，基本人权，作为手段也作为目的的就业和就业质量的改进；在战略手段上，强调优先考虑通过基本商品的生产来促进就业，满足人们的基本需求。

（二）按照与国际经济的联系方式划分

（1）初级产品出口型发展战略

这是发展中国家利用其资源优势，出口初级农产品和矿产品，以便获取急需的相应外汇，向发达国家购买工业化设备和技术，促进本国经济迅速发展的经济发展战略。这种战略能利用本国原有经济优势，发展农村经济，便于安排劳动力，在一定程度上推动了本国经济的发展。但这种战略致命的弱点在于，容易遭到风云变幻的国际市场波动的冲击，需要进口大量日用工业品，要依附发达国家，成为它们的原料供应地。

(2) 进口替代型发展战略

这种战略以实施贸易保护为前提，以进口设备和生产技术替代进口制成品，大力促进本国民族工业的发展，在国内生产原来需要进口的工业品，以摆脱为了进口而必须大量出口廉价初级产品的局面。进口替代发展战略在发展中国家国民经济工业化的初期，在促进国内经济发展、减轻对外依赖程度方面取得了一定效果。但是，由于这种战略以国内市场为主而采用的贸易保护政策，使国内工业在国际市场上缺乏竞争力，出口减少，而发展进口替代工业所需原材料、机器的进口却有增无减。因此，它容易导致贸易逆差扩大、国际收支状况恶化，从而使一些发展中国家在实施了一段时期以后不得不在不同程度上实行开放战略。

(3) 出口替代型发展战略

这是以加工工业品出口为主，来代替原来以初级产品出口为主的发展战略。这种战略模式以国外市场为主，又称外向型发展战略。它克服了进口替代型发展战略的弊端，在改造和调整本国民族工业的基础上，通过利用外资和引进技术，建立本国的出口工业，增强本国产品在国际市场上的竞争力。从实践来看，在推行出口替代型发展战略的一些国家和地区，包括拉美地区的一些国家以及亚洲的新加坡、韩国和中国香港地区等，这种战略均取得了较好的效果，使这些国家和地区迅速发展成为新兴的工业化国家和地区。由于20世纪70年代以后，西方一些国家采取了贸易保护主义和地区保护政策，实行出口替代战略的国家和地区受到了不同程度的冲击和影响。20世纪80年代，为了避免或减少单纯依赖出口来推动国内经济全面发展的偏向，一些国家和地区主张把进口替代战略和出口替代战略结合起来，争取使本国经济在独立、稳定的基础上较快、较全面地发展。

(三) 按照部门和地区的发展顺序划分 (也称为按战略步骤和布局的特点划分)

(1) 平衡发展战略

这种战略主张基础设施建设部门和直接生产部门之间、各个产业部门之间都应保持适当的比例，力求均衡发展。

(2) 不平衡发展战略

这种战略主张集中力量优先发展某些部门，带动其他部门的发展，使有限的资源获得较好的经济效益。依据基础设施建设部门和直接生产部门发展的先后顺序，不平衡发展战略又可分成两类：一是"向前联系"的不平衡发展战略，主张基础设施建设因建设周期长、耗资大，应优先发展。二是"向后联系"的不平衡发展战略，主张先发展直接生产部门，当其达到一定程度后，再根据现成的生产布局和需要发展基础设施建设。

(3) 梯度发展战略

这种战略根据经济发展不平衡的特点，按照实际形成的经济和技术水平梯度，让"先进技术"地带（第一梯度）首先发展世界先进技术，然后逐步向"中间技术"地带（第二梯度）、"传统技术"地带（第三梯度）传递。梯度发展战略强调在国土范围内空间上渐进的指导思想，在一定时期内优先发展某一地区，让这一部分地区先富起来，然后通过地区间经济力量的辐射或传递，带动其他地区的发展，最终实现共同富裕和繁荣。

此外，还可以从其他角度进行分类。比如，按照发展战略与外界的联系程度划分，可分为自足型战略、模仿型战略、赶超型战略、竞争型战略和协作型战略；按照目标结构的特点划分，可分为一元目标战略、多元目标战略和综合目标战略；按照战略对象及实施范围不同，可分为国家总体战略和子战略。在国家总体战略的指导下，经济发展战略又可进一步分为区域经济发展战略、资源利用战略、产业结构转换和合理化战略、科技进步及转化为直接生产力的战略、经济与社会协调发展战略、对外经济贸易发展战略，等等，构成一个多方协调的总体经济发展战略体系。

四、我国经济发展战略的转变

（一）对我国原有经济发展战略的评价

从中华人民共和国成立之初直到党的十一届三中全会以前，我国的经济发展战略概括地说就是：实行高积累政策，且基本上是依靠国内的建设资金，以外延扩大生产为主要形式，以中央集中计划管理体制为主体，通过优先发展重工业，逐步实现社会主义工业化。这一战略，按其实现的过程，可以分为三个阶段：首先，从建立和优先发展重工业入手，高速度地发展国民经济，通过出口一部分初级产品和轻工产品换回发展重工业所需要的生产资料；其次，随着重工业的建立和优先发展，用重工业生产的生产资料逐步装备农业、轻工业和其他产业部门，使这些部门逐步转移到机器大工业的轨道上来，并用国内生产的生产资料逐步代替它们的进口；再次，随着重工业、轻工业、农业以及其他产业部门的发展，逐步建立起独立、完整的工业体系和国民经济体系，并逐步改善人民生活。

实施上述经济发展战略的突出好处在于：能够把有限的资金和物资集中起来用于发展重工业，用于实现国民经济高速增长的目标，使我国的经济得到了迅速的发展。由于从建立和发展重工业入手发展国民经济，经过 30 年的建设，逐步建立起了独立的、比较完善的工业体系和国民经济体系，我们顶住了来自国外各方面的封锁，维护了我国在政治上和经济上的独立；而且，随着经济建设的发展，人民生活也得到了一些改善。

但是，从总结历史的经验和教训来考察，全面衡量我国原有的经济发展战略，其存在的问题也是明显的，主要表现在：盲目追求难以实现的高速度，欲速则不达；不注重国民经济的综合平衡，片面强调发展重工业，把重工业作为经济发展的长期的、固定的重点，导致农轻重比例以及整个国民经济发展的比例不合理，影响了国民经济的正常发展；实行高积累，使人民的生活不能随着经济的发展得到应有的提高；在实现经济增长的途径上，单纯依靠上新项目的外延扩大再生产的方式，忽视发挥现有企业作用和旧设备的更新改造，使现有技术设备陈旧老化问题严重；由于把自力更生片面地理解为自给自足、闭关自守，不注意利用国际条件，结果限制了经济的发展，不利于经济发展战略目标的实现。

从客观分析来看，应当说，我国原有经济发展战略的形成是由中华人民共和国成立之初我国面临的国内、国际条件所决定的。这一战略的实施，使我国第一个五年计划顺利实现，取得了经济建设的巨大成就。但问题在于，当国内外政治经济形势已经发生了较大的变化，国际环境有了缓和，我国也初步建立了独立的工业体系后，没有对经济发展战略进行及时和适当的调整，任其继续发展，结果导致了产业结构和经济结构严重不合理，经济效益差，人民生活长期得不到应有的提高。

从 1978 年 12 月召开的党的十一届三中全会开始，我国在经济发展战略的指导思想和战略目标的确定等方面都有了转变。在战略指导思想上，强调从中国的实际出发，坚持实事求是的原则,把马克思主义的一般原理同我国的具体实践结合起来,建设有中国特色的社会主义;在实践原则上,要纠正过去经济工作中"左"的错误,量力而行,积极奋斗,循序渐进。随着指导思想的转变,我国经济发展战略目标的选择和实现目标的道路方法也相应发生了变化,逐步形成了一种新的经济发展战略。

(二)我国新的经济发展战略

从1981年开始直到21世纪中叶,我国经济发展总的战略目标是要基本实现现代化。这里,时间的划分、总目标的确定都是直接与社会主义初级阶段的时间和基本任务相联系的,即我国从20世纪50年代所有制改造的基本完成,到社会主义现代化的基本实现,至少需要上百年的时间,这段时间,都属于社会主义初级阶段。社会主义初级阶段的基本任务,就是要实现社会主义现代化。具体说,我们发展社会生产力所要解决的历史课题,是实现工业化和生产的商品化、社会化、现代化。

为了实现上述目标,根据我国所面临的国际环境和社会主义初级阶段的国情,经济建设要完成好双重任务:一个是着重推进传统的产业革命,再一个是迎头赶上世界新技术革命。所谓传统产业革命,是指发生在18世纪末到19世纪初,以纺织机和蒸气机为标志的第一次产业革命和发生于19世纪最后20年到第一次世界大战,以电力工业、新炼钢法、内燃机和化学工业为标志的第二次产业革命。这两次产业革命,使欧美资本主义国家实现了工业化,把小规模的手工生产转变为机器大工业,社会化大生产使资本主义经济发展成为高度发达的商品经济。而这些正是半殖民地、半封建的旧中国所没能够实现,需要在社会主义初级阶段完成的历史使命。因此,我们要实现工业化和生产的商品化、社会化、现代化,就必须着重推进传统产业革命。所谓新技术革命,是指从20世纪50年代开始的,以原子能工业、电子计算机工业、宇航工业、海洋工程、生物工程、空间技术、现代通信技术为标志的技术革命。显然,迎头赶上世界新技术革命的步伐,也是实现我国生产的现代化、自动化、信息化所必需的。

为实现新的战略目标,中共十三大明确我国经济建设的战略部署大体分三步走。第一步,实现国民生产总值比1980年翻一番,解决人民的温饱问题。第二步,到20世纪末,使国民生产总值再增长一倍,人民生活达到小康水平。第三步,到21世纪中叶,人均国民生产总值达到中等发达国家水平,人民生活比较富裕,基本实现现代化。1987年,我国提前三年实现了翻一番的目标。1995年,又提前5年实现了再翻一番的目标。中共十四大进一步提出,要在20世纪90年代初步建立起社会主义市场经济新体制;20世纪末国民生产总值比1980年翻两番,实现第二步发展目标;同时,也对实现第三步战略目标提出初步设想。中共十五大又将第三步目标进一步具体化:到21世纪的第一个十年,实现国民生产总值比2000年翻一番,使人民的小康生活更加富裕,形成比较完善的社会主义市场经济体制;再经过十年的努力,到建党一百周年时,使国民经济更加发展,各项制度更加完善;到中华人民共和国成立一百周年时,基本上实现现代化,建成富强、民主、文明的社会主义国家。中共十六大提出,中国的国内生产总值到2020年力争比2000年翻两番,综合国力和国际竞争力明显增强。十六大重新把三步走进行了具体化,形成了新的"三步走"发展战略。按照这个战略部署,我们从20世纪末进入小康社会后,将分2010年、2020年、2050年三个阶段,逐步达到现代化的目标。2010年前,是第一步,到2010

年，国民经济和社会发展的主要奋斗目标是：实现国民生产总值比2000年翻一番，人民的小康生活更加宽裕，形成比较完善的社会主义市场经济体制。从2010年到2020年，是第二步，根据十六大的规划，到2020年，实现国内生产总值比2000年翻两番的目标。从2020年到2050年，是第三步，通过30年的奋斗，基本实现现代化。中共十七大把"科学发展观"与"和谐社会"的战略发展理念正式写入十七大党章，从总的发展纲领上为中国今后一段时期的发展确立新的方向。在全面部署经济建设时，把加快转变经济发展方式、完善社会主义市场经济体制取得重大进展，作为实现未来经济发展目标的关键。其中，加快转变经济发展方式是在探索和把握我国经济发展规律的基础上提出的重要方针，也是从当前我国经济发展的实际出发提出的重大战略。

　　概括起来，我国新的发展战略与旧的发展战略相比，注重了四个方面的转变：发展的工作重心从追求数量到追求质量的转变；经济发展战略从倾斜的不平衡发展战略到平衡发展战略的转变；发展从经济效率优先、兼顾公平向社会公平优先、兼顾效率的转变；生产模式从原来资源粗放型的、以制造加工为主的生产模式到低耗节能的、以自主开发为中心的生产模式的转变。

　　（1）发展的工作重心从追求数量转变为追求质量

　　中华人民共和国成立后，我们面临的是一个相当落后的国内经济基础和帝国主义封锁的国际环境。在这种情况下，创造物质财富成为一个根本问题，甚至是生死存亡的大问题，因此，必须把经济的高速增长作为经济发展的主要目标。但由于指导思想上的"左"的错误，在国内外条件变化了的情况下，继续追求不切实际的增长速度，只注重数量的提高，给经济发展造成了一系列严重后果。新的经济发展战略突出强调把经济建设和人民生活密切结合起来，保证二者相互依存、相互促进，"追求质量"意味着通过提升外资"技术密集型"投资的比例，进一步放宽限制劳动力流动的措施，改革教育系统，促进生产力的提高，从而推动经济增长，引导产业结构朝着更成熟的方向调整，提高增长的能效。生产率能否迎头赶上，取决于能否形成一个加速度的良性循环。目前，每个中国工人的生产率仅为美国的15%，相当于日本20世纪50年代初的水平。而在整个20世纪50年代，日本的生产率以每年1.5%的速度增长，逐渐缩小了同美国的差距；到20世纪60年代，增速更提升至2.9%。中国要取得日本的辉煌成就，生产率需在目前水平基础上翻一番。因此，中国在利用外国直接投资中，要提升"技术密集型"投资的比例。通过加大知识产权保护和其他产权保护力度，引导外资从"劳动密集型"产业投向"知识密集型"产业。从以速度为主要目标到以满足人民的基本需要为主要目标的战略转变，这是经济发展战略上带有根本意义的转变。当然，这也绝不意味着忽视速度，在保持国民经济比例协调性和好的经济效益的前提下，应该说，经济增长速度越快越好。

　　（2）经济发展战略从倾斜的不平衡发展战略转变为平衡发展战略

　　我国长期重点发展重工业，把钢铁工业作为发展国民经济的"纲"，想通过重工业特别是钢铁工业的突出发展带动其他部门的发展。新的经济发展战略明确提出，要加快农业的发展，全面发展农村经济；把消费品工业发展放到重要位置；进一步调整重工业的服务方向，彻底改变过去片面强调发展重工业的局面。随着改革开放的深入，尤其是进入新世纪以后，中国城市经济获得了较快增长，城市间产业转移与产业承接步伐加快，城市经济发展重心由东部沿海地区向中、西部内陆地区加速推进，区域间相对均衡发展态势将得到进一步增强。当然，实行平衡发展战略并不意味着各部门、各地区等速发展，也不意味着平均分配力量而没有重点。把薄弱环节、关键部门列为战略重点，也是平衡发展战略的需要。

（3）发展从经济效率优先、兼顾公平转变为社会公平优先、兼顾经济效率

经济效率是指对资源利用的有效性。高的经济效率表示对资源的充分利用或能以最有效的方式进行生产；低的经济效率表示对资源的利用不充分或未能以最有效的方式进行生产。如果一国过于注重社会公平目标的实现，对个人收入的调节力度过大，选择平等程度较高的社会福利制度，由于扼杀了要素所有者的积极性，就不得不以牺牲效率进而以牺牲经济增长为代价，欧洲国家中有过这样的先例。相反，一个社会如果片面注重效率，放任市场机制对经济进行自发调节而不惜牺牲社会公平，其结果必然会影响社会的稳定，反过来也会在一定程度上影响经济效率。由于经济效率和社会公平之间具有替代关系，因此，每个国家都面临着这两者之间的权重抉择。在我国传统的计划经济体制下，个人收入分配实行的是平均主义的大锅饭、铁饭碗，不承认生产要素的贡献，这虽然在最大程度上实现了社会公平，但也在极大程度上丧失了效率，劳动者没有劳动的积极性、主动性和创造性，资本不能向效率高的部门流动，土地及其他资源无法得到有效的利用，资源配置效率低下，从而严重影响了我国的经济发展。因此，在社会主义初级阶段，坚持以按劳分配为主体、多种分配方式并存的分配制度，把按劳分配与按生产要素分配结合起来，坚持效率优先、兼顾公平，有利于优化资源配置，促进经济增长和保持社会稳定。坚持效率优先、兼顾公平，是从我国国情出发所做出的正确选择，也是由社会主义的本质属性决定的。但在近30年的经济高速增长的过程中，过于注重经济效率而忽视社会公平已经阻碍了经济的继续增长，为了保护广大劳动者的根本利益，应在宏观领域更多地注重公平，通过财富的再分配过程消除两极分化，消灭剥削，实现共同富裕，要进一步推进生产要素的市场化进程，培育和完善市场体系，以发挥市场配置资源的基础作用，同时建立和健全包括社会保险、社会救济、社会福利和社会优抚等在内的社会保障制度，为实现社会公平奠定制度基础。

（4）生产模式从原来资源粗放型的、以制造加工为主的生产模式转变为低耗节能的、以自主开发为中心的生产模式

过去，我们为了达到较高的经济增长率，片面强调保持较高的积累率，但由于劳动生产率增长缓慢，为了保持较高的经济增长率，必须增加大量劳动力，致使积累效果不仅未提高，有时甚至有降低趋势。这种极端粗放的发展战略不能从经济增长中给人民带来实惠。新的经济发展战略把考虑一切问题的根本出发点放在提高经济效益上，有重点、有步骤地进行技术改造，注重发挥现有企业的作用，逐步实现向以集约为主的发展战略转变。通过加快产业结构优化升级，引进技术先进、资源利用率高、环境损害小、有利于社会经济持续发展的高新技术产业，依托各工业园区的发展，做大、做强低能耗、高附加值的骨干企业，推进经济发展方式转变。

第三节 宏观经济计划的内容和体系

一、宏观经济计划的概念和特点

(一) 宏观经济计划的概念

宏观经济计划是对包括社会再生产全过程，国民经济各部门、各地区、各单位，国内经济和对外经济活动在内的社会经济总体的计划。它是国家为了实现一定的发展目标而对未来一定时期国民经济发展主要方面所制定的总体战略部署和安排，是经济发展战略的具体实施方案。

宏观经济计划作为经济发展战略的具体化，应符合以下要求：

①时限界定：即计划应反映总的战略目标如何逐步地加以实现，要规定各阶段时间的划分和应完成的任务要求。

②数量规定：即计划应将经济社会发展目标加以量化，并提出具体的数量要求。

③综合协调：各地区、各部门、各单位和再生产各环节相互联系、相互依存，共同构成了一个不断运动的国民经济综合体。宏观经济计划应从总体上对其进行综合协调，主要是比例上的协调和时间上的协调。

④政策配套：政策是战略对策在各时期的具体化，也是宏观经济计划的重要组成部分。但是，各类政策必须相互协调配套，才能有效发挥调节经济运行的作用。

(二) 宏观经济计划的特点

社会主义市场经济体制下，宏观经济计划的特点表现在以下三个方面：

(1) 宏观性

突出宏观性，是社会主义市场经济条件下宏观经济计划在内容和实施手段方面的基本特征。计划突出宏观性的要求是：第一，在制订计划时，注重保持宏观经济总量的大体平衡。在经济运行中，更需要由计划、财政、金融等手段及时地进行综合调控，保持宏观经济总量的平衡。第二，计划要充分发挥市场和社会需求对经济运行的导向作用和推动作用，在全面反映市场、利用市场、指导市场、调控市场的同时，注重市场不能反映和无能为力的社会需求，弥补市场的缺陷和不足，促进社会经济持续、健康地发展。第三，要在社会经济发展中处理好各种利益关系。要以国家为主体，从宏观上看问题，解决问题，统筹兼顾，全面安排，并反映在计划的制订和实施中，以充分调动各方面的积极性。第四，要避免计划管理以政府决策代替企业、地方政府的弊端。国家计划不直接指挥企业，而是通过调节总需求和总供给来构造市场环境，让企业从相关的信息中决定自己的经济行为，使社会经济的综合成果大体符合预期的目标。第五，计划的实施要有配套的宏观政策体系。这些政策不是针对个别企业、个别行为的，它首先关注的是经济总量的平衡协调。

(2) 战略性

宏观经济计划突出战略性，就是对于社会经济的发展要胸怀全局、深谋远虑，使计划具有战略的高度，抓住足以决定全局、全过程的一些重大问题。战略性特点对宏观经济计划的要求是：计划的制订要突出经济发展战略的权威性、指导性；计划工作要研究战略、提出战略性建议，为了实施国家的总体战略，要组织制定地区、行业等发展战略，形成一个完整的发展战略体系；要强化战略性手段（如科教兴国战略）和战略性标准（如可持续发展战略）对实施总体战略和发展计划的指导作用；要加强对发展战略在实施过程中的追踪研究；当战略环境发生了重大变化，或出现了新的积极因素、不利因素的时候，能够及时提出战略的补充、转换和调整的对策。

（3）政策性

宏观经济计划的宏观性特点决定了计划目标的实现主要依靠政策。计划不仅是要提出量化的发展目标，而且要有一套行之有效的经济政策体系。经济政策是国家经济职能的体现，是政府为了实现计划目标而采取的一系列手段和对策。经济政策可以按不同标志分类。其中最基本的分类是按政策目标划分和按政策手段划分。按政策目标分类，可分为经济发展政策、经济稳定政策、经济公平政策、经济效益政策、经济秩序政策等；按经济政策手段特征划分，可分为财政政策、金融政策、产业政策、分配政策、劳动政策等。通过经济政策的作用，可以提示经济主体能够做什么和不能够做什么，以及不同的行为会产生怎样的后果。

二、宏观经济计划的作用

宏观经济计划是国家管理和调节国民经济的基本依据，在宏观经济管理体系中居于核心地位。

（1）宏观经济计划根据经济发展战略的要求，确定计划期内国民经济和社会发展的任务和调控目标

对经济发展战略不同方案的比较、论证和合理确定，是宏观经济计划工作的首要任务。而且，经济发展战略目标的具体化和战略对策及具体实施办法，都需要通过宏观经济计划加以确定。

（2）宏观经济计划的制订和实施，能够促进资源的合理配置，提高社会总供给能力

一定量的资源，由于配置的不同，可以有不同的产出水平。宏观经济计划可以根据国家重点建设和市场需要，对各种资源进行最佳配置，包括合理布局生产力，充分发挥各地区的资源优势，建立适合国情的生产结构、技术结构和就业结构，使人、财、物得以充分利用，使社会总供给能力得以提高。

（3）宏观经济计划可以协调各经济主体之间的利益关系，合理调节社会总需求

社会总需求是直接受国民收入的分配和再分配影响的。宏观经济计划对于合理安排和处理政府、企业和个人三者利益关系，对于处理积累和消费的比例关系，对于从全局出发，综合运用各种经济杠杆调节利益的分配，调节社会总需求，具有十分重要的作用。

（4）制定产业政策，优化产业结构和地区布局

实现产业结构的合理化和高级化，仅仅依靠市场自发调节是不可能的。宏观经济计划根据经济发展的客观要求和产业结构变动的一般规律，可以充分利用市场机制的积极作用，制定科学的产业政策，定向干预产业演变，优化产业结构。同时，通过投资和政策导向手段，能使地区布局趋于协调。

（5）综合协调宏观政策和经济杠杆的具体作用

宏观经济计划能综合协调宏观经济政策、社会政策和经济杠杆的运用，提高宏观经济效益，推动社会进步。为保证经济社会发展战略目标的实现，宏观经济计划既要对经济领域各主要方面的发展在数量关系上进行协调，也要在政策选择、实施步骤及调控方向和力度方面进行协调，并保证经济运行目标和社会发展目标的一致性。

三、宏观经济计划体系

宏观经济计划是由一系列相互联系、相互制约的各种计划组成的一个完整的体系，按不同的分类标准，可以有不同的计划序列。

（一）按照反映社会再生产活动的内容不同分类

按此分类标准，宏观经济计划可以划分为经济发展计划、科学技术发展计划和社会事业发展计划。

（1）经济发展计划

经济发展计划是宏观经济计划的主体，社会和科技发展的规模、水平、速度在很大程度上取决于经济发展为其提供的物质条件。经济发展计划是国家对生产、建设、流通、消费等方面扩大再生产进行的规划。经济发展计划要提出计划期经济发展的目标、任务及实现目标、任务的方针政策。

（2）科学技术发展计划

科学技术是第一生产力。现代科学技术突飞猛进地发展，越来越渗透到各个领域，成为经济和社会发展的重要因素和推动力，这客观上要求加强全社会对科学技术的统一计划管理。科学技术发展计划分别按长、中、短期编制。长远计划，包括科学技术发展方向规划、重大的单项科学技术发展计划等；中、短期科技发展计划主要包括科学技术在生产中的应用和安排，如新技术推广项目计划、新技术引进及消化吸收项目计划、新产品试制计划等。

（3）社会事业发展计划

社会事业发展计划是指非物质生产领域中，关系到各项社会事业发展的计划，如人口、就业、文化、教育、卫生、保健、体育、环保以及行政、社团、社会公益事业等计划。随着科学技术和经济建设的发展，社会进步和人民物质生活水平的逐步提高，社会事业的发展就愈显重要。它不仅是经济和科技发展的必然结果，而且也日益成为加速经济和科技发展的重要因素和条件。社会事业计划既要以经济发展计划为基础，又必须遵循社会发展的客观规律全面安排各项事业的发展。

经济、社会和科技发展计划从内容上构成了宏观经济计划的完整体系。经济发展是科技、社会发展的基础；科技发展是经济、社会发展的先导和重要手段；社会发展是经济、科技发展的方向和目的。三者必须互相适应、互相促进、融为一体。只有将经济、科技和社会发展相互配合，才能促使国民经济持续、快速、有序、健康地发展。

（二）按照计划时限的长短分类

按此分类标准，宏观经济计划可以分为长期计划、中期计划和短期计划。它们从时间序列上形成了一个有机的整体。

（1）长期计划

长期计划是指计划期限在 10 年或 10 年以上的计划，也称为远景规划。它规定着国民经济和社会发展的方向、目标和重大建设项目的部署，体现着党和国家在一定时期政治经济的总路线、总方针和总任务，是具有战略性和纲领性的计划。

制订长期计划首先要根据计划期政治经济形势和科学技术状况及其发展变化趋势，对宏观经济的发展趋势进行预测；然后，在此基础上确定一定历史时期经济和社会发展的战略目标、战略重点、战略步骤和战略对策，并据此提出长期计划的任务，主要包括有关国民经济和社会发展的一些重大问题，如经济发展的速度和重大比例关系、科学技术的水平和发展方向、重大建设和技术改造项目、经济和社会发展布局、重大经济技术政策和经济技术参数等。总之，长期计划是从总体上、长远发展方面规划国民经济未来的发展前途。因此，它在计划体系中具有十分重要的地位，对全国人民具有鼓舞和动员的作用。它决定中期计划的方向、任务和具体内容，是制定中期计划的依据。

长期计划由于时限较长、不确定因素多，因而具有粗线条和弹性大的特点。达到其目标的方式、方法、内容都可以有多种方案，可以有充分优化选择的余地。

长期计划可以是综合性的，也可以是专项的。综合性计划是全面的国民经济和社会发展计划。专项规划是把长期计划中一些专门性、关键性的而又是跨部门、跨地区的重大经济问题单列出来，确定其长期发展目标及对策，制定出一个规划，又称为纲要目标计划。

（2）中期计划

中期计划是指五年左右的计划。我国的中期计划是五年计划，国外也有四年的、六～七年的中期计划。中期计划是宏观经济计划体系的主要组成部分和基本形式。它是在长期计划的指导下制定的，是长期计划的分阶段计划，是连接长期计划与年度计划的纽带。

中期计划与长期计划相比，其计划期限相对较短，不确定因素较少，从而可以确定比较可靠的具体数量和质量指标，借以落实长期计划的任务。并且，中期计划的周期接近一般经济活动的平均周期，产品的更新换代、一般专门人才培养的周期也与中期计划的周期相接近。因此，中期计划的制订有利于国家计划与企业经营相结合，便于大中型项目的计划安排，以增强计划的稳定性。我国五年计划的制订对实现社会总供给和总需求的宏观平衡、克服市场失灵、优化资源配置、及时调整经济政策起着重要的作用。

中期计划的内容主要包括：经济增长速度、经济结构；产业政策和产业结构；各项重要产品产量和质量；固定资产投资的规模、方向、布局、效益，主要产品新增生产能力，大中型建设项目及其主要配套项目；地区布局；科学技术攻关项目和重大科技成果推广应用项目；专门人才的培养；城乡居民生活水平的提高幅度；自然资源的开发和综合利用；环境污染的防治；人口的出生率和自然增长率；重要的经济政策和科学技术政策；经济杠杆的综合运用和实现计划的重大措施等。

（3）短期计划

短期计划一般是指年度计划，是发展国民经济的行动计划，是贯彻中长期计划的具体执行计划。由于短期资源配置主要依靠市场机制的调节作用，因而年度计划根据市场情况预测年度内的经济社会发展趋势，并将之作为反映政府意图的宏观调控目标，具有重要的指导意义。年度计划的重点在于维持社会总供求的大体平衡，组织国家和社会资金的运用、重点建设和重大科技项目的实施，协调宏观经济政策和经济杠杆在经济调节中的作用等。年度计划是国家进行宏观调控的重要依据和手段。其主要调控目标有：经济增长率、固定资产投资增长率、财政赤字、货币发行量、物价上涨率、进出口总量、城镇失业率和人口增长率。

长期、中期和短期计划是相互衔接的。长期计划确定经济和社会发展的方向、轮廓和目标；中期计划则把长期计划分段安排，是宏观经济计划的基本形式；年度计划则对中长期计划起保证作用，是发挥部门、地方、企事业单位的积极性，将中、长期计划付诸实施的行动计划。三者是统一的整体。它们相互衔接，体现出宏观经济计划的动态结构。在社会主义市场经济中，宏观经济计划工作的重点是中长期计划，以利于国家集中精力解决国民经济中带有战略性、方向性、总量性、结构性意义的重大问题。

(三) 按照计划主体和管理层次的不同分类

按此分类标准，宏观经济计划可分为中央计划、地方计划、基层计划与行业规划。

(1) 中央计划

中央计划是指由国家发展计划委员会制订，并经全国人民代表大会审议批准的国民经济全局的计划。它规定着国家在一定时期内国民经济和社会发展的主要目标、任务和政策，关系到国家的全局和长远利益，是国家全局性的发展决策的体现，各级地方都应相互配合，保证国家计划确定的调控目标和任务的实现。当地方计划与中央计划发生矛盾时，地方计划应当服从中央计划，首先要保证中央计划的实现，维护中央计划的权威性和统一性。中央计划的制订也应当考虑到地方计划的实际情况，使地方利益得到兼顾。

(2) 地方计划

地方计划是指以县级及以上地方人民政府所辖行政区经济和社会发展或其特定行业、领域为对象编制的计划。地方计划要在中央计划的指导下，结合本地区的实际情况，对本地区的经济、科技和社会发展做出具体安排。地区计划应发挥区域比较优势，因地制宜确定其经济发展战略，并在中央计划的指导下，自行开展地区之间的经济技术协作。由于中国国家大，情况复杂，必须明确划分中央与地方在计划管理中的职责权限及相互关系，包括决策权、调控权及相应的财权、物权等，并通过立法使之规范化。在社会主义市场经济体制下，建立中央与地方计划协调制度的基本原则仍然是中央的统一性与地方的灵活性相结合，既体现全局利益的统一，又要在统一指导下赋予地方权力；既保证全国计划的统一性，又兼顾地方的灵活性；既保证中央集中的宏观调控，又充分发挥地方调节本地区经济活动的作用。

(3) 基层计划

基层计划是指独立经营、独立核算的企、事业单位编制的计划。基层计划必须以全国计划、地方计划的要求为依据，立足自身的实际，要做到具体、实在、管用、可操作性好。不能仅简单地把上级计划、方案照搬过来，正确的做法是根据上级工作计划，结合自身实际，从内容的设置、目的要求、实施步骤和时间以及措施等方面进行编制，注重整体效益、长远效益的优化。

(4) 行业规划

行业规划是由国务院各主管部门制订的，经国务院批准的部门、行业、专项规划。行业规划是在国家综合计划的基础上，考虑本行业实际情况，遵循行业发展规律，体现行业的经济、技术特点，对计划期本行业的发展态势做出分析和展望。行业规划一般对行业内的企业没有行政约束力，主要起指导行业发展方向、减少企业经营盲目性的作用。适应社会主义市场经济体制的要求，行业发展在很大程度上已不是行政行为，而更多的是一种社会公共行为。行业发展应该是打破行政隶属关系，立足全行业发展大局所进行的公共预期选择。行业发展规划与全国综合计划的关系不应完全遵从中央与政府各部门的组织行政隶属关系，而应该在全国综合计划的基础上，依据综合计划确定的主要方针政策，结合行业发展的特点和具体情况制订指导性规划。

四、计划指标体系

(一) 计划指标体系的内涵

宏观经济计划的目标和任务是通过文字说明和计划指标两部分内容表现出来的。计划的文字说明部分，主要用来分析当时的政治经济形势，阐明计划期国民经济和社会事业发展的主要目标、方针和任务。计划指标是计划内容、目标和任务的具体化和数量表现，反映计划期经济和社会发展所要达到的目标、规模、速度、结构、效益和效率等总体性特征和状况。计划指标由指标名称和指标数值两部分组成。指标名称是经济和社会活动的表象特征，表现一定经济和社会现象的质，如钢产量、国民收入等；指标数值是一定经济和社会活动的量，可以用绝对数或相对数表示。计划指标是组成计划方案的细胞，若没有指标，计划方案则无从表现，所以，计划指标是计划工作的有力工具。

计划指标多种多样，它们之间相互联系、相互制约，构成一个完整的有机整体，即计划指标体系。适应计划管理工作的要求，计划指标体系应该和计划内容体系相适应，具有全局性、整体性和有效性，建立一套科学的，由不同层次、不同序列、不同内容指标组成的宏观经济计划指标体系。

(二) 计划指标体系的分类

从不同角度考察，计划指标体系中包括的计划指标群可以有不同的组合分类。

(1) 数量指标和质量指标

计划指标按其内容不同，可分为数量指标和质量指标。数量指标是反映国民经济发展水平、规模及速度的指标，一般用绝对数表示，如产品产量、产品产值、投资额、工资总额等。质量指标是反映国民经济总体发展的素质、效率和经济效益的指标，一般用相对数表示，如劳动生产率、科技进步贡献率、资金利用率、成本降低率等。

数量指标是质量指标的基础。因为质量指标往往是建立在两个数量指标对比分析的基础之上的，所以数量指标如不准确，以此为依据的质量指标也不可能准确。

(2) 实物指标和价值指标

计划指标按其计量单位不同，可分为实物指标和价值指标。实物指标是使用价值指标，是反映产品或劳务量的自然状态或自然属性的指标，以重量、面积、长度、体积、件数等为计量单位。为了科学地反映实物量，有时还要应用复合计量单位的实物指标和标准实物的实物指标，如货物运输周转量的吨公里、煤炭的标准吨等。

价值指标是以货币为计量单位的指标，如国内生产总值、国民收入、固定资产投资额、单位投资增加国民收入额、单位成本降低额等。由于不同产品、不同劳务量的价值指标都表现为统一的货币量,因此可以加总起来综合反映生产、建设以及各项工作的总成果,适应宏观经济分析的需要。价值指标又有两种计量方法:一是按现行价格计算的非可比价值指标,主要用于对同一时期的结构、比例分析;二是按不变价格计算的可比性价值指标,即不论哪一年的产品或劳务量,都按某一年的单价来计算。后者主要用于对不同时期经济发展变化速度的分析,即动态分析,便于排除价格变动的影响,真正反映生产、劳务本身的发展程度。

实物指标是价值指标的基础。没有实物指标,也不可能有价值指标,因为价值指标正是实物指标和单价的乘积。价值指标是实物指标的货币量表现,反映了复杂的社会生产关系,具有综合性。在社会主义市场经济条件下,价值指标比实物指标更能从深度和广度上反映社会经济关系。

(3) 预期指标和国家公共资金与资源的动员运用指标

计划指标按其性质不同,可分为预期指标和国家公共资金与资源的动员运用指标。预期指标是以科学预测为基础,体现一定时期内国家宏观调控意图,具有宏观指导性的计划指标。它是一种预期值,主要包括一些反映宏观经济总量的指标,如经济增长指标(GDP 年均增长率、通货膨胀率、全社会劳动生产率、工业增加值率、进出口总额)、结构调整指标(三大产业结构百分比、二元结构水平系数、地区收入差异系数、农业及农村基础设施建设投入)、科技进步指标(技术市场成交额、制造业更新改造投资率、工业产值占 GDP 比重、技术进步贡献率、R&D 投入占 GDP 比重)、制度创新指标(建立现代企业制度、健全社会保障体系、建立国内市场体系、发展开放型经济、有效利用人力资源)、生活改善指标(城市居民失业率、城市人均居住面积、农民人均纯收入、教育支出占 GDP 比重、环保投资占 GDP 比重)。国家公共资金与资源的动员运用指标是反映国家为了对社会再生产进行即期调控所掌握的物质力量的指标,如财政投融资、国家外汇、国家储备及投放方面的指标等。国家通过对这类指标的确定,直接掌握一定的物质条件,有利于与预期指标相配合,对市场运行进行即期调节,弥补市场作用的不足。

(4) 单项指标和综合指标

计划指标按其核算范围不同,可分为单项指标和综合指标。单项指标是反映社会经济活动的某一方面的状况和特征的指标,如钢产量、发电量、劳动力资源总量、货币供应量等。综合指标是反映国民经济和社会活动总体特征的指标,也称为总量指标,如社会总需求、社会总供给、国内生产总值等。

(三) 设置计划指标体系的原则

①体现科学发展观的要求。指标的设置,既要有利于促进经济增长,也要有利于结构优化,实现社会经济的全面、协调、可持续发展。

②适应社会主义市场经济体制的要求,以价值指标为主,辅之以必要的实物指标,适应宏观经济计划综合性、政策性、导向性的需要,有利于国家实施宏观调控。

③指标名称要简明扼要、通俗易懂、含义确切,并与统计指标、会计指标的核算口径相一致,以利于统计、监督、对比和分析。

④动态监测,与国际接轨。要坚持国际、国内市场有序融合的原则,充分考虑全球经济一体化和参与全球经济竞争与合作的要求,指标尽量能与国际通用指标对照,既有利于

与国际接轨，又有利于国际经济间的竞争与合作。通过长期观察和分析大样本的统计指标，既能不断筛选出更科学的指标，又能实现国际通用指标的优质创新，从而实现对国家经济发展状况的动态监测。

思 考 题

1. 什么是经济发展战略？经济发展战略具有哪些特点？
2. 经济发展战略在宏观经济管理中的意义何在？
3. 经济发展战略的构成要素有哪些？
4. 战略目标一般包括哪些内容？
5. 列为战略重点的部门和领域应具有哪些特点？
6. 经济发展战略的依据是什么？
7. 转换和调整经济发展战略对宏观经济管理的要求是什么？
8. 经济发展战略有哪些分类？
9. 如何评价我国原有的经济发展战略？
10. 我国新的经济发展战略目标和战略步骤是什么？
11. 我国新的发展战略与原有发展战略相比，实现了哪些转变？
12. 宏观经济计划作为经济发展战略的具体化要求是什么？
13. 宏观经济计划有什么特点？
14. 宏观经济计划有什么作用？
15. 宏观经济计划体系包括哪些内容？
16. 计划指标体系是如何分类的？
17. 设置计划指标体系的要求是什么？

第四章　国民经济总量管理和社会总供求平衡

第一节　国民经济总量管理

一、国民经济总量的含义

国民经济总量又称宏观经济总量，是指一个国家或地区的宏观经济运行变量在一定时期内所达到的总规模或总水平，是国民经济总体运动状态在数量上的高度综合表现。反映宏观经济运行的变量指标有很多，如国内生产总值、投资总额、消费总额、财政收支总额、信贷收支总额、货币收入总额、货币供应总量、进出口总额、就业率、物价总指数等，这些宏观经济变量指标分别从不同的侧面和不同的角度综合反映着国民经济活动的总体运动状态和总规模或总水平。例如，国内生产总值反映着全社会最终产品和劳务的生产规模；投资总额反映着全社会的投资总规模；消费总额反映着全社会的消费总规模；就业率反映着全社会的就业水平及状况；物价总指数反映着全社会各种商品和劳务的价格变动总水平。最概括、集中地反映社会经济活动总规模的指标是社会总供给和社会总需求。这两个指标实际上是由上述有关指标综合而成的。国内生产总值和进口总额构成社会总供给的主要内容；投资总额、消费总额和出口总额构成社会总需求的主要内容。所以，社会总供给和社会总需求是综合性最强的国民经济总量指标。

二、国民经济总量管理的内容

国民经济总量管理是指国家根据社会经济发展战略的要求，对宏观经济总量指标所进行的规划安排和宏观调控。它与国民经济结构管理一起，构成了宏观经济管理的核心内容。在宏观经济管理与分析中，对经济总量的分析主要是考察总量的影响因素及其变动规律；对经济结构的分析主要是考察总量构成中各组成部分的相互关系及其变动规律。经济总量与经济结构存在着相互联系、相互制约的关系。一方面，合理的宏观经济结构能保证宏观经济总量的快速增长；另一方面，宏观经济总量的快速增长又有利于宏观经济结构的合理调整。所以，控制经济总量、调整经济结构，是宏观经济管理的最根本的任务。

国民经济总量管理的内容主要包括：

①控制经济发展速度、投资总额、消费总额、居民货币收入总额、财政信贷总规模、货币供应总量、物价总水平、进出口总规模、国际收支等总量指标，保持社会总供给与社会总需求的基本平衡，促进国民经济持续、快速、健康地发展。

②制定科学的产业政策和国民经济发展的长远规划，部署国家重点建设，协调社会再

生产各环节及国民经济各部门、各地区之间的关系，促进产业结构合理化和现代化，实现生产力的合理布局和社会资源的优化配置。

③协调经济、科技和社会发展的关系，保护生态环境和自然资源，保持人口的适度增长，维护社会经济秩序和政治稳定，促进文化、教育、科技事业的发展，实现国民经济良性循环。

本章主要讲述保持社会总供给与社会总需求的平衡问题，其他内容将在其他各章中讲述。

三、国民经济总量的核算体系

国民经济总量的核算是按照一定的计算口径，在一定范围内进行的，而这些又都是以一定的核算体系作为标准的。联合国为世界各国设计了两种不同的国民经济核算体系：一种是为市场经济国家所采用的国民核算体系，简称 SNA；另一种是为中央计划经济国家所采用的物质产品平衡体系，或称国民经济平衡表体系，简称 MPS。这两大核算体系的根本区别在于所依据的理论基础不同。具体来说，主要有以下三点区别：

（一）计算范围不同

SNA 依据西方经济学家关于生产的理论，认为生产是增加或创造经济货物效用的活动，而经济货物既包括物质产品，也包括非物质性的劳务。因此，该体系在核算产值、收入这些经济总量指标时，既包括了物质生产部门的产品价值，也包括了非物质生产部门所提供的劳务价值。换言之，SNA 是以整个国民经济作为其核算范围的。

MPS 依据马克思主义关于生产的理论，认为生产是创造物质产品的活动。因此，该体系在核算产值、收入这些经济总量指标时，只计算物质生产部门所生产的物质产品的价值，而不计算非物质生产部门所提供的劳务的价值。换言之，MPS 是以物质生产部门作为其核算范围的。

（二）计算内容不同

SNA 依据西方经济学家关于价值构成的理论，认为从全社会来看，社会最终产品和劳务的价值总量是由劳动者的报酬（V）、社会纯利润（M）和固定资产折旧（D）三部分组成的。因此，在计算有关总值指标时，只计算这三部分的价值，不计算生产过程中的流动资产消耗。换言之，SNA 是以社会最终产品和劳务的价值作为其计算内容的。

MPS 依据马克思主义关于价值构成的理论，认为社会总产品的价值总量是由生产过程中固定资产和流动资产的消耗价值（C）、劳动者报酬（V）和社会纯收入（M）三部分组成的。因此，在计算有关总值指标时，要计算物质生产部门这三部分的价值，但不计算非物质生产部门劳务的价值。换言之，MPS 是以社会总产品的价值作为其计算内容的。

（三）结构形式不同

SNA 根据复式记账基本原理，采用的是会计账户、结算账单和矩阵表的结构形式。它由 4 大基本账户、88 个细分账户以及由账户构成的结算账单和矩阵表所组成，全面反映了经济总量的流向和流量。4 大基本账户分别是国内生产账户、消费收支账户、资本交易账户和国外收支账户。

MPS 根据平衡统计基本原理，采用的是国民经济平衡表的结构形式。它由 5 张主表和

13张附表所组成,全面反映了社会再生产的过程和结果。5张主表分别是社会总产品平衡表、国民收入平衡表、社会劳动力资源与分配平衡表、国民财富指标和固定资产平衡表。

目前,世界上绝大多数国家使用的都是SNA,过去只有前苏联东欧等10来个国家使用MPS。我国过去使用的国民经济平衡表体系,从本质上来说,是属于MPS的,但与联合国公布的MPS相比较,在平衡表的种类、指标体系、计算方法上还存在差别,不太符合国际标准。随着我国社会主义市场经济体制的建立和不断完善,我国的国民经济核算体系也进行了根本性的改革。从1995年开始,我国正式实行新的国民经济核算体系。该核算体系根据我国的实际情况,采用了联合国SNA中国际通用的核算原则与核算方法,同时保留了原有MPS中的部分核算内容,并在有关核算表中采用了积木式、板块化的结构,可以方便地进行两种不同核算体系有关数据的换算,既可以进行国际比较,也可以进行本国的历史比较,具有很强的适应性。

四、衡量经济规模大小的总量指标

两大核算体系中衡量经济规模大小的总量指标是不相同的。MPS中衡量经济规模大小的主要指标有工农业总产值、社会总产值和国民收入;而SNA中衡量经济规模大小的主要指标有国内生产总值、国民生产总值、国民生产净值和国民收入。

(一) MPS中的主要总量指标

(1) 工农业总产值

工农业总产值即一个国家或地区在一定时期内所生产的全部工农业产品的价值总量。从实物形态上看,它包括全部工业品和农产品;从价值形态上看,它是工农业部门的C、V、M之和。

(2) 社会总产值

社会总产值即一个国家或地区的物质生产部门在一定时期内所生产的社会总产品的价值总量。它由工农业总产值、建筑业总产值、运输邮电业总产值和商业总产值组成。从实物形态上看,它包括全部的生产资料和消费资料;从价值形态上看,它是各物质生产部门的C、V、M之和。

(3) 国民收入

国民收入即一个国家或地区的物质生产部门在一定时期内所创造的净产值之和。从实物形态看,它包括用于积累的生产资料和全部消费资料;从价值形态上看,它是物质生产部门的V、M之和。

(二) SNA中的主要总量指标

(1) 国内生产总值 (GDP)

GDP即一个国家的常住单位在一定时期内所生产的社会最终产品和劳务的价值总和。所谓常住单位,是指在该国的经济领土范围内具有一定生产场所、从事一定规模的经济活动并超过一定时期的经济单位。

国内生产总值有三种测算方法:

①生产法:将国民经济各部门的增加值相加。增加值为总产出减去中间投入后的余额。

②收入法：把生产过程中所发生的生产要素收入，即固定资产折旧、劳动者报酬、生产税净额、营业盈余加总。

③支出法：是从社会最终产品和劳务的使用去向角度来计算的，即将国内总消费、国内总投资加出口与进口的差额。

（2）国民生产总值（GNP）

GNP 即一个国家的常住居民在一定时期内所生产的社会最终产品和劳务的价值总和。所谓常住居民，是指具有本国国籍的公民，以及虽然未加入本国国籍，但在本国居住超过一定年限的外国侨民。

国民生产总值与国内生产总值在计算范围和计算内容上是完全一致的，而计算角度和计算原则不同。国内生产总值是从生产角度、按领土原则来计算的，而国民生产总值是从收入角度、按居民原则来计算的。两者在数量上的差额，就在于国外净要素收入（即本国居民从国外所获得的要素收入与外国居民在国内所获得的要素收入之差）。所以，在国内生产总值的基础上，再加上国外净要素收入，即为国民生产总值。

（3）国民生产净值（NNP）

NNP 即一个国家的常住居民在一定时期内所生产的社会最终产品和劳务的净值。国民生产净值与国民生产总值计算范围、计算原则是一致的，所不同的是计算内容有区别。国民生产总值包括折旧价值，而国民生产净值则不包括折旧价值。所以，从国民生产总值中减去固定资产折旧，即得国民生产净值。

（4）国民收入（NI）

NI 即一个国家的常住居民在一定时期内从事社会最终产品和劳务的生产所取得的全部收入。它与国民生产净值相比较，主要区别在于计算价格不同。国民生产净值是按市场价格计算的，而国民收入是按要素成本计算的，两者在数量上的差额就在于间接税超过津贴的部分。所以，国民收入等于国民生产净值减去间接税超过津贴的部分。

值得注意的是，SNA 中的国民收入与 MPS 中的国民收入是完全不同的，主要区别表现在：①从计算范围来看，MPS 中的国民收入是物质生产部门，而 SNA 中的国民收入是整个国民经济；②在计算内容上，MPS 中的国民收入包括所有的税金，而 SNA 中的国民收入只包括直接税，不包括间接税；③MPS 中的国民收入一般只计算国内生产的国民收入，而 SNA 中的国民收入还包括国外净要素收入。

第二节　社会总供求及其形成

一、社会总供给与社会总需求的内含

社会总供给与社会总需求是现代宏观经济管理与分析中普遍使用的一对概念。但是，在不同的核算体系中，由于衡量经济规模大小的总量指标是不一样的，因而对于社会总供给与社会总需求的内含有着不同的理解。在我国，对社会总供给与社会总需求，通常从以下三种口径来理解：

(一) 社会总产值口径

社会总产值是 MPS 中衡量经济规模大小的核心指标。这一指标反映的是一个国家在一定时期内物质生产的总成果。由于物质生产总成果是经济和社会发展的物质基础，所以，用这一指标来考察社会总供求的状况具有重要意义。

按社会总产值口径来理解，社会总供给是指一定时期内全社会提供的物质产品的价值总量。按部类来划分，它可分为生产资料供给和消费资料供给；按用途来划分，它可分为中间产品供给和最终产品供给。若考虑对外贸易因素，它还应包括进口商品供给。

按社会总产值口径来理解，社会总需求是指一定时期内全社会对物质产品的有货币支付能力的总购买力。按部类来划分，它可分为生产资料需求和消费资料需求；按用途来划分，它可分为生产补偿需求、积累需求和消费需求。若考虑对外贸易因素，它还应包括出口商品需求。

(二) 国民收入口径

这里的国民收入是指 MPS 中的国民收入。这一指标反映了一个国家在一定时期内的物质生产的净成果。由于物质生产的净成果是社会生产的最终追求，是扩大生产规模和满足人民生活需要的物质基础，是社会财富增加的源泉，所以，用这一指标来考察社会总供求的状况具有特殊意义。

按国民收入口径来理解，社会总供给是指一定时期内全社会所新创造的物质产品的价值总量。从实物形态来看，它包括全部消费品和用于积累的生产资料；从价值形态来看，它包括劳动者报酬和社会纯收入。若考虑对外贸易因素，它还应包括用于积累与消费的物质产品的进口。

按国民收入口径来理解，社会总需求是指一定时期内全社会有支付能力的积累需求和消费需求。从实物形态来看，它包括对生活资料的需求和对用于积累的生产资料的需求；从价值形态来看，它是积累基金和消费基金之和。若考虑对外贸易因素，它还应包括用于积累与消费的物质产品的出口。

(三) 国内生产总值口径

国内生产总值是 SNA 中衡量经济规模大小的主要指标。由于这一指标既包括物质生产部门所生产的社会最终产品的价值总量，又包括非物质生产部门所提供的劳务的价值总量，所以，用这一指标来考察社会总供求的状况更为科学、更具全面性。

按国内生产总值口径来理解，社会总供给是指一定时期内全社会各部门所提供的全部最终产品和劳务的价值总量。从实物形态来看，它包括作为投资品的商品和劳务与作为消费品的商品和劳务；从价值形态来看，它包括劳动者报酬、社会纯收入和固定资产折旧。若考虑对外贸易因素，它还应包括商品和劳务的进口。

按国内生产总值口径来理解，社会总需求是指一定时期内全社会对社会最终产品和劳务的有货币支付能力的总购买力。从实物形态来看，它包括个人与社会对消费品和消费性劳务的需求、扩大再生产和更新改造对投资品和投资性劳务的需求；从价值形态来看，它由居民、企业和政府的各种收入所组成。若考虑对外贸易因素，它还应包括商品和劳务的出口。

无论按何种口径来理解，社会总供给都包括国内供给和国外供给两部分；相应地，社会总需求也包括国内需求和国外需求两部分。以国内生产总值口径为例，国内供给是指一定时期国内所生产的最终产品和劳务总量；国外供给是指商品和劳务的进口；国内需求是指一定时期购买国内最终产品和劳务的需求；国外需求是指商品和劳务的出口。

二、社会总供给与社会总需求的形成

（一）社会总供给的形成

社会总供给的形成主要取决于以下因素：

（1）生产与非生产部门的发展规模和水平

社会总供给的状况，实际上是整个国民经济运行在流通领域内的反映，它必然受经济总量增长速度的影响和制约，所以，经济的增长速度与水平是影响社会总供给的决定性因素。一般来说，经济增长速度越快、水平越高，社会总供给就越充足，从而社会总需求的满足程度也就越大，反之亦然。值得强调的是，加速我国的经济发展，必须以提高经济效益为前提，实现速度、比例与效益的统一，以尽可能多地形成有实际使用价值的、适销对路的商品供给。同时，还要强调第一产业、第二产业和第三产业的协调发展，通过优化产业结构来增加有效供给；特别是要加快第三产业的发展，为社会提供更多的劳务，以增加社会总供给。

（2）商品和劳务的价格变动

在市场经济条件下，社会总供给与商品和劳务的价格水平存在着极为密切的关系。一般来说，在其他因素不变的条件下，总供给是价格的递增函数，即某种商品和劳务的价格水平越高，生产者就越愿意多生产或提供这种商品或劳务，该种商品和劳务的供给量就越多；反之则相反。

反映供给量变动对价格变动敏感程度的指标是供给价格弹性，它等于供给量的变化率与价格的变化率之比。设 E_S 代表供给价格弹性，P 代表价格，ΔP 代表价格的变动量、Q_S 代表供给量，ΔQ_S 代表供给的变动量，则供给价格弹性可用公式表示为

$$E_S = \frac{\Delta Q_S}{Q_S} \div \frac{\Delta P}{P} = \frac{\Delta Q_S}{\Delta P} \times \frac{P}{Q_S}$$

由于供给量的变动与价格的变动呈同方向变化，所以供给价格弹性一般为正数。当 $E_S>1$ 时，称为供给价格弹性大，说明供给量的变动幅度大于价格变动的幅度。劳动密集型行业的商品和劳务，其供给价格弹性就属此类。当 $E_S<1$ 时，称为供给价格弹性小，说明供给量的变动幅度小于价格变动的幅度。资金和技术密集行业的商品和劳务，其供给价格弹性就属此类。这两种情况都是现实经济生活中经常出现的。可见，商品和劳务的价格变动对社会总供给具有重要的影响作用。

（3）对外经济联系的程度

随着全球经济的发展和国际经济一体化趋势的增强，一国对外经济联系的程度日益成为影响该国经济增长和社会总供给的极为重要的因素。通过对外经贸往来，一国经济可以突破国内资源和国内市场的限制，进一步利用国际资源和国际市场，从而改变国内的供给总量和结构。对外贸易对社会总供给的影响主要表现在进、出口两个方面：从进口看，进口商品往往是国内生产和生活必需的，或者是更为便宜或优质的原材料和先进设备，这

样，就能够在一定程度上弥补国内资源的不足和克服产业结构的不平衡，消除或减弱经济发展中的"短线"制约，增加社会总供给，改善供给结构；从出口看，一方面会直接减少被出口商品的国内市场供应量，但另一方面又可通过出口商品的前向和后向连锁效应，带动与之关联程度较高的产业的发展，从而增加该产业产品的国内供给量。可见，出口商品的数量与结构的变化，也会影响社会总供给的变动。特别是在我国外向型经济迅猛发展的今天，宏观经济管理中更不能忽视外贸及整个对外经济联系对社会总供给的深刻影响。

除以上主要因素外，一个国家自然资源的丰裕程度、商品经济发达的程度、商品流通环节中储备与库存的变动状况，也都会直接或间接地对社会总供给产生影响。

（二）社会总需求的形成

社会总需求的形成主要取决于以下因素：

（1）货币供应量的多少

市场经济条件下的社会总需求，实际上是以货币形式表现的社会总购买力。这种购买力的形成，无论是通过财政渠道还是信贷渠道，最终都是由广义的货币供应量来体现的。因此，一个国家采用什么样的货币供应政策，决定着货币供应量的多少，从而对社会总需求的变动产生极为重要的影响。

某一时期的货币供应量等于一定时点的基础货币乘以货币乘数。在我国，中央银行的基础货币是由流通中的现金、法定存款准备金和超额存款准备金所构成的；乘数主要是由法定存款准备金率、超额存款准备金率、现金比率、活期存款比率和定期存款比率所决定的。因此，上述影响基础货币和货币乘数的因素都是影响货币供应量的因素。

虽然货币供应量的多少决定了以货币表现的社会需求总量的大小，但是，货币并非在同一时点上同时形成社会的总有效需求。货币购买力的形成与实现之间以及商品的卖与买之间，总存在着一定的时差，所以，货币供应量在时间和空间上就形成了不同层次。不同层次的货币供应量对社会总需求的形成有着不同的作用。第一个层次的货币供应量是指现金，现金货币由居民、企业和事业单位所持有，随时都可能用来购买商品和劳务，是一种直接的购买力；第二个层次的货币供应量是指现金与活期存款之和，其中，活期存款包括居民在银行的活期储蓄存款和企、事业单位在银行的结算存款，它对市场现实需求的影响要弱于现金，是一种间接的购买力；第三个层次的货币供应量是指现金、活期存款与定期存款之和，其中，定期存款包括居民定期储蓄存款，企、事业单位定期存款和政府财政结余存款，这部分存款虽然在规定期限内不会形成现实的购买力，但从长期看仍然是一种潜在的购买力。

（2）财政收支的状况

财政对社会总需求的形成也有较大的影响。这主要是因为：首先，通过财政分配所形成的需求直接构成社会总需求的一部分。财政利用它的收入功能，集中一部分社会纯收入，然后通过它的支出功能，形成各种购买力。这部分购买力不管为居民个人所有，还是为社会集体所有，均构成社会总需求的重要组成部分。在市场经济体制下，虽然财政分配所直接形成的投资需求相对下降，但消费需求中的公共消费需求很大部分还是通过财政分配形成的。其次，国家财政还可能通过税收、财政补贴和财政信用等形式，调节企业和个人的投资需求和消费需求，从而对社会需求总量产生较大的间接影响。

（3）商品和劳务的价格水平

商品和劳务的价格水平与社会总需求之间也存在着极为密切的关系。一般来说，在其他条件不变的情况下，社会总需求是价格的递减函数，即当某种商品和劳务的价格水平上升时，对该种商品和劳务的需求量就会减少；反之则相反。

反映需求量变动对价格变动敏感程度的指标是需求价格弹性，它等于需求量的变化率与价格的变化率之比。设 E_d 代表需求价格弹性，P 代表价格，ΔP 代表价格的变动量，Q_d 代表需求量，ΔQ_d 代表需求的变动量，则需求价格弹性可用公式表示为

$$E_d = \frac{\Delta Q_d}{Q_d} \div \frac{\Delta P}{P} = \frac{\Delta Q_d}{\Delta P} \times \frac{P}{Q_d}$$

由于需求量的变动与价格的变动呈反方向变化，所以，需求价格弹性一般为负数，其大小用绝对值来衡量。当｜E_d｜>1 时，称为需求价格弹性大，说明需求量的变动幅度大于价格变动的幅度。一般来说，非生活必需品的需求价格弹性就属此类。当｜E_d｜<1 时，称为需求价格弹性小，说明需求量的变动幅度小于价格变动的幅度。一般来说，生活必需品的需求价格弹性多属此类。可见，商品和劳务的价格变动对社会总需求也有重大影响。

此外，国内生产总值的分配和使用、各经济主体的消费行为和投资行为对社会总需求也有重大影响。

三、社会总供求结构

在我国，社会总供给结构通常从三次产业结构和两大部类结构方面来考察。按两大部类结构来划分，物质产品的供给总量可分为生产资料供给量和消费资料供给量。其中，生产资料供给量又可细分为煤、石油、钢铁、电力、机器；消费资料又可细分为食品类、衣着类、日用品类、文化娱乐用品类、书报杂志类、药品和医疗用品类及燃料类等。社会总需求结构通常从物质产品的需求和非生产性服务的需求两方面来考察，其中，物质产品的需求分为个人消费、社会消费、投资和净出口需求；非生产性服务需求分为社会保险、科学、教育、文化和医疗保健需求等。

第三节 社会总供求的平衡

一、社会总供求平衡的内涵

社会总供求的平衡是指一定时期内，全社会所提供的有实际使用价值的商品和劳务的市场供应总量及构成与全社会对商品和劳务的有货币支付能力的市场需求总量及构成之间的平衡。对社会总供求平衡的内涵，我们应该有下列基本理解：

①这种平衡不是指社会总供给与社会总需求在数量上的完全相等，而是指基本相等或大致均衡。

②这种平衡既包括长期平衡，也包括短期平衡。宏观经济管理的根本任务是要保持社会总供求的长期平衡，但长期平衡需要通过若干阶段的短期平衡才能实现。一般来说，短期平衡调节的重点是社会总需求，其主要调节手段是财政政策和货币政策；长期平衡调节

的重点是社会总供给,其主要调节手段是产业政策和投资政策。

③这种平衡既包括总量平衡,也包括结构平衡。总量平衡与结构平衡的关系是:总量平衡是结构平衡的条件,结构平衡是总量平衡的基础。也就是说,结构平衡,总量必平衡;总量平衡,结构不一定平衡;但总量不平衡,结构肯定也不平衡。可见,社会总供求的平衡应该是总量平衡与结构平衡的统一。

④这种平衡应该是动态平衡,而不只是静态平衡。由于影响社会总供给与社会总需求的因素有很多,这些因素的影响机制是错综复杂的,而且是不断发展变化的,所以,社会总供求的平衡是相对的,而不平衡是绝对的。宏观经济管理的主要任务就是通过各种调控手段控制不平衡状态,使之趋向平衡状态,也就是说,社会总供求的平衡主要是动态平衡。

二、社会总供求平衡的意义

保持社会总供给与社会总需求的平衡,是宏观经济管理最根本的任务。其重要意义主要表现在以下几方面:

(一) 保持社会总供求的平衡,是国民经济持续、快速、健康发展的根本保证

我国经济发展的实践表明,凡是社会总供求平衡的时候,社会再生产就能够顺利进行,国民经济就能持续、快速、健康地发展;凡是社会总供求不平衡的时候,就会使社会再生产受阻,国民经济发展遭受重大挫折,不得不进行大的经济调整。

(二) 保持社会总供求的平衡,是深化经济体制改革的重要条件

经济发展与体制改革是相互促进的。经济体制的改革有力地推动了经济的发展;但经济体制改革的深化又需要有一个基本稳定和相对宽松的经济环境。经济环境是否稳定和宽松,关键是看社会总供求是否基本平衡。所以,保持社会总供求的平衡,是深化经济体制改革的重要条件。

(三) 保持社会总供求的平衡,是资源优化配置的前提条件

资源的优化配置是经济效益提高的重要保证,也是宏观经济管理的重要目标之一。社会总供求的不平衡,必然导致有些商品供不应求,有些商品供过于求,这些都会造成资源配置的不合理和经济效益的下降。可见,保持社会总供求的平衡,是资源优化配置的前提条件。

(四) 保持社会总供求的平衡,是调整产业结构的有利条件

经济结构的调整和产业结构的合理化,是通过产业政策和投资政策来实现的;而产业政策和投资政策的有效实施,是以一定的财力、物力作保证的。在社会总供求基本平衡的情况下,经济才能快速增长,财力、物力才能增加。所以,保持社会总供求的平衡,是调整产业结构的有利条件。

(五) 保持社会总供求的平衡,是维护社会稳定的重要途径

当社会总供给大于社会总需求时,会导致失业率的上升;而当社会总供给小于社会总需求时,又会导致通货膨胀率的上升,这些最终都会影响到人民生活,从而导致社会的不稳定。所以,维护社会稳定也需要以保持社会总供求的基本平衡为前提条件。

三、社会总供求平衡的内容

社会总供求平衡主要包括总量平衡和结构平衡两项内容。

（一）社会供求总量的平衡

在我国，社会供求总量的平衡可按社会总产值、国民收入和国内生产总值三种口径来测算。

（1）按社会总产值口径测算的社会供求总量的平衡

在 MPS 中，这一平衡是运用社会总产品平衡表来测算的。社会总产品平衡表的基本格式见表 4-1。该表的基本平衡关系式为

$$国内生产+进口=中间物质消耗+最终消费+资本形成净额+出口+损失$$

即　　　　　　社会总产品的总供给=社会总产品的总需求

这一基本平衡关系式反映了一个国家在一定时期内物质生产的总供给与总需求之间的平衡。

表 4-1　　　　　　　　社会总产品的生产、消费和积累平衡表（简表）

	物质产品供应			物质产品的使用																
				中间物质消耗							最终消费			资本形成净额					
	国内生产	进口	出口	工业	建筑业	农业	林业	运输业	邮电业	商业	其他	小计	个人消费	社会消费	小计	固定资产	储备	小计	出口	损失	总额
顺序号	1	2	3	4	5	6	7	8	9	10	11	12	13	14	15	16	17	18	19	20	21
整个国民经济																					
工业																					
建筑业																					
农业																					
林业																					
运输业																					
邮电业																					
商业																					
其他																					

（2）按国民收入口径测算的社会供求总量的平衡

在 MPS 中，这一平衡是运用国民收入平衡表来测算的。国民收入平衡表的基本格式见表 4-2。该表的基本平衡关系式为

$$国民收入生产+初次分配中的收入或付出+进出口差额$$
$$+再分配差额=最终消费+资本形成净额+损失$$

即　　　　　　国民收入的总供给=国民收入的总需求

表 4-2 国民收入的生产、初次分配、再分配及最终使用平衡表（简表）

	生产			初次分配				再分配								最终使用			
	社会总产值	中间物质消耗	国民收入	劳动者收入	社会纯收入	初次分配中的收入或付出	进出口差额	再分配支出				再分配收入				再分配差额	最终消费	资本形成净额	损失	合计
								财政	信贷	其他	小计	财政	信贷	其他	小计					
顺序号	1	2	3	4	5	6	7	8	9	10	11	12	13	14	15	16	17	18	19	20
整个国民经济																				
工 业																				
建筑业																				
农 业																				
林 业																				
运输业																				
邮电业																				
商 业																				
其 他																				

这一基本平衡关系式反映了一个国家在一定时期内物质生产净成果的总供给与总需求之间的平衡。

（3）按国内生产总值口径测算的社会供求总量的平衡

在 SNA 中，这一平衡是运用国内生产总值及其使用表来测算的。国内生产总值及其使用表的基本格式见表 4-3。该表的基本平衡关系式为

$$总产出 - 中间投入 = 总消费 + 总投资 + 出口 - 进口$$

即   国内生产总值的总供给 = 国内生产总值的总需求

表 4-3   国内生产总值及其使用表

生 产	顺序号	合计	物质生产部门	非物质生产部门	使 用	顺序号	合计	物质产品	服务
		1	2	3			4	5	6
一、总产出	1				一、总支出	11			
二、中间投入	2				二、中间使用	12			
1. 物质产品投入	3				1. 物质生产部门使用	13			
2. 服务投入	4				2. 非物质生产部门使用	14			
三、国内生产总值	5				三、国内生产总值	15			
（5＝1－2）					（15＝16+19+22－23）				
1. 固定资产折旧	6				1. 总消费	16			
2. 劳动者报酬	7				（1）居民消费	17			
3. 生产税净额	8				（2）社会消费	18			
4. 营业盈余	9				2. 总投资	19			
					（1）固定资产形成	20			
					（2）库存增加	21			
					3. 出口	22			
					4. 进口	23			
四、物质产品净值	10				四、物质产品净值的使用	24			
（10＝5+4－6）					（24＝15+14－6）				

这一基本平衡关系式反映了一个国家在一定时期内社会最终产品和劳务的总供给与总需求之间的平衡。

在市场经济体制下，我国社会供求总量的平衡应按国内生产总值口径来测算。

(二) 社会供求结构的平衡

社会供求结构可以从不同的层次、按不同的标志来进行分类。其中，主要的分类有：内外结构分类、目的结构分类、性质结构分类、产业结构分类和产品结构分类。其主要内容及其相互关系可以通过图 4-1 来反映。

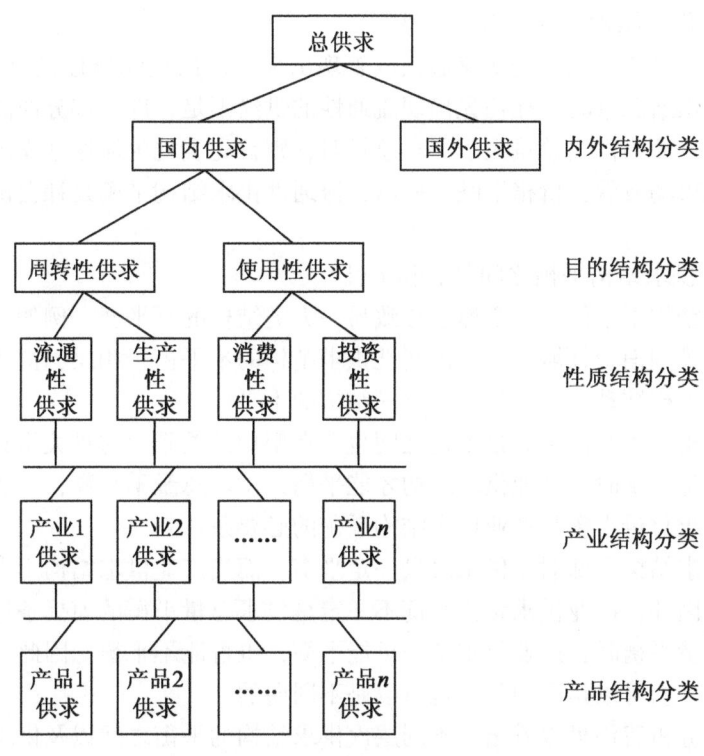

图 4-1 社会供求结构体系图

图 4-1 表明，社会供求结构具有多层次性的特点，不同层次的供求结构共同组成了一个金字塔形的结构体系。其中，内外结构分类、目的结构分类和性质结构分类统称为大类结构分类，产业结构分类称为中类结构分类，产品结构分类称为小类结构分类。由此，我们可以看出，社会供求结构平衡也可以划分为三类：一是大类供求结构平衡，包括内外结构平衡、目的结构平衡和性质结构平衡；二是中类供求结构平衡，即产业结构平衡；三是小类供求结构平衡，即产品结构平衡。其中，产品结构平衡构成了社会供求总量平衡的基础。但是，由于它主要反映的是单个商品的供求平衡，属微观经济活动范围，所以，社会总供求结构平衡考察的重点对象主要是大类结构平衡和产业结构平衡。

大类供求结构平衡具有如下主要特点：

(1) 国内供求结构平衡与国外供求结构平衡具有互补性

由于进口的商品和劳务通常是国内供求矛盾比较大、相对短缺的；出口的商品和劳务一般是国内供求矛盾比较小、相对充足的。所以，国内供求结构平衡与国外供求结构平衡具有互补性，也就是说，国内供求的差额通常是通过国外供求的差额来弥补的。

（2）目的结构平衡和性质结构平衡与总量平衡具有同向性

当供给总量大于需求总量时，各大类商品和劳务的供给量一般也都是大于相应的需求量的；相反，当供给总量小于需求总量时，各大类商品和劳务的供给量一般也都是小于相应的需求量的。这主要是因为生产、流通、投资、消费是社会再生产过程中的各主要环节，它们之间存在着相互依存、制约的紧密联系。

（3）流通性供求结构平衡具有先导性

供求总量的不平衡，往往先从流通领域表现出来，即出现流通性供求结构的不平衡。当需求总量大于供给总量时，往往先出现流通性的供给不足，即一部分商品或劳务的供应紧张，价格上升；而当供给总量大于需求总量时，则首先表现为流通性需求不足，即一部分商品或劳务的市场疲软，价格下跌。所以，流通性供求结构平衡是社会供求总量平衡的重要指示器。

（4）各类型供求结构平衡之间具有相关性

当某一大类结构不平衡时，必然会导致另一大类结构的不平衡。例如，生产性供求结构的不平衡会传导到消费领域，引起消费性供求结构的不平衡；相反，消费性供求结构的不平衡也会引发生产波动，导致生产性供求结构的不平衡。

产业供求结构平衡与供求总量平衡之间也存在密切的关系。这种关系具体表现为：

①当供求总量平衡时，产业供求结构才能平衡；供求总量不平衡，产业供求结构也不平衡。因此，供求总量平衡是产业供求结构平衡的必要条件。

②当产业供求结构平衡时，供求总量一定平衡，而当产业供求结构不平衡时，供求总量也可能平衡。因此，产业供求结构平衡不一定是供求总量平衡的前提条件。

③当供求总量平衡时，产业供求结构可能平衡，也可能不平衡。因此，供求总量平衡与产业供求结构平衡可以是同向的，也可以是不同向的。

通过以上的分析我们可以看出，不同层次供求结构的平衡之间以及供求结构平衡与供求总量平衡之间，存在着错综复杂的关系。所以，社会总供求的平衡应该是总量平衡与结构平衡的有机结合和内在统一。我们只有对它们之间的复杂关系经过认真细致的研究分析，才能了解供求总量平衡与供求结构平衡的各种态势，进而全面把握国民经济供求运动的平衡轨道，保证国民经济持续、快速、健康地发展。

四、社会总供求平衡的判别标志

在现代市场经济中，判别社会总供求是否平衡，通常是通过失业率和通货膨胀率来衡量的。当失业率过高时，表明社会总需求不足；当通货膨胀率过高时，表明社会总需求过旺。因此，社会总供求的平衡常常表现为失业率和通货膨胀率的协调。如果两者都在人们能够承受的范围内，则表明社会总供求基本平衡。如果其中某一项超过了人们的承受能力，则表明社会总供求失衡。这种仅仅通过通货膨胀率和失业率的高低来判别社会总供求失衡程度的分析方法有很大的局限性，因为，当滞胀并存时，总量分析只有结合结构分析以至制度分析才有实际的政策意义。同时，由于我国目前的市场体系尚欠健全，价格还不能真实反映商品和劳务的供求关系，通货膨胀率和失业率也还不能充分反映总量的失衡程度，所以，这种分析方法目前在我国使用还有一定的局限性。因此，从我国实际情况出发，判别社会总供求是否平衡，还可采用以下标准：

(1) 供求差率

供求差率是供求差额除以供给总量的百分数。供求差额是需求总量与供给总量之差。当供求差额和供求差率为正数时，表明需求大于供给；当供求差额和供求差率为负数时，表明供给大于需求。但是，不是任何数量的供求差额和供求差率都意味着社会总供求的失衡。在我国，只有在社会总供求差率超过±5%时，我们才能认为社会总供求是失衡的。

(2) 价格总指数

价格总指数是国民经济中各类商品和劳务的价格变动状况的加权平均水平。它反映着总价格水平的变动方向和变动幅度。当价格总指数大于100时，表明价格总水平的上升，意味着需求大于供给；当价格总指数小于100时，表明价格总水平的下降，意味着供给大于需求。同样，不是任何大于或小于100的价格总指数都意味着社会总供求的失衡，只有当价格总指数的变动幅度超过一定范围时，才意味着社会总供求的失衡。

(3) 货币供给系数

货币供给系数是货币供给的增长率与经济增长率之比。它反映着单位经济增长所需新增的货币供应量。如果货币供给系数大大超过1，则说明货币供给增长率大大高于经济增长率，这很可能导致需求膨胀；反之，则可能导致需求不足。所以，通过货币供给系数的大小，也可以判别社会总供求的状况。

在我国，由于居民收入过快增长、财政赤字和信用膨胀是引起社会总需求膨胀的直接原因，所以，我们也可以直接用居民储蓄存款余额增长率以及财政、信贷收支对比状况，作为衡量社会总供求是否平衡的重要标准。

第四节 社会总供求的失衡及其治理

一、社会总供求失衡及其基本类型

社会总供求失衡是指社会供求总量及结构的不平衡超过一定限度，导致国民经济不能正常运行的一种经济运行状态。它是社会总供求不平衡的一种特殊表现。由于经济活动的复杂性，社会总供求在任何时候都不可能在数量上完全相等，在结构上完全一致，平衡只是一个相对概念，而不平衡才是经常存在的。但是，不是任何社会总供求的不平衡都是总供求失衡，只有当社会总供求严重不平衡并影响到宏观经济正常运行时，我们才能称之为社会总供求失衡。所以，社会总供求平衡是指供求总量基本平衡和供求结构基本适应；而社会总供求失衡是指供求总量的严重不平衡和供求结构的严重不适应。如前所述，在我国，一般认为，社会总供求差率超过±5%，才能称之为社会总供求失衡。

社会总供求失衡主要有三种表现形式：一是社会总需求严重大于社会总供给；二是社会总供给严重大于社会总需求；三是社会总需求的结构与社会总供给的结构严重不适应。

相应的,社会总供求的失衡大体上也划分为三种类型:一类是需求过旺型,或称供给短缺型;二类是需求不足型,或称供给过剩型;三类是供需结构失衡型。

无论是供需总量的失衡还是供需结构的失衡,都会严重影响国民经济的正常发展,都是宏观经济失控的突出表现。当需求过旺时,由于需求严重大于供给,必然导致物价水平的大幅度上涨和通货膨胀率的上升,这对经济发展和人民生活改善都是不利的。在强大的需求拉动下,生产也会不顾资源的约束而超常发展,从而导致生产结构的不合理和经济的超常波动,由于卖方市场的存在,也会使得企业不注意降低生产成本和提高产品质量,从而造成资源的不合理使用和经济效益的下降。扭曲的价格还会导致利率、税率、汇率等市场信号失真,造成各项经济政策手段无法正常发挥作用而使政策失败。当需求不足时,由于供给严重大于需求,必然造成产品滞销,生产滑坡,资源大量浪费。生产的萎缩必然会导致失业率的上升和在业人员工资水平的下降,从而降低人民生活水平。市场的疲软还会使得资金周转缓慢、流通费用增加,造成经济效益的下降。经济增长缓慢会引起国家财政收入的减少和财政赤字,最终造成国家经济状况的恶化。当供需结构不相适应时,一些产品生产过剩,而另一些产品供给不足,同样会带来资源浪费、有效需求不能得到满足、资源配置宏观效益低下等问题。因此,不管是供需总量的失衡,还是供需结构的失衡,都是需要尽量避免的。

二、我国 1984—1990 年社会总供求失衡的基本情况

(一) 这一时期我国社会总供求失衡的基本态势

历史资料表明,中华人民共和国成立以来的大多数年份,社会总供求失衡的基本表现形式是社会总需求大于社会总供给。下面仅以 1984—1990 年我国社会总供求状况的资料来加以说明。根据有关资料整理计算,我国 1984—1990 年以国内生产总值口径测算的社会供求总量及结构的平衡状况见表 4-4。

表 4-4　　　　　　　　我国 1984—1990 年社会供求总量及结构平衡状况　　　　　　　单位:亿元

	社会总供求				国内供求				国外供求			
	供给总量	需求总量	供求差额	供求差率(%)	供给总量	需求总量	供求差额	供求差率(%)	供给总量	需求总量	供求差额	供求差率(%)
序号	(1)	(2)	(3)	(4)	(5)	(6)	(7)	(8)	(9)	(10)	(11)	(12)
1984 年	21770	24123	2353	10.81	21073	23428	2355	11.18	697	695	-2	-0.29
1985 年	25122	29523	4401	17.52	23762	28581	4819	20.28	1360	942	-418	-30.74
1986 年	31581	34023	2442	7.73	29973	32771	2798	9.34	1608	1252	-356	-22.14
1987 年	36578	40503	3925	10.73	34827	38830	4003	11.49	1751	1673	-78	-4.45
1988 年	43385	51434	8049	18.55	41135	49431	8296	20.17	2250	2003	-247	-10.98
1989 年	49489	58207	8718	17.62	47078	55988	8910	18.93	2411	2219	-192	-7.96
1990 年	57906	64240	6334	10.09	55332	61254	5922	10.70	2574	2986	412	16.01

续表

	生产性供求				流通性供求				使用性供求			
	供给总量	需求总量	供求差额	供求差率(%)	供给总量	需求总量	供求差额	供求差率(%)	供给总量	需求总量	供求差额	供求差率(%)
序号	(13)	(14)	(15)	(16)	(17)	(18)	(19)	(20)	(21)	(22)	(23)	(24)
1984年	7840	8344	504	6.43	6577	7605	1028	15.63	6656	7479	823	12.36
1985年	9667	10554	887	9.18	6247	8370	2123	33.98	7848	9657	1809	23.05
1986年	1525	12641	1116	9.68	9180	9151	−29	−0.32	9268	10979	1711	18.46
1987年	13900	15269	1369	9.85	10163	11036	873	8.59	10764	12525	1761	16.36
1988年	17350	19936	2586	14.90	11253	14092	2839	25.23	12532	15403	2871	22.91
1989年	20529	23337	2808	13.68	12068	15070	3002	24.88	14481	17581	3100	21.41
1990年	24148	25827	1679	6.95	14543	15569	1026	7.05	16641	19858	3217	19.33

资料来源：王春新：《供需平衡与宏观调控》，中国经济出版社，第155页。

表4-4的资料表明：

①从社会供求总量来看，1984—1990年间，我国的社会总需求始终是大于社会总供给的，而且供求差率都超过了5%。其中，1988年的供求差率最大，为18.55%；其次是1989年和1985年，分别为17.62%和17.52%。这表明，我国在1985年和1988—1989年间，出现过两次大的需求膨胀。这与实际情况是完全吻合的。

②从社会供求结构来看，1984—1990年间，我国各类供求结构也都处于不平衡状态。其中，最终产品和劳务的使用性供求差率最大，7年平均为19.13%；其次是流通性供求差率，7年平均为16.43%；中间产品和劳务的生产性供求差率最小，7年平均为10.1%。这说明，在这几年间，导致我国社会总供求失衡的主要原因是消费需求膨胀和流通秩序混乱。这与实际情况也是完全吻合的。例如，在1985年和1988—1989年两次通货膨胀时期，由于居民和社会集团货币收入增长过快，对商品和劳务的需求急剧上升，供不应求的市场环境使商业有利可图，于是，大量的资金投入到流通领域，出现了"全民经商热"，导致流通性需求迅速膨胀。因此，1985年的流通性供求差率高达33.98%，使用性供求差率高达23.05%，均居这7年之首。1988—1989年，流通性供求差率平均为25.06%，使用性供求差率平均为22.16%，位居这7年第二。

③从国内供求和国外供求与社会总供求的关系来看，这几年的数据表明，除1990年外，国内供求差率都大于社会总供求差率，而国外供求差率均为负数。这说明，这几年国内供求的缺口有相当大一部分是由商品和劳务的进口来填补的。而且，国内供求差率最大的1985年也是进口数量最大的年份，高达418亿元。这说明，国内供求与国外供求具有互补性。1990年的国内供求差率小于社会总供求差率，其主要原因是治理整顿时期，我国狠抓了流通秩序的整顿，使得国内流通性需求差率由1989年的24.88%急剧下降至1989年的7.05%。

④如果把社会总供求差率与物价总指数联系起来分析，我们还可以进一步发现，社会总供求差率与物价总指数呈相同的变动趋势，即在社会总供求差率大的年份，物价总指数也较高，反之亦然。图4-2形象地展示了社会总供求差率与物价总指数的密切关系。

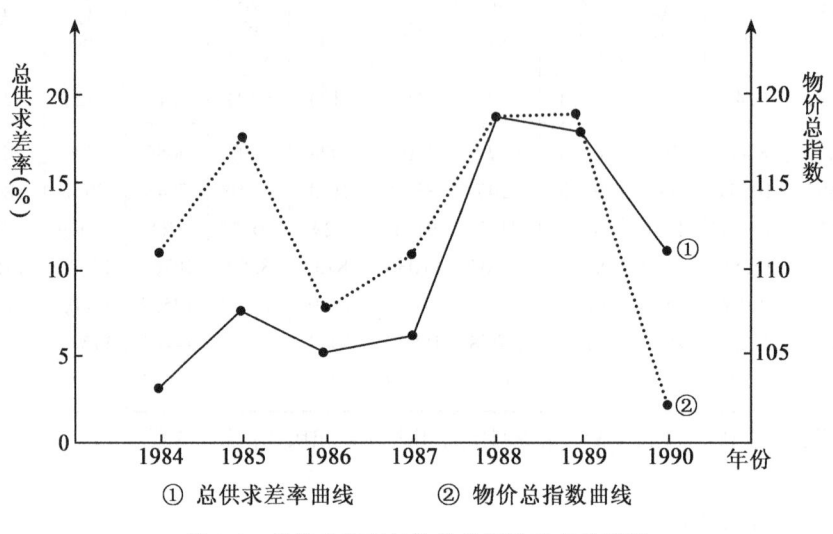

图4-2 总供求差率与物价总指数动态关系图

（二）这一时期总供求失衡的原因

20世纪90年代以前，我国社会总需求之所以经常性地大于社会总供给，甚至多次爆发需求过旺型的社会总供求失衡，其原因是多方面的。但是，最根本的原因是经济体制因素。在传统的计划经济体制下，由于生产资料所有者虚置和企业产权关系模糊，造成社会财产"人人都有份，人人不负责"；企业作为国家行政部门的附属物，没有独立的法人地位，所以既不负盈，也不负亏。地方本位主义和企业预算约束的软化，导致对投资的需求总是处于一种饥渴状态，在投资资金分配方面周而复始地爆发"父子争议"和"兄弟竞争"，其结果必然是各地区、各企业的投资总和大于可支配的总投资额，从而产生投资需求膨胀。在居民消费和社会消费方面，由于企业的短期行为——追求个人收入的最大化，以及在个人收入方面的互相攀比和社会集团消费约束软化，使得消费也存在着一种不可遏制的自我膨胀机制，导致消费需求膨胀、投资需求和消费需求的共同膨胀，最终导致了我国社会总需求的膨胀。这就是我国社会总需求膨胀的最根本成因。

在经济体制因素的影响下，造成我国社会总需求膨胀的直接原因，可以从需求和供给两方面来分析。从社会总需求方面来分析，其直接原因是社会收入的超分配，即国内生产总值经过各种渠道的分配之后所形成的对投资品和消费品的有支付能力的货币购买力，超过了社会最终产品和劳务的实际总供给。在我国，社会收入的超分配虽然也存在于企业，但更主要的是存在于财政和金融渠道。因此，从需求方面来分析，导致我国社会总需求膨胀的具体原因是财政赤字、信用膨胀和货币供应量过多。从供给方面来分析，其直接原因是既定总需求水平下的有效供给不足。而造成有效供给不足的具体原因，既存在于生产领域,也存在于流通领域。从生产领域来看,造成有效供给不足的具体原因有:资源配置不合理,导致有效供给总量增长缓慢;技术水平不高和经济效益下降,导致投入多,产出少;产业部门结构和产品结构的不合理,造成结构性的供给短缺;产业组织结构的不合理和企业素质的下降,导致供给萎缩。从流通领域来看,造成有效供给不足的具体原因主要是流通的多环节造成流通不畅以及流通过程中存在的损失和浪费等。

具体来讲,这一时期的通货膨胀实质上是成本推动和需求推动共同促进了物价上升,从而导致了严重的通货膨胀。

(1) 成本推动因素

通常,工资上涨以及生产资料价格的上涨都是成本上升的主要原因。在工资上涨方面,由于20世纪80年代实行了经营承包责任制,导致职工的工资短时间里出现了快速增长。在生产资料方面,1985年国家决定放开农产品价格,取消统购统销,这使以农产品为原材料的轻工业产品的成本增加;1989年又进一步提高粮食的定购价格,提幅为18%,同时提高工业生产资料、交通运输价格。

(2) 需求推动因素

首先,在投资需求推动方面,自1984年以来,我国的投资体制进行改革,由原来的财政无偿拨款改为银行贷款,加大了银行放贷,最终导致全社会贷款无法偿还,央行不得不增加基础货币的投放。其次,在消费需求方面,居民的收入快速增长以及推行的价格改革都刺激了消费膨胀。1985年,零售物价总指数比上年平均上升8.8%,1988年,由于价格改革"闯关"的消息,导致居民的消费预期猛增,造成了严重的抢购风,抢购风又进一步引起物品的短缺,最终导致了零售物价的上涨。

(三) 这一时期针对总供求失衡的宏观调控政策

自从1978年十一届三中全会以来,中央把工作重心转移到经济建设上来,并实行"调整、改革、整顿、提高"的新八字方针,进行了一系列的价格改革。同时,我国经济也在1984年进入了新一轮的高涨期。为此,政府采取了一系列的宏观调控政策:

①中央采取了第一轮紧缩经济的措施。1985年3月《政府工作报告》提出,加强和完善宏观经济的有效控制和管理,坚决防止盲目追求和攀比增长速度的现象。在货币政策上,中央紧缩银根,抑制通货膨胀,连续三次提高法定存款准备金的比例:1985年,存款准备金统一为10%;1987年,从10%上调为12%;1988年,进一步上调为13%。

②1988年9月,十三届三中全会提出,以后两年改革建设重点突出地放到治理经济环境,整顿经济秩序上来。1989年11月十三届五中全会通过《中共中央关于进一步治理整顿和深化改革的决定》,提出用三年或更长一些时间基本完成治理整顿任务。1989年,我国的经济增长率降到4.1%,1990年回落至3.8%。

三、20世纪90年代我国社会总供求失衡的基本情况

(一) 这一时期总供求失衡的基本态势

20世纪90年代以后,我国开始实行经济体制转轨,逐步建立起了有中国特色的社会主义市场经济体制。同时,中央政府也采取了一系列抑制通货膨胀的政策,于20世纪90年代中期成功地实现了宏观经济的"软着陆"。在此之后,我国社会总供求失衡的状况发

生了根本性的变化,其基本态势是有效需求不足。我国的有效需求不足主要表现在以下几方面:

(1) 消费需求不足

消费需求不足的主要表现是:自1995年以来,我国的商品零售价格指数、居民消费价格指数、农村工业品零售价格指数均持续下滑,1998年和1999年甚至出现了负增长,直到2000年才稍有回升。具体数据见表4-5。

表4-5　　　　　　　　　　我国消费需求的状况

（指数以上年为100）

年　份	商品零售价格指数	居民消费价格指数	农村工业品零售价格指数
1995年	114.8	117.1	114.7
1996年	106.1	108.3	106.2
1997年	100.8	102.8	101.1
1998年	97.4	99.2	97.8
1999年	97.0	98.6	97.3
2000年	98.5	100.4	98.8

资料来源:《中国统计年鉴》。

(2) 投资需求不足

投资需求不足的主要表现是:国内储蓄的增长快于国内投资的增长,利用外资总额呈下降趋势。具体数据见表4-6。

表4-6　　　　　　　　　　我国投资需求不足的状况

（增长率以上年为100%）

年份	居民储蓄存款年末余额		全社会固定资产投资额		利用外资总额	
	金额（亿元）	增长率（%）	金额（亿元）	增长率（%）	金额（亿美元）	增长率（%）
1995年	29662.3	37.8	20019.3	17.5	1032.05	
1996年	38520.8	29.9	22913.5	14.8	816.10	−20.92
1997年	46279.8	20.1	24941.1	8.8	610.58	−25.18
1998年	53407.5	16.5	28406.2	13.9	632.01	3.51
1999年	59621.8	11.7	29854.7	5.1	520.09	−17.71
2000年	64332.4	8.3	32917.9	10.3		

资料来源:《中国统计年鉴》。

(3) 出口需求不足

1997年我国的对外贸易形势较好,进出口总额达到了3251.6亿美元,比1996年增长了12.17%，出口总额增长21.01%，进口总额增长2.55%，实现贸易顺差352.8亿美元。但自1998年起，我国的出口增长明显放慢，全年进出口总额为3239.5亿美元，比上年下降0.37%，出口总额仅增长了0.55%。1999年，出口增长速度小幅回升，与上年相比只增长了6.1%。2000年，我国的出口形势才发生了根本性的好转，出口总额比上年增长了27.84%。

（二）这一时期总供求失衡的原因

（1）导致消费需求不足的原因

①城镇居民收入分配不公，贫富差距过大。改革开放以来，我国城镇居民的人均收入水平有了较大的提高，但由于社会财富相对集中于小部分居民手中，因此，大部分居民的收入水平相对较低，加之由于企业改制、产业结构调整等原因，导致大量职工下岗，收入水平下降，因此，就大多数城镇居民而言，其主要消费支出仍只能局限于衣、食两方面，而不能支持消费需求的持续增长。

②农民消费品购买力有限。由于我国农业生产水平较为低下，农民人均收入水平大大低于城镇居民，对工业产品的购买力有限，同时，农村电网、供水、道路等基础设施的制约也导致农村电气化水平远远落后于城市，工业产品在农村的市场尚待开拓。

③福利制度改革导致居民预期支出增多，边际储蓄倾向提高。近年来，我国的福利制度进行了重大改革，养老、医疗等福利保障走向社会化，居民倾向于储蓄防老、防病；福利住房取消、经济适用房不"经济"，居民不得不努力储蓄，以满足未来的购房支出所需。

④就业竞争日趋激烈，教育支出在居民生活中所占比例逐年上升，教育储蓄成为众多家长的首选。

⑤商界的恶性价格竞争导致部分消费者形成了非"特卖"不买的心理定势，即使有消费欲望，也往往持币观望，等待物价的继续下降。

（2）导致投资需求不足的原因

①政府投资力度有限，不能满足拉动经济增长的需要。受经常性预算中支出项目的刚性约束，构成经常性项目收入主体的税收和收费不可能大量地投向经济建设，所以，政府近年实施积极财政政策所需资金主要是通过发行国债来筹措。出于维持财政均衡的需要和未来偿债能力的限制，政府负债投资注定只能是起一个引导、示范作用。

②民间投资乏力。虽然政府投资能力有限，但是如果民间投资热情能够随之而被有效地激发和释放，势必能迅速扩大社会整体投资规模。然而，由于经济前景尚不明朗，税收等投资"门槛"偏高，导致民间投资并未像政府预期地那样积极跟进，使得政府反而成了投资主力。

③外商直接投资下降。随着亚洲经济复苏，发生金融危机的国家的经济趋于好转，国际资本流动出现了新的动向，即向这些国家有较多的回流，导致外商对我国投资需求的减少。

（3）导致出口需求不足的原因

①世界经济总体上仍在低位运行，不利于我国扩大出口。相对来说，世界各国经济在1999年仍处于低谷，国际市场容量没有大的扩张，我国的出口产品要开拓新市场困难

较大。

②出口商品结构调整尚未完成，传统市场竞争激烈。我国多年来的出口产品一直以初级产品为主，但目前由于第三世界国家普遍加大了对国际市场的竞争力度，导致我国的传统出口产品受到了有力的挑战。而高新技术产品出口虽然有所进展，但在国际市场的竞争力仍相当有限。

（三）这一时期针对总供求失衡的宏观调控政策

刚进入20世纪90年代时，我国经济结束了20世纪80年代的通货膨胀，出现了改革开放以来的第一次通货紧缩，由此展开了我国20世纪90年代的宏观调控政策。从政策实施的特点来看，整个20世纪90年代的宏观政策大致可以分为两个阶段：软着陆时期（1993—1997年）的双紧政策和抑制通货紧缩时期（1998—2000年）的扩张性政策。

1. 调整时期（1991—1992年）

面对当时的通货紧缩，我国采取了"双松"的财政货币政策：在财政政策方面，放松对固定资产投资限制，增加基础设施和支援农业支出等；在货币政策方面，增加贷款和货币发行，三次下调存贷款率。

2. 经济软着陆时期（1993—1997年）

从1993年开始，中国经济出现过热现象，政府运用了适度从紧的财政和货币政策。1993年6月，中央提出《关于当前经济情况和加强宏观调控的意见》，由此展开了一系列关于抑制经济增长过快的宏观调控措施。

首先，总体经济上总量从紧，结构调整。一方面，中央控制财政支出，压缩财政赤字，严格控制财政支出速度，使得财政支出的增长速度从1993年和1994年的24.1%与24.8%降低至1995年的17.8%、1996年的16.3%和1997年的16.3%；另一方面，投资建设不搞"一刀切"，固定资产投资重点建设用于国家计划内的农业、交通通信、能源、重要原材料、水利、铁路等国家重点建设项目，而对产品无销路、效益不好以及低水平重复建设项目，则从紧。

其次，在财政政策方面，降低财政支出速度，同时也实行适应社会主义市场经济的税制和分税制体制改革，以限制地方对经济增长速度的盲目攀高。

在从紧的货币政策方面，央行控制货币发行量，加强现金管理；对贷款实行限额管理，从严对非银行金融机构发放贷款；控制信贷总规模和信贷方向，从而达到经济结构的调整。

经历了这一时期的宏观调整，我国经济实现了平稳回落，GDP增长速度由1992年的14.2%下降到1996年的9.6%，而通货膨胀率也由1994年7月的21.6%降到1996年底的6.1%，国民经济呈现高增长、低通胀的良好局面。

3. 抑制通货紧缩时期（1998—2000年）

1997年，亚洲爆发了严重的经济危机。国内有效需求不足，通货紧缩也日益明显，扩大内需成为了当务之急。

1998年12月，中央经济工作会议提出了扩大内需的方针，采取了积极的财政政策和稳健的货币政策。

在财政政策方面，提高了部分产品的出口退税，以支持外贸出口；1999年，发行500

亿基础设施建设长期国债，以增加基础建设投入；发行 600 亿长期国债，以支持固定资产投资；调整收入分配政策，提高城镇居民中低收入居民收入水平，以刺激投资与消费增长；对于 2000 年 1 月起新增的固定资产纳税项目暂停，减半收固定资产投资方向调节税，以鼓励固定资产投资①；2000 年 2 月，发行 1000 亿元长期建设国债，以加快在建国债项目建设；同年 8 月，发行 500 亿元长期建设国债。

在货币政策方面，从 1997 年到 2000 年，一共经历了五次降息：第一次降息，1997 年 10 月 23 日，存款年利率平均下调 1.1%，各项贷款利率平均下调 1.5%，在经济危机的背景下，此次降息拉动内需，减少企业成本，抑制本外币利差，成功捍卫了人民币币值和保证了高增长、低通胀的经济形势；第二次降息，1998 年 3 月 25 日，存款利率平均下调 0.16%，贷款利率平均下调 0.6%，以刺激内需；第三次降息，1998 年 7 月 1 日，金融机构存款利率平均下调 0.49%，贷款利率平均下调 1.12%，中长期存、贷款利率下调幅度均大于短期存、贷款利率下调幅度，同时降低了中央银行准备金存款利率和再贷款利率；第四次降息，1998 年 12 月 7 日，金融机构存、贷款利率平均下调均为 0.5%；第五次降息，1999 年 6 月 10 日，存款利率平均降 1%，贷款利率平均降 0.75%，同年 9 月 20 日，央行决定从即日起延长个人住房贷款期限，并降低贷款利率，以支持城镇居民购房。同时，央行两次下调存款准备金率：1998 年 3 月 21 日，从 13% 下调到 8%，1999 年 11 月 21 日，由 8% 下调到 6%。

四、2000—2007 年我国总供求失衡的基本情况

（一）这一时期总供求失衡的基本态势

进入 21 世纪以来，我国经济持续增长，总需求和总供给都有了明显的增长。但同时，总供求之间的结构性失衡也日趋加大。一方面，在总需求方面，消费需求偏弱，而投资和净出口需求偏高，整个经济呈现出"低消费，高投资，高出口"的增长模式；另一方面，在总供给方面，部分产品产能过剩，造成有效供给能力不足。具体表现如下：

（1）国内的居民消费需求不足

此期间内，社会消费品零售总额总体上保持增长，从 2001 年的 43055.4 亿元上升到 2007 年的 89210 亿元，年平均增长率为 12.9%。但此期间的全社会固定资产投资的增长，年平均增长率高达 24.3%。消费的增长明显慢于投资的增长率，呈现出消费需求不足、投资需求过旺的现状。并且，我国的居民消费需求的增长也明显慢于国内生产总值的增长速度，导致我国最终消费率（最终消费率指最终消费支出占支出国内生产总值的比重）持续下降，由 2001 年的 61.4% 持续下降至 2007 年的 48.8%，达到历史最低水平。而同期世界平均消费率水平为 70%，发达国家的消费率一般为 75%。我国的消费率明显低于世界的平均消费水平近 20 个百分点。

同时，2001—2007 年，城乡居民的储蓄存款年末余额逐年递增，从 2001 年的 73762.4 亿元逐年增加到 2007 年的 172534.2 亿元。具体数据见表 4-7。

---

① 引自北京大学中国经济中心宏观组：《预防通货紧缩和保持经济较快增长》，第 174 页。

表 4-7　　　　　　　　　　　　我国消费需求的情况

（增长率以上年为100%，指数以上年为100）

年　份	最终消费率	社会消费品零售总额		城乡居民储蓄存款年末余额（亿元）
		金额（亿元）	增长率（%）	
2001 年	61.4	37595.2	—	73762.4
2002 年	59.6	40910.5	8.8	86910.7
2003 年	56.8	45842.0	9.1	103617.7
2004 年	54.3	59501.0	13.3	119555.4
2005 年	51.8	67176.6	12.5	141051
2006 年	49.9	76410	13.7	161587.3
2007 年	48.8	89210	16.8	172534.2

资料来源：《中国统计年鉴》。

（2）投资、出口需求偏高

自 2003 年起，我国固定资产投资额出现增长过快的趋势，增长率始终保持在 20% 以上，同时，投资率（指资本形成总额占国内生产总值的比重）也保持在 40% 以上，与同期的低消费率形成明显的差距。

2001 年，货物出口总额的增长率有所下滑，仅为 6.8%。自 2002 年起，我国货物出口总额的增长率迅速提高，达到 22.4%，2003 年、2004 年则分别达到了 34.6% 和 35.4%。具体数据见表 4-8。

表 4-8　　　　　　　　　　　　我国投资和出口需求的情况

（增长率以上年为100%）

	投资率（%）	增长率（%）	全社会固定资产投资额		货物出口总额	
			金额（亿元）	增长率（%）	金额（亿美元）	增长率（%）
2001 年	36.5	—	37213.49	—	2661.5	—
2002 年	37.9	3.8	43499.91	16.9	3256.0	22.4
2003 年	41.0	8.2	55566.61	27.7	4382.3	34.6
2004 年	43.2	5.4	70477.4	26.8	5933.2	35.4
2005 年	42.7	-1.2	88773.6	26.0	7619.5	28.4
2006 年	42.6	-0.2	109998.2	23.9	9689.4	27.2
2007 年	42.3	-0.7	137323.9	24.8	12177.8	20.4

资料来源：《中国统计年鉴》。

（3）总供给的生产能力部分过剩

以上两点分别反映了此期间内总需求的情况，而同时，总供给方面也表现出了部分生产过剩。一方面，居民的消费得不到满足，消费需求不足；另一方面，钢铁、纺织等传统行业与市场上的实际消费需求不匹配，都出现了结构性产能过剩。

（二）这一时期总供求失衡的原因

（1）我国消费需求不足的原因

①社会保障制度不完善，居民的消费预期增强。一方面，随着经济改革的不断深化，城镇居民下岗、失业人数增多，且失业保障体系有待完善，增加了居民现时的收入风险；另一方面，原本在传统经济体制下由政府承担的社会公共品逐渐由居民个人承担，居民在社会医疗、教育、住房、养老等方面面临着巨大的预期支出，居民不得不抑制当前的消费，转而高储蓄，来面对未来不确定的支出。对于农村居民而言，长期以来农村的社会保障严重滞后于城镇，农村居民的压力更大。而且，近年来的经济改革、自然环境变化，也给农村居民的收入造成了不稳定，导致了农村居民储蓄意识也在增强。

②社会的收入分配差距仍在拉大。近年来，城乡差距、行业差距、区域差距不断拉大，带来了全社会收入分配的差距。从全社会来看，大部分财富都集中在少数人手中，而大多数居民的可支配收入水平并不高，尤其是农民的收入水平更低。这样的收入分配格局抑制了居民的消费，也难以提高全体居民的消费需求。

③农村消费需求不足。约占我国人口总数55.1%的农村地区，拥有7.27亿的人口，是巨大的潜在消费市场。而现实中农村消费需求未被拉动，因而全社会的消费需求也难以实现有效增长。从全国范围来看，当前制约农村居民消费需求的主要原因有农民收入偏低、农村基础设施和消费环境差、消费观念滞后[①]。首先，由于二元经济结构的长期存在，农民仅能获得较低的收入，大部分收入还要维持基本生活，且收入存在季节性、政策性的波动，还面临着婚嫁、建房、教育、养老等方面的巨大支出，这些都抑制了农民的消费。其次，农村的消费市场规模不够集中，且消费市场秩序较乱，农民的合法消费者权益得不到切实的保障，这些都导致了农民不敢消费。

（2）投资、出口需求偏高的原因

长期以来，由于投资的经济拉动效果迅速，使得我国经济发展过分依赖于出口、投资的拉动作用，形成了出口-投资导向型经济增长方式，同时也造成了投资、出口需求居高不下的局面。同时，由于体制因素，地方政府过分追求 GDP 利益，也带动了盲目投资的势头。

（3）总供给生产过剩的原因

我国目前已经出现产能过剩、投资效益低下的状况，产品结构不合理是生产过剩的主要原因。一方面，适合居民消费的中高档产品产量不足；另一方面，大量低附加值、高消耗的产品却在盲目重复建设中。另外，产品种类单一也导致了一些传统行业的结构性过剩。

2001—2005 年，钢铁工业各年投资完成额增速均超过 30%，2003—2007 年，钢铁工业各年投资完成额基本在 1400 亿元至 3000 亿元之间波动。2001—2007 年是钢铁工业的一

---

① 尹世杰、王裕国：《构建社会主义和谐社会之中的消费经济问题的研究》2005：103~111。

次投资高潮期。从2001年起，中国钢铁工业规模处于快速扩张时期，7年间，各年年度粗钢产量同比增量分别为2313万吨、3074万吨、3997万吨、6057万吨、7033万吨、6991万吨、7009万吨。

(三) 这一时期针对总供求失衡的宏观调控政策

2001年以来，我国经济增长较快，总供求结构性失衡不突出，进入了周期的上升阶段，由此开始了我国高增长，低通胀的五年黄金时期。在这一年，我国继续坚持扩大内需的方针，实行积极的财政政策和稳健的货币政策。在财政政策方面，发行1500亿元长期建设国债，用于在建的国债项目和西部开发重点工程建设；在预算中增加社会保障支出，增加农民收入，增强城乡居民消费能力；确定了一系列税收政策来促进经济的良好发展，如确定了在10年里对西部地区的税收优惠政策，以及降低金融保险业的营业税率，以改善其经营条件。在货币政策方面，从2001年9月11日起，中国人民银行适当提高再贴现利率，将再贴现利率由2.16%提高到2.97%，促进票据市场的良好发展；控制违规的信贷资金进入股市，加大了金融监管。

2002年起，国内投资需求旺盛，外部需求增长强劲。政府继续实施积极的财政政策和稳健的货币政策，国家继续保持发行1500亿元的建设国债。在货币政策方面，央行再次下调利率，特别是较大幅度地下调了贷款利率，2002年2月21日实行第八次降息，一年期存款利率从2.25%下降为1.98%，一年期贷款利率从5.85%下降为5.31%，一年期再贷款利率从3.78%下调到3.24%，这直接刺激了企业投资；同时，中央银行也出台了一系列信贷调整政策，如发布《关于增加对农村信用社再贷款的通知》，以缓解农村贷款难的情况，并且调整信贷结构和方向，加强对中小企业的贷款支持。

进入2003年，我国继续实施积极的财政政策和稳健的货币政策。同时，我国出现了投资增长过快的压力，钢铁、水泥、电解铝、汽车等行业出现了盲目重复建设，投资出现局部过热。针对这些现象，国家采取了新的调控政策，包括：控制银行的资金供给，将金融机构存款准备金率从6%上调到7%，以收缩信贷，控制银行信贷增长过快。同时，也对固定资产投资项目资本金比例进行适当调整，其中，钢铁、电解铝项目最低资本金比例为40%。在对外贸易方面，从2003年10月起，国家实行对出口退税率进行结构性调整，出口退税率平均下调3个百分点，由15.51%调整到12.51%，以促进出口增长。

2004年，我国仍实行积极的财政政策和货币政策。在财政政策方面，"积极"逐渐向"稳健"转变，国家继续发行1100亿元的国债，重点用于"三农"、西部、东北以及公共卫生方面。在货币政策方面，一方面，从2004年1月1日起，央行实行扩大金融机构贷款利率浮动区间，以解决中小企业融资难的问题；另一方面，央行决定实行差别存款准备金率制度，实行再贷款浮息制度；同时，央行再次提高存款准备金率0.5个百分点，来抑制投资增长过快的压力。

2005年，我国实行双稳健的财政政策和货币政策。稳健的财政政策主要表现在"不扩张"、"不从紧"。首先，相比较上一年而言，2005年预算赤字和国债项目资金安排都有所减少；其次，2005年4月，七部委联合出台《关于做好稳定住房价格工作的意见》，即"国八条"，抑制了房地产市场投资过快的局面。同时，在税收方面，完善了出口退税机制的改革，以实现我国出口增长方式的转变。而货币政策的主要特点是"宽货币"、"紧信贷"。首先,央行开始实行以市场供求为基础、参考一揽子货币进行调节、有管理的浮动汇率制度。其次,根据中央确定的"区别对待,有保有压"的宏观调控方针,央行调整了商业银行自营性个人住房贷款政策,有利于商业银行加强风险管理。

2006年,政府采取了一系列抑制投资过快的宏观调控政策,使得我国经济继续保持"高增长、低通胀"的局面。在财政政策方面,仍然维持稳健的财政政策。首先,总量调控上控制财政赤字总量和调减长期建设国债发行规模。其次,加大对新农村建设的财政支持,取消了延续两千多年的农业税,加大对三农的补贴,如对种粮农民的生产资料增支实行了综合直补。再次,提出了促进房地产业健康发展的六项措施即"国六条",有效抑制了房地产热。在货币政策方面,一方面,为了控制投资的过度增长,央行分别两次上调金融机构贷款基准利率,金融机构一年期存款基准利率由 2.25% 提高到 2.52%,一年期贷款基准利率由 5.58% 提高到 6.12%;另一方面,央行将商业性个人住房贷款利率的下限由贷款基准利率的 0.9 倍扩大为 0.85 倍,其他商业性贷款利率下限保持 0.9 倍不变,加快了利率市场化的进度。

进入 2007 年中后期,国内通货膨胀的压力持续上升,中央提出"双防一紧"的方针,即防止经济增长从偏快转为过热,防止物价从局部性上涨转为明显的通货膨胀,实行稳健的财政政策和从紧的货币政策。在财政政策方面,主要是通过税收来完成;在对外贸易方面,取消"两高一资"产品的出口退税率,控制了贸易顺差;在证券市场方面,将证券交易印花税税率由 1‰ 调高至 3‰,遏制投机日益严重的证券交易行为;在个人方面,将储蓄存款利息所得个人所得税的适用税率自 8 月 15 日起,由 20% 调减为 5%,提高了居民的可支配收入;在货币政策方面,全年先后 6 次提高存贷款基准利率,一年期存款基准利率和一年期贷款基准利率分别提高至 4.14% 和 7.47%,10 次提高存款准备金率至 14.5%。

五、2008 年以来我国总供求失衡的基本情况

(一) 2008 年以来总供求失衡的基本态势

2008 年上半年,受 2007 年防止经济增长由偏快转为过热的宏观政策影响,投资和出口增速开始下降,总供求失衡的局面有所缓和。而进入下半年,全球金融危机的爆发,导致我国经济的总需求和总供给在总量上都有了明显的回落。具体表现如下:

在总需求方面:三大需求增速减慢。2008 年,社会消费品零售总额增长 21.6%,比 2007 年加快 4.8 个百分点,但扣除消费品价格上涨因素后,实际增速为 14.8%;全年固定资产投资增长 25.5%,比 2007 年加快 0.7 个百分点,但扣除投资品价格上涨因素后,实际增速为 15.2%;全年出口增长 17.2%,比 2007 年下降 8.5 个百分点。

(二) 这一时期总供求失衡的原因

由于突如其来的全球金融危机,外部需求大规模减弱,导致我国出口下滑。2008 年,出口增速回落,直接导致了工业的生产能力下降,从而投资的增速也发生回落。而经济由于长期严重依赖出口-投资导向型的经济增长模式,国内两大需求的增速回落直接影响了 2008 年经济的正常发展。并且考虑到消费预期,现时消费需求的增速也发生下降。

（三）这一时期针对总供求失衡的宏观调控政策

进入 2008 年下半年，面对全球金融危机，我国由"两防"转为"一保一控"，宏观调控政策已从 2007 以来的偏紧型政策转为扩张型政策，并以扩大内需为主，开始实施积极的财政政策和适度宽松的货币政策。

在财政政策方面，一方面，政府扩大了财政支出，增加了全社会总规模约为 4 万亿元的投资，加大了医疗、教育、住房、养老等民生建设的投入，扩大内需；另一方面，采取结构性减税政策，如对储蓄存款利息所得暂免征收个人所得税，增加居民个人可支配收入，鼓励居民消费；另一方面，连续上调了出口退税率，如将部分纺织品、服装的出口退税率由 11% 提高到 13%，确保外贸稳定增长，帮助中小企业渡过经济危机。

在货币政策方面，一方面，9 月以来央行 4 次下调一年期人民币贷款基准利率，3 次下调银行存款准备金率；另一方面，央行放松商业银行信贷规模，取消商业银行信贷硬约束，以保证商业银行积极支持产业发展。

2008 年 1—8 月，消费需求名义增长率在 20% 以上，实际增长超过 13%，这是自 1998 年我国实施扩大内需方针以来，消费增长最快的时期。出口增长明显放慢。我国经济增长由过度依靠投资和出口拉动开始向主要依靠内需拉动转变。

思 考 题

1. 简述国民经济总量的概念。
2. 简述国民经济总量管理的主要内容。
3. 国民经济总量的两种核算体系及其区别是什么？
4. 国内生产总值、国民生产总值的概念、测算方法及其区别是什么？
5. MPS 中的国民收入与 SNA 中的国民收入的主要区别是什么？
6. 按国内生产总值口径测算的社会总供给与社会总需求的含义及其内容是什么？
7. 影响社会总供给形成的因素有哪些？
8. 影响社会总需求形成的因素有哪些？
9. 社会总供求平衡的内涵是什么？
10. 保持社会总供求平衡的意义何在？
11. 按国内生产总值口径测算的社会供求总量平衡的基本平衡关系式是什么？
12. 社会总供求结构平衡的分类有哪些？
13. 大类供求结构平衡的内容及主要特点是什么？
14. 中类供求结构平衡与总量平衡之间的关系是怎样的？
15. 社会总供求平衡的判别标准是什么？
16. 社会总供求失衡的含义及基本类型有哪些？
17. 社会总供求失衡对国民经济的影响有哪些？
18. 我国各时期社会总供求失衡的主要表现形式是什么？
19. 简述我国各时期社会总供求失衡的原因。
20. 简述我国各时期治理社会总供求失衡的对策。

第五章 经济增长和经济效益的宏观管理

第一节 经济增长概述

一、经济增长的概念

经济增长是指按一定指标测算的经济产出总量的增加。它意味着一个国家或地区的经济规模在量上的扩大和经济实力的增强。经济增长是社会总供给增加的基本来源。

经济增长与经济发展是密不可分而又含义不同的两个概念。经济增长仅指物质产品和服务产品量的增加,而经济发展则是指经济活动中具有社会进步意义的一系列变化过程的总称。经济发展既包含产品量的增加,也包括经济生活水平的提高、结构的演进、制度的改善等内容。两者的关系表现在:一方面,经济增长是经济发展的前提和基础,也是经济发展的必要条件,没有经济增长就不可能有经济发展,但也并非所有的经济增长都一定意味着经济的发展,无发展的增长也是常见的现象;另一方面,经济发展也为经济增长创造新的条件,发挥积极的反作用,如果没有经济发展,经济就会因为缺乏必要的机制而难以实现进一步的增长。因此,在两者关系的处理上,应当以社会进步为标准,把经济发展作为人们从事社会经济活动的直接目的,而经济增长则是实现这一目的的必要手段,要符合经济发展的要求。

经济增长服从于社会生产的目的。按照社会主义生产目的的要求,对经济增长就不能仅从量的角度、从速度的角度来考察,即不能把经济增长仅仅理解为物质产品和服务数量的增加,还应从质的方面加以分析和考察。社会主义的经济增长应建立在优化结构和提高效益的基础上,使资源得以有效利用、社会财富不断积累和扩大、产品质量和服务质量不断提高,进而使人民得到的实惠不断增多,生活水平逐步提高。

二、经济增长的意义

如何保持持续的经济增长,是社会主义现代化建设的一个重要问题。实现经济的持续快速增长,具有重大的经济意义和政治意义。

(一)经济增长关系到社会主义制度的巩固,有利于社会主义制度优越性的发挥

我国社会主义建设是在一个十分贫穷落后的基础上开始的,加快经济增长尤为重要。中华人民共和国成立以来,经过几十年的建设,我国的落后面貌有了很大的改变。但是,我国目前仍然是一个生产力发展比较落后的国家,加上人口众多,导致我国按人口平均的国民生产总值还很低。因此,为了更快地改变我国的落后面貌,赶上和超过世界上经济发达的

国家,就必须大力发展生产力,实现经济的快速增长。只有这样,才能有利于社会主义制度的不断巩固和完善,有利于国家的繁荣富强,有利于社会主义制度优越性的充分发挥。

(二)经济增长是实现社会主义现代化战略目标的基本途径

从 1981 年开始,一直到 21 世纪中叶,我国经济发展总的战略目标是要基本实现现代化。现代化的实现,必须有强大的物质技术基础作保证。为此,必须充分利用一切有利条件和资源,抓住时机加速经济增长,使社会生产的发展能够适应社会主义现代化的需要。我国目前尚处于社会主义初级阶段,正面临实现社会主义现代化建设的第三步战略部署,处在向社会主义工业化和生产的商品化、社会化和现代化迈进的关键时刻。因而我们必须大力发展生产力,保持较快的经济增长率,才能为实现或提前实现现代化的战略部署和宏伟战略目标打下良好基础。

(三)经济增长是实现社会主义生产目的的需要

社会主义生产的目的是要最大限度地满足整个社会经常增长的物质和文化的需要,简言之,就是要不断提高人民的消费水平。显然,这个"最大限度地满足"需要或人民消费水平的不断提高,是以生产力发展水平的提高为前提的。而现阶段,我国社会还存在着人民日益增长的物质文化需要同社会生产落后这一主要矛盾。要解决这一矛盾,使人民的需要得到最大限度的满足,就必须大力发展生产,加快经济增长速度,使社会产品日益丰富,从而为不断改善人民物质文化生活提供物质保证。

(四)经济增长可以为经济体制改革提供物质基础、创造良好的宏观经济环境

经济体制改革与经济增长是辩证统一的关系。社会主义的本质在于发展生产力,而传统体制则压抑了生产力的发展,解决这一矛盾的出路就在于改革。改革的功能在于为解放生产力,为经济增长提供动力。随着我国市场经济体制的逐步建立与完善,被旧体制束缚的经济潜力将进一步被释放,从而能在改善资源配置效率的基础上,实现经济的快速增长。改革又要以经济增长为条件,以有利于经济增长为前提,因为没有一定的物质基础作保证,各项改革措施将难以实施,改革目标将难以实现。随着我国社会主义市场经济体制的建立与逐步完善,将迎来改革和发展的大好机遇,如能继续推动国民经济持续、快速、健康地向前发展,就可以为改革创造良好的宏观经济环境,为改革的不断深化提供物质保证。

另外,经济增长对提高国家综合国力及在国际社会上的影响力等方面都有至关重要的意义。同时,经济增长还为社会主义建设的其他方面,如文化教育建设、现代军事建设等,提供了经济基础。总之,经济增长是社会不断进步和国家兴旺发达的必然要求。

第二节 经济增长速度与经济增长质量

一、经济增长速度

经济增长既表现为实物形态的社会产品的增加,也表现为价值形态的社会产品的扩大,因而,可分别用实物指标和价值指标加以度量。实物指标是以实物计量单位来表现使用价值的指标;价值指标是以货币为计量单位的指标。进行宏观经济总量分析和比较,综

合反映各项工作的总成果,需要采用价值指标。反映经济总量指标变化可采取两种形式:一种是绝对数,即经济增长量,表明经济增长的水平;另一种是相对数,即经济增长速度,表明经济增长的程度。

经济增长速度又称经济增长率,是指社会产品总量在一定时期的增长比率,它是用计划期与基期相比的增加量再与基期总量相比所得出的比值。具体衡量社会产品总量大小及其发展变化的综合指标主要有社会总产值、工农业总产值、国民收入、国内生产总值、国民生产总值。

为消除经济变动的影响,对经济增长的测算应该使用不变价格。为了反映较长时期的平均经济增长速度,通常还要计算年平均经济增长率。年平均经济增长率不仅可以综合反映一定时期内经济增长的平均速度,而且可以用来对比不同发展阶段的不同增长速度,以及用来对比不同国家或地区经济增长的不同情况。

经济增长率及年平均经济增长率的计算公式为

$$X' = \frac{X_1 - X_0}{X_0} \times 100\% \tag{5-1}$$

$$\overline{X} = \sqrt[n]{\frac{X_n}{X_0}} - 1 \tag{5-2}$$

式中,X 为经济产出量,下标 1、0 分别代表计划期和基期;X' 为经济增长率;$\overline{X}$ 为年平均经济增长率;n 为计算时期的年份数。

对经济增长的度量,除测算经济增长量和总量增长率外,还要计算按人口平均的经济增长量及其增长率。按人口平均的经济增长量及其增长率是衡量一个国家经济实力和生产力发展水平的重要尺度,亦是衡量人民富裕程度的实质性标志,以及测算"两种生产"在一定条件下是否协调发展的主要尺度。提高人均增长量及其增长速度不外乎两大途径:一是提高经济的增长率;二是降低人口自然增长率。这两者差距越大(前者大于后者),人均占有量就会越大,人均经济增长率也会越快。

二、经济增长质量

广义上讲,经济增长质量是指一个国家或地区伴随着经济数量的增长,在经济、社会和环境等诸多品质方面表现出来的优劣程度。狭义上讲,经济增长质量是指经济增长适应国民经济整体水平提高和发展具备的特性。经济增长质量又分为内在和外在两方面。内在的经济增长质量是指经济增长过程中的要素投入比例及经济增长效益;外在的经济增长质量是指经济增长的稳定、协调及持续性。外在的经济增长质量和内在的经济增长质量是交织在一起的。

高质量的经济增长应该满足经济稳定高速增长、投入产出效率高、增长潜力大、经济结构优化、产业结构协调、国民分享增长成果程度高、资源环境代价小等多项标准。因此,可以从下述几个方面评估经济增长的质量:

(1) 有效性

经济增长的有效性是指经济增长的效率,即经济增长过程中要素投入与产出的比率。经济增长就是各种经济资源综合运用的结果,在经济资源保持恒定的情况下,单位投入获得的产出越多，要素生产效率越高，经济增长率越高，经济增长质量也就越高。有效性集中体现了经济增长质量的高低，深刻反映了经济增长质量的内涵，是经济持续增长的重要保障。

（2）稳定性

经济增长的稳定性是指经济增长的波动幅度及对潜在产出的偏离程度。在经济运行过程中，出现经济波动是不可避免的。反映一个经济体经济稳定性能的高低，在于能否及时有效地把经济波动控制在较小的限度之内。稳定性高，则意味着经济增长在一个较长的时期中保持平稳的态势，经济增长率在潜在经济增长率附近小范围内波动，经济资源得到了充分利用；稳定性低，则意味着经济的剧烈波动，经济增长率偏离潜在经济增长率较大，社会资源存在利用不足或巨大浪费。

（3）协调性

经济增长的协调性是指经济结构的协调程度，即指需求结构、产业结构、区域结构、城乡结构和贸易结构等诸多经济结构的协调程度。在不同的经济增长阶段，一国或一区域的经济结构是不同的。一定的经济总量总是在一定的经济结构下的总量，经济总量的变化总是与经济结构的变化结合在一起。经济结构的失衡会严重影响经济和社会的发展。合理的经济结构是实现经济增长且获得较高经济效益的基础，是高质量经济增长的重要内容。经济结构的协调程度是反映经济增长质量的重要内容。

（4）分享性

经济增长的分享性是指经济增长成果即国民收入的分享状况，或者说是国民收入在居民间的分配状况。对于一个国家或地区，经济增长的最终目的是不断提高居民的生活水平。收入分配是影响广大人民生活质量的重要方面，如果经济增长率很高，而居民消费水平增长率较低，长期的贫富两极分化，失业率有增无减，这样的经济增长是低质量的，也是不可持续的。因此，评价经济增长的质量，不能忽视经济增长过程中的收入分配问题。国民收入的分享性也是衡量经济增长质量高低的重要内容。

（5）创新性

经济增长的创新性是指技术创新和制度创新在经济增长中的作用。现代经济增长主要是依靠生产效率的提高来推动的，而生产效率的提高又是由技术不断进步引起的。持续不断的技术创新可以提升产业技术水平，推动新兴产业发展，形成产业结构调整中新的增长点，从而实现产业结构的优化和升级。因此，技术进步和技术创新是现代经济增长的源泉，同时也是提高经济增长质量的重要因素。

（6）持续性

经济增长的持续性是指资源与环境承载经济长期增长的能力。现代经济增长理论证明，忽视资源和环境代价的经济增长会给自然资源和环境带来巨大压力，会严重损害经济可持续增长的物质基础，这种经济增长是不能持续的。只有在自然资源被有效利用和生态环境得到有效保护的前提下，经济增长才是可持续的。因此，要提高经济增长的质量，就必须追求经济增长的可持续性，不能以自然资源的损耗和生态环境质量的恶化为代价。在评价经济增长质量时，不能忽略经济增长所带来的资源环境代价。

总之，经济增长质量是一个有着丰富内涵的整体概念，其中每个方面的变化都会影响到经济增长质量的变化。上述六个方面，从不同的角度来体现了经济增长质量的内涵，它们彼此之间不是相互独立的，而是相互联系、相互影响的。例如，协调性、创新性会影响经济增长的有效性；经济增长的有效性会影响到经济增长的持续性和稳定性，等等。其中，有效性是所有经济增长质量内涵中最核心的内容，稳定性、协调性、分享性、创新性和持续性的提高，都有利于提高经济增长的效率。只有保持经济增长的稳定性，才能在长期内实现经济增长率的最大化，而大起大落的经济增长，其平均增长率一般都不会高。只有持续不断地进行技术创新和制度创新，才能为经济增长提供源源不断的动力。经济结构的协调意味着资源的有效配置，也是经济增长的重要源泉。经济增长分享程度的提高，也许在短期内降低经济增长率，但在长期内，效率和公平并不矛盾，贫富两极分化并不一定就是经济增长必须付出的代价。持续性的提出，实际上是为了提高经济增长过程中资源利用效率和减少环境的破坏，其实质也是追求更有效率的经济增长。

第三节 经济增长因素和模式

一、经济增长的因素构成

经济增长速度是影响经济增长的多种因素综合作用的结果。因此，测算和安排一定时期的经济增长速度，必须综合分析和考察各因素的作用。

（一）影响经济增长的直接因素

直接因素是指参与生产过程、对经济增长过程直接发生作用的影响因素。它可分为生产要素和生产效率两个方面的因素。

（1）生产要素

①投入到再生产过程中去的劳动力数量和质量。一般来说，在其他条件一定的情况下，经济增长的快慢与劳动者人数的增加和质量的提高成正比，即投入生产的劳动者人数越多、质量越高，所推动的生产资料就越多，生产的产品就越多，经济增长就越快。我国劳动力资源丰富，但劳动力的质量还比较差，因此要加强对劳动者的培训，提高他们各方面的素质，以适应现代化大生产的需要。

②投入到再生产过程中去的生产资料的数量和质量。生产资料的数量，从实物形态上看，包括劳动资料和劳动对象的数量；从价值形态上看，表现为生产基金，即固定资金和流动资金的数量。一般来说，生产资料或生产基金越多，则能容纳的劳动者数量就越多，因而更能加快经济的增长。提高生产资料的质量，可以提高效率，延长其使用期限，降低单位产品物质消耗，因而也有利于提高经济的增长速度。但生产资料增加取决于国民收入中用于积累的基金的增加，而积累只有在适度规模下才有利于经济增长。

（2）生产效率

①劳动生产率：是指劳动者的生产能力或效率，通常用单位劳动消耗量生产的产品量或单位产品所消耗的劳动量来衡量。劳动生产率的提高，表明单位劳动时间生产产品数量的增多，因此，劳动生产率越高，经济增长就越快。发展社会生产力和增加产品产量虽然也可以通过增加劳动力和生产资料来实现，但在工业化有了一定基础的条件下，应主要依

靠在发挥劳动者生产积极性和提高技术的基础上，不断提高劳动生产率。提高劳动生产率是加快经济增长和提高经济效益的主要途径。

②生产资料的利用率：生产资料利用效率的提高意味着固定资产利用状况的改善和单位产品原材料消耗的节约，也意味着能在同样的物质资源条件下，为社会提供较多的物质产品。因此，生产资料利用率的提高既能增加产品产量，又可降低产品成本。

③科学技术：社会进步的程度是和科学技术在生产中的作用成正比的。科学技术是第一生产力，社会越发展，这种生产力在经济发展中的作用就越明显。科学技术的发展可以引起生产力中人和物的因素的发展和完善，从而使之转化为直接的生产力，对经济的发展发挥巨大的推动作用。据测算，20世纪初，在发达国家中，科技进步因素在国民生产总值增长中所占比重只有5%~20%；到20世纪50至60年代，这一比重上升到50%；而在20世纪80年代，这一比重高达60%~80%。在人均年产值上，据统计，手工行业的人均年产值只有约24美元，传统工业的人均年产值2万美元，而高技术产业的人均年产值为20万美元以上，有的甚至超过百万美元。

④经济管理：是指人们为了实现某种经济目标而进行的计划、组织、指挥、协调、控制和监督社会经济活动的全部行为。按管理的范围不同，可分为宏观经济管理和微观经济管理。宏观经济管理是指国家对社会再生产运动的全过程和国民经济的各个方面的总体发展所进行的管理，如发展战略、经济计划和经济政策的制定、总量控制和结构调整等。微观经济管理是对企业的生产经营活动进行的局部性管理，如企业作业计划、经营战略的制定，企业如何把有限的资源分配在各种商品的生产上，企业的财务管理、质量管理等。经济管理是社会分工和协作的客观要求。进行科学的经济管理有利于社会经济的协调运行，有利于发挥现代科学技术的作用、提高生产力各要素的效能，有利于降低生产成本，提高经济效益，促进经济的快速增长。

（二）影响经济增长的间接因素

间接因素是指虽然不直接参与生产过程，但却制约着直接因素，或者通过直接因素发生作用而间接地影响经济增长过程的因素。间接因素包括自然因素和社会因素。

（1）自然因素

①自然资源：是社会生产必要的物质条件，是经济发展的自然基础。劳动对象直接或间接地来自于自然资源。在其他条件相同的情况下，自然资源的优劣及其综合利用的程度，对经济发展是有一定影响的。因此，合理利用和开发本国资源、发挥本国自然条件的优势，是加快经济发展的有效途径。

②自然地理环境：是指围绕在人类周围的生存空间和各种自然地理因素，如土地、水文、气候等。这些因素在经济增长中有着重要作用，如土地的肥力、气候条件的差异会形成农业生产不同的报酬率，从而影响整个经济的增长速度。

（2）社会因素

①生产关系因素：社会经济发展的最终决定力量是社会生产力。但是，生产力的作用是在一定的生产关系下表现出来的。生产关系是否适应生产力发展的水平，对经济的发展有着较大的影响。社会主义的生产关系总的来说是适应生产力的发展的，但也存在不完善的地方，因此，也要求对这些与生产力不相适应的生产关系及时加以调整，以有利于经济

的增长。

②上层建筑因素：上层建筑是否适应经济基础，对经济发展也有很大的影响。社会主义上层建筑对经济发展的影响主要是通过社会主义国家的路线、方针、政策的制定和实施，经济管理体制的建立与调整，对人们的思想教育等来实现的。党的十一届三中全会以来，正是因为有了正确的路线、方针、政策的指导，通过经济体制改革和对外开放，我国才出现了经济持续快速增长的好局面。

此外，教育事业和对外贸易的发展也对经济增长起着重要的影响作用。

二、经济增长因素的分析

对影响经济增长的因素进行综合分析，能掌握各因素的变化情况及未来经济增长的趋势，也有利于更好地发挥经济增长因素的作用。在分析中应注意如下几点：

第一，影响经济增长的诸因素是相互联系、相互制约、综合起作用的。在确定经济增长速度时，可依据有关历史统计资料，并考虑到未来时期可能发生的变化，对各因素进行逐一分析，预计其变动的结果。而且，在分析时，不仅要看每个因素各自变化的情况，也要分析各个因素相互结合的情况。各因素只有在相互配合的情况下，才能推动经济有效地增长。

第二，不同因素对经济增长的作用程度不会相同，而且同一因素在不同时期对不同产业部门的作用程度也不尽相同，这是由经济增长因素的多样性所决定的。例如，工业部门的资本有机构成较高，因而要素生产率的提高具有较重要的意义；农业部门的土地自然力作用较强，因而提高劳动生产率成为关键；一般服务业作为劳动力吸纳力最强的行业，劳动的增加往往较为重要。

第三，在影响经济增长的各种因素中，并非所有因素的具体作用都可以计量。直接的、有形的因素，如劳动力和生产资料的投入因素等，比较容易计量；而间接的、隐形的因素，如生产关系和上层建筑的作用等，则是难以计量的，在综合分析中，对其作用程度往往带有一定的假定性。

为综合测定各因素对经济增长的作用，可以从宏观总量出发，做简化的定量分析。以总量生产函数法为例，它是将直接影响经济增长的因素归纳为两类综合因素作为分析对象的：一类是生产要素投入因素；另一类是生产率因素。由于技术进步是决定经济增长的关键因素，因此，也可以把这类因素视为科技进步因素。按照经济增长与上述因素之间的数量关系，总量生产函数可取下面的形式：

$$X = A_t F(K, L) \tag{5-3}$$

式中，X 为总产出；A 为随时间 t 变化的科技进步或生产率；K 为资金投入量；L 为劳动投入量。

对上式求导，可得出如下可供因素分析的基本公式：

$$X' = A' + \alpha K' + \beta L' \tag{5-4}$$

式中，X' 为经济增长率；A' 为综合要素生产率或技术进步增长率；K' 为资金要素投入增长率；L' 为劳动要素投入增长率；α 为资金产出弹性系数；β 为劳动产出弹性系数；$\alpha K'$ 为资金要素投入增长对经济增长的贡献；$\beta L'$ 为劳动要素投入增长对经济增长的贡献。

式（5-4）表明，经济增长率取决于劳动投入、资金投入和技术进步三方面因素。

测算各因素对经济增长作用的步骤是：首先，确定经济增长率、劳动投入增长率和资金投入增长率。其次，确定劳动和资金的产出弹性系数。一般认为，我国这两者之比为 0.3∶0.7 比较符合实际。再次，确定综合要素生产率增长率。在以上测算的基础上，可利用式（5-4）加以推算。最后，测算各项因素对经济增长的贡献率。用劳动投入增长率与劳动产出弹性系数相乘，可得出劳动投入增加所贡献的百分点；用资金投入增长率与资金产出弹性系数相乘，可得出资金投入增加对经济增长所贡献的百分点；用经济增长率减去以上数，即为综合要素生产率增长对经济增长的贡献。具体可用下列各式求得各项因素对经济增长的贡献率：

劳动投入增加的贡献率计算公式：

$$E_L = \frac{\beta L'}{X'} \times 100\% \tag{5-5}$$

资金投入增加的贡献率计算公式：

$$E_K = \frac{\alpha K'}{X'} \times 100\% \tag{5-6}$$

综合要素生产率增长（科技进步）的计算公式：

$$E_A = \frac{A'}{X'} \times 100\% \tag{5-7}$$

依据中华人民共和国成立以来我国的有关数据测算分析，我国各因素对经济增长的作用情况是：改革开放以前，经济增长主要是靠生产要素的投入增加，而综合要素生产率对经济增长的贡献率很低，说明我国劳动生产率和技术进步的速度均很慢。1978 年以后，综合要素生产率的提高对经济增长的贡献率明显上升，说明改革开放给经济带来了活力，促进了技术进步和生产效率的提高。

三、经济增长的模式

经济增长模式是指对具有某种基本类型和典型特征的经济增长方式的理论概括。它主要反映不同经济增长方式和途径的差异性，比较说明不同类型经济增长的优劣长短。

（一）经济增长模式的分类

（1）外延型经济增长方式和内含型经济增长方式

按照经济增长依靠的主要因素不同，经济增长可分为外延型经济增长方式和内含型经济增长方式。外延型经济增长又称为粗放型经济增长，是指主要依靠增加生产投入要素的数量而实现的经济增长；内含型经济增长又称为集约型经济增长，是指主要通过更有效地利用现有资源、提高劳动生产率和生产资料效率而实现的经济增长。

（2）数量型经济增长方式和效益型经济增长方式

按照经济增长主要目标的不同，经济增长可分为数量型经济增长和效益型经济增长。数量型经济增长是指以追求产品的数量或产值的大小为主要目标的经济增长。由于这种模式注重数量增长而忽视经济发展的其他要求，往往是社会生产总量增长而经济效益不好。效益型经济增长是指以提高经济效益为主要目标的经济增长。这种模式既要求产品数量增加，同时更强调经济效益的提高，它追求有助于在获得好的经济效益的前提下的经济增长。

（3）速度型经济增长方式和结构型经济增长方式

按照经济增长主要途径的不同，经济增长可分为速度型经济增长和结构型经济增长。速度型经济增长是指主要通过高投入、增大投资规模来加快生产速度而引起的经济增长。这种模式往往会因为资金的过度投入、资金的过度使用而导致经济效益降低，并使经济增长形态呈现大起大落的状态。结构型经济增长是指主要通过产业结构的调整和改善来实现的经济增长。这种模式通过经济关系联动和产业关联效应来带动整个国民经济产出水平的提高，通过资源配置的优化、国民经济主要比例的协调来促进经济增长。

（二）经济增长模式的转换

不同经济增长模式的形成是与一定的经济发展阶段相关联的。在上述三分类中，一般而言，第一种类型与经济发展的较低阶段相适应，第三种类型则多与经济发展的较高阶段相适应。随着生产力的发展，随着主客观因素的改变，经济增长模式也会发生相应转换。影响模式转换的主观因素主要有经济发展战略的选择、经济体制的转换、经济政策的变更等。影响模式转换的客观因素主要有劳动就业状况、劳动力素质、资源开发程度、技术装备水平等。适应生产力发展的客观要求、顺应经济增长的内在机理、以效益最大化为目标来选择不同历史时期经济增长的途径和方式、及时实现经济增长模式的转换，才会有利于国民经济的持续、快速、健康发展。

我国传统的经济发展注重经济增长的数量，将经济增长的重点放在数量方面，片面追求数量、产值和速度，主张以规模扩张来拉动经济增长，即主要依靠大量投入（资金、劳动力、原材料及能源等）来支撑经济增长，这种经济增长方式导致的必然后果是高投入、高消耗、低质量、低效益及结构失衡。现代经济发展理论关注在经济增长过程中自然资本的运营，注重强调在经济增长过程中实现物质资本、人力资本和自然资本的和谐运营，提高经济增长的质量，不断改善社会结构、资源利用及人民物质生活和精神生活。从经济发展历程来看，我国的经济发展已到了从数量型、规模扩张型经济增长模式向质量、效益型经济发展方式转变的关键时期。近阶段，应着重从以下方面推进经济增长模式的转换：

（1）转变发展观念，推动经济科学发展

转变发展观念是转变经济增长模式的首要条件。当前，转变观念就是要统一思想，牢固树立全面、协调、可持续的发展观。2008年爆发的国际金融危机使得中国经济发展方式问题显现出来，在保增长的短期目标实现后，转变经济发展方式势必成为未来一段时期经济工作的重点，要从此前注重经济增长率的高低转向经济增长的质量、效益和可持续性。

（2）加速科技创新，提升经济增长质量和效益

转变经济增长模式的本质是更加高效地配置各种生产要素，以尽可能少的投入实现尽可能多的产出。在能源资源约束强化和低成本竞争优势弱化的情况下，只有将经济增长建立在科技进步的基础上，经济发展才是有后劲、可持续的。实现经济增长模式的转换，要依靠科技进步、降低消耗，提高资源的利用效率和生产要素的使用效率，推动经济持续、

快速、平稳增长。转换经济增长模式关键在于全面增强企业自主创新能力和在引进基础上的消化吸收、再创新能力，努力掌握核心技术和关键技术，切实增强科技成果转化能力，提升产业整体水平。要尽快扭转我国自主创新能力不强、缺乏核心技术、缺少自主知识产权、缺少名牌产品的现状，加快建立以企业为主体、市场为导向、产学研相结合的技术创新体系，加大科技投入、人才投入、管理投入，实现科技要素、经营管理要素、劳动力资本要素和其他生产要素的有机结合，共同促进经济增长模式的转换。

(3) 优化经济结构，提高经济发展的协调性

在我国的三次产业结构中，第二产业比例过高，第三产业比例过低，经济增长主要靠能源资源消耗高的第二产业的强力带动。从投资、消费、出口"三驾马车"对经济增长的贡献度看，经济增长主要靠投资和出口拉动，我国近期的消费增速明显慢于经济增长速度。然而，无论从世界生产力发展规律分析还是从世界发达国家、发展中国家的实证分析，到了工业化中期阶段的三次产业演变趋势都是新兴第三产业加速发展，形成"三二一"结构，第三产业成为吸纳就业和推动经济增长的主动力。因此，必须在扩大消费和加快第三产业上下工夫，优化三次产业结构，调整投资与消费比例，形成协调发展的现代产业体系，加快推动经济增长主要依靠第二产业带动向依靠第一、二、三产业协同带动转变，由主要依靠投资、出口带动向依靠消费、投资、出口协同带动转变。

(4) 加速推进节能减排工作，实现经济可持续发展

节能减排与转变经济增长模式相互关联、相互促进。一方面，只有加快经济增长模式的转换，才能把过高的能源资源消耗和污染排放降下来；另一方面，节能减排又是经济增长模式转换现实有效的切入点和突破口。为此，必须把节约资源、保护环境、节约用地放在更加突出的战略位置。立足节约资源、保护环境，是转变经济增长模式的一个重点，也是难点。推进节能减排，必须采取有效措施，当前，最适宜的是大力发展循环经济。与传统线性经济不同，循环经济强调一次资源的反复利用，从而使整个经济系统以及生产和消费的过程基本上不产生或者只产生很少的废弃物，以最小的资源和环境成本，取得最大的经济社会效益，实现经济发展与节约资源、保护环境的统一和协调。

第四节　经济增长的决策和调控

一、经济增长率的宏观决策

(一) 适度经济增长率

经济增长决策的目的是确定适度经济增长率。所谓适度经济增长，是指国民经济持续、稳定、协调地发展。适度经济增长率就是符合实际的、合理的、快速的经济增长率。这种增长率是客观经济条件所允许的，能充分发挥经济潜力及满足社会发展和人民消费需要的增长率。经济增长率是否适度，不能简单地以速度的快慢来衡量。因为从根本上说，经济增长率的高低、速度的快慢，不由人的主观愿望所决定，而取决于客观条件，而且从经济增长的最终结果上考察，还要看经济效益、社会效益是否提高，国民经济是否持续、稳定、协调发展。具体说，适度经济增长率应当符合以下几个标准：

①能够保证人民消费水平不断提高。随着经济增长，人均收入和人均消费水平要有相应的增长，这是社会主义生产目的所要求的，也是衡量社会主义经济增长率是否适度的主要的和最终的标准。

②国民经济能持续、快速、健康发展，即国民经济能够持续、稳步增长，不能大起大落、忽上忽下，而是长期以适当速度增长。这种速度是具有持续性、稳定性、协调性特点的速度。

③能实现资源的合理配置和有效使用，取得好的国民经济效益。只有在提高经济效益基础上实现的速度，才是实实在在的速度。

④能够实现对外贸易的不断扩大和保持国际收支的基本平衡，增强国家经济实力和提高国家在国际经济发展中的地位。

(二) 经济增长率决策的原则

确定经济增长率，是在认真调查研究、科学预测和综合平衡的基础上进行的。根据中华人民共和国成立以来经济工作正、反两方面的经验，确定经济增长率应遵循以下原则：

(1) 要正确处理速度同结构、比例，效益、生产目的之间的关系

社会主义生产目的能否有效实现，是衡量经济增长速度是否恰当的最终标志。结构是否合理、比例是否协调，直接关系到能否实现经济的稳定增长。效益的高低是衡量速度是否恰当的直接依据。但是，也要看到速度对结构、比例、效益、生产目的的重要反作用。这主要表现在，一定的经济增长速度为调整以至建立合理的经济结构和比例、为经济效益的提高和满足人民生活需要提供了物质条件，它们之间是相互制约的关系。处理这一关系的原则应当是把实现生产目的放在首要地位，在此前提下，把速度同结构、比例、效益统一起来，选择它们最优的结合。

(2) 要在需要与可能平衡的基础上确定经济增长速度

加快经济发展，尽可能满足社会生产和人民生活的需要，是确定经济增长速度的重要依据之一。同时，经济的较快增长才能有利于资源的充分利用，早日实现我国的社会主义现代化，实现国家的繁荣富强。但是，经济增长速度的确定不能脱离现有的经济基础，离不开国家现有的人力、物力和财力。如果不切实际地盲目追求高速度，虽然一时可以实现经济的高速增长，但这种速度是不可能持久的，其结果往往导致经济发展的大起大落。因此，确定经济增长率时，必须正确处理需要和可能的关系，既要从国情出发，有利于满足需要，同时也要从可能出发，量力而行。

(3) 要正确处理稳定和波动的关系

前已述及，经济增长要有一定的稳定性，这是经济协调发展所要求的，也是由社会再生产各环节、国民经济各部门之间的相互依存关系所决定的。但是，稳定和协调只是相对的，不是绝对的。受经济发展和经济增长内在规律制约，在自然条件、技术水平和经济主体行为动机的影响下，经济增长往往会出现一定程度的波动，这种波动是正常的，经济增长过程中要克服的是那种大起大落的超常波动。同时，由于科技进步和固定资产的阶段性更新等，也往往导致经济增长出现一定的阶段性。因此，对经济增长率的决策就需要根据客观条件的变化加以合理安排，不能强求一致，要把经济持续稳定增长与阶段性波浪式发展结合起来，以利于实现国民经济整体实力的逐步增强。

(4) 要正确处理经济增长和经济体制改革的关系

经济增长与经济体制改革是辩证统一的关系。一方面,改革是经济增长的动力。通过经济体制改革,可以消除生产关系和上层建筑中与生产力发展不相适应的环节,以适应生产力发展的需要;通过改革,可以从根本上改变束缚生产力发展的经济体制,建立起充满生机活力的社会主义经济体制,为实现国民经济持续、快速、健康发展的目标提供必要的条件。另一方面,经济体制改革又需要一定的经济条件,需要经济增长提供必要的物质基础和宏观经济环境。因此,经济增长率的确定,应充分考虑改革的要求,为改革提供较为宽松的经济环境,以利于改革的顺利进行;而改革措施则应有利于解决经济增长中的矛盾,理顺经济关系,从而能充分发挥改革对经济增长的促进作用。

(三) 测定经济增长率的方法

测定经济增长率有传统方法和现代数学方法。为了使确定的经济增长率尽可能准确和符合实际,应当把两者结合起来,互相验证。测定经济增长率的常用方法主要有以下几种:

(1) 经验分析法

经验分析法即在对历史上的经济增长过程进行研究的基础上,通过实证分析,找出经济增长速度变动的一般规律性,据以推算经济增长率的方法。采用这种方法估算的增长率可作为决策的参考,如有关专家根据我国过去和现在经济发展的情况,采用定性与定量分析相结合的方法推算下我国今后一段时期的经济增长率,所得结果是:如果国民生产总值年平均增长 7% 偏低,则产业结构不尽合理,资金和资源不能充分发挥作用,而 10% 以上,则又偏高,这样,交通、能源、电信、主要原材料和资金都难以长期支持,可能会带来经济的大起大落,还可能引发通货膨胀,因而都不可取;若在 8%~10%,则基本可行,其中以 8%~9% 的速度较为理想。

(2) 目标推算法

目标推算法即根据国家已经确定的经济发展战略目标和中、长期计划预定达到的目标来推算经济增长率的方法。这种方法按照发展战略目标和中、长期计划中以不变价格计算的经济增长的综合指标目标值,推算出达到目标所需的年均经济增长率。

(3) 系数推算法

系数推算法是根据制约经济增长的某两项关键或主要产品产量的变化及其与增长速度的关系(用系数表示)来推算经济增长率的方法。

①能源弹性系数法:是一种通过能源弹性系数来推算经济增长率的方法。能源弹性系数是指能源消费量(或生产量)的增长与经济增长率的对比关系,也就是经济增长 1%(或工业增长 1%),能源消费量(或生产量)要增加的百分比。按这一方法测算经济增长率的计算公式如下:

$$X' = \frac{G'}{E} \tag{5-8}$$

式中,X' 为经济增长率,G' 为能源消费(或生产)增长速度,E 为能源消费(或生产)弹性系数。

②主要产品产量法:是以主要产品产量比重来测算工农业总产值和社会总产值的。其

计算公式如下:

$$X_t = \sum_{i=1}^{n} Q_{it} P_i / \alpha \tag{5-9}$$

$$X_t^* = X_t / \beta \tag{5-10}$$

式中,X_t 为计划期工农业总产值;Q_{it} 为计划期 i 种主要产品的计划产量;P_i 为 i 种主要产品的不变价格;α 为主要工农业产品产值占工农业总产值的比重;β 为工农业总产值占社会总产值的比重;X_t^* 为计划期社会总产值。

式 (5-9) 是由主要工农业产品产量推算出工农业总产值的,式 (5-10) 是进一步由工农业总产值推算出社会总产值的。采用这种方法,其计算数字的精确度主要取决于计划期主要产品产量数字和两个参数 α、β 取值的准确性。关于主要产品产量数,在我国改革开放以前,可以从国家计划目录中取得。随着经济体制改革的发展,国家计划管理的产品种类已大大减少,市场机制已成为配置资源和调节经济的主要手段。因此,Q_{it} 的含义就不能只限于国家计划管理的产品,它应包括对国民经济发展有重大影响的一些产品,其数值要通过多种渠道来取得。

(4) 因素分析法

因素分析法即把经济增长影响因素质的分析和量的计算有机结合起来测算经济增长率的方法。

① 根据活劳动因素的变化情况测算经济增长率。其计算公式如下:

$$X' = L' + N' + L'N' \tag{5-11}$$

式中,X' 为经济增长率;L' 为劳动力增长速度;N' 为劳动生产率增长速度。

② 根据物化劳动的变化情况测算经济增长率。其计算公式如下:

$$X' = C'F' \tag{5-12}$$

式中,C' 为生产资料(或生产基金)总量的增长速度;F' 为生产基金产出率的增长速度。生产基金产出率即每单位生产基金可带来的生产量,生产基金产出率的倒数是单位产品生产基金占用量。

③ 根据劳动生产率、生产基金和劳动者基金装备率的关系测算经济增长率。其计算公式如下:

$$X' = \frac{C_t/K_t}{C_o/K_o} \times \frac{N_t}{N_o} - 1 \tag{5-13}$$

式中,C 为生产基金总量;K 为劳动者生产基金装备量;N 为劳动生产率;t 为计划期;o 为基期。

④ 根据投资率和投资效果因素的变化测算经济增长率。其计算公式如下:

$$X' = \frac{H}{X} \cdot \frac{\Delta X}{H} \tag{5-14}$$

式中,X' 为经济增长率;H 为投资额;X 为国内生产总值;$\frac{H}{X}$ 为投资率;ΔX 为计划期国内生产总值增加值;$\frac{\Delta X}{H}$ 为投资效果系数,即单位投资增加的国内生产总值。

(5) 数学模型法

数学模型法即利用经济增长过程中各种相关变量之间的关系,建立经济数学模型,借助现代数学方法和电子计算机对经济增长率进行预测的方法。这里举两例如下:

①哈罗德-多马经济增长模型:这是一个分别由英国经济学家哈罗德和美国经济学家多马同时提出的模型。通过这一模型,可以描述经济增长率同储蓄率、资本-产量比率之间的关系。其模型如下:

$$G = \frac{S}{C} \tag{5-15}$$

式中,G 为产量增长率;S 为储蓄率,即收入中储蓄所占比重,在储蓄等于投资的情况下为投资率;C 为资本-产量比率,即每增加一个单位产量需要增加的资本量。

在我国,G 可视为国内生产总值增长率,S 可视为投资率,C 可视为投资系数。按以上模型,可推算出计划期国内生产总值的增长率。

②新古典经济增长模型:这一模型是由美国经济学家索洛和斯旺、英国经济学家米德等相继提出并发展而成的。该模型说明,经济增长率的高低不仅取决于资本形成,还取决于劳动投入的大小或增长率、劳动与资本各自的产出弹性或相对贡献份额以及随时间变化的技术进步率。其模型如下:

$$G_y = \rho + \alpha G_k + \beta G_L \tag{5-16}$$

式中,G_y 为产量增长率;ρ 为技术进步增长率;G_k 为资本增长率,相当于我国的资金增长率;G_L 为劳动力增长率;α、β 分别为资本量和劳动投入量对产出量增长影响作用的权数,$\alpha + \beta = 1$,α、β 分别为小于 1 的正数。

二、我国经济增长率的概况

中华人民共和国成立以来,我国经济增长率是比较高的。国内生产总值在中华人民共和国成立初期是 679 亿元,1978 年是 3624 亿元,2008 年达到 30067 亿元。GDP 的世界排名由 1978 年的第十五位跃居第三位。我国成为 20 世纪 80 年代后世界上经济增长最快的国家,远远超过世界经济年平均 2.3% 的增长率。

从我国 50 多年经济发展的全过程看,大体可划分为下述两大阶段:

第一阶段从 1949 年 10 月到 1978 年底,这是我国国民经济在曲折中前进的时期。中华人民共和国成立之初,我国国民经济基础相当薄弱,在工农业总产值中,工业总产值仅占 1/7 左右,钢产量不到 100 万吨,原煤仅 6188 万吨,原油仅 32 万吨,发电总量 60 亿千瓦时。经过三年经济恢复时期,到 1952 年,各项主要经济指标均已超过 1949 年前的最高水平。从 1953 年起,开始了大规模的工业化建设,实行优先发展重工业的方针,完成了 156 项重点工程建设,建立起包括机床、汽车、飞机、重型设备等制造业和煤炭、冶金、建材、化学等一系列新的工业部门,初步奠定了我国工业化的基础。但从 20 世纪 50 年代后期开始,我国经济在曲折、波动中前进。1953—1978 年,我国工农业总产值年均增长 6%;在国民收入中,农业的比重由 57.73% 下降为 32.76%,工业则由 19.52% 上升为 49.4%,呈现出初步工业化的格局。

第二阶段从 1978 年末开始,即从推行改革开放方针以来,我国经济建设出现了全新的局面。1978—2008 年,我国经济持续发展,综合国力显著增强,国内生产总值以年均

9.45%的速度增长,已成为亚太地区乃至全球经济增长最快的国家。2009年,国内生产总值达到335353亿元,居世界第三位。

根据国家统计局发布的数据显示,改革开放以来我国的经济增长率见表5-1。

表5-1

年份	GDP增长率(%)	国内生产总值(亿元)	人均国内生产总值(元/人)
1978	11.7	3645.2	381
1979	7.6	4062.6	419
1980	7.8	4545.6	463
1981	5.2	4891.6	492
1982	9.1	5323.4	528
1983	10.9	5962.7	583
1984	15.2	7208.1	695
1985	13.5	9016.0	858
1986	8.8	10275.2	963
1987	11.1	12058.6	1112
1988	11.6	15042.8	1366
1989	4.1	16992.3	1519
1990	3.8	18667.8	1644
1991	9.2	21781.5	1893
1992	14.2	26923.5	2311
1993	14.0	35333.9	2998
1994	13.1	48197.9	4044
1995	10.9	60793.7	5046
1996	10.0	71176.6	5846
1997	9.3	78973.0	6420
1998	7.8	84402.3	6796
1999	7.6	89677.1	7159
2000	8.4	99214.6	7858
2001	8.3	109655.2	8622
2002	9.1	120332.7	9398
2003	10.0	135822.8	10542
2004	10.1	159878.3	12336
2005	10.4	183217.4	14053
2006	11.6	211923.5	16165
2007	13.0	257305.6	19524
2008	9.0	300670.0	22698

资料来源:《2009中国统计年鉴》。

中华人民共和国成立以来经济发展过程的历史表明，经济建设虽然取得了快速增长，其中有过顺利发展，但也出现过大的曲折，这在1978年以前的近30年中表现得尤为突出。从国民收入增长的波动来看，1958年国民收入的增长率高达22%，但1960—1962年连续三年负增长，1961年比1958年下降了29.7%，波动幅度为51.7个百分点。"文化大革命"中又出现两次经济负增长，这期间经济增长的两次波幅分别为24.2%和26%。这三次经济增长的大起大落，是受当时经济建设中急于求成指导思想的影响以及20世纪60年代初连年自然灾害的破坏致使我国经济发展屡遭挫折而形成的。党的十一届三中全会以后，经济建设中也曾因片面追求高速度增长而出现过一次较大的波动，国内生产总值增长率在最高年份的1984年为15.2%，最低年份的1990年为3.8%，波动幅度为11.4个百分点。总结历史经验教训，在今后的经济发展过程中，要克服经济增长波幅较大、经济效率不高、消费水平增长较慢等问题。而且还必须认识到，中国经济总量虽然在不断增加，已居世界前列，但人均GDP仍然是世界百位以后，人口多、底子薄、相对资源少、贫困人口多仍然是中国的基本国情。只有努力实现国民经济持续、快速、健康发展，才能真正实现中国从经济大国向经济强国的迈进。

三、经济增长率的宏观调控

（一）宏观调控经济增长率的内容

宏观调控经济增长率的内容主要包括两个方面：

（1）调控经济增长幅度

调控经济增长幅度，目的在于使经济运行处于适度增长状态，防止经济过热带来的超常增长和经济过冷带来的衰退。如果出现过热，国家应在宏观上采取紧缩政策，通过严格控制总量、合理调整结构等措施，把过高的增长速度降下来。在我国，经济停滞或衰退往往是经济过热后实行紧缩政策带来的负效应。为此，国家应适当调整紧缩的力度，做到松紧适度、紧中有松，以求尽快走出过冷区，恢复经济的正常增长。

对经济增长幅度的调控，还要注意控制幅度的变动趋势。在各年度之间经济增长幅度会出现一定的波动起伏，这是正常现象，但大起大落的波动则会破坏经济正常运行的秩序，导致资源的浪费和经济效益的下降。因为过高的波动性增长由于得不到要素均衡增长的支持，其后果必然是经济的收缩和下滑，而且在资源约束下，往往导致生产上的强制替代，使得成本上升、产品质量下降，形成资源配置上的紊乱和浪费。从结构上看，过高的波动增长导致价格信号扭曲、制造虚假需求，从而使投资需求不合理现象趋于严重，进而使产业结构的不合理加剧。与此同时，过高的波动性增长还会引发通货膨胀和导致金融秩序的不稳定，等等。因此，对不适当的增长趋势，应进行必要的宏观调控。

（2）调控经济增长质量

对经济增长质量的衡量，是为了考察一定时期的经济增长是否符合适度经济增长率的要求，即要看经济增长是否适应社会发展和人民生活改善的需要，是否以提高经济效益为中心，使劳动消耗量和占用量降低。要考察实现经济效益的主要途径是什么，可分别采用人均国内生产总值和人民生活消费水平、新增单位国内生产总值消耗的固定资金和流动资金、劳动投入增加和生产率提高分别对经济效益的贡献率等进行实证分析，进而能有针对性地加以调控，使经济增长质量得以提高。

(二) 对经济增长实施宏观调控的主要措施

对经济增长率实施宏观调控要采用多种手段，包括必要的行政手段，但应以经济手段为主。其主要的调控措施包括如下几个方面：

(1) 要纠正盲目追求高指标和高产值的片面观点，始终把提高经济效益作为经济增长的中心目标

实践证明，急于求成、片面追求高速度，其结果只能是欲速而不达。因此，必须端正指导思想，树立正确的速度观，强调速度和效益的统一、数量和质量的统一，更多地通过科学技术和管理水平的提高来实现经济的增长。在各地区、各部门间，不能强求一律，更不能相互攀比速度。因为，在国民经济发展中，各地区、各部门所处的地位和作用不同、条件不一样，因而不能强求各地区、各部门同速前进。在经济增长速度上，应根据不同的要求，采取不同的政策，区别对待。

(2) 加强总量管理，保持社会总供求的基本平衡

能否保持社会总供求的平衡，对国民经济的持续、快速、健康发展关系极大。这是因为，一方面，如果总需求过多地超过总供给，就会使相当部分有支付能力的需求不能得到实现，造成供应紧张、物价上涨、资源过度使用，不利于经济的发展，也不利于物质产品质量的提高；另一方面，如果总供给过多地超过总需求，又会出现部分商品的价值不能实现，造成生产萎缩、资源不能充分使用、投资不足、储蓄过多、经济增长减速。保持社会总供求的平衡，要根据不同情况采取相应对策，对需求膨胀的一般治理思路是努力扩大供给，并适当抑制需求；对需求不足的一般治理思路则是不断刺激需求，同时适当约束供给。

(3) 灵活运用财政政策和货币政策来调节经济的增长

财政政策和货币政策都是宏观调控经济增长速度的重要手段，但在具体运用时，需要灵活掌握，方能达到好的效果。当经济处于萧条时，要采取扩张性财政政策或松动银根的货币政策，以增加社会总需求，促进经济增长；而当经济过热时，则应采取紧缩的财政和货币政策，如减少财政支出、增加税收和公债发行或者提高贷款利率、缩小贷款规模、减少货币供应量等，以减少社会总需求，降低过高的增长率水平。一般情况下，应采用中性的财政政策和松的、柔性的货币政策，以避免经济大的震荡和波动。

(4) 完善宏观经济监测预警系统，健全宏观经济调控体系

对于经济增长来说，宏观经济监测的作用主要在于能对经济运行状况、对景气波动进行监督、预测和分析，对宏观调控政策的实施效应进行监督和评估。宏观经济预警则可以对经济运行中可能发生的不利于经济协调发展的严重波动与偏差进行预报和分析。因此，通过宏观经济监测预警系统，能够及时洞察即将出现的矛盾和问题。为了及时有效地解决可能出现的矛盾和问题，还必须有一个健全的宏观调控体系，要建立计划以及金融、财政之间相互配合和制约的机制，以便能加强对经济运行的综合协调，缓解矛盾，保证国民经济的持续、健康发展。

第五节　经济效益的宏观管理

一、经济效益的概念和意义

经济效益是指人们在经济活动中产出与劳动投入的比较或所得与所耗之间的比较。具体地说，它是人们在经济活动中取得的劳动成果同劳动消耗（包括活劳动和物化劳动消耗）或劳动占用（包括流动资金和固定资金占用）之间的比较。讲求经济效益，就是通过经济活动，能够用同样多的劳动耗费（包括活劳动和物化劳动耗费），取得最多的有用成果，或者说是在创造同样的有用成果的情况下，支出最少的劳动耗费。

提高经济效益具有十分重要的意义，具体如下：

（一）是发展社会生产，加快社会主义现代化建设的重要途径

只有不断提高经济效益，才能为发展生产和加快现代化建设创造良好的基础。当经济活动中投入的劳动耗费大于产出的劳动成果时，劳动耗费就会有一部分得不到补偿，出现亏损，经济的发展就会受到影响；当经济活动中投入的劳动耗费等于产出的劳动成果时，虽然所投入的劳动耗费全部得到补偿，不亏不盈，但经济仍然得不到增长。只有当经济活动中投入的劳动耗费小于产出的劳动成果时，才能够在补偿全部劳动耗费后，还可以得到一定的盈利，获得一定的剩余产品。而剩余产品的价值是积累的源泉，积累又是扩大再生产和发展科学、文化、教育、卫生等各项事业的基本条件，因此，经济活动的效益愈显著，发展社会生产的资金和物资来源就愈丰富，社会主义现代化建设才能得到迅速的发展。

（二）有利于满足人民不断增长的物质和文化生活需要

讲求经济效益是社会主义经济建设的要求。物质利益的提高受经济效益的影响和制约。不讲效益的生产或经济效益很差的生产，必然会使人民生活水平的提高受到限制，使人民的消费需要难以较好满足，从而也不利于调动劳动者的生产积极性。只有讲求经济效益，并且采取适当的形式使社会生产的效益同劳动者收入的高低联系起来，才会使劳动者关心生产过程及其劳动的成果。这样做，一方面会使劳动者获得更多的物质利益，生活消费需要得到更好的满足；另一方面，由于广大劳动者积极性的充分发挥，也能为国家生产出更多更好的产品。

（三）有利于国民经济持续、快速、健康发展

我国过去的经济工作，由于重速度、轻效益，即重产值指标、轻经济效益指标，使得一些部门和企业不顾市场需要，片面强调总产值，热衷于生产料多、料贵的品种，愿意生产主机，不愿意生产配件，甚至为了增加产值而不计成本，忽视质量，即使社会不需要、产品卖不出去也在所不惜。结果，按照产值计算的速度可能很高，但经济效益差，人民得到的实惠少，严重时，曾导致整个国民经济发展的比例失调。新时期经济建设时期，我国必须解决这个问题，使经济建设以提高经济效益为核心。提高经济增长速度的同时，更要注重经济效益的提高，坚持发展科学发展观，走可持续发展道路。

二、经济效益的分类

经济效益可按不同的标准进行分类。

（一）宏观经济效益和微观经济效益的关系

经济效益按照涉及的范围不同，可分为宏观经济效益和微观经济效益。宏观经济效益是指从国民经济总体来看的经济效益；微观经济效益是指从企业方面来看的经济效益。因此，宏观经济效益与微观经济效益的关系是全局与局部的关系。在社会化大生产条件下，各企业作为社会分工体系的基本环节，在再生产过程中，彼此是互相依存、互相制约的。任何一个企业，都需要别的企业向它提供生产资料，又要向别的企业或消费者销售它的产品。因此，就一个企业来说，它所生产出来的产品能否符合社会需要，能否减少劳动消耗、降低生产成本、提高经济效益，都直接或间接地对其他企业的经济效益产生重要的影响。这种相互联系、相互交错、相互依存的微观经济效益的总体，构成了全社会的宏观经济效益。从根本上说，社会主义个别企业的经济效益同整个社会生产的经济效益是一致的。前者是后者的基础，后者是前者的归宿和目的。因此，社会主义国家能够实现宏观经济效益与微观经济效益的结合，即通过对微观经济效益的调节来提高宏观经济效益。

当然，由于社会主义生产企业是独立的经营主体，宏观经济效益与微观经济效益之间也存在着矛盾，表现为全局利益与局部利益之间的矛盾。一方面，有些经济活动从个别企业局部利益来看，效益是好的，但从全社会生产的总体和长远利益来看，效益却是不好的；另一方面，由于全局总是从整体发展的需要来规定各个局部在全局中的地位以及它们的发展，因而也会出现某些局部经济效益一时被忽视的现象。处理宏观经济效益与微观经济效益之间矛盾的一般原则应当是：微观经济效益服从宏观经济效益，宏观经济效益应正确反映全部符合合理市场竞争原则的微观经济效益。社会主义宏观经济管理应当寻求一种尽可能使二者统筹兼顾的方案，使宏观经济效益与微观经济效益较好地结合起来。

（二）长远经济效益和当前经济效益的关系

经济效益按照时间的长短不同，可分为长远经济效益和当前经济效益。长远经济效益是指劳动耗费虽然在当前一时还不能取得生产成果，但从长远来看，能够取得更大生产成果的经济效益。当前经济效益是指劳动耗费在当年或者近期能够取得生产成果的经济效益。发展社会主义生产，既要注重当前的经济效益，又要注重长远的经济效益，把当前和长远结合起来。一方面，要抓好投资少、见效快、盈利多、与人民生活直接有关的项目，以利于增加当前的国家财政收入，平衡市场供求，保证人民生活需要，使人民得到更多的实惠，同时也可以加快资金周转，尽快发挥投资效益；另一方面，还必须有战略眼光，要考虑长远的经济效益，为此，必须注意适当的资金积累，进行必要的基本建设，对那些关系国民经济全局的骨干项目和重要工程进行有计划的安排。同时，要正确安排好国民经济的一些重要的比例关系，以保证经济的发展不仅能满足人民当前的需要，也能保证人民消费水平持续不断地得到提高。

（三）劳动消耗经济效益和资金占用经济效益的关系

按照内容不同，经济效益可分为劳动消耗经济效益和资金占用经济效益。将生产成果同生产中消耗的劳动（包括活劳动和物化劳动）相比较，就是劳动消耗的经济效益；将生产成果同生产中占用的资金（包括固定资金和流动资金）相比较，就是资金占用的经济效益。经济效益之所以要从这两个不同的角度来衡量，是因为经济效益的大小不仅与消耗的劳动量有关，也与生产过程中所必需的劳动占用量有关。过去，国家给企业使用的资金是无偿的，由于不重视资金占用的经济效益率，造成资金占用过多、经济效益不好。通过经济体制改革，已逐步改变了这种状况。结合我国的实际情况，今后在技术革新上要将自动化、半自动化和手工劳动相结合，在企业发展规模上要大、中、小相结合，使劳动消耗的经济效益与资金占用的经济效益得到最好的结合。

除上述几种分类外，按照所处社会再生产环节的不同，还可将经济效益分为生产经济效益、流通经济效益、消费经济效益和投资经济效益。这些经济效益分别反映生产、流通、消费、投资等不同领域的产出和投入的关系。

三、经济效益指标体系

经济效益需要具有经济内容的数值形式来衡量，这种能反映经济效益内容的数值形式，就是经济效益的评价指标。为全面考察经济效益，需要建立起一个由相互联系的、可以从不同的角度反映经济效益的多个指标所组成的指标体系。这个指标体系应能反映出生产经营活动中的资金占用、活劳动消耗和物化劳动消耗以及社会生产满足社会需要的程度，即反映出经济活动中投入与产出的关系，从而体现出经济效益的本质要求。下面将考核全社会和各主要部门经济效益的主要指标做一些介绍。

（一）全社会经济效益指标

（1）社会劳动生产率（元/人）

社会劳动生产率是指物质生产部门平均每一劳动者在一定时期内创造的国内生产总值，它综合反映活劳动消耗的经济效益。其计算公式如下：

$$社会劳动生产率 = \frac{国内生产总值}{生产部门劳动者年平均人数} \tag{5-17}$$

（2）社会生产物质消耗率（%）

社会生产物质消耗率是指国内生产总值中物质消耗所占的比重，能够反映物化劳动消耗的经济效益。其计算公式如下：

$$社会生产物质消耗率 = \frac{社会生产物质消耗总额}{国内生产总值} \times 100\% \tag{5-18}$$

（3）社会投资效益（元/百元）

社会投资效益是指每百元投资额增加的国内生产总值，它可以衡量全社会扩大再生产资金所取得的经济效益。其计算公式如下：

$$社会投资效益 = \frac{新增国内生产总值}{投资总额} \times 100 \tag{5-19}$$

（4）国内生产总值综合能耗（吨/万元）

国内生产总值综合能耗是指生产每万元国内生产总值消耗的能源。降低国内生产总值综合能耗，可以在少增加或不增加能源供应量的条件下，创造更多的国内生产总值。其计算公式如下：

$$国内生产总值综合能耗 = \frac{能源消费量(折合吨标准煤)}{国内生产总值} \times 10000 \qquad (5\text{-}20)$$

(5) 资金利税率（%）

资金利税率是指占用每百元资金提供的利润和税金，它综合反映社会生产活动中财力消耗所产生的效益。其计算公式如下：

$$资金利税率 = \frac{利润总额 + 应缴税金}{年平均固定资产净值 + 年平均流动资金占用额} \times 100\% \qquad (5\text{-}21)$$

(6) 流动资金占用率（元/百元）

流动资金占用率是指每百元国内生产总值占用的流动资金，它综合反映流动资金占用的经济效益。其计算公式如下：

$$流动资金占用率 = \frac{年平均流动资金占用额}{国内生产总值} \times 100 \qquad (5\text{-}22)$$

(7) 固定资金产出率（元/百元）

固定资金产出率是指每百元生产性固定资金提供的国内生产总值，它综合反映固定资金占用的经济效益。其计算公式如下：

$$\frac{固定资金}{产出率} = \frac{国内生产总值}{生产性固定资金年平均占用额} \times 100 \qquad (5\text{-}23)$$

(8) 未完工程资金占用率（%）

未完工程资金占用率是指未完工程占用的资金与同期固定资产总投资的比率，它综合反映固定资产投资利用的经济效益。其计算公式如下：

$$未完工程资金占用率 = \frac{未完工程累计占用投资额}{固定资产总投资} \times 100\% \qquad (5\text{-}24)$$

(9) 人均国内生产总值（元/人）

人均国内生产总值是指全国平均每一人口占有的国内生产总值，它综合反映一个国家的经济实力及社会生产满足人民生活需要的物质基础状况。其计算公式如下：

$$人均国内生产总值 = \frac{国内生产总值}{年平均人口总数} \qquad (5\text{-}25)$$

(10) 消费使用率（%）

消费使用率是指消费总额同国内生产总值的比率，它说明国内生产总值中最终用于消费部分所占的比重，反映的是人民生活消费水平提高的程度。其计算公式如下：

$$消费使用率 = \frac{消费总额}{国内生产总值} \times 100\% \qquad (5\text{-}26)$$

（二）农业经济效益指标

(1) 土地生产率

土地生产率是衡量单位面积总产量的指标，它综合反映土地利用的经济效益，是农业生产水平和技术水平的集中表现。其计算公式如下：

$$土地生产率 = \frac{农产品产量}{土地面积} \qquad (5\text{-}27)$$

(2) 农业劳动生产率（元/人）

农业劳动生产率是指平均每一农业劳动力全年生产的各种农产品的价值总和，可以分别用总产值和净产值计算。其计算公式如下：

$$农业劳动生产率 = \frac{农业总产值(净产值)}{农业劳动力平均人数} \qquad (5-28)$$

(3) 农产品商品率（%）

农产品商品率是农产品商品量同农产品产量的比率，它反映农业生产满足社会需要的情况。其计算公式如下：

$$农产品商品率 = \frac{农产品商品量}{农产品生产总量} \times 100\% \qquad (5-29)$$

(4) 费用产出率

费用产出率是指每百元农产品生产费用所提供的农产品产量，它综合反映劳动力、原材料（种子、肥料、农药、燃料等）和农业机械等方面的利用效果。其计算公式如下：

$$费用产出率 = \frac{农产品产量}{农产品生产费用} \times 100 \qquad (5-30)$$

（三）工业经济效益指标

(1) 资金利税率（%）

资金利税率是反映工业生产经济效益的指标。计算方法同公式（5-21）。

(2) 工业产值综合能耗（吨/万元）

工业产值综合能耗是指每万元工业产值消耗的能源，是反映工业部门能源利用效果的指标。其计算公式如下：

$$工业产值综合能耗 = \frac{工业能源消费量(折合吨标准煤)}{工业总产值或净产值} \times 10000 \qquad (5-31)$$

(3) 全员劳动生产率（元/人）

全员劳动生产率是反映活劳动消耗的工业生产经济效益指标。其计算公式如下：

$$全员劳动生产率 = \frac{工业总或净产值}{全部职工平均人数} \qquad (5-32)$$

(4) 工业可比产品成本降低率（%）

工业可比产品成本降低率是指报告期正式生产过，并在计划期继续生产的产品成本降低的程度。其计算公式如下：

$$工业可比产品成本降低率 = \frac{\sum(可比产品计划期单位成本 \times 计划期产量)}{\sum(可比产品报告期单位成本 \times 计划期产量)} \times 100\%$$

$$(5-33)$$

(5) 新产品产值率（%）

新产品是指在结构、性能、技术特征等某一方面或几方面比现有产品有重大改进和提高的产品。新产品产值率的计算公式如下：

$$新产品产值率 = \frac{新产品产值(现价)}{工业总产值(现价)} \times 100\% \qquad (5-34)$$

（四）建筑业经济效益指标

(1) 房屋建筑面积竣工率（%）

房屋建筑面积竣工率是指房屋建筑竣工面积与房屋施工面积之比。其计算公式如下：

$$房屋建筑面积竣工率 = \frac{房屋建筑竣工面积}{房屋建筑施工面积} \times 100\% \tag{5-35}$$

（2）建筑企业资金利税率（%）

建筑企业资金利税率是综合反映建筑业资金利用的经济效益指标。计算方法同房屋建筑面积竣工率。

（3）全员劳动生产率（元/人）

全员劳动生产率是指建筑安装企业在计划期平均每一职工完成的工作量。其计算公式如下：

$$全员劳动生产率 = \frac{自行完成的工作量}{建筑安装企业全部职工年平均人数} \tag{5-36}$$

（4）工程成本降低率（%）

工程成本降低率是指工程计划比预算成本降低的程度。其计算公式如下：

$$工程成本降低率 = \frac{工程预算成本 - 工程计划成本}{工程预算成本} \times 100\% \tag{5-37}$$

（5）工程优良品率（%）

工程优良品率是指计划期验收、鉴定的单项工程中，达到优良品标准的单项工程所占的比重。其计算公式如下：

$$工程优良品率 = \frac{验收鉴定达到优良品的单项工程数}{验收鉴定的单项工程总数} \times 100\% \tag{5-38}$$

以上是考核全社会和几个主要部门经济效益状况应设置的一些指标。宏观经济管理工作更为重要的是要正确确定各项指标的数字，并据之对经济工作进行考核。一般来说，我国提高经济效益的潜力很大。在经济工作中，应认真分析影响经济效益变化的各种因素，考虑在一定时期通过采取各种措施可挖掘潜力的可能性和程度，并通过比较不同的方案所能达到或提高的经济效益，进行充分的技术经济论证，以做出正确的决策。

四、提高经济效益的对策

影响经济效益的因素很多，因此，提高经济效益也要相应做好多方面的工作。从我国现阶段的实际情况出发，提高经济效益应主要采取如下对策：

（一）发展科学技术，进行技术改造

科学技术进步是发展生产、提高经济效益的根本途径。只有不断推进技术进步，才能使劳动者和生产资料在先进科学技术的基础上结合起来，促使物质生产增加品种、提高质量、降低消耗，以较少的投入生产出尽可能多的符合社会需要的产品。结合我国实际情况，为了有效地推进技术进步，今后在进行基本建设，增加新的产业、产品，扩大生产能力，以及提高生产技术装备水平的同时，更重要的是要对原有企业进行大规模的技术改造和设备更新，改变企业技术水平的落后状况。在我国过去的经济建设中，扩大再生产主要靠新建，这在奠定工业化基础的时期是必要的。现在，我国已经建立起了一个门类比较齐全、有相当规模的工业体系和国民经济体系，而存在的突出问题是设备陈旧、技术落后。因此，今后扩大再生产应该主要靠对原有企业进行技术改造，充分发挥现有企业的巨大潜力，做到投资少、见效快、经济效益高。

(二) 加强经济管理，合理组织生产

加强经济管理，从宏观来说，是要提高国家计划的科学性和有效性，从总体上促进资源优化配置；从微观来说，是要加强企业管理，严格实行责任制，严格劳动纪律，全面提高劳动者的素质。针对我国经济管理核算不严、经济活动浪费严重的问题，必须加强经济核算。经济核算是管理经济活动的根本原则，也是提高经济效益的重要手段。加强经济核算，才能通过对生产资料占用、生产消耗和生产的产品进行记录、计算、对比和控制，研究怎样取得最佳的经济效益。根据经济核算所提供的经济信息，可以预测经济发展前景，使企业在国家宏观指导下，考虑产品规模如何确定、今后发展方向如何规划、产品价格如何调整、生产技术方案如何确定、生产资料如何配置、劳动力如何组织等。这对于提高经济效益具有直接的促进作用。而且，在经济核算中，可以通过对各种经济杠杆的运用，对企业的经济活动进行调节；通过分解和下达经济信息指标，可以落实各单位的经济责任，促进各单位增收节支；通过核定资金，对比收支，控制生产消耗，搞好各单位之间的计价估算，可以促进各单位节约使用资金，降低产品成本，增加各项收入；通过合理分配收入，贯彻物质利益原则，则可以充分调动企业提高经济效益的积极性。此外，通过对经济核算指标的分析，还可以了解企业在提高经济效益方面所取得的成绩、存在的问题以及产生的原因。这样，就可以针对问题采取改进措施，推动各有关方面加强经济管理，做到增产节约、增收节支，提高经济效益。根据社会生产力布局的要求，按照专业化和合作原则合理组织社会生产，也是提高经济效益的重要措施。在生产力配置和配套协作上，要有一个长远的总体考虑，使宏观和微观、近期和长远的经济效益能有机地结合起来。对资源条件分布集中、供销范围大、生产集中、经济效益好的产品，要考虑生产布局的适当集中。对人民消费需要的一般产品，应适当分散，做到产、供、销结合。对若干需要全国配套协作的关键部件，应按照社会化大生产的要求，在地区间、部门间、企业间进行合理分工，实行专业化协作。

(三) 调整产业结构，实现产业结构合理化和现代化

宏观经济效益的提高，是以生产要素的优化组合和国民经济按比例协调发展为前提的。产业结构不合理，必然造成资源浪费，"瓶颈"制约加剧，经济效益下降。党的十一届三中全会以来，我国在调整产业结构方面取得了明显的成效，国民经济的一些主要比例日趋协调。但是，长期存在的产业结构不合理状况还没有得到根本性的扭转，影响了经济效益的提高。因此，需要按照国民经济现代化的要求进一步调整产业结构，使之趋向合理化、现代化，促进国民经济整体效益的提高。

思 考 题

1. 经济增长与经济发展有什么区别和联系？
2. 加快经济增长有什么重要意义？
3. 影响经济增长的因素有哪些？
4. 对影响经济增长的因素进行分析应注意什么问题？

5. 应从哪些方面评估经济增长的质量？
6. 经济增长模式有哪些分类？
7. 当前我国应着重从哪些方面推进经济增长模式的转换？
8. 适度经济增长率应符合哪些标准？
9. 经济增长率决策的原则是什么？
10. 测定经济增长率的常用方法有哪些？
11. 中华人民共和国成立以来我国经济增长率的表现怎样？
12. 宏观调控经济增长率的内容是什么？
13. 什么是经济效益？提高经济效益有什么意义？
14. 经济效益有哪几种分类？
15. 考核全社会经济效益的主要指标有哪些？
16. 提高经济效益的主要对策有哪些？

第六章 产业结构的宏观管理

第一节 产业结构及其宏观管理的意义

一、产业结构的概念和分类

(一) 产业和产业结构的概念

产业这一概念是伴随经济发展的历史而不断变化的。在私有制产生之初,产业是指财产的意思,如地产、房产、家产等。在前资本主义社会的中晚期阶段,产业是指农业和手工业。随着资本主义社会的产生和发展,产业除了指农业和手工业之外,还泛指纺织、机械、煤炭、冶金、电力、建筑、交通等各生产行业。到了当代,人们又进一步把租赁、金融、保险、广告、仓储、信息等各种劳务业列为产业。可见,产业是指社会分工中具有相对独立性、在社会经济职能上具有特殊性的同类社会经济活动的集合,产业结构就是随着社会一般分工和特殊分工的不断分化而形成和发展起来的。

随着生产力水平的不断提高,社会劳动分工越来越细,新的生产部门、新的行业不断涌现,各个部门行业之间形成了互相依存、互为条件和相互制约的物质和经济联系。这种联系只有保持质的适合性、量的比例性和合理的序列,社会再生产才能顺利进行,并取得好的经济效益。这种具有一定质量、一定数量和一定序列的产业部门的组合,就叫做产业结构。简言之,产业结构就是指国民经济的各个产业部门之间和每个产业部门内部的构成,以及它们之间相互制约的经济联系和数量对比关系。产业结构的状态决定了生产资源中有多大比例分别投入消费品、生产资料和社会服务的生产以及各自的产出量。产业结构合理有利于社会总供给与总需求的平衡,对于经济的稳定发展具有重要作用。

研究产业结构的状况,一般使用两类指标。一类是用各产业就业人数及在总就业人数中所占比例、各产业的资金额及在总资金额中所占比例等来说明产业结构;另一类是用各产业所创国民收入或国内生产总值及其在全部国民收入或国内生产总值中所占比重来说明产业结构。前一类指标反映资源配置在各产业间的分布;后一类指标反映各产业间生产经营成果。如果将各部门两类指标结合起来分析产业结构,可以反映各该部门经济效益的状况。

(二) 产业结构的特性

产业结构与产业间比例关系是两个既有联系又有区别的概念。产业间的比例关系只反映产业间经济联系的量的规定性,而产业结构则既有产业间经济联系量的规定性,也有质的规定性,它是各产业间比例关系的总和。

产业结构具有的特性表现在如下四个方面：

(1) 客观性

客观性主要表现在产业结构的形成和发展变化上。其形成要取决于客观条件，其变化具有一定的客观规律性。因此，产业结构的建立与调整必须从实际出发，符合客观规律的要求。

(2) 整体性

产业结构是由许多产业组成的有机整体。各个产业有其独立存在的形式和功能，但当各个产业以一定方式结合起来成为一个整体时，会产生整体效益，即结构效益。这种效益是各个产业处于孤立状态下所没有的。结构效益依存于各产业之间的协调状态（均衡度），即产业之间的供求对比关系。如果比例不适当，就会出现结构失衡，影响国民经济整体发展。因此，规划产业结构，要把部分和全局结合起来，注意发挥产业结构整体效益。

(3) 层次性

产业结构是一个纵横交错、多层次的复杂结构。它既包含国民经济活动的不同层次，也包含发展演进的不同层次。如按工业化进程划分，产业结构可分为三大层次，即重工业化、高加工度化和技术集约化三种结构。对不同层次的结构进行有重点的研究和综合研究，有利于推进产业结构的整体协调和优化。

(4) 运动性

产业结构是随着时间的推移而不断运动和变化的。这种运动和变化是按照一定的层次循序渐进而不是跳跃式的，从而产生产业结构的序列效益。当某一经济系统由于各种原因产生"产业断链"现象时，就损失了序列效益。因此，在规划产业结构时，要认真分析产业演变的进程（高级度），正确把握产业结构现状以及由此决定的经济发展阶段，从而推动产业结构不断优化。

(三) 产业结构的种类

(1) 按两大领域、两大部类分类的产业结构

所谓两大领域，是指把国民经济部门分为物质生产领域和非物质生产领域两个部分。物质生产领域包括农业、工业、建筑业、运输邮电业、商业（包括饮食业和物资供销业）等部门；非物质生产领域包括科学、文化、教育、卫生、金融、保险、咨询等部门。两大部类分类法是按照马克思的社会再生产原理进行的，即将社会产业分为生产资料产业和生活资料产业。这种划分是对社会生产分类的高度的理论抽象。在现实经济生活中，往往把两大部类具体区分为农业、轻工业和重工业三大产业部门，以此来体现两大部类的关系。但农、轻、重的划分和两大部类的划分是不能完全等同的，两大部类以全部社会产品为划分对象，而农、轻、重三大产业部门则仅反映了社会生产的主体。

(2) 按三次产业分类的产业结构

这是根据产业演进序列对产业进行的分类。把全部社会经济活动划分为三次产业，并考察其结构和趋势，是从20世纪三四十年代开始的。现在，三次产业的划分方法已在西方各国和发展中国家普及，被作为计算国民生产总值和进行国际比较的依据。

三次产业的划分依据是：第一产业的属性是产品取自于自然；第二产业则是加工取自

于自然的生产物;第三产业是为生产和消费提供各种服务的部门。但各国对三次产业的具体划分是不完全一致的。按照我国的规定,第一产业指农、林、牧、渔业及相关的服务业;第二产业指采矿业、制造业、电力、燃气及水的生产和供应业、建筑业;第三产业指除第一、二产业以外的其他行业,包括交通运输、仓储和邮政业、信息传输、计算机服务和软件业,批发和零售业,住宿和餐饮业,金融业,房地产业,租赁和商务服务业,科学研究、技术服务和地质勘查业,水利、环境和公共设施管理业,居民服务和其他服务业,教育、卫生、社会保障和社会福利业,文化、体育和娱乐业,公共管理和社会组织,国际组织。

(3) 按标准产业分类的产业结构

制定标准产业分类有利于进行精确的国民经济统计,进而有利于提高宏观经济管理的科学性和准确程度。这种分类及其具体项目设置要由国家权威机构负责编制和颁布,并根据经济的发展、新产业的出现加以适当增添和调整。

联合国为了统一世界各国产业分类,颁布过《全部经济活动的国际标准产业分类索引》,把整个经济活动首先分为十个大项,下面又分为中项、小项、细项共四级。由于标准产业分类具有完整性和广泛适应性的特点,因而便于从不同角度进行产业结构分析和研究。产业联系理论中的投入产出表,一般就是以标准产业分类资料为基础加以编制的。

(4) 按生产要素分类的产业结构

这种分类方法是按不同产业在社会再生产过程中对劳动力、资金、技术等的依赖程度的差别,将社会产业分为劳动密集型产业、资金密集型产业和技术密集型产业。技术密集型产业也称为知识密集型产业或知识技术密集型产业。

按生产要素划分产业的方法,只是依各产业使用各种生产要素的组合比较而相对划分的,不存在绝对的划分标准。一般来说,轻纺工业、商业、饮食业等属于劳动密集型产业;钢铁工业、石油工业、化学工业等属于资金密集型产业;电子工业、航天工业等属于技术密集型产业。产业结构从劳动密集型逐步向资金密集型、再向技术密集型过渡,是世界各国经济发展的普遍规律。

此外,按照产业出现的先后顺序不同,还可把产业分为传统产业和新兴产业。传统产业是指具有悠久历史的产业,如煤炭工业、电力工业、纺织工业、钢铁工业等;新兴产业是指第二次世界大战后出现的产业群,如计算机工业、原子能工业、新兴材料工业、生物工程、光纤通信等。传统产业是新兴产业的基础,新兴产业又是改造传统产业的必要条件。

二、产业结构宏观管理的意义

(一) 是实现社会总供求平衡的重要保证

规划和调控产业结构有利于生产发展和结构平衡,从而能够弥补供给与需求之间的缺口,促进供给与需求的平衡。同理,产业结构的畸形则会加剧总需求与总供给的不平衡。例如,目前我国生产力水平和市场供求关系发生了重大的变化,短缺经济基本结束,买方市场初步形成,经济发展受资源和供给约束为主转向了受市场约束为主,而高加工度、高科技含量、高附加值的产品明显不足。因此，必须在国家宏观调控下，通过制定和实施强有力的产业政策及与之配套的经济政策、经济措施，调整产品结构和投资结构，使供给结构与需求结构相适应，促进国民经济的持续、快速、健康发展，实现总供给与总需求的平衡。

（二）是实现产业结构合理化和提高经济效益的重要措施

我国产业部门的发展的一个突出特点是不平衡。要克服这种不平衡，仅靠市场对产业发展的自发调节是难以奏效的。因为市场机制的作用力要靠利益驱动，作为市场主体的企业从自身利益出发，受其视野的限制，在资金投向和产品生产上往往会与全局利益发生冲突，结果使资源配置不合理、产品结构不合理。为此，一个非常重要的措施就是要依靠国家宏观调控，通过制定和实施正确的产业政策和企业组织结构政策，使产业结构合理化，结构效益得以提高。

（三）是促进产业结构的高级化，实现国民经济现代化的重要条件

根据一定时期经济发展战略的要求，逐步实现产业结构的高级化，是产业结构宏观管理的一个主要目标。产业结构的高级化是指产业结构按照经济发展的历史和逻辑序列不断向高一级演进的过程。在正常情况下，对产业结构的宏观管理能促进产业结构的高级化。从我国的现实情况出发，一方面，要有效地利用新技术革命的成果，改造我国庞大的传统产业；另一方面，应注意发展高技术新兴产业，并以此带动整个国民经济在更高的技术基础上向前发展。可见，产业结构的合理化、高级化过程同时也是不断推进国民经济现代化的过程。

第二节　产业结构的演进规律

一、影响产业结构变化的因素

一个国家或地区的产业结构是在一系列自然、社会和技术因素的作用下形成的，并且随这些因素的变化而变化。影响产业结构变化的因素，主要有下述几个方面：

（一）社会需求结构

社会需求结构中的中间需求与最终需求的比例，个人消费结构、积累和消费的比例，以及国际贸易中国际市场需求结构的变化，都是影响和决定产业结构的主要因素。社会总需求分为消费、投资和出口三部分。消费需求是社会的最终需求，是经济发展的动力；消费结构的变化引起消费品生产各部门间投入的变化，从而影响投资结构，进而对产业结构的调整起到推动作用；在开放经济条件下，出口需求作为社会最终需求的一部分，会随着国际经济形势的变化而变化，进而对产业结构的变化产生影响。随着生产力的发展和居民收入的增长，需求结构经常处于变化之中。在原有的需求中，有的增长快，有的增长慢，有的还可能下降，而新的需求则层出不穷。与此相适应，各个产业部门的增长速度必然有快有慢，并不断出现逐渐萎缩的传统部门被新兴部门所取代的现象。可见，社会需求构成最终制约和决定着一国长期产业结构的变动。

(二) 资源供给结构

一个国家的资源拥有量及其结构状况是制约该国产业结构的一个重要因素。资源主要包括劳动力、资金和自然资源等。劳动力供应相对充裕的国家，劳动密集型产业就相对发达。资金供应相对充裕的国家，资金密集型产业就相对发达。自然资源贫乏的国家，产业结构会以进口原料加工和销售技术为中心，如日本；某种资源特别丰富的国家，可能形成以该资源利用优势为特征的产业结构，如中东石油出口国；而资源门类丰富的一些大国，则可能形成自成体系的产业结构，如中国、美国等。自然资源条件不同，导致对生产对象的制约，直接影响产业结构。但是在现代，科学技术的进步有时会相对削弱自然资源对产业结构的影响。

(三) 国际经济关系

依据国家的资源条件建立起来的产业结构，往往会同生产结构必须符合社会需求结构的要求相矛盾。为此，就必须积极开展国际贸易和国际经济合作。通过国际贸易和国际经济合作，一方面，可以开拓国际市场和弥补本国生产某种商品的产业发展的不足；另一方面，进口某些国外新产品可借以开拓本国市场，为本国发展同类产业创造条件，但要注意，某些进口可能对本国某类产业发展产生压抑作用。与此同时，由于运用对外贸易调整产业结构在很大程度上要取决于国际经济、政治形势的客观变化，也就是说，国际贸易不单是个经济问题，还受政治因素的影响和制约，因此，我国在注意发展国际经济关系时，还必须坚持自力更生的原则。

(四) 科学技术进步

科学技术是第一生产力，是产业结构演进中最强大的推动力。首先，技术进步会使资源消耗强度下降，使可替代资源增加，改变生产需求结构，从而使产业结构发生变化。其次，技术进步会引起生产基金占用量同生产量的比例发生变化，因而会引起生产基金的结构发生变化，这就会使产业结构做相应调整。最后，技术进步使劳动生产率提高，使劳动力发生转移。在生产规模不变时，物质生产领域所需要的劳动力人数就会随着技术进步而减少，使劳动力游离出来，向其他部门转移，从而会使产业结构发生变化。此外，科技创新能够形成新的产业部门，创造出新的产品，从而可以满足更多人的潜在需求。新产品往往具有较高的需求弹性，随着经济的不断增长，新产品的需求量会逐渐增大，新兴的产业部门在国民经济中所占的比重也会越来越大，这便是产业结构升级的过程。第二次科技革命使电力、化工、汽车、飞机制造等成为新兴产业；第三次科技革命以原子能、电子计算机和空间技术的突破为标志，实现了电子控制的自动化机器和生产线的生产方式；第四次科技革命后，网络技术的迅速发展以及以生命科学为基础的生物技术在医药等领域的应用等，都对社会经济生活的各方面产生了巨大的影响。所以，对科学技术的发展及其推广应用的预测，是合理安排与调整产业结构的一个重要依据。

除以上四个因素外，一个国家的经济发展战略、经济政策、经济运行体制以及历史的、政治的、文化的、社会的各种情况和传统，也会影响产业结构的形成和发展。

二、三次产业结构的演进规律

第一、第二、第三产业的发展具有内在的联系。一方面，第一产业和第二产业的发展为第三产业的发展奠定了物质基础,如果没有第一、第二产业的发展作为基础,第三产业将成为无源之水,无本之木。一般说来,作为物质生产部门的第一、第二产业的劳动生产率愈高,第三产业也愈发达,这是一个基本趋势。另一方面,第三产业的发展又会促进第一、第二产业的发展。第三产业可以从生产、生活、教育和科研等多方面为第一、第二产业提供服务,促进第一、第二产业以至整个经济发展获得高效率和高效益。特别是在社会主义市场经济条件下,需要第三产业中的银行、信托、保险、商业、运输、仓储、广播、广告、咨询等服务,才能使第一、第二产业顺利生产出符合社会需要的商品和保证其商品价值的实现。

三次产业结构反映了社会经济发展水平状况。当经济发展处于较低水平时,第一产业的产值和劳动力比重最大,第三产业的产值和劳动力比重最小;随着经济发展水平的提高,第二产业的产值和劳动力比重逐步上升,并超过第一产业,而成为比重最大的产业;当经济发展水平较高时,第三产业的产值和劳动力比重上升最快,并先后超过第一、第二产业,而成为比重最大的产业。

世界经济发展的历史表明,三次产业结构演变呈现如下发展趋势:在工业化初期,第一产业的产值和劳动力比重呈下降趋势,但相对劳动生产率在经济发展之初下降,随着工业化的不断发展,又逐渐上升,并稳定在1左右;第二产业的产值比重和劳动力比重均呈上升状态,到一定阶段后将稳定,而相对劳动生产率在发展之初上升很快,然后稳定一段时则再慢慢下降,但总是大于1;第三产业的产值比重和劳动力比重也都呈上升状态,但相对劳动生产率却是下降的,由大于1逐渐地变为小于1。

相对劳动生产率的计算公式如下:

$$某一产业相对劳动生产率 = \frac{该产业产值的相对比重}{该产业劳动力的相对比重}$$

在三次产业结构变化中,最突出的是第三产业。第三产业的迅速发展已成为当代世界经济发展的一个重要特点。尤其是经济发达国家,在经济活动总量中,第三产业的产值和劳动力的比重已达到60%~70%,取代了物质生产部门,而成为最强大和最广泛的产业部门。在发展速度上,第三产业高于工业,实现了服务经济化。低收入国家、中等收入国家及经济和合作发展组织国家第三产业增长速度,按全世界平均水平,均高于国内生产总值和第一产业的增长速度。中等收入国家及经济和合作组织国家的第三产业增长速度高于第一产业。可见,第三产业对经济发展有着巨大的推动力。中国产业结构变动经历了一个曲折复杂的过程,但演变的总趋势与世界上其他国家产业结构的一般规律基本吻合。

中华人民共和国成立以来,三次产业发展的突出表现是:第三产业发展缓慢,不能适应第一、第二产业的发展和人民生活水平提高的需要。改革开放以来,这种状况有了改变,产业结构在向合理的方向发展,第一产业比重逐步下降,第二产业基本稳定,第三产业比重持续上升。2000年与1980年相比,第三产业增加值累计增长了29.7倍,是三个产业中发展最快的部门。产业结构也发生了较大变化。1980年,第一、第二、第三产业构成比例为30.1%、48.5%、21.4%,到了2008年,三次产业的构成变化为11.3%、48.6%、40.1%,从整体上明显地趋于合理。我国三次产业结构的演变情况见表6-1、表6-2和表6-3。

各个时期三次产业年均增长速度

表 6-1 （按可比价格计算） 单位:%

	国内生产总值	第一产业	第二产业	第三产业
"一五"时期	9.2	3.8	19.8	
"六五"时期	10.7	8.2	10.0	15.2
"七五"时期	7.9	4.2	9.0	9.4
"八五"时期	12.0	4.2	17.4	10.0
"九五"时期	8.3	7.5	9.8	8.2
1979—2000 年	9.5	4.7	11.4	10.3
2001—2008 年	10.2	4.2	11.3	10.8

资料来源：《中国统计年鉴》。

各个时期三次产业产值构成变化

表 6-2 单位:%

	国内生产总值	第一产业	第二产业	第三产业
1957 年	100.0	40.3	29.7	30.0
"六五"时期	100.0	31.4	44.2	24.4
"七五"时期	100.0	26.2	43.2	30.6
"八五"时期	100.0	20.9	46.9	32.2
"九五"时期	100.0	18.2	49.9	32.0
2000 年	100.0	15.1	45.9	39.0
2001 年	100.0	14.4	45.1	40.5
2002 年	100.0	13.7	44.8	41.5
2003 年	100.0	12.8	46.0	41.2
2004 年	100.0	13.4	46.2	40.4
2005 年	100.0	12.2	47.7	40.1
2006 年	100.0	11.3	48.7	40.0
2007 年	100.0	11.3	48.6	40.1
2008 年	100.0	11.3	48.6	40.1

资料来源：《中国统计年鉴》。

三次产业从业人员构成变化

表 6-3 （单位：万人,%）

	1978 年		2008 年	
	绝对额	构成	绝对额	构成
全社会劳动者	40152	100.0	77480	100.0
第一产业	28318	70.5	30654	39.6
第二产业	6945	17.3	21109	27.2
第三产业	4890	12.2	25717	33.2

资料来源：《中国统计年鉴》。

表中情况也表明，我国第三产业在改革开放后虽有较快发展，第三产业在国内生产总值中比重虽有提高，但也只略高于"一五"时期的水平。我国第三产业还很不发达。由于第三产业基础薄弱，直接影响经营机制转换和市场发育，不能适应第一、第二产业发展的要求，不利于经济效益的提高。从第三产业内部看，我国的信息、咨询、科技、金融等新兴产业还不能适应社会主义市场经济体制的要求，不利于国家的宏观调控和国力的增强。因此，加快第三产业的发展，调整其内部结构，是我国进一步调整产业结构的一项重要任务。

三、工业结构演进规律

工业是指开采天然物质资源以及对这些物质资源及农产品原料进行加工的物质生产部门。工业由一系列复杂而多样化的部门和行业所构成。与国民经济其他部门相比，它具有生产社会化程度最高、采用先进技术最广泛、与国际分工的关系最深的特征。由于工业在国民经济中居于主导地位，工业的发展状况和发达程度，就成为衡量一个国家经济实力强弱和发达程度的基本标准。

按照工业产品的主要经济用途不同，可以把整个工业划分为轻工业和重工业。轻工业是指主要生产生活资料的工业；重工业是指主要生产生产资料的工业。按照生产过程中劳动对象的性质不同，可以把整个工业分为采掘工业和加工工业。采掘工业是直接从自然界取得加工工业所需要的原料、燃料的部门；加工工业是对采掘工业产品进行再加工的部门。按照形成产品的生产要素的密集程度不同，还可以把整个工业划分为劳动密集型工业、资金密集型工业和知识技术密集型工业。

从经济发达国家的情况来看，工业化的过程是与工业结构的演进过程紧密关联的。工业化的阶段划分也主要是按工业结构的变化、尤其是主导工业部门的结构变化来进行的。工业结构的演进大体上可分为起步、起飞、加速、成熟四个阶段。起步阶段也称为轻型结构阶段，在这一阶段，轻工业所占比重很大，重工业所占比重很小，工业结构以轻工业为中心。起飞阶段也称为重化工业化阶段，在这一阶段，钢铁、电力、化学等资金密集型工业比重不断上升，工业结构以重工业为中心。加速阶段也称为重加工度化阶段，在这一阶段，产品加工程度不断深化，工业对资源的依赖程度相对降低，以技术密集为特征的加工工业比重不断提高，成为工业结构的重心。成熟阶段也称为知识技术集约化阶段，在这一阶段，工业向知识技术集约化方向发展，电子、航天、光纤通信等知识技术密集型的新兴产业在工业结构中逐渐占据重要地位。

以上四个阶段反映了工业结构的演进规律，这就是，随着工业化和现代化的推进，工业结构必然由以劳动密集型工业为主向以资金密集型工业为主、进而向以知识技术密集型工业为主演进。在经济发展中，工业结构变动通常从轻工业的发展起步，然后逐渐向以基础工业为主的重工业转移，进入以原料和能源工业为中心的发展阶段。在基础工业充分发展的基础上，工业的中心又向加工组装业转移，使工业加工程度和产品附加价值不断提高，进而进入高加工度化阶段。工业结构变动的过程表现为主导产业及其群体不断更替、转换的演进过程。发达国家工业化进程表明，主导产业的更替顺序依次为：纺织工业、食品工业、重化工业、汽车工业、家用电器工业、计算机、生物工程、航天工业等高技术产业。

我国的工业结构在1949年以来发生了很大变化。1949年以前,重工业十分落后;经过恢复时期和第一个五年计划的建设,重工业比重逐步提高;但后来由于长期片面发展重工业,结果使重工业比重过大,轻重工业结构不合理。从1979年起,我国对工业结构进行了调整,加快了轻纺工业的发展。1979—1988年,我国轻工业的年均增长速度高达15%,比同期重工业增长速度高出4个百分点,在工业产值中所占比重也由1978年的43.1%提高到1988年的49.3%。1988年,我国人均国民生产总值为336美元。至此,我国已经完成了工业化的第一阶段,即经济增长以轻纺工业为主导的阶段。进入20世纪90年代,我国重工业的增长速度加快,并超过轻工业,经济已从轻纺工业为主导转向重、化工业为主导的加速工业化的阶段。目前,我国的工业结构大体处于重、化工业化阶段和高加工度化阶段之间的发展过程中。从我国的现实情况出发,应加快农业现代化的步伐,同时要使基础工业有一个较大的发展,以便为工业结构的高加工度化打下牢固的基础。虽然目前的工业化仅仅处于中期阶段,但是迅速推进的工业化仍将为中国经济的增长提供强有力的支撑。

结合我国工业发展的实际,现阶段应该按照走新型工业化道路要求,坚持以市场为导向、企业为主体,把增强自主创新能力作为中心环节,继续发挥劳动密集型产业的竞争优势,调整优化产品结构、企业组织结构和产业布局,提升整体技术水平和综合竞争力,促进工业由大变强。要采取如下措施推进我国工业结构的优化:

(1) 加快发展高新技术产业

按照产业集聚、规模发展和扩大国际合作的要求,加快促进高技术产业从加工装配为主向自主研发制造延伸,推进自主创新成果产业化,引导形成一批具有核心竞争力的先导产业、一批集聚效应突出的产业基地、一批跨国高技术企业和一批具有自主知识产权的知名品牌。

(2) 振兴装备制造业

努力突破核心技术,提高重大技术装备研发设计、核心元器件配套、加工制造和系统集成的整体水平。研制一批对国家经济安全、技术进步、产业升级有重大影响和带动作用的重大技术装备。

(3) 优化发展能源工业

坚持节约优先、立足国内、煤为基础、多元发展,优化生产和消费结构,构筑稳定、经济、清洁、安全的能源供应体系。

(4) 调整原材料工业结构和布局

按照控制总量、淘汰落后、加快重组、提升水平的原则,加快调整原材料工业结构和布局,降低消耗,减少污染,提高产品档次、技术含量和产业集中度。

(5) 提升轻纺工业水平

着力打造自主品牌,提高质量,增加品种,满足多样化需求,扩大高端市场份额,巩固和提高轻纺工业竞争力。

(6) 把发展高新技术产业与改造传统产业紧密结合起来

用先进技术对传统产业进行根本性的改造,使其重新焕发生机与活力;对那些生产设备、技术工艺落后的低水平过剩生产能力，可以通过市场竞争，逐步加以淘汰。

四、农业结构演进规律

农业是人类基本生活资料的来源，是国民经济的基础产业部门。农业结构是否合理，直接关系到农业资源条件能否得到充分利用，关系到整个农业生产能否顺利发展，关系到能否发挥农业的国民经济基础作用以及能否全面满足国民经济发展对农业的需要。

农业及农业结构有广义和狭义之分。广义的农业包括种植业、林业、畜牧业、副业和渔业，农业结构就是指这五业的组合关系和比例，这是农业的基本结构。农业内部各业之间存在着相互依存、相互促进的关系。只有全面发展，才能充分而合理地利用各种资源，并有利于保持生态平衡，促进农业的良性循环，使农业生产得以稳定发展，取得农业生产良好的综合效益。由于农业结构要受到需求构成变动、生产力水平、自然资源条件等多种因素的影响，因而五业的发展速度是不同的。但总的来说，其变化的客观趋势是：在农业总产值中，种植业比重是下降的，但其生产力水平日益提高；畜牧业的比重逐渐上升；林业日益成为农业的重要部门；渔业越来越受到重视；副业得到不断发展。

狭义的农业指种植业，它是农业生产中最主要部门之一。种植业结构主要是指粮食与棉花、油料、麻类、蚕桑、糖料、蔬菜、烟叶、茶叶、水果、药材等生产之间的关系和比例。正确安排种植业结构，对于促进轻工业生产发展和改善人民生活，具有重要意义。种植业结构变动的客观趋势是：在粮食生产水平不断提高、粮食产量稳定增加的同时，经济作物的比重稳步上升。

过去，我国的农业结构很不合理，基本上是以种植业为主，种植业又是以粮食生产为主。这与我国农业自然资源多种多样的条件不相适应，与国民经济和人民生活需要多种多样的状况不相适应，也不利于建立一个良好的农业生态环境。改革开放以来，通过调整，不合理的农业生产结构已经有了改变。但也要看到，我国的农业面临资源短缺、生态环境恶化、人口增长的压力；整个农业产品还不能适应国民经济和人民生活的需要，资源条件也未能得到充分利用。因此，今后应继续推进农业结构战略性调整，优化农业产业结构，转变农业发展方式，提高农业综合生产能力和增值能力。具体为：

①在保证粮、棉、油稳定增产的同时，提高养殖业比重。

②加快发展畜牧业和奶业，保护天然草场，建设饲草料基地，改进畜禽饲养方式，提高规模化、集约化和标准化水平。

③因地制宜发展经济林和花卉产业。

④发展水产养殖和水产品加工，实施休渔、禁渔制度，控制捕捞强度。

⑤优化农业产品结构，发展高产、优质、高效、生态、安全农产品。重点发展优质专用粮食品种、经济效益高的经济作物、节粮型畜产品和名特优新水产品。

⑥优化农业区域布局。提高黄淮海平原、长江中下游平原和东北平原的粮食综合生产能力；在气候条件适宜区域建设经济作物产业带和名特优新稀热带作物产业带；发展农区、农牧交错区畜牧业，在南方草山草坡和西南岩溶地区发展草地畜牧业，恢复和培育传统牧区可持续发展能力；在缺水地区发展旱作节水农业。

五、服务业的结构演进规律

服务业通常又被称为第三产业,是指那些为物质生产和生活提供无形财富生产的服务性产业。服务业发展和演进的客观趋势是:在三次产业结构的演变中,服务业规模日趋扩大;在服务业内部,以金融服务、信息技术服务和专业服务为主要内容的,具有技术含量高、人力资本含量高、附加值高等特征的现代服务业规模扩大。

服务业的发展和演进源于社会的进步、经济的发展。人们的消费能力、市场的成熟度、服务业社会分工和专业化、信息技术的广泛应用和渗透以及管理模式、经营模式和服务产品的创新能力等,都是影响服务业结构演进的因素。

(一) 市场需求导致服务业规模扩大

经济的增长和居民消费水平的提高为服务业产生了巨大的市场需求,从而导致服务业规模日趋扩大,其增加值占 GDP 的比重日益增加。从产业组织发展来看,分散的、小规模的竞争转向以集中性、大规模竞争的方向发展,规模经济的利用程度大大提高。同时,产业间关系趋向复杂化,产业联系越来越密切,专业分工越来越细,企业专业化协作越来越紧密,多元化经营范围越来越广。市场需求决定经济活动的存在,市场规模决定服务业的演进和发展。

(二) 分工和专业化促进服务业的演进

市场一体化程度和市场容量的增大、企业专业化程度和全社会企业多样化程度的提高等,都与分工和专业化相关联。随着社会分工向着高度专业化及一体化方向发展,各种服务性劳动也从生产部门中分离出来,成为独立的部门,形成了种类繁多、层次复杂的社会服务部门。服务行业的独立化、信息化、标准化使得服务业以现代化的面貌出现。服务业的多层次结构对不同素质水平劳动力具有吸纳能力,分工和专业化使现代服务业作为就业主渠道的作用愈加明显。现代服务业的发展与高素质劳动力的就业形成良好互动。

(三) 信息技术为传统服务业向现代服务业演进提供支撑

现代服务业的兴起和发展与信息技术和知识经济的发展密不可分。社会服务需求的不断积累,促使新技术的不断发明与应用,也引起满足需求的手段、方式不断变化。经济社会信息化水平的提高,为传统服务业向现代服务业的产生发展起到了带动和支撑作用。信息技术作为一种知识产品,投入少、产出多,资源可重复使用和复制,其产业规模的扩张程度完全取决于对知识的理解和运用。近些年,我国大力发展了以电子信息产业为代表的高新技术产业,加快了国民经济信息化的步伐。电子信息产业是当今世界最具先导产业特质的产业,它的影响广泛深入地渗透到经济社会的各个方面,也有力地推动了传统服务业向现代服务业的演进。

我国服务业的发展虽然取得了很大的进步,但还存在一定的问题。产业发展过程中存在的技术进步不快、重复建设、产业内各行业发展不均衡等因素,制约了产业的发展。在坚持市场化、产业化、社会化方向的前提下,要在以下两大方面进一步增强服务业功能、提高服务业水平、优化服务业结构:

(1) 拓展生产性服务业

大力发展主要面向生产者的服务业,细化深化专业化分工,降低社会交易成本,提高资源配置效率。优先发展交通运输业，大力发展现代物流业，有序发展金融服务业，积极发展信息服务业，规范发展商务服务业。

（2）丰富消费性服务业

适应居民消费结构升级趋势，继续发展主要面向消费者的服务业，扩大短缺服务产品供给，满足多样化的服务需求；不断提升商贸服务业水平，大力发展旅游业，加强市政公用事业和社区服务业建设，发展体育事业和体育产业。

第三节 产业结构的优化

一、产业结构优化的内涵

产业结构优化包括产业结构合理化和产业结构现代化两层内容。

（一）产业结构合理化

产业结构的合理化是指产业结构保持与国民经济发展相适应的正常状态。其实质是产业间的协调及各产业发展与整个国民经济发展相适应。

产业结构合理化的主要标准有如下四个方面：

①各产业相互适应、协调发展，不存在突出的结构性矛盾，能促进整个国民经济全面协调发展。

②有利于资源的合理配置和有效使用，各生产要素之间保持合理的、协调的比例关系。

③有利于将国内外的先进技术扩散和渗透到各产业内和产业间，推动产业的技术进步。

④能获得较高的结构效益，包括各产业在与其他产业的关联中获得较多利益，同时也能促进宏观经济效益、社会效益、生态效益的提高。

（二）产业结构现代化

产业结构现代化也称为产业结构的高级化、高度化，是指产业结构由低度水准向高度水准不断演进的趋势及过程。它是产业结构整体结构性的转变，是产业结构的质变。

产业结构现代化的主要标准如下：

①产业结构的变化符合产业结构成长的客观趋势，新兴产业和高新技术产业不断增长，新技术、新产品不断出现，产业的技术水平和生产力水平达到较高的层次。

②产业结构的变动速率既不超前也不滞后，是与经济发展水平的提高相适应的。

③产业结构的变化能推进国民经济的现代化，使经济和社会需要的满足程度达到较高的水准。

④产业结构的变化能使国家的综合国力增强，有利于实现国民经济的持续、快速、健康发展。

产业结构合理化和产业结构现代化是相互联系、互相影响的。产业结构合理化是产业结构现代化的前提条件。如果产业结构长期处于失衡状态，就不可能有产业结构现代化的发展。同时，产业结构合理化也总是在一定现代化基础上的合理化。产业结构合理化主要从静态状况或从一定阶段上要求优化产业结构。产业结构现代化则主要从动态趋势要求优化产业结构，它是一个渐进的长期发展过程。产业结构现代化是产业结构从一种合理化状态上升到更高层次的一种合理化状态的发展过程。因此，产业结构现代化是产业结构合理化的必然结果。

二、产业结构优化的措施和途径

（一）产业结构优化的基本措施

实现产业结构优化的基本措施有以下几个方面：

（1）发挥市场机制的作用

市场机制是建立在完善的市场体系基础之上，依据市场经济本身内在的调节力量促进产业结构合理化与高度化的调节形式。在社会主义市场经济体制下，市场在国家宏观调控下对资源配置起基础性的作用。市场调节机制对产业结构合理化与高度比的调节作用主要体现在，市场调节通过平均利润率规律的作用，使资源按照社会需要在部门间不断转移，从而促进产业结构的合理化。同时，通过价值规律和剩余价值规律的作用，使各产业不断地改进技术，提高劳动生产率，朝着高度化的方向发展。

（2）进行宏观调控

市场机制对产业结构的调节作用存在着后发性、滞后性、短期性等缺陷，容易导致资源的不合理配置，不利于某些投资周期长、见效慢的部门发展，甚至造成资源的浪费，因此，需要政府进行必要的宏观调控。国家宏观调控部门以国民经济和社会发展计划及产业政策为依据，对产业结构的变动进行经常的监督和调控，对于不符合产业结构优化要求的经济行为，采取经济的、法律的和行政的手段及时加以调整，以迅速推动产业结构的合理化与高度化。

（3）实施产业政策

制定和实施产业政策是促进产业结构合理化和现代化的重要手段。国家可以通过产业政策的指导，对各种生产要素重组，加速资源配置的优化过程。产业政策可以明确一定时期内产业结构高度化的目标，确定主导产业，明确需要扩大或缩小的产业部门，并制定相应的计划、经济法规及价格政策、金融政策、信贷政策等进行调节，以达到扶持主导产业起飞、规范和诱导企业投资行为的目的。需要指出的是，产业政策的制定和实施应以不损害市场机制的内在机理为前提。国家在制定和实施产业政策中，应使产业结构的发展变化符合市场需求结构变动的要求，根据市场需求结构的发展趋势来协调产业结构的发展。因此，从这个意义上说，产业政策是国家宏观调控与市场调节机制的结合，是促进产业结构优化的重要手段。

（二）产业结构调整的基本途径

由于现实的产业结构状态是过去多年经济活动积累的结果，而当前的经济活动又将影响今后产业结构的形式，因此，调整产业结构主要采取如下两种基本方式或途径：

（1）调整增量

这种方式的实质是合理分配扩大再生产的资金。它通过调整当前和今后的投资结构，来促使产业结构朝着优化的方向发展；通过现实投资的部门流向及其结构比例的变动，来逐步改变原有产业结构。一般来说，发展技术水平高、附加值大、前景广阔的新兴产业，加强基础产业，主要是通过采取增量调整的方式来达到目的的。

（2）调整存量

这种方式的实质是按产业结构优化的要求，来重新配置现有生产要素，是通过对现有资产的重新组合和改造，来改变原有的产业结构。由于需求结构的变化和资源供给的约束，在原有的产业结构中有的行业产品需求不足、生产萎缩，而有的行业则生产能力不足、产品供不应求，这就需要根据专业化分工和联合以及规模经济的要求对现有资产存量进行重新组合，使生产要素由长线部门流向短线部门。这种方式和途径可以在不增加或少增加投资的情况下获得结构效益，尤其适用于对传统产业的调整。

三、我国产业结构的调整

（一）我国调整产业结构的必要性

自20世纪80年代以来，我国产业结构发生了积极的变化，总体格局已得到了改善。但是，历史上形成的产业结构不合理的状况仍没有根本改观，而且在发展中又出现了一些新的矛盾和问题。总的来讲，当前我国产业结构中存在的问题主要有以下几个方面：

（1）第一产业发展滞后

我国第一产业劳动力生产率的相对地位长期以来低于第二、第三产业，且显著低于世界平均水平。绝大多数农产品需求弹性较低，并且随着工业产品加工度的不断提高，以农产品为原料的制造业的比重也不断下降。

（2）第二产业比重高，但内在素质低，重复生产多

制造业特别是高附加值制造业国际竞争力低下的局面没有根本改观。中国制造业产品出口的比例虽然较高，但其中资本密集和技术密集型产品比重不高，主要问题是资本密集和技术密集产业相对缺乏国际竞争力。

（3）第三产业落后

我国第三产业产值仅占国内生产总值的三分之一左右，不仅大大低于发达国家的水平，也低于发展中国家的平均水平，而且第三产业内部结构也不合理，传统产业比重较大，而新兴产业比重较小，不能满足经济发展和对外开放的需要。

（4）区域趋同性、产业趋向性问题突出

区域趋同主要是指各地区之间产业结构差不多，没有因地制宜，不符合分工原则，其结果是地区优势没能得到充分发挥，地区间的比较利益和全社会的经济效益难以提高。产业趋同是指从整体上看的产业趋同、产品雷同、功能单一性问题突出，以至于产业结构、产品结构与市场需求脱节程度大。

根据我国产业结构存在的突出问题及其可能进一步发展的趋势，在当前和今后一段时期，有必要对产业结构做进一步的调整。这种调整的必要性在于：

①有利于解决国民经济发展过程中产业结构的失衡问题，逐步实现产业结构的合理化、现代化。

②有利于国民经济各产业部门的相互衔接，供给结构与需求结构相适应，为国民经济持续、快速、健康发展提供保证。

③有利于提高新技术产业在产业中的比重，并带动整个国民经济在更高的技术基础上向前发展。

④有利于生产要素的优化组合，使资源有效利用、宏观经济效益提高，从而有利于经济和社会发展战略目标的顺利实现。

(二) 产业结构调整的基本方向和主要任务

从我国产业结构的现状出发，根据产业结构合理化、现代化的要求，调整我国产业结构的基本方向应该是：全面提高农业、工业、服务业的水平和效益，促进经济增长由主要依靠第二产业带动向依靠第一、第二、第三产业协同带动转变；加强能够增加有效供给的产业，增加经济发展的后劲；调整工业内部结构，控制一般加工工业的发展，大力推进信息化与工业化融合，促进工业由大变强，振兴装备制造业，淘汰落后生产能力；大力发展第三产业，发展现代服务业，提高服务业比重和水平，促进社会和经济的协调发展。为此，产业结构调整的主要任务是：

(1) 进一步巩固和加强农业的基础地位，加快传统农业向现代农业转变

优化第一产业结构，需要由劳动积累的资源型产业向更重视资本积累的知识型产业转变，提高农业综合生产能力。通过各种途径加大对不同层次、范围内农业投资的力度，加快水利、土壤改良、农产品储藏、加工、运输等基础设施建设和农业机械化步伐，为现代化农业的发展提供有力的支撑和保障条件。大力发展农业教育、科研与技术推广体系，提高农民的文化科技水平，使农业发展建立在依靠科技进步和提高劳动者素质的基础之上，建设资本和技术高度密集型农业产业。优化第一产业结构，要由传统的依靠开发耕地向开发整个国土资源转变；由传统的农产品加工业向现代食品制造业转变；由分散经营向现代贸工农一体化的产业化经营转变。要以农业为基础、以工业为依托、以商业为纽带构建产供销一体化的经营模式，把资源配置、产业发展和市场紧密联系在一起，形成从生产初级产品到最终产品的利益共享和风险共担的经济联合体，使农业在市场竞争中发展成为高效益的现代化产业。

(2) 加快工业改组，推进结构优化升级

应采取的主要措施包括：

①在存量调整上，应该鼓励、促进与限制、淘汰并举。一是应加快装备工业的发展，推进工业技术进步，带动工业结构升级。应当适度控制消费品工业的投资规模和增长速度，相应提高先进技术设备和重点技术设备的生产能力，提高国产机器设备的技术水平和质量，提高适应市场需要的高技术设备的比重。二是采取积极措施推进老工业基地改造，充分发挥其基础雄厚、人才聚集的优势，努力提高其产业水平。同时，对那些产品质量低劣、浪费资源、污染严重、不具备安全生产条件的生产企业，要坚决依法实施关闭；对那些生产设备、技术工艺落后的低水平过剩生产能力，可以通过市场竞争，逐步加以淘汰。

②在增量调整上，应加快发展技术水平高、附加值大、前景广阔的新产业，如电子信息、生物工程和新材料等高新技术产业，形成工业发展新的增长点。因此，需要制定和实施相应的人才战略、融资对策，还需要加快建立使之市场化的机制和体制。对那些资源型的区域和产业，需要因地制宜地发展连续和替代性的产业。同时，应把发展高新技术产业与改造传统产业紧密结合起来，从而推动整个工业的优化升级和持续发展。

(3) 加快第三产业发展，使之在国民生产总值中的比重有明显上升

必须认识到，生产服务业和生活服务业比重增大是第三产业内部结构升级优化的重要标志，要积极采取措施推进生产和生活服务部门的迅速发展。今后第三产业发展的重点主要是信息、金融、会计、咨询、法律服务等行业。要不断提高服务水平和技术含量，以带动服务业整体水平的提高。为了缓解就业和资金的压力以及适应人民生活需要，也要重点地发展一些劳动密集型第三产业。传统服务业也要运用现代经营方式和服务技术进行改造，并加快服务业市场化、社会化步伐，鼓励企业优化重组，提高服务质量和经济效益。加快发展第三产业，对非营利性服务而言，不应以市场化为方向，而应加强政府的财政投入；对营利性服务而言，应以市场化为方向，提升我国第三产业自我发展的能力、活力和动力。

(4) 按照动态比较利益来协调资源省区与加工省区的产业分工

有计划地扶持地方的未来优势产业，并且为资源省区提供平等和较为有利的发展机会，要在产业政策目标指引下，促进全国范围的产业结构协调，实现整体结构的优化。

第四节 产业政策

一、产业政策的内容

产业政策是国家根据国民经济发展的内在要求，为规划产业发展目标、干预和诱导产业的形成和发展、推进产业结构升级而制定的一种宏观经济政策。产业政策主要包括产业结构政策、产业组织政策、产业技术政策和产业布局政策。

产业结构政策是根据经济发展的内在联系而揭示一定时期内产业结构的变化趋势及过程，并按照产业结构的发展规律规定各产业部门在经济发展中的地位和作用，确定产业的构成、产业的大小、产业的相互关系、产业的发展序列及保证产业结构合理化的政策措施。制定产业结构政策，要根据本国一定时期的实际情况和经济发展的要求，规划产业演进的方向和目标，以利于产业结构的合理化；要选择和确定一定时期的战略产业，通过这些战略产业的发展来带动国民经济各产业部门的按比例发展。

产业组织政策是国家通过经济管理过程，调整产业内企业之间的相互关系，促进产业组织合理化，推动国民经济高效率发展的政策措施。产业组织政策包括企业间合理分工，开展专业化协作，提高规模经济效益的政策；支持和引导企业集团及其他有利于社会化大生产的组织形式，鼓励实现现代企业制度的政策；中、小企业政策；保护适度竞争，反对垄断，促进生产要素流动，建立和完善市场秩序和环境的政策。

产业技术政策是指导主要产业技术发展的政策。它包括一定时期内国家（或地区、部门）推行的重大技术经济政策，用先进技术改造传统产业的政策，促进高技术产业形成的政策，重大引进技术和消化吸收、国产化政策等。

产业布局政策是从产业空间位置角度来保证产业结构目标实现的政策。其目的是要使各地区产业发展符合宏观总体结构效益及充分发挥地区比较利益的优势。它包括地区优势产业选择政策，地区间生产要素合理流动及反对区域垄断、封锁的政策等。

在我国的产业政策体系中，产业结构政策是核心部分，产业结构政策和产业组织政策是主体部分。产业结构政策和产业组织政策的共同点在于两者都对供给发生作用，不同点在于两者的侧重点不一样。产业结构政策主要是影响供给结构的合理化，而产业组织政策则主要是影响供给总量和供给效率。本节重点研究的是产业结构政策。

产业政策的构成要素有政策主体、政策目标和政策手段。政策主体是指政策的制定者，我国的产业政策由国家发展计划委员会制定。政策目标是指政策预定要达到的目的。政策手段是指为了实现经济政策的目标所采取的方法和工具。在社会主义市场经济条件下，产业政策的实施必须以发挥企业的经营活力为前提，国家不直接干预企业自身的经营决策活动，要在市场机制的基础上，主要通过经济手段和法制手段以及必要的行政干预，促使资金从应该缩减的产业朝着需要大力发展的产业流动，调动企业转产的积极性，保证国家产业政策目标的实现。

二、产业政策的特点和作用

（一）产业政策的特点

（1）预见性

产业政策的调节目标是着眼于通过改善供给效益、优化资源的分配和使用，以便扩大将来的供给能力，实现供给与需求的平衡。因此，这种结构调整及优化不是在短期内能够完成的，而是要建立在对国民经济长期发展的科学预测的基础上，为决策者提供具有预见性的信息。

（2）连贯性

产业结构的变化是渐进的，相应的产业政策也具有阶段性。产业政策包括长期政策、中期政策和短期政策，三者有机结合，同时又各具有一定的相对稳定性，共同作用于产业结构的调整与优化。

（3）诱导性

产业政策一般不是采取强制性手段实施的，主要是以物质利益机制来引导产业部门和企业自觉按产业政策要求来规范其行为。当然，国家在必要时也可以采取一定的行政手段，以利于产业政策的有效实施，因此，产业政策也具有一定的约束性。

（4）开放性

通过产业政策的制定与实施，既可以限制盲目进口，适度地保护国内的新兴产业和欠发育的传统产业，又可以促进外贸体制的完善，保护竞争，防止垄断，促进富有比较利益的出口产业参与国内外市场竞争。

（二）产业政策的作用

产业政策是经济发展战略的具体化，是一个带有方向性的目标政策，对于加强和改善国家宏观调控、产业结构的调整和优化、产业素质的提高和资源的长期合理配置都具有重要作用。

（1）是计划与市场、宏观管理与微观经济结合的途径

产业政策通过衔接宏观生产结构和微观生产结构，衔接计划调节和市场调节，更好地完成国家宏观管理与调节的任务。一方面，产业政策的作用发挥需要市场机制反映的供给

结构的变动、收入弹性变动、不同产业部门利润率高低等信号，作为其制定依据，并且要通过市场机制加以贯彻；另一方面，产业政策是国家实行间接调控的重要手段，与国家计划相联系，因而既体现了计划性，又能发挥市场机制的作用。产业政策虽然着眼于宏观经济总体发展，但它的作用渗透于社会再生产过程，影响了微观经济活动。产业政策能把诸多经济政策统一起来，形成合力，使宏观经济管理取得比较理想的调控效果。

(2) 是实现国民经济持续、快速、健康发展的措施

产业政策通过优化供给结构，促进经济的持续、快速、健康发展。在社会总供求总量平衡的情况下，供求结构不一定平衡，这种不平衡会造成经济发展的一系列矛盾，如产生产业断链、结构效益损失等现象。解决这种结构矛盾的最佳手段就是运用产业结构政策。在充分研究经济发展的内在联系和要求，准确判断一定时期内的各种产业性质及其在经济发展中的地位作用和相互关系的基础上，制定产业政策，指出产业和产品的发展序列，明确支持什么，鼓励什么，限制什么，反对什么，以作为经济生活的导向目标，就能使产业结构朝着合理化的方向发展，从而保持经济持续稳定地发展。

(3) 促进技术进步和提高经济效益的手段

产业政策在影响供给总量、供给结构的同时，能促进技术进步，有利于全社会经济效益的提高。产业结构变化是由科学技术进步带动的。因此，产业政策规划主导产业、从而规划产业发展的关键是规划技术进步。这就涉及国家对技术进步的政策规范和宏观指导。宏观经济管理从我国国情出发，根据产业发展方向和重点，指导社会采用什么技术，发展什么技术，限制什么技术和淘汰什么技术，就可以通过推动产业结构的演变而推动社会经济的发展。在这个发展过程中，必然通过产业结构优化、资源合理有效地利用、劳动消耗的节约，使社会经济效益得到全面提高。

三、产业政策的制定和实施

制定国家产业政策必须遵循以下原则：

①符合工业化和现代化进程的客观规律，密切结合我国国情和产业结构变化的特点；

②符合建立社会主义市场经济体制的要求，充分发挥市场在国家宏观调控下对资源配置的基础性作用；

③突出重点，集中力量解决关系国民经济全局的重大问题；

④具有可操作性，主要通过经济手段、法律手段和必要的行政手段保证产业政策的实施，支持短线产业和产品的发展，对长线产业和产品采取抑制政策。

在制定产业结构政策时，需要着重解决的问题是：选择支柱产业，安排产业发展序列；确定瓶颈产业，提出缓解瓶颈制约的部署；处理好新兴产业和传统产业的关系；处理好国家和地区产业政策的关系。具体内容如下：

(一) 选择支柱产业，安排产业发展序列

在经济发展中，各个产业部门的地位和作用是不同的。制定产业政策，首先要确定哪些产业处于带头地位，哪些产业处于基础地位，哪些产业处于关键地位，从而进行战略产业的选择。这是实现产业合理发展序列，推动产业结构动态均衡，使之走向合理化和现代化的关键环节。

战略产业一般是指先导产业和支柱产业，有时也包括瓶颈产业。制定产业政策首先要选择先导产业和支柱产业。先导产业也称为带头产业，是指那些对相关产业的相继开发与发展起重要作用的、能带动整个国民经济发展的产业。二战后，日本就是以选择先后交替的三个先导产业带动整个经济发展的。第一个先导产业是电力工业，为耗电高的原材料工业创造了发展条件，从而推动了重工业化；第二个先导产业是石化、钢铁等原材料部门，为组装加工工业的发展创造了物质技术条件，推动了高加工度化；第三个先导产业是家用电器和汽车，从而推动了产业结构的技术密集化。20世纪80年代以来，日本政府提出"技术立国"口号，技术密集的信息产业成为先导产业。可见，先导产业的正确选择和扶植，直接影响到国民经济的起飞。我国现阶段的先导产业是电子工业。支柱产业也称为主导产业，是指那些具有基础性的，在国民经济中所占比重较大、需求量大，对国民经济起支撑作用的产业。我国是发展中国家，在整个经济发展中需要一些长期稳定的行业作为支撑国民经济发展的基础。我国现阶段以机械电子、石油化工、汽车制造、建筑业为支柱产业。

先导产业和支柱产业的选择，应根据以下三条标准来进行：

（1）高收入弹性

需求的收入弹性是指某产业的产品需求增长率与人均国民生产总值增长率之比。某产业的收入弹性高，表明市场对该产业产品需求的增长率高于同期国民生产总值的增长率。由于收入弹性高的商品能够不断扩大其市场份额，因而应作为选择先导产业和支柱产业的基本条件。

（2）高生产率上升率

高生产率上升率是指其产业与同时点上综合要素生产率水平的对比。影响生产率上升率的最突出的因素是技术进步的速度。生产率上升率高反映了产业高技术进步的能力强，因而按高生产率上升率选择先导产业和主导产业，能迅速增加有效供给和提高整个国民经济效益。

（3）高关联效果

关联效果是指一个产业发展对其他产业投入产出水平的影响度，包括前向关联度和后向关联度两个关联效果指标。加快发展关联度高的产业，可以带动其他产业和整个国民经济发展。除上述标准外，先导产业和支柱产业的选择还要考虑国家的基本国情，主要是本国的资源结构、需求结构、人口劳动力状况等。

在确定先导产业和支柱产业的基础上，还应进一步确定产业发展的顺序，即确定哪些产业需要超前发展，哪些产业需要加快发展，哪些产业需要尽快进行改造，哪些产业需要逐步淘汰。产业发展顺序的安排，既要依据以上标准，也要考虑产业结构的现状及调整的需要，以及有关产业的市场需求、原材料供应、投资效果、经济效益等方面的情况。

（二）确定瓶颈产业，提出缓解瓶颈制约的部署

所谓瓶颈产业，是指在产业结构中一直处于薄弱环节、在产业链中成为缺口或者短线部门的产业。这些部门由于供给能力过弱，形成产业结构高度化及国民经济增长的瓶颈。瓶颈的存在必然伴有其他产业部门生产能力的闲置和浪费，由于其供需矛盾大而严重地影响着经济的发展。为此，产业政策要及时为瓶颈产业导向，使之与先导产业、支柱产业趋

于均衡。瓶颈产业既是国民经济的薄弱环节，也是国民经济中的重要产业部门，因此一旦瓶颈制约得到解除，将会有力地促进国民经济发展。

瓶颈产业一般有瓶颈效应大、短缺替代弹性小、瓶颈制约时间长三个特点。我国的瓶颈产业主要是基础产业和基础设施。由于瓶颈产业是经济增长的重大制约因素，因而要求国家的产业政策必须向这些产业倾斜，通过产业政策指导，缓解瓶颈，使国民经济协调发展。

(三) 处理好新兴产业和传统产业的关系

新兴产业是指采用新工艺、新装备、新技术、新材料制造新产品的产业。相对于传统产业而言，新兴产业的形成时间较晚，是在第二次世界大战后出现的工业群，如航天、电子、新材料、新能源、信息、光导纤维、海洋工程、生物工程等产业。传统产业是指在工业化过程中产生较早的一些产业部门，如煤炭工业、冶金工业、机械工业、电力工业、纺织工业等。传统产业基本上属于劳动密集型或资金密集型产业，而新兴产业则基本上属于技术知识密集型产业。

新兴产业和传统产业的关系表现在：一方面，传统产业是新兴产业的基础，新兴产业的产品是在继承传统产业产品的基础上发展起来的，新兴产业采用的新技术装备由传统产业生产，所消耗的材料一般由传统产业提供；另一方面，新兴产业又是改造传统产业的必要条件，其产品可作为改造传统产业的技术装备，可以为传统产业提供新的生产要素。可见，新兴产业和传统产业是相互依存、相互促进的，加上新兴产业和传统产业的划分也只是相对的，因此，虽然随着技术的不断进步，传统产业要改造、新产品可淘汰老产品，但新兴产业并不能全面淘汰传统产业。

在发达国家，由于先后涌现出许多新兴的产业部门，使某些盛极一时的传统产业出现衰落现象。而我国在今后一个相当长时期内，传统产业还要有一个大发展，因为它既是新兴产业的物质基础，又是新兴产业的广阔市场。所以，我们必须坚持用新技术改造和发展传统产业，积极建立和发展新兴产业，促进产业结构的现代化。

(四) 处理好国家和地区在产业政策上的关系

国家的产业政策是从全局出发而制定的，考虑了整体利益的统一性，这是必要的。但也要看到，我国地域辽阔，各地区的自然资源条件和经济技术水平差别很大，经济发展很不平衡。因此，如果没有区域性的产业政策指导，也难以实现产业的协调发展。

国家和地区在产业政策上的关系，实际上是国家产业政策与各地区的经济利益关系问题的反映。对这一关系处理的要求是，国家在制定产业政策时，必须考虑到各地区发展不平衡又各有优势的特点，要正确处理不同地区的比较利益；产业布局政策的制定与实施，要有利于缓解地区间的矛盾；要把对地区的倾斜政策和对产业的倾斜政策结合起来；同时，要有利于纠正地区产业结构的趋同问题，以实现区域经济的合理化。各地区要在国家产业政策指导下，从提高国民经济整体效益出发，在地区分工和协作的基础上，制定本地区的产业政策实施细则，建立起各具特色的地区产业结构。地区产业政策的制定与实施，要做到因地制宜，合理分工，取长补短，协调发展。

(五) 制定和实施产业政策的制度

为了保证产业政策的科学性、权威性和产业政策实施的有效性，产业政策的制定和实施主要应做好以下工作：

（1）国家产业政策由国务院决定

国家发展计划委员会（简称计委）是具体负责研究制定、协调国家产业政策的综合部门。各项产业政策的制定由国家计委牵头，会同有关部门进行。产业政策的实施以各行业主管部门为主，由国家计委进行综合协调。

（2）建立国家产业政策审议制度

有关部门提出的产业政策草案和对产业发展有重大影响的政策草案，须经国家计委审查和协调，并由国家计委组织国务院有关部门、产业界、学术界和消费者群体进行科学论证和民主审议后，由国家计委会同有关部门报国务院批准后发布执行。

（3）制定相应的配套政策，包括专项的产业政策

与产业政策相配套的政策有财政、金融、价格、税收、外汇、投资、科技、社会保障、环境保护等政策。这些政策要围绕产业政策配套实施。为使产业政策能有效发挥缓解和消除瓶颈，提高产业素质的作用，在总体产业政策之外，还应制定专项的产业政策。

（4）建立国家产业政策的实施保障制度

计划、财政、银行、税务、内外贸易、关税、证券管理、工商行政管理、国有资产管理等经济管理部门，必须认真贯彻执行国家产业政策，在制定涉及产业发展的重大政策措施之前，须与国家计委协调。

（5）建立国家产业政策的监督、检查及评价制度

国家计委会同有关部门负责对产业政策的实施进行监督、检查和分析，定期向国务院报告实施情况和效果，并根据经济形势、产业结构的变化，提出修改建议。

（6）地方产业政策的制定省级地方人民政府根据国家产业政策的要求，结合本地区实际情况，研究制定具体的实施细则，并报国家计委备案。

四、中国目前产业政策模式及存在问题

中国现行的产业政策主要借鉴了日本的"政府选择主导产业"模式。这种模式要求政府通过直接干预、间接诱导和法律规制等手段，对政府确定的主导产业进行扶持，并通过主导产业的扩散效应带动其他产业的发展，从而实现整个国民经济的增长。日本在20世纪六七十年代根据收入弹性基准和生产率上升基准，选择了钢铁、汽车、石化三大产业作为主导产业，并对其给予税收和金融上的优惠，一度对经济的增长起到了加速作用。但这种模式的弊端是，如果政府选择的主导产业是错误的，对其进行扶持，不仅扭曲了市场机制的资源配置功能，而且使被扶持的产业效率低下、竞争力下降。

同时，在转型期分权化改革的条件下，地方政府通过创造流动性而掌握一部分财政和金融资源，地方官员政绩评价中的标尺竞争这两大因素，使得地方政府既有能力、也有动力选择和扶持主导产业，但是，中国作为发展中国家拥有的后发信息优势，又使地方政府选择的主导产业集中于重化工业，并因此形成重复建设，而目前中国的资源和环境难以支撑重化工业的重复建设。转型期中国实行传统产业政策的弊端可以用图6-1表示。

第六章 产业结构的宏观管理　　131

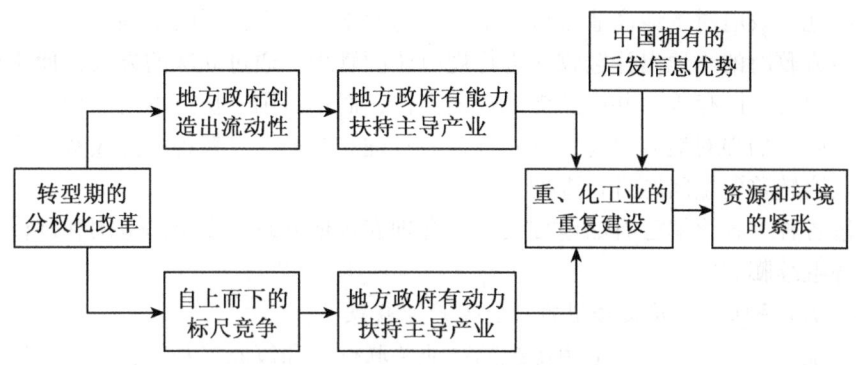

图 6-1　中国实行传统产业政策的弊端

五、产业政策的未来方向

当代产业政策的未来走向应趋向于中性化，具体表现为：

（一）产业政策仅是市场调节的补充手段

产业政策仅作为市场调节的补充手段出现，这既顺应了保障公平竞争的国际经济发展潮流，又能够减少资源扭曲配置对其他企业及产业造成的潜在损害，符合当代产业关于节约资源和"环境友好"的可持续发展的理念。

（二）政府干预与公共利益密切相关的部门和产业

市场对公共利益密切相关部门和产业的资源配置能力比较薄弱，原因是这些部门和产业的产品往往具有公共品的部分特征，即企业利益低于社会利益，而其发展又在很大程度上关系着整个行业乃至国民经济的可持续发展，因此，政府可以利用适当的产业政策，优化与公共利益密切相关的产业的资源配置。

（三）改革地方政府官员的绩效评估制度

由单一的"标尺竞争"评价指标转为多元的"标尺竞争"评价体系。这样做的目的是削弱地方政府扶持本地主导产业的动力。分权化改革对地方官员的政绩的评估，基本上是以单一的 GDP 增长率为标尺的，这使他们有动力选择、扶持和保护本地主导产业，而不顾全国性的重复建设和资源浪费。因此，在中国的政治体制和政府官员的晋升模式近期内不会改变的前提下，产业政策转型还需要一些其他方面的配合，尤其是中央政府对地方政府官员的绩效评估制度。如果在单一的"标尺竞争"评价指标中更多地引入其他目标的权重，如社会发展、环境保护等，就可以降低地方政府官员热衷于扶持和保护本地主导产业的动力。

（四）限制地方政府扶持主导产业的能力

如果地方政府没有足够的财政和金融资源，是不可能有能力扶持资金密集型的重、化工业为主导产业的。在现行财政制度中，归地方政府所有的地方税数量较少，而且地方政府也没有发行政府债券的权力。但地方政府通过干预银行信贷、乱收费、土地出让金等方式，"创造"出了自己的财政和金融资源，使重、化工业的重复建设成为可能。所以，有必要限制地方政府创造这些资源的能力。具体如下：

①限制地方政府对本地商业银行、全国性商业银行地方分行的干预行为。

②对地方政府的土地出让金收入进行规范化的管理，通过立法的方式，使土地出让金主要用于为教育、医疗等公共产品提供资金支持，而不是用于扶持本地主导产业。

③中央政府加强对地方政府预算外资金的管理和监控，严禁各种乱收费行为，依法对挪用中央政府转移资金问题进行查处。

④通过各种方式化解已有的地方债务，合理安排地方政府支出的范围和规模，制止地方政府债务继续膨胀。

（五）由选择性产业政策转型为功能性产业政策

目前的地方政府，或者是运用传统的产业关联标准和筱原二基准，或者是依据霍夫曼法则或钱纳里的标准模型来确定本地区的经济发展阶段，运用这些指标只能选出重、化工业为主导产业，因为重、化工业普遍产业关联度高、扩散效应大、符合目前中国所处的发展阶段，结果是各地的主导产业都是重、化工业。而这不但会带来严重的资源和环境负担，而且也并不符合每个地区的比较优势。这说明，由政府选择主导产业的政策已经不符合转型期中国的实际情况。功能性产业政策有利于克服选择性产业政策的上述弊端。所谓功能性产业政策，是指政府不是预先"圈定"某产业为主导产业并对其进行扶持，而是要为所有产业和企业提供公平合理的、软硬环境良好的竞争平台，让市场机制去决定优势产业和产业的发展方向。比如，适应节能降耗减排的功能要求，可以推出鼓励性的产业政策，凡是能达到这些要求的投资项目和经济活动，不分产业、不分地区、不分企业大小、不分内资外资和所有制性质，都给予政策优惠；凡是达不到相应要求的，一律予以限制。至于具体哪个产业、哪个企业最终会脱颖而出成为产业的发展方向，是需要由市场机制的优胜劣汰功能来决定的，政府不应预先干预，这样，就可以在一定程度上避免选择性产业政策导致资源和环境紧张的弊端。

（六）通过需求管理手段，为低耗能、低污染、高附加值产业的发展创造条件

产业政策是侧重于供给管理的手段，在选择主导产业时，有必要配合运用需求管理手段。目前，中国的资源和环境难以承受重、化工业的发展，因此发展低耗能、低污染、高附加值的产业以替代重、化工业，是一个不错的选择。但问题是中国目前居民消费不振，尤其是中低收入阶层数量有限、购买力不足，难以对高附加值产业形成足够的需求刺激，限制了高附加值产业的发展。所以，产业政策转型也应包括一些刺激消费需求的政策，主要是通过完善社会保障体系，为中等收入阶层消除后顾之忧，减弱其预防性储蓄倾向，使其增加对高附加值产品的消费，以间接地刺激低耗能、低污染、高附加值产业的发展。

思 考 题

1. 什么是产业结构？产业结构有哪些特性？
2. 产业结构有哪几种分类？
3. 对产业结构进行宏观管理有什么意义？
4. 影响产业结构变化的因素有哪些？

5. 三次产业结构演变的客观趋势是什么？
6. 工业结构的演进大体可分为哪几个阶段？
7. 农业结构变化的客观趋势是什么？
8. 产业结构合理化的主要标准是什么？
9. 产业结构现代化的主要标准是什么？
10. 产业结构合理化和产业结构现代化是什么关系？
11. 产业结构优化的基本措施有哪些？
12. 产业结构调整的基本途径是什么？
13. 我国调整产业结构的必要性何在？其基本方向和主要任务是什么？
14. 什么是产业政策？它包括哪些政策？
15. 产业政策有哪些特点？
16. 产业政策有什么作用？
17. 制定国家产业政策应遵循什么原则？
18. 选择先导产业和支柱产业的标准是什么？
19. 确定瓶颈产业的根据是什么？
20. 新兴产业和传统产业的关系是怎样的？
21. 处理国家产业政策与各地区经济利益关系的要求是什么？
22. 产业政策的制定和实施主要应做好哪些工作？
23. 中国产业政策的模式及存在的问题有哪些？
24. 中国产业政策应当如何改进？

第七章 投资的宏观管理

第一节 投资及其宏观管理的意义

投资是经济发展最重要的推动力,也是影响经济运行的主要因素。投资在短期内表现为需求,在长期则表现为供给,这种双重的特点使得它既是实现社会总供给与总需求平衡的关键,又是影响国民经济波动的重要原因,同时也是促使社会经济发展的强大动力。因此,对投资的宏观经济管理,使投资规模适度、投资结构合理、投资效益不断提高,对于保持社会总供求的基本平衡、产业结构的优化和升级,对于促进国民经济增长和宏观经济效益提高,实现经济社会发展战略,都有着十分重要的意义。

一、投资的概念及其分类

(一) 投资的概念

投资是为了取得一定的收益或社会效益而将一定数量的资源或要素投入某种对象或事业的活动。投资可以分为广义的投资和狭义的投资。广义投资是指投资者为取得预期收益投入各种投资要素而形成资产(可以是有形的,也可以是无形的)的活动。广义的投资概念包括有投资主体、投资客体、投资目的、投资要素、投资方式等构成要素。投资主体即投资者,是指具有独立投资决策权且对投资负有经济责任的自然人、法人或国家,如中央政府、地方政府、企业和事业单位、个人及外国公司等都可以作为投资主体。投资客体即投资对象、目标或标的物。投资对象可以是某项生产建设项目,也可以是科教文卫等事业项目;既可以是社会的、集体的项目,也可以是家庭或个人的项目,如投资于家庭子女教育、个人保险等。投资目的即投资回报,是指投资主体预期的投资收益,它既可以是取得的经济效益,如产品的增加、价值的增值、收入的增长等;也可以是取得的社会效益,如国家、社会、民族的进步与发展,公共福利的增加,生态环境的改善等;还可以表现为能力的提高,如投资可以扩大再生产能力、提高竞争能力等。投资要素即投资者投入投资对象的各种要素,投资要素的内容主要是资金,同时也包括技术、设备、专利、土地以及其他资源等。投资方式是指由投资而形成资产的具体形式。投资方式多种多样,如直接投资、间接投资;固定资产投资、流动资产投资、生产资料投资、金融资产投资,等等。

狭义的投资,一般是指投资主体为取得预期收益所投入的资金。一般认为,投资就是购买企业发行的股票和各种债券的行为。

在宏观经济管理中,关于投资还有两个比较重要的概念,即社会总投资和投资需求。社会总投资是指一定时期社会各类投资主体全部投资的总和;投资需求是指一定时期内全社会用于固定资产再生产和库存增加的有支付能力的需求。从一定意义上说，固定资产投资需求决定着流动资产需求，因而对固定资产投资需求的宏观管理就显得特别重要。

本章着重分析的是固定资产投资的宏观管理问题。

(二) 投资分类

投资是一个完整的、科学的大系统。可以按照不同的要求，从不同的角度，对投资进行分类：

(1) 按照投资主体的不同分类

按照投资主体的不同，投资可以分为政府投资、企业投资、个人投资、外商投资等。随着投资体制的改革，我国的投资主体越来越趋向于多元化。政府虽然在整个投资中仍占有十分重要的地位，但近些年来，企业投资、个人投资的比重正在逐步提高，同时，随着对外开放的扩大，外国政府和外国工商企业在我国的投资也呈不断增加的趋势。在社会主义市场经济体制下，企业是基本的投资主体，所以，企业投资在投资领域中将发挥更大的作用。政府投资是指中央政府和地方各级政府的投资。中央政府投资是由中央财政拨款或通过银行贷款进行的投资，投资对象主要是国民经济的基础设施、重大骨干项目、社会公益事业等，如能源、原材料、交通、邮电通信、农业等方面的投资；还有国防、行政、文化、教育、卫生、环境保护等方面的投资。地方政府投资是指省、自治区、直辖市及所属市、县政府作为一级投资主体所进行的投资，主要用于地方农业、水利建设、交通、能源、工商企业、教育、科技、卫生等方面的建设。企业投资是指企业作为投资主体所进行的投资，这里所指的企业包括国有企业、集体企业和私营企业等。企业投资主要用于企业的技术改造、职工福利设施建造以及向其他企业的投资。企业投资主要依靠自筹资金，也可以向商业银行融资，或是以发行股票、企业债券等方式筹集资金。个人投资是指城乡居民个人作为投资主体所进行的投资，主要形式有城乡居民购买股票、债券等证券，或是直接从事个人的固定资产和流动资产的投资活动。外商投资是指外国政府和工商企业在我国境内的投资，包括直接投资和间接投资，在直接投资中，又有外国独立投资与中外合作投资等形式。

(2) 按照投资对象的领域不同分类

按照投资对象的领域不同，投资可以分为生产性投资和非生产性投资。这种分类便于正确处理生产性投资与非生产性投资的关系以及在生产性投资中固定资产投资与流动资产投资的关系等。生产性投资是指投入生产建设等物质生产领域中的投资，它形成的是各种类型的生产性资产。生产性投资可以分为固定资产投资和流动资产投资。生产性投资也可以分为工业投资、农业投资、建筑业投资、运输邮电业投资和商业投资等。各类投资之间需要保持恰当的比例。非生产性投资是指投入非物质生产领域中的投资，主要是用于满足人民日益增长的物质和文化生活需要。非生产性投资可以分为住宅建设投资、文化教育卫生建设投资、生活服务事业建设投资及科学研究、综合服务和其他建设投资。非生产性投资也可以分为纯消费性投资和经营性投资。纯消费性投资的资金不能收回，而经营性投资可以部分或全部收回投资。

(3) 按照投资目的的不同分类

按照投资目的的不同，投资可以分为盈利性投资（竞争性投资）和政策性投资（非盈利性投资或公益性投资)。盈利性投资是指以获得盈利为目的而进行的投资。这类投资在社会主义市场经济体制下,以企业作为基本的投资主体,在投资领域通过市场调节机制的基础性作用,在投资市场上进行平等竞争。这类一般建设项目的投资也称为竞争性项目投资。政策性投资是指根据国家政策的需要、不以获得盈利为目的所进行的投资,也称为非盈利性投资。政策性投资是为了社会、经济、科技发展和人民群众物质文化生活的需要和进一步落实国家的政策而进行的投资,其目的是为了提高全社会的经济效益和社会效益,如对基础设施、环境保护、文化教育卫生事业以及其他公益性事业的投资等。

(4) 按照投资方式的不同分类

按照投资方式的不同,投资可以分为直接投资和间接投资。直接投资是指投资主体将资金直接投入投资项目并形成固定资产和流动资产的投资。一般而言,直接投资的主体不仅参与投资过程的经营管理,并对形成的企业资产拥有所有权和经营权。直接投资的形式有:投资者直接投资办企业并独自经营,或与其他投资者联合投资并合作经营等。直接投资与间接投资的重要区别之一就在于,直接投资更注重于对投资事业经营管理的控制。在股份制企业中,判别是否为直接投资的标准是拥有企业股份额的多少。在计划经济体制下,直接投资是投资的主要方式。间接投资是指投资主体通过购买股票、企业债券或国家公债等有价证券的形式所进行的投资。间接投资主体以获得红利或利息的形式实现其投资利益,投资主体一般不直接参与投资过程的经营管理,也不对投资所形成的企业进行直接控制。间接投资只注重对投资利益的分享权。在社会主义市场经济体制下,间接投资正在逐步成为投资的主要形式。

(5) 按照投资在再生产中所起的不同作用分类

按照投资在再生产中所起的不同作用,投资可以分为重置投资和净投资。重置投资是指对原有固定资产进行折旧、改造或更新而进行的投资;净投资是指为了扩大再生产而对新增固定资产进行的投资。与之相类似,还可以把投资分为外延型投资和内涵型投资,外延型投资是指用于增加生产要素数量的投资。其投资形式有新建、扩建和改建等,主要是用来扩大生产的规模,内涵型投资是指用于提高生产要素的质量、改善劳动经营组织的投资,其投资形式有技术改造、新产品开发、管理制度创新等,主要用来提高生产的效益。在科学技术日益成为第一生产力的今天,内涵型投资越来越显示出它的重要作用。

二、投资的特点及其对经济增长的作用

了解投资的特点及其对经济增长的作用,对于认识投资的宏观经济管理是十分必要的。

(一) 投资的特点

(1) 投资具有连锁效应和乘数效应

由于在现代社会生产条件下,各个生产部门的相互联系更加紧密。因此,往往一个部门投资的增加会引起与之相联系的其他一系列生产部门投资的相应增加。一项投资引起的其他相关领域的投资需求就是投资的连锁效应。由于投资的连锁效应,又使得不仅一个部门由于投资增加而带来产出或收入的增加,而且致使一系列部门由于投资的相应增加而带来产出或收入的增加,从而使整个国民收入成倍增加,这就是投资的乘数效应。应该注意到，投资的连锁作用和乘数作用是双向的，即某一部门投资的减少也会引起相关部门投资、产出相应的减少，从而整个国民收入成倍的减少。同时，投资的连锁作用和乘数作用也是有条件的，如果受到资源的限制或瓶颈部门的制约，那么乘数作用就难以发挥。

(2) 投资具有需求效应和供给效应

投资作为投入各种要素形成资产（包括固定资产、流动资产和无形资产）的过程，其本身就会产生社会需求，如对劳动的需求（由此还带动对消费资料需求和教育的需求）、对资金的需求、对技术等生产要素的需求等，这些都是拉动经济的重要因素。投资形成的资产所带来的新的生产要素和新的生产能力，又使得投资具有了供给效应。从本质上看，投资的需求效应是短期的、有限的，而投资的供给效应则是长期的、本质的。如果投资不能产生有效供给，则投资的需求效应不能持久。正因为投资具有需求和供给的双重效应，才使得投资成为推动经济增长的强大动力。

(3) 投资具有周期性

一项投资从决策、筹集、投放、使用到回收的全部过程所需用的时间就是投资周期。一个投资周期大体包括三个阶段：一是投资决策阶段，二是投资建设阶段，三是投资的使用回收阶段。投资周期的长短直接影响着投资的经济效益，一般来说，对于同样规模的投资，如果投资周期越短，资金收回越快，则时间报酬和风险报酬就越大，从而投资的整个经济效益就越高。在现代化大生产条件下，随着投资规模的扩大和投资的社会化程度不断提高，一方面使得投资周期具有长期性的特点，另一方面使得投资的实施具有了连续性和波动性的特点。投资周期性的这些特点客观上要求我们加强对投资的宏观管理，尽量实现对投资项目的准确的预测、科学的决策、充分的筹资、合理的投入和尽快的回收，以提高投资的经济效益。

(4) 投资具有风险性

经济运行的复杂多变性和投资具有周期性的特点，决定了投资的收益具有风险性。因为，一个投资项目（特别是投资数额较大的项目）的预测和决策是建立在已有的资料和信息的基础上的，而这些资料和信息本身具有一定的局限性，它只能反映以往的经济运行状态，而不能完全预示未来经济运行状态的变化，特别是经济运行的周期越长，不可预知的、不确定的和不可控的因素就越多，从而对投资收益的影响就越大，因此，一般周期长、变化多端的投资领域（如开发新技术和开发新产品的投资）往往所面临的风险就越大。认识投资的风险性，对于我们加强对投资的宏观经济管理，特别是对重大投资项目的可行性论证和科学决策以及对投资风险的规避和防范都具有重要意义。

(二) 投资的作用

(1) 投资是促进经济增长的重要因素

投资一方面为经济增长提供了新的生产要素和新的生产能力，另一方面又直接增加了对投资品的需求，它能从供给和需求两方面来促进经济的增长。从供给方面看，由于投资而形成的固定资产和流动资产为经济增长提供了新的生产能力。新增的固定资产和流动资产越多，结构又比较合理，必然会形成新的生产能力，使国民经济得到较快的增长。从需求方面看，投资需要购买投资物品并支付劳务费，如购买机器设备、建筑材料以及支付新增工人的工资和劳务费用等，必然会带动一些相关部门或企业的投资需求相应的增加，带动一些消费品需求的增加，而投资需求和消费需求的增加必然对经济产生较强的拉动作用。

(2) 投资是调整经济结构的重要手段

经济结构包括所有制结构、产业结构、地区结构等。经济结构的合理化，除了采取投资存量的调整方法外，主要依靠变动投资增量来实现。

从所有制结构来看，所有制结构的改变主要是通过改变投资在各种不同经济成分之间的比例来实现的，一种新的所有制结构的形成有赖于投资结构的变化。投资变动对所有制结构的影响，从近期看，表现为各种经济成分在国民经济中占比重的变化；从长期看，则表现为整个生产力水平提高的过程。改革开放以来，我国所有制结构的变化和目前以公有制为主体、多种经济成分并存的所有制结构的形成，都与投资的推动有关。

从产业结构来看，投资对产业结构的影响和决定作用主要表现在两个方面：一是投资总量的增长影响着产业结构变化的方向，因为投资总量增加，必然引起对投资品的需求增多，从而拉动生产投资品的产业的发展；二是投资结构决定着产业结构，现存的产业结构是过去投资在不同产业分配的结果，而现在的投资结构必然又决定着未来的产业结构。近些年来，我国的产业结构不断趋于合理、不断得到升级，这是与我国加大了对能源、交通、通信等基础建设的投入，对传统产业技术改造投入，对高新技术产业和第三产业的投入分不开的。

地区结构和生产力的布局同样也是由投资在各地区的分配比例关系决定的。一般来说，哪一个地区的投资额大，其经济发展就相对快一些。造成我国东、中、西部经济差距的直接原因就是投资及相关政策。为调整地区经济结构、缩小地区差距而实施的西部大开发的战略决策，最重要的一条就是加大对西部的投资力度，以投资的拉动力和推动力来促使西部经济加快发展，以改善地区经济发展不平衡的状况。

(3) 投资是改善人民生活的重要保证

随着投资的增长，必然使固定资产越来越多，生产能力不断提高，使生产出来的消费品更加丰富多彩，建造的住宅、学校医院、体育文化设置大量增加，从而进一步改善人民的物质和文化生活。同时，由于投资的增长，刺激了经济的发展，为人们创造了更多的就业机会，增加了居民的收入水平。应该注意到，非生产性投资如对科学、教育、文化、卫生保健、环境保护和生活服务设施的投资，虽然并不直接使生产能力得到扩张，但是它带来的科、教、文、卫事业发展和生活设施的改善，将会直接提高人民的生活品质，促进整个社会精神文明的进步和社会成员素质的提高。

(4) 投资是推动科学技术发展的关键

我国现代化建设的关键是科学技术现代化。要实现科学技术现代化，必须要有大量的投资，因此，投资对推动科学技术的发展起关键性的作用。在社会主义市场经济体制下，市场的竞争、产品的竞争实际上是科学技术水平的竞争。因此，在新的投资中，既要尽可能地采用先进的技术、装备和改善技术结构，又要适当地加大对科学研究、高新技术产业、新技术开发和新产品研制的投资，从而从整体上提高整个国民经济中的科学技术水平。

(5) 投资在国际经济交往中具有重要作用

在国际间相互进行投资，既可以共同利用国际市场，共同利用国际经济资源，也可以利用国际上的先进技术，从而加快本国经济的发展。改革开放以来，我国利用外资和对外投资都有了较大的发展。随着对外开放水平的进一步提高，积极、合理、有效地利用国外投资，逐步地增大我国比较优势的对外投资，更好地利用国内国外两个市场、两种资源，对于我们发展开放型经济，增强国际竞争力，提高国民经济素质，应对经济、技术全球化的挑战，都具有极其重要的作用。

三、投资宏观管理的内容和意义

（一）投资管理的内容

投资活动的过程一般包括资金的筹集、投入、使用和回收等阶段。投资活动的范围包括生产领域、建设领域、流通领域和其他领域。投资活动从层次上来分，包括宏观和微观。就投资的宏观管理来说，主要包括以下基本内容：

（1）规范投资主体

投资主体是投资过程运行的起点，投资主体是投资活动的决策者、资金筹措者、投资推动者。在社会主义市场经济条件下，投资主体必须是投资权力体、投资责任体和投资利益体三者的统一。规范投资主体就是使投资主体的行为与我国的社会主义制度以及与社会主义市场体制的要求相适应。具体包括：形成以企业作为基本投资主体的多元化投资主体结构；坚持投资主体的责、权、利相统一，即做到谁投资、谁决策、谁受益、谁承担风险；建立由市场来调节投资主体投资行为的机制，如由市场利息率和利润率来引导投资，实行投资项目的招标和竞标制度；完善政府对微观投资的间接调控机制和管理制度等。

（2）控制投资规模

投资规模反映投资活动的总量，是社会总投资运动的内容之一。投资规模有绝对规模和相对规模。投资的绝对规模主要是通过固定资产投资总额等指标来反映的；投资的相对规模主要是以投资率、投资增长率等指标来反映的。投资规模既包括年度投资规模，又包括在建总投资规模。投资规模既不宜过大，否则会出现投资膨胀；又不宜过小，否则会出现投资萎缩。控制投资规模就是在微观层次上使投资项目能够实现规模经济，在宏观层次上，使投资总量与社会总供给与总需求平衡相一致，使投资与整个经济社会的发展相一致，与资源环境相协调。

（3）调整投资结构

投资结构是指投资总体中各类投资之间的内在联系及其数量比例。投资结构也是社会总投资运动的重要内容之一。投资结构是一个多层次、多方面的体系，包括投资的部门结构、产业结构、项目规模结构、所有制结构、区域结构、投资主体结构等。调整投资结构，就是使投资结构与我国经济结构的合理化与优化相适应。

（4）提高投资效益

投资效益反映的是投资活动所取得的有效成果。投资效益是一个完整的、科学的体系。因此，投资效益包括：国民经济投资效益，部门（地方）投资效益，企业投资效益；投资的近期效益和长远效益；投资的直接效益和间接效益；投资的宏观效益和微观效益。提高投资效益是投资宏观管理追求的重要目标，也是衡量投资宏观管理是否有成效的重要标准。

(5) 监督投资落实

投资的计划和目标在实施的过程中，要根据实际运行情况不断进行完善和调整，这样，既可以修补计划中的不足，又尽可能地减小风险。尤其是宏观经济投资计划，更需要对投资项目资金使用情况进行审计，避免资金浪费使用、挪用或不到位等情况，使纳税人的钱实现真正取之于民、用之于民。

此外，投资宏观管理的内容还涉及规范投资市场的秩序、改善投资环境、疏通投资的资金融通渠道、完善投资的间接调控机制和手段等问题。

(二) 投资宏观管理的意义

投资宏观管理是指对社会投资从总体上进行综合、规划、组织、协调、指导、调控和监督。完善投资宏观管理具有十分重要的意义。其主要意义是：

(1) 是有效地控制投资规模的重要手段

在社会主义市场经济体制下，投资资源的优化配置，必须充分发挥市场调节的基础作用。但是由于投资主体多元化、投资渠道多样化、投资目的不同、投资体制的不完善等多种原因，容易出现投资的盲目性。因此，必须加强对投资的宏观管理，防止投资需求膨胀，有效地控制投资规模。

(2) 是建立合理的投资结构的重要保证

投资结构是否合理，对实现产业结构的合理化、高度化、现代化具有重大影响。同时，投资结构对保持适度投资规模和取得良好的经济效益也是十分重要的。在投资由市场调节的条件下，要建立合理的投资结构，保证投资的方向正确，必须加强投资的宏观调控和指导。这些目标如果单纯地依靠市场调节，是难以实现的。

(3) 是提高投资效益的重要途径

通过投资带来宏观经济的节约是最大的节约，从节约中可取得较好社会经济效益。而因投资的失误而造成宏观经济的浪费是最大的浪费。要避免盲目建设、重复建设、环境污染、布局不合理等重大失误，必须加强对投资的宏观管理，才能提高投资的经济效益和社会效益。

(三) 投资宏观管理的任务

投资宏观管理的任务是：依据国家的经济发展战略、市场的需求和国力的可能，确定适度的投资规模，建立合理的投资结构，制订投资计划，加强宏观指导和调控，发挥市场对投资的调节作用，综合运用投资管理的多种方法和手段，有效地对投资进行控制和监督，促进投资宏观效益的提高。

第二节 适度投资规模

一、影响投资规模的因素

(一) 投资规模的概念

投资规模是指一定时期内以货币形态表现的、为形成资产而投入的活劳动和物化劳动的总量,包括用于固定资产再生产的资金或劳动量和一次性铺底流动资金的投入量。投资规模又称为投资总量。这里主要研究固定资产投资规模。固定资产投资规模是指一定时期内固定资产建设的总量,其投资总量包括:一是年度固定资产投资规模,即指当年固定资产投资额;二是在建固定资产投资规模,即指一定时期所有在建未完工程项目全部建成交付使用实际需要的投资额。

(二) 影响投资规模的因素

投资规模的大小受许多因素的影响,有政治、经济、社会、技术、国力等各方面的因素。具体影响固定资产投资规模的因素主要有:

(1) 国民经济发展对新增生产性固定资产的需要

固定资产投资规模的大小,在很大程度上取决于国民经济发展对新增生产性固定资产的需要。为了使国民经济保持较快的发展速度,需要不断地追加生产性固定资产。新增生产性固定资产数量越多,则固定资产投资规模也就越大;相反地,如果新增生产性固定资产数量较少,则固定资产投资规模也就会小。新增生产性固定资产的数量还取决于原有固定资产报废的数量、原有固定资产的利用状况、固定资产再生产的方式的选择等。如果原有固定资产报废的数量比较多,原有的固定资产的可利用率不高,而又主要采用新建、扩建等再生产方式,则新增生产性固定资产的数量就比较多;相反地,如果原有固定资产报废的数量比较少,原有固定资产的可利用率比较高,同时又选择以技术改造为主的再生产方式,则新增生产性固定资产的数量就相对较少,所需要的投资也就比较少。

(2) 单位生产能力投资额

单位生产能力投资额是指每单位生产能力的投资数量,即单位生产能力造价。单位生产能力投资额的增减,直接影响固定资产投资规模的大小。单位生产能力投资额增加,则投资规模就会相应地增大;相反地,单位生产能力投资额减少,则投资规模也会减少。一般来说,单位生产能力投资额受两个因素的影响:一是技术水平因素,即由于采用了先进技术,使投资额增加;二是价格因素,由于价格上涨,而使投资额增加。从这两个因素来看,固定资产投资规模一般呈增大的趋势。

(3) 人民生活水平的提高对新增非生产性固定资产的需要

人民物质文化生活水平的提高不仅表现在衣、食、行等水平的提高,还表现在人均居住面积的增加,文化、教育、体育设施的增加,医疗卫生条件的改善等方面。所有这些,都需要增加新的非生产性固定资产。目前,我国虽然已经实现了现代化建设的前两步战略目标,人民生活总体上达到了小康水平,进入了全面推进社会主义现代化的新的阶段,但是,全面建设小康社会、进一步改善人民生活质量的任务相当繁重,对新增非生产性固定资产的需要量是较大的。"十一五"规划要求,到 2010 年,城镇居民人均可支配收入和农村居民人均纯收入分别年均增长 5%,城乡居民生活质量普遍提高,居住、交通、教育、文化、卫生和环境等方面的条件有较大改善。这些都要求非生产性固定资产的增加。随着非生产性固定资产量的不断增加和单位固定资产投资额的提高,非生产性固定资产投资需要量也要求不断增加。

(4) 在建工程投资规模

在建工程投资规模也是投资规模的一个重要组成部分。在建工程的投资规模是指年度以前开工的和当年开工、而在年度内还不能竣工投产的建设工程的投资额。如果摊子铺得过大，新开工的项目过多，在建工程的数量越大，则在建工程投资总规模也就越大，从而使投资规模不断扩大。如果控制新开工的建设项目，缩短建设周期，提高交付使用率，则在建工程投资总规模就会缩小。在我国，由于大、中型建设项目比重的增加，建设项目的平均工期延长，因而在建工程投资总规模有扩大的趋势。

（5）为投资可能提供的财力、物力和人力

投资规模的大小不仅受经济发展、人民生活水平提高等方面对新增投资需要的影响，同时，更重要的是，还要受到为投资可能提供的财力、物力和人力的影响。首先，在财力方面，为投资可能提供的资金越多，则投资规模就可能越大；相反，如果为投资提供的资金越少，则投资规模就越小。因而，投资规模的大小直接受到财力大小的影响。其次，在物力方面，投资规模的扩大，必须有相应的投资品供给作保证，如果投资品供应不足，就会直接影响投资规模的扩大。再次，在人力方面，投资规模的大小，要受到勘察、设计、施工力量大小的影响，如果没有足够的勘察设计施工力量，也不能使投资规模扩大。

二、适度投资规模的标准

适度投资规模是指一定时期内，适应经济、科技和社会发展的需要，而又为国力所能承受的投资规模。适应经济、科技和社会发展的需要是适度投资规模的前提，根据国力的可能量力而行进行投资则是确定适度投资规模的关键。凡是大于国力承受能力的投资规模，叫做投资需求膨胀；凡是小于国力承受能力的投资规模，叫做投资需求萎缩。保持适度的投资规模，是国民经济持续、快速、健康发展和人民生活水平稳定提高的重要保证。如果投资规模膨胀，不但不能加快经济的发展，反而会引发通货膨胀、物价上涨，从而对经济建设发展、人民生活提高和社会稳定带来不利的影响。

衡量投资是否适度的标准有以下三条：

（1）投资需求与投资供给之间保持平衡

投资需求与投资供给之间保持平衡、市场投资品价格稳定，可视为投资需求规模适度。在对投资进行宏观调控的过程中。如果投资需求规模与投资供给规模相接近，也可视为投资规模适度。如果投资需求规模大于投资品供给规模，投资中的货币量与货币购买力过多，导致投资品价格持续上涨，投资贬值，应视为投资需求规模膨胀；反之，如果投资需求规模小于投资品供给规模，投资的有效需求不足，投资品滞销积压，投资品生产萎缩，乃至出现经济滑坡，则应视为投资需求不足（或萎缩）。

（2）实际投资率大体等于合理投资率

投资率是指投资总额在国内生产总值中所占的比重。如果实际投资率大体上等于合理投资率，则意味着投资供给规模适度，投资与生产、消费之间能保持协调的关系。如果实际投资率过高，大于合理投资率，则意味着投资挤了现行生产，挤了生活，破坏了积累与消费的合理比例，应视为投资供给规模膨胀；如果实际投资率小于合理投资率，实际投资率过低，则意味着生活挤了建设，消费挤了投资，应视为投资供给规模不足（或萎缩）。合理的投资率是根据我国国民生产总值的增长、积累与消费的比例及其他有关数据加以确定的。

(3) 实际建设周期等于合理建设周期

在建投资规模是否适度，一般以平均建设周期指标来度量。平均建设周期是各个投产项目建设的天数总和与投产项目数的比值。如果实际建设周期等于合理建设周期，则意味着在建项目能够得到足够的资金，能够保证合理的建设工期，可视为在建项目总投资规模是适度的。如果实际建设周期大于合理建设周期，则意味着投资建设的摊子铺得太大，新上的建设项目太多，在建项目普遍得不到足够的资金，往往不能按合理工期投产，影响了重点建设，应视为在建投资规模膨胀；反之，如果实际建设周期小于合理建设周期，则意味着在建投资规模过小，年度投资资金积压，应视为在建投资规模萎缩。

除了上述标准外，还应该注意到，投资活动作为一个动态过程，不能因为投资规模的变动而导致经济运行中出现剧烈波动。因为，国民经济的剧烈波动对经济协调稳定的发展危害极大，而引起经济剧烈波动的重要原因之一就是投资规模的急剧膨胀或收缩。同时，也应该注意到，衡量投资规模的数量标准是一个区间标准概念，一般来说，合理投资率水平的标准区间在25%~35%。至于这一标准区间的哪一点为最适，不能孤立地判断，要全面联系到社会总供求的平衡状况、物价状况、就业状况、人民消费水平状况等，进行综合分析衡量。

三、投资规模的决策

投资规模的决策是投资宏观决策的重要内容之一。在社会主义市场经济体制下，投资体制的目标模式是建立和完善以企业作为基本的投资主体，以企业自主决策、自担风险和市场调节投资行为为基础，而政府实行间接调控的资本要素配置机制和管理体制。在这种新的投资体制下，投资主体是多元化的，企业是竞争性领域里基本的投资主体，按照微观决策的原则，谁投资、谁受益、谁承担风险。由于投资主体多元化，所以投资项目的决策以分散决策为主。为了加强政府对投资的间接调控，首先，必须从宏观上对投资规模做出正确决策，即在投资宏观决策上要实现民主化决策程序和科学化决策依据的统一，使投资规模适合国力，量力而行；其次，要实行银行独立审贷，政府减少对企业和社会投资的行政审批，完善政策引导、信息发布、经济杠杆调节等控制投资规模的间接调控手段；再次，全面实现约束投资规模的项目法人责任制、招标投标制、工程监管制、合同管理制，规范市场上投资中介组织的行为，完善国家重大项目的稽查制度等。

投资规模的科学决策，除了取决于国民经济和社会发展的需要和社会主义市场经济正常运行的要求外，主要是在综合平衡的基础上根据国力的可能量力而行。

(一) 财力是决定投资规模的决定性因素

要知道投资规模是否适度，首先要分析可能提供的财力。以固定资产投资的资金来说，主要有以下四个来源：

(1) 国家投资

国家投资是固定资产投资的重要来源之一。国家投资是指国家利用财政预算收入进行建设的投资。国家用于建设投资的资金主要是各项税收、国家债务收入及其他收入等。2009年，我国财政收入完成68477亿元，比上年增加7160.1亿元，增长11.7%。国家的财政收入除了用于事业发展、社会保障和国家政权建设支出外，相当部分用于建设投资。

2008年，为应对国际金融危机的冲击，我国推出4万亿元的投资计划，一部分投入在铁路、机场、电站等基础设施上；另一部分则投入到节能环保等民生领域，同时扶持中小企业，调动民间资本投资。国家投资的增长主要取决于国内生产总值的增长速度和财政收入的增长速度。

(2) 银行信贷投资

银行信贷投资也是固定资产投资的来源之一。银行信贷资金主要来源于企业存款、财政存款和居民储蓄存款等。改革开放以来，随着人民生活水平的不断改善，我国城乡居民的银行储蓄存款由1978年年底的210亿元增加到2008年年底的217885亿元。银行信贷资金除用于现有企业的流动资金贷款外，其中一部分用于固定资产投资。

(3) 自筹投资

自筹投资是指各部门、各地区、各企事业单位及投资者个人用自行筹集的资金进行的投资。自筹投资也是固定资产投资资金的重要来源之一。随着投资体制改革的不断深入，我国自筹投资有较快的增长。以全社会固定资产投资资金来源为例，自筹资金已经从1981年的532.9亿元增长至2008年的118510.4亿元，在投资资金中所占比重也从55.4%升至64.8%。

(4) 国外投资

国外投资也是固定资产投资的来源之一。国外投资有直接投资、间接投资。改革开放以来，我国利用外资增长很快。我国实际使用外资额从1979年到1984年共计41.04亿美元，而2008年一年就高达923.95亿美元。

根据以上四个来源的资金，可计算出财力所允许的固定资产投资规模。从我国现阶段的财力来看，用于固定资产投资的资金是比较紧张的。按照量力而行的原则，必须控制固定资产投资规模，从投资资金的源头上防止投资规模膨胀。

(二) 物力是决定投资规模的物质基础

要进行投资规模的科学决策，还要分析可能提供的物力。进行固定资产建设投资，不仅需要投资资金作保证，同时还必须有相应的生产资料和生活资料作保证。固定资产投资所需要的物资，主要是通过市场购买的。如果用于购买物资的投资额与物资可供量相一致，而市场物价又是稳定的，则表明固定资产投资有足够的物资作保证，所确定的投资规模是科学的。如果用于购买物资的投资额大于或小于物资可供量，市场物价就有可能上涨或下降。如2008年我国居民消费价格、社会商品零售价格以及固定资产投资价格分别上涨5.9%、5.9%和8.9%，上升幅度都明显高于前几年，其中原因之一就是由于投资规模过大推动的。为固定资产投资可能提供的生产资料和生活资料的来源包括：当年生产的；期初库存的；可动用的储备；进口。其中，当年生产是主要的物质基础。

(三) 人力资源是决定投资规模的重要前提

要进行投资规模的科学决策，还要分析人力资源的状况。因为，固定资产投资规模还要受到人力的制约。虽然我国是一个人力资源比较丰富的国家，但是固定资产投资所需要的技术水平比较高的人员还是不足。固定资产投资需要的各类专业人员包括勘察人员、设计人员、建筑安装人员、管理人员等。因此，勘察、设计、施工、管理人员的数量的多少及素质的高低，是决定投资规模大小的重要前提。

综上所述，只有充分根据我国可能提供的财力、物力和人力来确定投资规模，我们才能作出正确的决策。

四、投资规模的调控

在我国经济发展过程中，常常出现投资规模超过了国力承受能力的状况，形成投资规模膨胀。投资规模膨胀主要表现为投资需求膨胀和在建总投资规模膨胀。为了控制投资规模，首先必须分析产生投资规模膨胀的原因，并相应地对投资规模进行宏观调控。投资规模膨胀的主要原因有：①银行信贷投资失控和财政透支性投资，这是造成投资需求规模膨胀的重要原因。银行信贷投资过多和财政透支性投资，集中表现为银行向流通中注入了大量无投资品保证的货币供应量，从而使投资需求超过投资品供给。②盲目追求高速度、高积累。这是导致投资需求规模膨胀的基本原因。由于盲目追求高速度，便盲目扩大投资规模，并用高积累的办法来支撑这种投资需求，造成投资需求规模不断膨胀。③投资的宏观决策失误是造成在建总投资规模膨胀的重要原因。新项目上得太多，摊子铺得太大，未完工程太多，这是在建总投资规模膨胀的具体表现。此外，还有投资体制和经济体制不合理、国有单位投资主体缺乏投资约束机制和风险机制等原因。

对投资规模进行宏观调控的主要措施有：

（1）健全投资调控机制

首先，加强国家对投资规模宏观调控的功能。以国家的投资计划为依据，搞好投资规模与可能提供的财力、物力和人力的平衡。其次，充分发挥金融、财政税收、价格等调控机制的作用。国家对投资规模的调控要从建设资金的源头入手，通过对资金供应量的调节，使投资总规模保持在合理的范围之内。

（2）明确调控的对象和重点

投资需求规模调控的对象包括对年度投资规模的调控和对在建总投资规模的调控，还要有直接的微观管理相配合。在投资需求规模过大的情况下，银行信贷应从紧，调高利率，控制规模，加强总量监测。投资需求规模调控的重点是在建投资总规模，调控的主要措施是严格控制新开工项目。对已开工的在建项目，也必须认真进行清理，对不符合国家产业政策、资金来源不落实、建设条件不具备、市场前景不明朗的项目，要采取停建或缓建的措施。

（3）改革原有固定资产投资体制

深化改革投资体制是解决投资需求规模膨胀的根本途径。投资体制改革的目标是：企业是基本的投资主体；规范和健全国有单位投资主体的约束机制；改进和完善政府投、融资机制和企业投、融资机制；建立和健全政府对投资的间接调控体系，在必要时实行行政干预。

（4）实行全方位的调控

对投资实行全方位的调控就是既要调控固定资产投资，又要调控流动资产投资；既要调控新建扩建投资，又要调控技术改造投资；既要调控国家预算内投资，又要调控预算外投资；既要调控国有单位投资，又要调控非国有单位投资；既要调控重点项目投资，又要调控一般项目投资；既要调控直接投资，也要调控间接投资，等等。只有这样，才能在综合平衡的基础上，有效地控制投资规模。

第三节　合理的投资结构

一、投资结构的概念和分类

投资结构是社会投资总量中各类投资之间的内在联系及其数量比例。

投资结构是一个有机的整体，不同的投资结构反映不同的特征和功能。对投资结构，我们可以从不同角度、不同层次、不同侧面进行考察。投资结构可以做如下的分类：

（1）投资主体结构

投资主体结构是指各种投资主体之间的相互关系及其数量比例。从决策主体来说，投资主体有中央政府投资、地方政府投资、企业投资、个人投资、港澳台商投资、外商投资等。在社会主义市场经济体制下，由于企业是基本的投资主体，企业投资的比重将逐步提高。从经济成分来看，投资主体有国有单位投资、集体所有制单位投资、私人投资等。在社会主义市场经济体制下，个人投资和私有投资的比重有明显增长。

（2）投资来源结构

投资来源结构是指各种投资来源之间的相互关系及其数量比例。从资金管理系统来看，投资来源有国家预算内资金，银行信贷资金，各部门、地区、企业和个人的自筹资金，国外资金等。在资金来源多渠道化的情况下，必须正确安排国家预算内投资与预算外投资的比例，保持合理的投资来源结构。

（3）投资部门结构

投资部门结构是指各部门投资的相互关系及其数量比例，反映的是投资的使用方面。投资部门结构主要指的是物质生产部门与非物质生产部门投资结构，第一、第二与第三产业投资结构，重工业与轻工业投资结构等。

（4）投资区域结构

投资区域结构是指各区域投资之间的相互联系及其数量比例。从行政区划来看，有各省、自治区、直辖市的投资；从经济区划来看，有东部地区投资与中西部地区投资。

（5）投资项目规模结构

投资项目规模结构是指不同项目投资规模之间的相互关系及其数量比例。投资项目规模结构包括大型建设项目投资与中小型建设项目投资等。

（6）投资的用途结构

投资的用途结构是指固定资产投资与流动资产投资之间的相互关系及其数量比例。按照生产资料在生产过程中作用的不同，它可分为固定资产投资与流动资产投资，两类投资之间必须保持合理的比例。

（7）投资再生产结构

投资再生产结构是指不同的再生产方式投资之间的相互关系及其数量比例。再生产的方式有简单再生产与扩大再生产。扩大再生产有内含性的扩大再生产和外延性的扩大再生产。内含性的投资与外延性的投资表现为技术改造的投资与新建、扩建的投资。

(8) 投资技术结构

投资技术结构是指建筑安装投资、设备投资、其他投资之间的相互联系及其数量比例。设备投资反映投资的技术水平。

总之，通过投资结构的分类，可以从不同侧面进一步研究如何优化投资结构。

二、优化投资结构的意义

（一）是国民经济持续、快速和健康发展的重要条件

优化投资结构，使投资结构合理化，是国民经济持续、快速和健康发展的重要条件。国民经济管理要通过保持经济平稳较快增长，为结构调整创造有利的环境和条件，同时又要通过结构优化升级，提高经济增长质量和效益，使二者相互依存、相互促进。国民经济的发展不仅需要进行存量的调整，更重要的是要进行增量的调整。在投资规模增大的条件下，由于投资结构合理，可以使投资发挥最大的潜能和效益。投资结构优化、投资用途恰当，可以促进国民经济结构的合理化，从而为国民经济持续、快速、健康发展奠定良好的基础。

（二）是实现产业结构合理化的重要途径

投资结构中的投资产业结构与经济结构中的产业结构有着密切的联系。产业结构不合理的原因很多，但是投资结构不合理也是其中原因之一。因此，优化投资结构，特别是优化产业投资结构，是实现产业结构合理化的重要途径。在产业结构中，农业既是基础产业，又是脆弱产业、它的发展还不能适应经济发展和人民生活的需要，因此，除了科技兴农外，增加对农业的投入也十分重要。

（三）是提高人民物质文化生活水平的重要手段

在投资结构中，按产业投资结构分，有第一、第二和第三产业的投资，它们都与人民物质文化生活水平的提高有着密切的联系。对第一产业的投资和对第二产业中消费资料生产的投资如果安排得比较合理，就能为提高人民的物质生活水平提供物质基础。随着人民生活水平的提高，人们对住房、科学、教育、卫生、文化、体育、交通、商业、金融等方面的要求也不断提高。但是，长期以来我国的保障性安居工程建设以及教育、医疗卫生、生态环境等基础设施建设投资，与发达国家相比，都是落后的。因此，增加对第三产业的投资，并提高其在投资产业结构中的比重、确保投资产业结构的优化是十分重要的。

（四）是控制投资规模和提高投资效益的重要因素

优化投资结构，特别是优化再生产投资结构，可以做到投资少、建设时间短、效益好。如内涵性投资比例合理，外延性投资恰当，则可以减少新开工的新建项目，避免盲目铺摊子，对控制投资规模膨胀起到一定的节制作用。优化投资结构，使投资的部门结构、项目规模结构、再生产结构合理化，有利于产业结构合理化，符合规模经济的要求，可以缩短平均建设周期、提高技术水平、提高投资的综合效益。

三、合理投资结构的标准

合理的投资结构必须符合一定的标准，其具体标准是：

(一) 投资结构要与生产结构、消费结构相适应

衡量投资结构是否合理的首要标准，就是投资结构是否符合建立合理的生产结构和消费结构的需要。为了使生产结构合理，在投资结构中必须增加对农业、能源、交通、邮电以及其他基础产业和基础设施的投资；为了应对新技术革命的挑战和产业结构升级，要充分重视加强对信息、生物工程、新材料、电脑元器件和软件等高新技术产业的投资；为了完善社会主义市场经济体制，在投资结构中要适当增加对第三产业，特别是金融、会计、咨询、法律等现代服务行业的投资；为了提高人民的文化生活水平，在投资结构中必须增加对教育、科技、卫生、文化方面的投资。

(二) 投资结构要促进科学技术进步

科学技术是第一生产力，发展经济要依靠科学技术，实现社会主义现代化也要依靠科学技术。现代经济的增长主要是依靠科学技术，据统计，发达国家的经济增长有60%~80%是由科学技术提供的。我国高技术出口的80%来自外资或中外合资企业，关键技术的自给率较低，对外技术依存度达50%以上，而发达国家均在30%以下，美国和日本则在5%左右；我国每年的发明专利数占世界的比重不到3%，与美国和日本等发达国家以及韩国这样的新兴工业化国家相比，存在很大差距；我国制造业的产出规模已占世界制造业产出总量的6%，而制造业研发投入仅占世界制造业研发投入总量的0.3%。要发挥科学技术作为第一生产力的作用，必须通过增加对科学技术的投入来实现。除了直接增加用于科学技术发展的投资外，还要优化投资的技术结构，提高用于技术密集型投资的比重，提高设备购置投资的比重以及其他有利于技术进步的投资。为了增强科技进步的后劲，还应重视增加对教育的投资和对基础科学研究的投资。

(三) 投资结构要有利于充分利用社会经济资源

中国的单位产值能耗分别是美国、德国、日本的5.2倍、7.9倍和8.5倍，分别是巴西和印度的2.8倍和1.6倍，这反映出中国的高耗能产业所占比重较大，能源利用效率很低[①]。优化投资结构与社会经济资源合理配置有着密切的关系，因为实现投资活动的过程也是消耗社会经济资源的过程。当投资用于建设时，需要消耗建筑材料、机器设备和勘察、设计、施工力量等经济资源；当投资实现后，需要投入原材料、能源、生产技术人员、管理人员、工人等经济资源。总之，社会经济资源能否得到充分利用，国民经济能否可持续发展，关键在于投资结构是否合理。

(四) 投资结构要有利于获得良好的经济效益和社会效益

合理的投资结构，一方面，要保证在投资转化为固定资产的过程中有良好的投资效益，如节省投资、质量比较好、建设时间短、技术水平高、综合效益好；另一方面，又要保证固定资产交付使用后有良好的经济效益，如市场需求量大、生产技术先进、产品质量高、成本低、消耗少、在国际市场上有竞争能力、设计能力得到充分发挥、投资回收期比较短等。如果投资项目在建成交付使用后，不能带来良好的投资效益和经济效益，这样的投资结构就不能算是合理的。对于民生投资，如对教育、医疗、基础住房保障方面的投资，短期可能并不能带来经济效益，但从长期来看，则可以惠及广大人民群众，改善人们

---

① 袁宏明：《结构改革战略性提速》，《中国投资》2009年第11期。

生活质量，促进社会和谐稳定。所以，合理的投资结构不仅可以带来经济效益，还可以带来非显性的、长期的社会效益。

四、投资结构的决策

建立合理的投资结构，必须有正确的决策。在社会主义市场经济体制下，由于投资主体多元化，投资决策分散化，只有通过国家的宏观指导，依据国家的产业政策和投资政策，间接引导各类投资朝着符合投资结构要求的方向发展。为了对投资结构做出科学的决策，必须认真分析我国原有投资结构的状况，正确制定国家的产业政策和投资政策，正确安排各种投资比例。主要的投资比例有：

（一）生产性与非生产性投资比例

生产性与非生产性投资比例反映国家建设与人民生活、经济建设与文化建设的关系，因此，必须确定合理的生产性与非生产性投资比例。生产性投资在投资总额中所占的比重应以能保证我国国民经济发展战略目标的实现为前提，使经济发展能保持高速度的增长，使生产中的技术装备水平不断提高，使生产结构和生产布局得到优化。而非生产性投资在投资总额中所占的比重应使科学、技术、教育、文化、卫生等事业的发展和人民生活的改善有必要的保证。一般来说，生产性投资所占比重比较大，非生产性投资所占的比重比较小。但是随着生产建设的发展，应保证非生产性投资的必要增长。

（二）农业与工业的投资比例

正确处理农业与工业的投资关系，有利于工、农业的协调发展。从我国目前的情况来看，在对农业与工业的投资中，急需增加农业投资的比重。这是因为：①我国的农业是国民经济发展的基础，社会对农产品的需求量比较大，农业受自然条件的影响大；②农业的投资不足，农业投资的预期收益率低；③农民收入水平相对较低，购买力不高。有关资料表明，近几年来我国农业投资严重不足，并且有下降趋势。农业投资不足势必使农业基础设施薄弱，抵御自然灾害能力降低，农业生产滑坡和农民收入减少。因此，必须高度重视增加对农业的投入。

（三）能源工业、原材料工业与加工工业的投资比例

在工业投资结构中，正确安排能源工业、原材料工业与加工工业的投资，对工业和国民经济的发展都极为重要。能源工业是整个国民经济发展的基础，原材料工业是加工工业发展的基础。能源工业、原材料工业与加工工业相比，其特点是投资大、建设时间长、盈利小；而加工工业的特点是投资少、建设时间短，盈利高。所以，往往加工工业投资比重过大，而能源、原材料工业投资不足，这种状况必须改变。只有增加对能源、原材料工业的投资，才能确保加工工业和国民经济的发展。

（四）新建、扩建与改建的投资比例

新建、扩建一批项目，是建立高新技术产业的需要，是新的资源开发的需要，是改变不合理的生产布局的需要，也是提高人民文化生活水平的需要。但是，新建项目需要的投资多、建设时间长、收效比较慢；而改建项目则不同，具有投资少、建设时间短、收效比较快的特点。我国有一大批通过改建可以发挥较好投资效益的老企业，需要通过技术改造来提高产品质量，提高劳动生产率，提高技术水平，增强市场竞争能力。因此，应当将较

多的投资用于改建项目。

（五）地区之间的投资比例

由于历史的和资源分布、环境的原因，我国东、中、西部地区的经济发展是不平衡的。为了合理调整经济布局，促进地区经济协调发展，党和国家提出了西部大开发、中部崛起和振兴东北等老工业基地战略。实施这一战略，必须调整好地区之间的投资比例：①要大力推进西部开发，加大对西部水利、交通、通信、电网等基础设施建设，对西电东送、西气东输、节水和开发水资源等重点工程，对保护天然林资源、退耕还林还草、防沙治沙、草原保护等生态建设和环境保护工程，对西部的优势资源的工业（如水电、石油、然气、有色金属、钾磷矿等）和特色农牧业（如绿色食品、中草药等）的投资力度。②要加快中部地区发展，在调整投资比例上要注重发挥中部地区在承东启西、纵贯南北的地区优势，注重提高工业化和城镇化水平，注重改造传统产业，提升具有竞争力的优势产业，发展高新技术产业，注重培养新的经济增长点和经济带。③进一步提高东部地区的发展水平，在考虑投资比例上，要向高新技术产业、现代服务业和出口产业倾斜，要积极支持环渤海、长江三角洲、闽东南地区、珠江三角洲等区域经济在全国经济中的带动作用。

近几年，在国家战略实施之后，中、西部和东北地区的经济增长速度不断加快，无论是投资还是经济增长，都普遍快于东南沿海等经济发达地区，一些省区已成为国家经济的重要增长点和投资增长最快的地区，并成为东部发达地区制造业转移的主要接收地。由于中、西部和东北地区的经济相对落后，发展潜力大，需要的投资量相对较多，这种发展趋势还将继续下去，直到彻底改变地区之间经济发展不平衡的格局。另外，我国还有一些需要重点扶持的地区，如革命老区、民族地区、边疆地区、贫困地区等，国家将继续加大对这些地区建设的投资力度，并制定鼓励社会投资进入的新政策。

五、投资结构的调控

对投资结构进行宏观调控的主要措施如下：

（一）存量调整与增量调整相结合

投资结构是否合理，是随着时间、地点、条件而不断变化的，因此，对不合理的投资结构进行调整，必须采取存量调整和增量调整相结合的方法。存量调整可以使经济发展由以外延性为主走向以内涵性为主，有利于经济的持续、健康发展，但是存量调整具有较大的刚性，调整难度比较大，而增量调整相对比较容易，效果比较好。总之，根据不同情况，可以灵活运用这两种调整方法。

针对我国存在的一些行业产能过剩、重复建设的问题，要加强对行业发展的指导。具体地说，一是要严格市场准入，进一步加强对产能过剩行业审批管理，提高能源消耗、环境保护、资源综合利用等方面的准入门槛，二是要加强对区域产业规划的环境影响评价，并将其作为受理审批区域内高能耗项目环境影响评价文件的前提。

对投资比重偏低的领域，如民生领域、公共服务，可以通过一些差别性财税政策推动技术进步和产业升级，淘汰落后产能。

（二）切实执行产业政策和投资政策

调整投资结构，使其合理化，必须依据国家产业政策、技术政策和装备政策等有关政策，定期发布鼓励和限制、禁止发展的产品目录，制定重要产品的经济规模、装备水平和技术标准以及相应的保障体系和经济政策。对国家规定控制发展的产品，要实行严格的管理。

在经济全球化的环境下，发展新能源、节能环保、生物医药、信息通信等对未来竞争力有重要影响的产业，是必然的趋势。调整优化投资结构，通过科技专项、重点产业调整和振兴规划等，鼓励发展研发、设计、标准、现代物流、供应链管理等生产性服务环节，拓展新的经济增长空间和消费热点，使经济建立在结构优化的基础之上。

（三）深化投资、金融、价格体制改革

深化投资、金融、价格体制改革，充分发挥各种经济杠杆的调控作用，使各类投资主体的投资流向与国家产业政策和投资政策相符合。我国投资体制改革后，国家将建设项目分为竞争性投资项目、基础性投资项目和公益性投资项目，分别采取不同的融资政策。以中央政府为主体的政策性投资和公益性投资，有利于提高基础产业的投资比重，从而使产业结构趋于优化。我国的价格体制改革正在逐步形成市场价格机制，这将会改变交通、通信、能源等部门或行业产品和服务价格偏低的状况。

2008年爆发的国际金融危机明显暴露了一些我国经济结构不合理问题。外需急剧萎缩直接导致了外贸出口的大幅下降，作为拉动经济增长的"三驾马车"之一的出口，成为拖累国民经济增长的主因；投资增长速度持续明显超过消费增长速度，这表明投资与消费的比例也不协调。三大产业的存在的问题可以概括为：农业基础薄弱、工业大而不强、服务业发展相对滞后，需要加大对农业和农村、自主创新和先进制造业、服务业的投资。除了政府投入之外，还需要社会投资的跟进。近年来，国家已经制定了一系列鼓励相关方面投资的政策，从涉及民生的安居工程、医疗文教、农村基础设施建设，到铁路、公路等交通工程建设，灾后重建，以及对高新技术产业和服务业的支持等多项举措。2008年年底推出的"四万亿投资计划"，根据优化投资结构的需要，国家发改委先后安排了不同的资金投向。2009年，重点投资领域是铁路、高速公路、基础设施等。2010年做出调整，重点投资领域是"三农"、保障性安居工程、卫生教育、节能环保和新兴产业。可见，国家投资政策旨在刺激经济增长的同时，也在对我国长久以来存在的投资结构不合理进行调控。

第四节 投 资 效 益

一、投资效益的概念和意义

（一）投资效益的概念

投资效益是指投资活动所取得的能够满足社会需要的有用的成果与投资过程中所占用或所耗资源的对比关系。如固定资产投资效益，就是通过固定资产投资与投资后所取得的经济成果之间的比较来体现的，用公式表示为：

$$固定资产投资效益 = \frac{通过固定资产投资所取得的经济成果}{固定资产投资} \quad (7\text{-}1)$$

或 $$\text{固定资产投资效益} = \frac{\text{固定资产投资}}{\text{通过固定资产投资所取得的经济成果}} \qquad (7\text{-}2)$$

这里所说的经济成果,可以表现为新增固定资产或者新增生产能力或者是新增事业发展能力,也可以表现为固定资产投资交付使用投产后增加的社会产品和劳务,也可以用新增国内生产总值或国民收入增加额来表示。

投资效益包括财务效益、国民经济效益和社会效益。投资的财务效益是指投资项目的投入与产出相比较,能否获得预期的盈利,是从投资者的角度衡量投资活动是否值得,所以,投资的财务效益又称为投资的微观经济效益。投资的国民经济效益是指投资总量或每一个投资项目对国民经济有效增长、结构优化的贡献。任何项目的建设和运行都要耗费社会的有限资源,这些稀缺性的资源是有机会成本的,用于这个项目就不能用于其他项目。在投资总量既定的情况下,为有效利用资源,就要运用投资的国民经济效益评价指标来衡量和选择投资项目。全部投资项目的国民经济效益汇总起来,就形成一定时期社会总投资的国民经济效益,即投资的宏观经济效益,因此,投资的国民经济效益又称为投资的宏观经济效益。投资的社会效益是指投资项目的建设和运行对社会发展、资源、生态、环境、就业、分配等方面带来的影响。

(二) 提高投资效益的意义

(1) 是投资宏观管理的重要目标

社会主义投资宏观管理的目标不仅是要调控投资规模,调整投资结构,合理安排地区投资结构,完善投资体制,更重要的是要不断提高投资效益。因为投资效益是综合反映投资活动质量的指标。投资效益好,就意味着投入少、产出多,不仅经济效益好,而且社会效益、环境效益都比较好。投资效益好,还意味着固定资产交付使用率高,投资后生产的产品符合社会需要,而且每增加一定固定资产投资所提供的增加值比较大,所以,必须千方百计地提高投资效益。

(2) 是加快经济发展速度的重要途径

经济发展速度能否加快不仅取决于投资规模的大小,在很大程度上也取决于投资效益的好坏。如果投资效益好、建设工期短、固定资产交付使用率高、投资回收快、投资纯收益高,投资主体再投资的积极性就高,再投资的能力就强,会进一步推动经济的发展;相反地,如果投资效益差,不但不能加快经济发展,还会使经济发展更加缓慢,因此,在固定资产投资的过程中,必须提高投资全过程各个阶段的经济效益,如固定资产建设阶段的效益、固定资产投资回收阶段的效益、固定资产投资纯收益阶段的效益。

(3) 是增强国家财力的重要基础

国家财力的重要基础取决于国民经济各部门的经济效益,而投资领域的经济效益对国家的财力有着直接和间接的影响。国家每年投入大量资金进行建设,如果投资效益比较好,不但可以及早地收回投资,以便进行再投资,同时还能取得投资后的纯收益,以增加财政收入,增加积累基金,为社会主义现代化建设提供更多的资金。如果投资效益不好,不但不能有效地发挥投资的作用,还会进一步增加国家财政的负担。

(4) 是提高人民物质文化生活水平的重要条件

如果投资效益好,对人民物质文化生活水平的提高会带来许多好处。主要是:①有可能使城乡居民的收入增加，就业人数增多；②人民群众需要的各种农副产品和轻工业产品日益增多，使人民的物质生活不断改善；③在不影响生产、流通和国防建设投资的情况下，有可能增加居民住宅、文化教育、科学技术、卫生保健等方面的投资，进一步改善居民住宅条件，增加文化、教育、卫生保健的设施，提高人民群众的物质和文化生活水平。

二、度量投资效益的主要指标

投资效益指标是投资经济活动成效的数量表现，是考核、比较和分析项目投入和产出对比关系的工具。度量投资效益是通过一系列的标体来体现的。其主要指标有：

（一）国民经济投资效果系数和投资系数

国民经济投资效果系数指标和投资系数指标都是衡量宏观投资效益的综合指标。

（1）国民经济投资效果系数

国民经济投资效果系数是指单位生产性固定资产投资所增加的国内生产总值。其计算公式为：

$$国民经济投资效果系数 = \frac{同期国内生产总值增加额}{一定时期内固定资产投资总额} \qquad (7-3)$$

式中的国内生产总值增加额是指因实现固定资产投资后而新增的国内生产总值。考察这个指标时必须注意三个问题：①新增国内生产总值不只是受到固定资产投资的影响，还受到其他因素的影响；②时间滞差问题，由于固定资产投资的时间与固定资产投资实现后而新增的国内生产总值的时间并不是同一时间，其间有一个时间滞差，因此，要从长期来考察这个指标；③计算的价格问题，应尽量使用可比价格。

（2）国民经济投资效果系数

国民经济投资效果系数是从宏观上综合反映固定资产投资效益的指标。这个指标的系数越大，表明单位固定资产投资所增加的国内生产总值就越多，投资的效益也就越好；相反，如果这个指标的系数越小，则投资的效益也就越差。

投资系数是指每增加一单位国内生产总值需要增加多少固定资产投资。国民经济投资系数的计算公式为：

$$国民经济投资系数 = \frac{同期固定资产投资额}{一定时期内国内生产总值增加额} \qquad (7-4)$$

国民经济投资系数是国民经济投资效果系数的倒数。

（二）固定资产动用系数

固定资产动用系数是指在一定时期内，竣工投产及交付使用的固定资产与固定资产投资总额之比。这个系数可以通过以下三个指标来表示：

（1）固定资产交付使用率

固定资产交付使用率是指一定时期新增固定资产额与固定资产投资额的比率。其计算公式为：

$$固定资产交付使用率 = \frac{同期新增固定资产额}{一定时期内固定资产投资额} \times 100\% \qquad (7-5)$$

固定资产交付使用率指标综合地反映了固定资产交付使用的状况。一般来说，固定资产交付使用率高,意味着在固定资产投资额中新增固定资产额所占比重比较大,而在建工程投资额的比重比较小,投资效益就好;相反,如果固定资产交付使用率低,则投资效益就差。固定资产交付使用率一般应略小于100%,这是因为投资规模在不断扩大,在固定资产投资总额中有一部分在建工程,这部分工程不能即期形成固定资产并交付使用。

(2) 建设项目投产率

建设项目投产率是指一定时期内全部建成投产的项目(全部项目或大中型项目)个数占施工建设项目个数的比率。其计算公式为:

$$建设项目投产率 = \frac{同期全部建成投产的建设项目个数}{一定时期内施工建设项目个数} \times 100\% \qquad (7-6)$$

这个指标反映建设项目建成投产的进度。建设项目投产率高,说明建设的速度快,建设项目的周期短,投资的效益好;相反,如果建设项目投产率低,则说明建设的速度慢,建设项目的周期长,新上建设项目比较多,投资效益差。

(3) 生产能力形成率

生产能力形成率是指一定时期新增生产能力占施工规模(预期形成的生产能力)的比率。其计算公式为:

$$生产能力形成率 = \frac{同期新增生产能力}{一定时期内施工规模(预期形成的生产能力)} \times 100\% \qquad (7-7)$$

这个指标主要反映行业生产能力建成的进度。生产能力形成率高,说明建设速度快,投资效益好;相反,如果生产能力形成率低,则说明建设速度慢,可动用的新增生产能力相对较少,投资效益差。

(三) 单位生产能力投资额

单位生产能力投资额又称为单位生产能力造价,是指一定时期内竣工投产项目(或单项工程)新增的生产能力与其所花费的投资之比率。其计算公式为:

$$单位生产能力投资额 = \frac{投产项目所花费的总投资}{投产项目新增的生产能力} \qquad (7-8)$$

公式 (7-8) 中,投产项目新增的生产能力是指建成后的综合生产能力;投产项目所花费的总投资是指建设项目从开始建设到形成生产能力并交付使用的投资总额。单位生产能力投资额指标反映的是投产项目单位生产能力投资的状况。在投产项目新增生产能力相同的条件下,其单位生产能力投资额越少,则投资效益越好。

(四) 平均建设周期

平均建设周期是指在一定时期内竣工投产项目的建设时间与竣工投产项目之比。其计算公式为:

$$平均建设周期(天) = \frac{各个投产项目建设的天数总和}{投产项目数} \qquad (7-9)$$

这个指标是从建设时间的角度来考察投资效益的。一般来说,平均建设工期越短,投资效益就越好。因为建设工期短,意味着建成完工的固定资产可以提前使用,少占用了投资;相反,如果平均建设工期长,就意味着社会财富被长期占用,与相对标准的工期来说,就等于增加了更多的投资,其投资效益就差。

(五) 投资回收期

投资回收期是指一定时期内各个建设项目的投资总额与该项目的年利税总额之比。其计算公式为：

$$投资回收期(年) = \frac{各个建设项目的投资总额}{各个建设项目年利润和税收总额} \tag{7-10}$$

这个指标是从投资回收的角度来考察投资效益的。投资回收期是指项目从投产时起，到各个企业通过利税等收回投资时止的经济效益。投资回收期的期限越短，则投资效益越好；相反，投资回收期的期限越长，则投资效益越差。

三、影响投资效益的因素

投资效益受许多因素的影响。从宏观投资效益来看，影响投资效益的因素主要有：

(一) 投资规模的大小

投资规模的大小对宏观投资效益有重大的影响。投资规模既不宜过大，也不宜过小，过大或过小的投资规模，其宏观投资效益都比较差。如果投资规模过大，就会出现大量的在建工程，不仅使大量资金和物资呆滞，工程项目也不能及早地动用，同时，还会使投资资金和投资品供应紧张，从而引起部分生产资料价格上涨。可见，过大的投资规模会严重地影响投资效益的提高。如果投资规模过小，也会使投资效益产生不利的影响。因为投资规模过小，会使一部分可用于固定资产建设的劳动力、生产资料和生活资料等社会经济资源得不到充分利用，一部分企业处于停滞状态，直接影响经济发展速度和人民生活水平的提高。因此，正确安排投资规模是提高投资效益的关键。适度的投资规模既可以有充分的人力、财力、物力作保证，使投资建设顺利完工，取得较好的投资效益，又能充分利用可用于投资的人力、物力和财力，加快经济发展速度，从而取得较好的宏观投资效益。

(二) 投资结构合理与否

在投资规模一定的情况下，投资结构合理与否也是影响投资效益的重要因素。如果投资结构合理，不但可以使产业结构合理化，还能节约投资，提高投资效益；反之，投资结构不合理，则投资效益就差。由于投资结构不合理引起投资效益低下的主要表现有：农业、能源、邮电、交通等部门的投资不足，加工工业重复建设过多，造成产业结构不合理；非生产性投资中用于楼堂馆所的比重过大，影响居民住房建设；新建项目建设投资过多，技术改造项目投资不足，影响投资效益的发挥。因此，只有使投资结构合理化，才有可能促进投资效益的提高。

(三) 技术政策的选择

技术政策的选择对投资效益也有重要的影响。如果技术政策选择正确，投资效益就好；否则，投资效益就差。技术政策的选择应使采用的先进技术在投资中所占的比重既不宜过大，也不宜过小。如果比重过小，就会影响高新技术产业的发展，影响新技术、新产品、新材料的发展，影响产品质量的进一步提高，影响参与国际市场的竞争；如果比重过大，又会造成资金紧张，影响对劳动力的充分利用。因此，在投资中必须正确选择投资的技术政策，才能提高投资效益。

(四) 经济体制的改革

经济体制对投资效益也有很大的影响。经济体制对投资的影响实质上是如何正确处理投资过程中责、权、利的问题。计划经济体制下，往往造成争投资、争项目的格局，致使投资需求膨胀，在建规模过大，投资效益低下。现在正处在由计划经济体制向市场经济体制转轨的时期，由于投资主体多元化，投资约束机制不完善，投资宏观调控机制不健全，投资过于分散，影响了投资效益。因此，只有继续深入经济体制改革，才能更好地提高投资效益。

四、提高投资效益的主要对策

提高宏观投资效益主要有以下对策：

（一）深化投资体制的改革

投资体制的改革是提高投资效益的重要对策。党的十一届三中全会以后，投资体制已进行过多次改革，投资效益有明显的提高。党的十四大以后，开始建立社会主义市场经济体制，投资体制的改革不断深化。新的投资体制是以企业作为基本的投资主体，加强投资约束机制和风险责任机制，竞争性项目投资由企业自主决策、自担风险，所需贷款由商业银行自主决定、自负盈亏；基础性项目投资由政府投资并鼓励和吸引各方投资，公益性项目投资广泛吸收社会各界资金；政府减少对企业和社会投资的行政审批，对出资建设国家非限制类项目，实行登记备案，建立以政策引导、信息发布等间接调控手段为主的投资宏观调控体系；全面实行投资项法人责任制、招投标制、工程监管制等投资管理制度和政府对国家重点投资项目的管理、稽查制度。总之，社会主义市场经济下的投资体制，既要充分发挥市场机制对投资的基础性作用，又要加强国家对投资的宏观调控。

（二）加强宏观调控与必要的微观管理

提高投资效益，不仅要使投资主体在投资市场有序地平等竞争，同时还要加强宏观调控和指导。国家根据经济发展战略和五年计划，合理确定和调控投资规模和投资结构，运用各种经济手段引导投资方向，加强对投资的监督和管理，对投资的宏观管理，需要建立和健全投资法规和管理制度，如投资法规体系、投资决策程序、投资责任制、投资效益考核指标体系、投资政策体系、投资监测体系等。

（三）依靠科学技术进步

提高投资效益的根本出路在于依靠科学技术进步。在投资建设的过程中，既要运用现代先进的技术装备，又要实行现代化的科学简理。只有依靠科学技术进步，才有可能保证工程质量，缩短建设周期，降低单位生产能力工程造价，提高固定资产交付使用率，提高投资效果系数，降低投资系数。当前，建筑安装业的经营管理水平不高，技术装备水平比较低，远远不能适应我国现代化建设的要求。因此，只有依靠科技进步，提高经营管理水平，才能进一步提高投资效益。

（四）健全对投资效益的管理

要广泛地提高投资效益，必须进一步加强对投资效益的管理。管理的内容主要有：首先，要建立和健全投资效益考核指标体系，从而使对投资效益的评价有一个科学的、客观的依据；其次，要加强投资统计和调查研究工作，及时搜集整理各种数据资料，深入调查研究，对投资的各个阶段活动进行分析；最后，要加强对投资的监督检查，及时采取有效措施，提高投资的综合效益。

（五）加强投资项目全过程的监督和管理

在健全法制、优化投资环境、完善投资政策和提高经济技术水平的基础上，还要不断加强各类投资主体对每个具体投资项目的管理，包括从项目的工程设计、建筑施工和竣工投产等全过程的管理，严格推行项目法人责任制、招投标制、工程监理制及合同管理制。

思 考 题

1. 什么是投资？投资主要的分类有哪些？
2. 投资对经济增长有什么作用？
3. 投资宏观管理的意义何在？
4. 什么是投资规模？影响投资规模的主要因素有哪些？
5. 为什么一定时期内的投资规模主要决定于财力？
6. 什么是投资需求规模膨胀？怎样防止和纠正投资需求膨胀？
7. 对投资规模进行宏观调控有哪些主要措施？
8. 什么是投资结构？投资结构有哪些分类？
9. 合理的投资结构的客观标准是什么？
10. 对投资结构进行宏观调控的主要措施有哪些？
11. 什么是投资效益？提高投资效益有何重要意义？
12. 固定资产动用系数是怎样反映投资效益的？
13. 从宏观经济角度来看，投资效益的高低受到哪些因素的影响？
14. 提高宏观投资效益的主要措施有哪些？

第八章 消费的宏观管理

第一节 消费管理的必要性

一、消费的概念和作用

消费有广义和狭义之分。广义消费包括生产消费和生活消费。人们从事物质资料生产活动，要耗费一定的原材料，生产工具也会磨损，生产出一定的产品，这种消费活动就是生产消费。人类的生存和发展、劳动力的再生产都必须消费粮食、衣服、住房、用品等，马克思说过，吃喝是消费形式之一，人吃喝就是生产自己的身体，这是明显的事，因此，凡是消费消费资料和劳务以实现人类自身再生产的就是生活消费。本章所研究的就是生活消费，即狭义消费。

社会再生产过程包括生产、交换、分配和消费四个环节。一般来说，在社会生产四个环节中，生产起着决定主导的作用，因而生产决定消费。

生产为消费创造对象。生产部门如果不生产出消费资料，消费就无从谈起。有了粮食，才有食物的消费；有了电子工业的生产，才有电子产品的消费，这是不言而喻的。

生产决定消费方式。不同的消费对象有着不同的消费方式。马克思说过，饥饿总是饥饿，但是用刀叉吃熟肉来解除饥饿的办法不同于用手、指甲和牙齿啃生肉来解除的饥饿。这就说明，生产力水平不同，生产对象不同，消费方式也不同。

生产创造消费的动力。有了某种消费品的生产，才会引起消费者对这种产品的需要。比如，没有电脑的生产，就不会引起消费者对家用电脑的需要。可以说，生产越发展，消费的动力就越大。

但是，从另一方面来说，消费对生产也有很大的促进作用，在一定意义上说，甚至起决定作用。马克思说："一定的生产决定一定的消费、分配、交换和这些不同要素相互间的一定关系。当然，生产就其片面形式来说也决定于其他要素。"[①] 具体来说，消费的作用有以下几个方面：

（1）消费是保证劳动力再生产的基本前提

众所周知，没有劳动力，就无法进行再生产。不保证劳动力再生产，就不可能有物质资料再生产。通过消费，使作为生产的个人再生产出来，实现了劳动力再生产，这就为物质资料的再生产创造了最基本的条件。消费不仅一般创造出生产主体劳动力，而且提高劳

[①]《马克思恩格斯选集》第 2 卷，人民出版社 1972 年版，第 95 页。

动者素质。劳动者的素质包括生理素质、文化素质和思想素质。这些素质同生活消费有密切关系。人民生活的改善，可以激发劳动者生产的积极性和创造性，以满腔热情投身于工作，其思想素质也相应提高。劳动者科技文化素质的提高，不仅来自于良好的物质生活消费，更重要的是取决于科学文化消费。劳动者素质的增强，不仅是个人才能的发展，也是生产力的发展。

（2）消费能产生新的社会需要，促进经济的增长

生产取决于需要，需要只有通过消费才能得到满足。人们的需要是不断发展的，人们的消费也是不断发展的。这样，消费不断发展，使需要不断实现。需要实现了，又产生新的需要，以此促进生产不断发展。消费促进经济的增长，这表现在消费为生产开阔市场。马克思说过，消费是使产品成为产品的最后行为。只有通过消费，产品最终实现了，才能不断开拓市场，使再生产继续进行；如果产品生产出来，不能到达消费者手中，而是积压在生产者手里，积压在流通过程，不仅会使再生产无法继续进行，而且会造成浪费和损失。

（3）消费使分配实现，是检验分配是否合理的重要标志

国民收入最终分为积累基金和消费基金，消费基金又分为个人消费基金和社会消费基金。个人消费基金又在社会各阶层、各居民集团之间进行分配。分配是否合理以及分配如何最终实现，都要通过消费反映出来。在社会主义现阶段，积累和消费的分配关系从根本上说是一致的，但也有矛盾。因为，在国民收入一定的条件下，用于积累的多了，用于消费的则会少；反之一样。因此，消费作为分配的最终实现，会对劳动者的生产积极性和整个社会的稳定产生重要影响。

需要指出的是，我们强调消费在社会再生产中的地位和作用，绝不是主张脱离经济发展的实际的高消费，因为高消费不适合中国的国情；但也不能实行低消费，过低的消费不利于调动劳动者的积极性，也不利于社会经济的发展。不顾生产发展的可能而提出过高的消费要求，是不对的；在生产发展允许的限度内，不去适当增加消费，而一味限制消费，也是不对的。因此，我们要正确处理生产和消费、积累和消费的关系。一方面，在生产发展的条件下，要十分重视改善人民的物质文化生活；另一方面，消费水平的提高速度，一般不宜超过生产发展的可能，不宜超过劳动生产率的提高速度。只有坚持合理的消费，才能促进社会经济的繁荣和生产的发展。

二、消费宏观管理的必要性和原则

（一）消费宏观管理的必要性

消费宏观管理是指整个社会的、全局性的消费管理，它涉及宏观的消费水平、消费结构、消费方式、消费市场的供求等内容。消费宏观管理是整个宏观经济管理的重要内容，其必要性表现在如下几个方面：

（1）消费宏观管理是实现社会经济发展战略目标的客观要求

社会主义经济发展归根到底是为了满足人民的物质文化需要。这一根本目的是通过各不同发展阶段的具体发展目标实现的。在社会主义市场经济条件下，市场在资源配置中虽然占有基础地位，但单纯地依靠市场自发调节，通过市场竞争所达到的资源配置和收入分

配不一定与社会主义经济发展目标完全吻合。人们的消费需要千差万别，有的合理，有的不合理；有的消费目标或愿望可能实现，有的则目前无法实现；有的消费行为是需要提倡的，有的消费行为则是必须制止的；有的与战略目标一致，而有的则不一致。如何根据不同情况引导消费，才能一方面约束与限制不合理的消费行为，另一方面使各种合理的消费需要得到最大可能的满足，这是实现战略目标的客观要求。

(2) 消费宏观管理是社会主义市场经济发展的内在要求

在市场经济条件下，人们的消费不仅复杂多变，而且还必须通过市场中介去实现。市场供求、价格、竞争等因素千变万化，客观上要求人们对自己的消费结构、消费方式、消费计划等做重新调整，才能使有限的消费支出效用达到最大。因此，加强对消费行为的管理和科学引导，是社会主义市场经济发展的内在要求。

(3) 消费宏观管理是保护消费者权益的客观需要

经济体制改革给我国经济带来了生机和活力。短缺经济成为历史，买方市场形成，消费者的"上帝"地位已经确立。但是，我们应该看到，消费者权益受侵犯的事情还时有发生。一些不法工商户欺行霸市、哄抬物价、短斤少两，尤其是假冒伪劣产品充斥市场，使消费者的正当权益受到严重损害。消费者使用了假药、不合格的热水器等，不仅为此付出了金钱、时间，甚至连生命也赔进去了。消费者的合法权益受损害的事实说明，在我国由计划经济体制向市场经济体制转变的过程中，加强消费的宏观管理既必要，又紧迫。

(二) 消费宏观管理的原则

(1) 不损害消费者的主权利益

消费宏观管理从某种意义上说，就是保护消费者正当合理利益的实现。因此，消费主权利益的保护既是消费宏观管理的题中之意，也是检验其成功与否的根本标志。消费者消费什么、消费多少、如何消费，应由消费者根据市场状况和自己的收入水平决定，不能以宏观管理作为借口，而把消费者的主权地位剥夺了。

(2) 有利于社会资源的有效配置

在市场经济条件下，社会资源的配置主要取决于市场价格的升降变化。如果消费需求不合理，消费者在市场上向生产者传递的信息不准确或失真，就会导致社会资源的配置不合理，以至出现社会的人力、物力、财力资源的巨大浪费。因此，消费宏观管理的目的既要着眼于解决落后的社会生产与日益增长的社会消费之间的矛盾，又要着眼于克服某些产品供大于求而导致社会资源配置出现浪费的弊端，以提高全社会的资源配置效率。也就是说，消费宏观管理必须从我国经济资源的短缺状况出发。无论是消费品的生产、消费结构的变化，还是新的消费领域的开拓，都要充分考虑我国现有资源状况，有利于资源的充分合理地利用。

(3) 有利于新产品的开发

人们的消费需要和消费内容是不断增长和丰富的，人们消费的物质资料也有一个从不丰富到日益丰富的过程。新产品的出现必然会相应地引起人们对新产品的需要，要满足人们对新产品的需求，就必须开拓新的领域与新的产业。而新产业的开发，对于丰富商品供应、产业结构的转型有着极其重要的意义。因此，消费宏观管理要从人们的多层次、多方面和日益丰富的商品需求出发，实行动态管理，有利于新产品的开发和消费领域的拓展。

(4) 收益成本原则

东西方国家实践业已证明，市场机制是迄今为止人类社会所拥有的最有效的资源配置工具。因为，市场机制能够以最快的速度、最低廉的费用、最简单的形式把消费品资源的信息传递给相关的消费者主体。因此，凡是市场能够调节好的消费者活动，政府就没有必要插手，否则会适得其反。但是市场如同一部机器，在运行过程中也会出故障，会在某些环节上失灵。这样一来，政府干预又是必要的。

消费的宏观管理只能限制在市场失灵的领域。但也不是所有市场失灵的领域，政府都要去干预。政府不是万能的，它只能限制在政府可以修补的领域。对于某些政府无力修补的市场缺陷，如果勉强去修补，就会造成消费管理失灵，而且带来管理成本高于收益。从本质上看，消费宏观管理也是一种经济活动，有收益亦有成本，只有当其收益高于成本时，才是合理的。

第二节 消费规模和消费水平

一、消费规模和消费水平及其衡量标志

(一) 消费规模及其衡量标志

消费规模是指社会全体成员及社会集团在一定时期内（通常是一年）消费的生活资料和劳务的总量，它着重从总体上反映一定时期全社会的消费状况。我国通常用消费总额、总消费、社会消费品购买力以及社会商品零售额等指标来反映消费规模的大小。消费规模的大小决定着消费水平的高低。

(二) 消费水平及其衡量标志

消费水平是指一定时期社会每个成员平均消费的生活资料和劳务的数量，如人均消费额、人均消费粮食数量、人均生活费支出等。消费规模是从消费总量方面反映消费水平，而人均消费则是从平均方面反映人们的消费状况及其物质和文化生活需要的满足程度。消费是发展变化的，在一定生产力水平下，有些需要可以满足，有些需要不可能满足，能够满足的程度也就是人们实际消费的生产资料和劳务，体现为消费水平。

生活资料的数量不单指物质文化资料的总量，还包括产品门类和消费品结构。消费品总量越多、门类越全，享受、发展性的资料的比重越大，消费水平就越高。在消费品总量中，还应包括劳务和环境。劳务消费是指消费者消费社会提供劳务的种类、范围以及它在整个消费中的比重。如果所享受的劳务消费的种类多、范围广，占的比重大，消费水平就高。反之，自我承担劳务的增加则是消费水平降低的表现。环境消费也是如此，如果生活的环境良好，无疑是一种高档享受，消费水平就高；反之，即使物质产品很丰富，但环境很差，消费水平只会低而不会高。

需要指出的是，消费水平不仅包括了消费数量，而且也包括了消费质量。同等数量的消费品、劳务和环境，由于其质量上的差异，就使消费水平有高低之分。

按现行的统计口径，衡量消费水平的常用指标主要有：

(1) 实物指标

①城乡居民人均实物消费量：是指一年内城乡居民家庭每人平均消费的各种主要实物量，又具体分为城市居民平均消费量和农民家庭人均消费量两个指标。

②平均每百户拥有耐用消费品数量：是某一时点（通常是年末）城乡居民家庭耐用消费品的拥有量，按城市居民家庭和农民家庭分别计算。另外，还可以用平均每人居住面积，城市每万人拥有公共车辆，每万人口乘车、船、飞机次数等指标，来反映居民住和行的水平。

（2）价值量指标

①居民年均消费水平：是指一定时期内居民消费基金与同期人口总数之比，它是较全面说明居民消费水平的重要指标，也是确定国民收入分配比例、制定相应的消费政策的主要依据。以此指标为基础，可以计算居民消费水平指数，从动态上反映居民消费水平的变动幅度，也可以进一步分组，分别计算农村居民和城市居民、各地区居民的消费水平以及工农之间、地区之间消费水平对比。

②平均每人全年生活费支出：一般又分为城市居民和农村居民平均每人全年生活费支出两种指标。这些指标还可以在纯收入水平分组基础上进行计算。农民平均每人生活费支出中的消费品支出还可以分为商品性和自给性两部分，以此来说明消费水平与收入水平的联系以及农民生活消费对市场的依赖程度。

③居民人均消费品零售额：是指一定时期内社会商品零售总额中售给居民的消费品零售额与人口数之比值。

（3）劳务指标

劳务又称为服务。服务"不过是指这种劳动所提供的特殊使用价值，就像其他一切商品也提供自己的特殊使用价值一样；但是，这种劳动的特殊使用价值在这里取得了'服务'这个特殊名词，是因为劳动不是作为物，而是作为活劳动提供服务的"。[①] 可见，劳务是以提供活劳动满足人们某种特殊需要的经济活动。

劳务有广义和狭义之分。狭义的劳务指的是服务行业提供的劳务，包括饮食、理发、沐浴、园艺、旅游、修理业以及其他生活服务。广义劳务既包括文化、教育、艺术、出版、卫生、保健、金融、情报、邮电等部门提供的劳务，又包括生产服务和为生活服务的劳务。我们在这里只讲为生活服务的劳务。

为生活服务的劳务有三种存在形式：凝结在一定的物质产品中，体现为商品，如饮食、服装加工、日用品的修理；凝结在有形的精神产品中，如科学著作、文学作品和艺术品等；没有独立存在形式的"纯粹"服务，如沐浴、理发、欣赏音乐等，提供这些劳务的过程同时就是消费和享受服务的过程。主要指标有：学龄儿童入学率，每万人中有大学生人数，每万人中拥有病床数和医生等等。

（4）环境指标

所谓环境，就是指人类生产和生活的条件。马克思说过，人本身是自然界的产物，是在他们的环境中并且和这个环境一起发展起来的。因此，环境与人类的关系可以从两方面看：一方面，它是人类获取物质财富的对象物，表现为利用自然界的资源把它转换成满足

---

① 《马克思恩格斯全集》第 26 卷 I，人民出版社 1976 年版，第 435 页。

人们需求的各种物品；另一方面，它是人类生活消费的条件或空间。毫无疑问，环境质量如何，将直接影响人们的消费水平和消费质量。

在远古时代甚至到产业革命以前，由于资源极其丰富，人类总是在"游动"中寻找优质资源进行生产，一般不会、也没有必要对资源实行过度开采，当然也就不会出现环境问题。即使出现，也是局限在某一地区，而不可能具有社会性，更不可能具有世界性。

人类完成了产业革命，用机器大工业代替了工场手工业，使人类社会生产进入了技术发展的新时期。特别是第二次世界大战以后，现代生产力的巨大发展、科学技术的飞跃进步、人口的迅猛增加、人类对实物消费的极大增长，使人类社会经济活动的需求日益扩大。而这种需求的实现是建立在大量消耗资源和能源的基础之上的，使现代经济社会出现资源短缺乃至濒临枯竭；同时，人类又将自己经济活动所产生的废物还给自然界，当废物超过了自然生态系统的吸收和净化能力的限度时，现代经济社会便出现了环境污染乃至环境危机。由此，环境或生态消费日益成为全社会直至全球的一个重要问题。

特别要看到的是，环境与一般劳动产品显著区别在于，它是公共物品。当然，一般劳动产品中也有部分属于公共物品，但其概率远没有环境物品高。公共物品具有两个显著特征：一是消费的非排他性，个人消费的商品是排他的，如一袋大米你吃了，别人就不能再消费这袋大米了，而公共物品则是非排他的，如某一居民消费了公共绿地和鲜花，并不妨碍其他厂商或居民对它的消费；二是供给的不可分性，为一个消费者生产公共商品，实质上是为所有的消费者生产该商品，在多数情况下，个人不管付费与否，它的供给形式具有整体性，不能把它分割成若干部分而分别供给不同的公共消费者。如清洁的空气、干净的水、优美的环境景观、物种的多样性等，是供应给凡是有条件消费的国民的，不可能把有条件消费的任何一个国民排除在外。即使这种排除是可能的，如社区的自然景观，它可以不让一部分人消费，但这种做法违背了帕累托最优的原则（该原则要求穷尽一切使一个人变好而不使其他人变糟的机会），因而是不可取的。

环境作为公共物品有有益和有害两个方面。优美舒适的环境、清新的空气、绿茵茵的草地、随处可见的大小森林等是好的公共物品；而资源浪费、环境污染、高分贝的噪音、生态失衡则可以看做是坏的公共物品。不论好坏，所有消费的人都会共享。

人作为环境的消费者，是从生态系统中摄取必要的物质能量以满足自身需求的。这样，凡是与生态环境相关的，如空气质量、水资源质量、城市废渣、废气的处理、噪音的排放度以及维持自身生命消费的绿色植物（如森林覆盖率）等，就成为衡量人们消费质量的重要指标。

反映消费水平提高的内容，除了按人口平均的实物消费量、劳务消费量、环境等指标外，还有自由时间的增加。自由时间是指生产劳动或工作、家务劳动以外的，由劳动者自由支配的业余时间，它是人们全面发展的重要条件。在劳动条件和实际收入总额不变的情况下，工作时间缩短、自由时间增加，不仅意味着单位劳动时间的生活资料数量增加，而且使人们有更多的时间去学习、休息和娱乐，满足发展智力和体力的需要。因此，自由时间的增加也反映消费水平的提高。

衡量消费水平，不仅应该看消费了什么，消费了多少，而且还要着眼于消费的效果，即考核各种消费最终在满足人民生存、发展、享受等需要方面所取得的效果。

二、消费效果

消费也是生产。在消费这种生产的过程中，与物质资料的生产一样，也需要投入，即消耗一定的消费资料和劳务；消费也有产出，也会取得一定的成果，即人们的体力、智力的恢复和发展，人本身的再生产。在人们的消费过程中，投入与产出、消耗与成果、消费支出与达到消费目的的效果之间的对比关系，就是消费的经济效果。可用公式表述为：

$$消费的经济效果 = \frac{消费取得的成果}{消费支出}$$

在上述公式中，分母即投入，一般用消费实物量表示，也可以用价值量表示，还可以用时间或其他方式进行计算；分子即产出，消费活动的成果有些可以做定量分析，如消耗多少食物、摄取多少热量和蛋白质；有些可以大体估计，如投入多少教育经费，人们的科学文化水平提高了多少等，但有一些投入可能满足人们的某种需要，却很难计量效果，如人们参加一些有益的文体活动，能增进身心健康，但对人的智力、体力的增长产生多大的效果就很难计量。还有一些消费投入，其成果有程度不同的差别，也很难进行精确的定量分析，如居住条件的舒适程度、环境消费对人的影响，等等。

从范围考察，消费效果可以分为宏观消费效果和微观消费效果。宏观消费效果是从社会全局、整体来看的消费效果，即社会资源消费所取得的整体效果。微观消费效果是从家庭或个人的角度来考察的消费效果。二者既有一致性，又有矛盾性。宏观消费效果以微观消费效果为基础。微观消费效果好，宏观消费效果一般会好；同样，宏观消费效果好，微观消费效果也会好。二者的矛盾表现在：微观消费效果好，宏观消费效果则不一定好，如小轿车消费，对个人来讲，以车代步，比较舒适方便，微观消费效果比较好；但是，如果私人小轿车过多，能源耗费、城市污染、交通事故等问题就会大增，宏观消费效果就比较差。又如住房，如果单从个人消费效果看，兴建庭院式的平房，无论是采光、通气、舒适等方面都要比高层楼房好，也就是说微观消费效果好，但是从全社会来看，平房的占地面积大大超过楼房，在人口多、耕地少的情况下，宏观消费效果就很差。理论和实践证明，那些负外部性越大的微观消费，宏观消费效果就会越差，因此，当微观消费效果和宏观消费发生矛盾时，微观消费效果要服从宏观消费效果。

如果从消费投入与所取得的成果之间联系的密切程度来看，消费效果可以分为直接消费效果和间接消费效果。直接消费效果指的是一定的消费投入直接取得的成果，如冬天穿上棉衣，就取得了直接保暖的效果；坐飞机出行，实现了人们在空间上位移。在这样的消费活动中，投入与产出的对比是直接的，这就是所谓的直接消费效果。间接消费效果指的是投入一定的消费，其效果不容易直接反映出来，如读书学习可以提高人的智力，但效果要通过生产实践或工作实践才能体现出来。

如果从投入一定的消费与所取得的成果之间的时间关系来看，消费效果又可以分为当前消费效果和长远消费效果。有些消费投入，其效果可以很快表现出来，如饮食、住房等；有些消费投入，其当前效果不明显，甚至要以牺牲眼前的消费效果为代价，主要是在长远效果上反映出来，如教育投资。按照机会成本的原理，同一笔投资，用于同一个人，如果投入的领域不同，也会出现当前消费效果和长远消费效果的问题。消费投入也需要选择。

总之，消费效果是一个内容十分丰富的范畴，应该从不同角度、不同方面进行比较分析，才能得出关于消费活动的综合性经济效果，才能全面而有效地提高消费效果。

影响消费效果的因素是多方面的，提高消费效果亦有多种途径：

（1）把消费品的生产和流通与提高消费效果统一起来

马克思说："只有消费才使产品成为财富。"[①] 生产的经济效果只有在消费中才真正成为财富，只有充分满足消费者需要的经济效果，才是有意义的。例如，在农业生产中，无论是作物布局，还是品种选择，都不应该片面强调产量，而应该把单位面积产量可提供的营养价值指标摆在重要位置。如果只注意产量指标，而忽视作物的营养价值，既不利于最终提高消费效果，也不利于农作物的生产。中国入世后，营养价值高的外国农产品会大量进入，将会直接影响本国农产品的生产。

（2）大力发展社会服务，提高服务质量和服务行业的服务效率

适应家务劳动社会化的趋势，按照资源优化配置的要求，实行社会分工，发展第三产业，可以使消费者从家务劳动中解放出来，有更多的时间用于学习和全面发展，消费效果也从中得到了提高。

（3）采用科学的方式使用消费品

消费必须以一定的消费品为对象。消费品本身的使用价值被利用的程度，即消费品使用利用率，直接影响到消费效果。在消费品需要一定时，其利用率越高，需要投入的消费品就少；反之，其利用率低，需要投入的消费品就较多。可见，数量相等的消费品利用程度不同，消费效果就有很大差别。比如，蜂蜜用沸水冲调和用温水冲调，前者的营养价值损失近1/3；又如，据试验，大米经过一次淘洗后，损失蛋白质50%、脂肪10%、无机盐5%，如果淘洗两三次，就会损失蛋白质50%、脂肪50%、无机盐15%，如果用劲搓擦，损失就更多了，因而大米不能淘洗，更不能搓擦，只把沙石拣出来，用冷水稍加冲洗即可，大米的营养成分就能更多地为人体所吸收。同时，任何一种消费资料，其使用价值都是多方面的、多层次的。如果仅仅利用某一方面的使用价值，其他方面的使用价值就会被抛弃，这就会影响消费资料的消费效果。如果综合利用，就可以提高消费效果。例如，把花生壳当垃圾倒掉，这在日常生活中是常见的，研究表明，花生壳被粉碎后，每百斤粉可榨肥皂油1.5公斤，酿40度的白酒3公斤，产乙级酱油150公斤。

三、消费水平差异的分析

目前，我国城乡之间、地区之间、社会各行业之间在消费水平上存在着差异。而且，在相当长的一个时期内，其差别将难以消除，我们所能做的就是缩小差别。

（1）城乡之间收入和消费水平的差异

党的十一届三中全会以来，工农、城乡之间消费水平差异一度有所缩小。据国家统计局资料，以农民收入为1，农民与城市居民的收入比的情况是：1978年为1∶2.57，1983年缩小为1∶1.7。但进入20世纪80年代中期后，在波动中呈现扩大的趋势，1999年达

[①] 《马克思恩格斯全集》第26卷I，人民出版社1976年版，第312页。

到 1∶2.65，2008 年为 1∶3.32，比 1978 年前的差距还要大（见表 8-1）。

表 8-1　　　　　　　　　　城乡居民收入差距状况　　　　　　　　　　单位：元

年份	城镇人均可支配收入	农村人均纯收入	城乡收入差距之比
1978	343.4	133.6	2.57
1980	477.6	191.3	2.50
1985	739.1	397.6	1.86
1990	1510.2	686.3	2.20
1995	4283.0	1577.7	2.71
2000	6280.0	2253.4	2.79
2005	10493.0	3254.9	3.22
2006	11759.5	3587.0	3.28
2007	13785.8	4140.4	3.33
2008	15780.8	4760.6	3.32

资料来源：《中国统计年鉴》。

这里要说明的是，由于城镇居民收入可支配收入这一指标与农村居民收入指标并不完全可比，比如，城镇居民至今还享有一些不计收入的住房（单位集资建房）、医疗、交通等方面的福利待遇，而农村居民收入则把一些自产自销的农副产品和不具备市场交易条件的农副产品也被计入了纯收入，因此，如果将二者调整到可比状态，则差距会更大。据粗略测算，若按可支配的名义收入计算，城乡差距约为 3.5∶1，若考虑城市居民的各种福利性补贴，差距将达到 6∶1。[1]

城乡居民收入差距必然带来生活消费差距。1978 年，城镇居民人均生活费支出为 405 元，相当于农村居民（138 元）的 2.93 倍。30 多年来，这种格局不仅没有改变，而且在波动中有所上升（详见表 8-2）。2008 年，农民人均生活费支出 3660.68 元，城镇居民消费支出 11242.85 元，后者为前者的 3.07 倍。

表 8-2　　　　　　　　　城乡居民的人均消费水平比较

年份	1978	1980	1985	1988	1990	1992
倍数	2.93	2.78	2.31	2.81	2.95	3.28
年份	1995	1998	2000	2003	2005	2008
倍数	3.4	3.28	3.6	3.35	3.11	3.07

注：以农村居民消费为 1。

资料来源：《中国统计年鉴》。

---

[1] 参见吴光炳：《中国转轨的经济学分析》，中国财政经济出版社 2004 年版，第 138 页。

考察城乡之间消费水平差异的原因，具有明显的政策性特征和政策成因。1978—1985年，二者差距是缩小的，主要是因为在这一时期，农村推行了家庭联产承包责任制的改革，激发了农民的积极性；国家多次提高农产品价格，缩小了工、农产品价格的"剪刀差"；同时，大力发展乡镇企业，迅速提高了农民的收入水平。而此时，城市改革尚未全面展开，城镇居民收入仍处于常规增长状态。因此，城乡居民收入差距缩小也就成为必然。1985年以后，改革在城市逐步展开，为了支持城市国有企业改革，农业再次做出了牺牲，所以，城镇居民收入再次拉开了与农民之间的收入和消费差距。

（2）各地区间消费水平的差异

由于我国幅员辽阔，各地区的自然、社会和经济条件各异，各阶层人士的职业、技术及工作性质也有所差别，特别是党的十一届三中全会以后，国家政策鼓励一部分人通过诚实劳动和合法经营先富起来，并有步骤地在沿海地区实施优惠政策和灵活措施，从而使各地区之间收入水平和消费水平差距更为明显。如果以我国中部地区农民收入为1，1978年"三大地带"农民收入之比为1.19∶1∶0.91，1985年前在波动中扩大，之后呈直线扩大趋势，1999年达到1.46∶1∶0.75，2007年为1.52∶1∶0.79，与地区收入差距变化相适应，2007年"三大地带"的农民消费比为1.46∶1∶0.86，意味着东部地区农民消费比中部地区高50%，西部地区的农民消费相当于中部的86%、东部的58.9%。

（3）各行业间消费水平的差异

不同行业之间的收入差距自中华人民共和国成立以来就存在，但差别很小。改革开放后，我国在分配制度上进行了改革，将个人收入与企业效益和对企业的贡献大小挂钩，职工的收入水平大大提高，但增加的幅度和快慢因行业而异，因此拉开了不同行业之间的收入差距。

由于直接统计出某一行业职工的收入情况存在较大难度，主要是不同行业工资外的各种收入难以统计，因此，我们用行业工资水平来反映行业收入水平及其差距。据国家统计局的资料，1985年最高收入行业的平均工资为最低收入行业平均工资的1.81倍，到1995年扩大到2.23倍，2007年已高达4.4倍。从绝对数看，1985年最低收入行业平均工资与最高收入行业平均工资相差629元，到1995年则相差4321元，2007年收入最低的农、林、牧、副、渔业为10847元，收入最高的信息传输、计算机服务和软件业为47700元，收入最低和最高的绝对额为36853元。

近年来，行业间的收入差距问题引起了人们的高度关注，特别是垄断行业的高收入问题。由于国有垄断企业大都是关系国计民生的重要行业，在国民经济发展中有着特殊的地位和作用，这些行业的生产和经营受到国家和政府的政策倾斜，同一般行业相比，它们或者可以垄断某种生产要素，或者可以垄断经营范围，或者可以垄断产品价格，使得资金、劳动力等生产要素不能或很难进入这些行业，垄断企业就此构建了市场准入壁垒。这样，垄断行业在生产经营中就可以较少或基本不承担竞争风险，能在较长时期内获取垄断利润或超额收入，从而拉开了与一般行业的收入差距。

四、影响消费规模和消费水平的主要因素

（1）生产力发展水平及经济发展推动模式

消费水平的高低最终取决于生产的发展状况。生产发展带来国民收入增加，用于消费基金则会随之增加。在其他因素不变的条件下，二者成正比例关系。从推动经济发展模式看，主要有政府投资推动、出口推动和内需推动等。经验告诉我们，如果经济发展选择了政府投资和出口来推动，不仅会降低本国居民消费水平，而且难以稳定持续发展，因为政府投资偏好于机场、高速公路、铁路和其他基础设施，出口推动主要是以国外消费市场为导向，由于供给的主体对象非本国居民，因而将对本国的居民的消费规模和消费水平产生不利影响。如果选择了以内需为主的居民消费需求来推动经济增长，情况就大不一样了。

（2）投资和消费的比例

消费规模和消费水平直接依存于消费总额，因而在国民收入一定条件下，消费规模的大小和消费水平的高低就取决于投资与消费的分配比例。确定投资与消费的合理比例，是一个很复杂的问题，取决于诸多因素。总的原则是二者兼顾，既要保证投资基金必要的增长，又要使消费水平在生产发展的基础上逐步提高。此外，在投资和消费已定的情况下，投资基金和消费基金的分配和使用也会影响消费水平。因为，投资又分为生产性投资和非生产性投资，而非生产性投资中大部分是直接用于消费的；消费又分为居民个人消费和集体消费。这样，消费水平的提高，除直接取决于居民个人消费的增长外，还在一定程度上依存于社会集体消费和非生产性投资的增加。

（3）消费和储蓄的比例

人们的生活消费是通过居民收入的支出而实现的，居民收入的数量和增长速度会直接影响到消费规模和消费水平。在市场经济条件下，居民收入主要来源于与劳动有关的收入（如工资）和资产性收入两个方面。居民收入将直接用于消费支出和储蓄两个部分。在居民收入一定的情况下，用于储蓄的多，而用于眼前消费的则少，反之则多。因此，储蓄率的高低和变动，也制约着居民的消费规模和消费水平。

（4）消费品价格和劳务价格的变动

在商品经济条件下，人们所需要的各种消费品和劳务，必须通过货币和商品的交换才能获得，这样，实际的消费水平必然受到价格因素的影响。在其他条件不变的情况下，价格的高低与消费水平的高低成反比。当然，这是就价格总水平来说的，如果从各种不同的消费品来说，商品的涨价和降价的变化，对不同的居民的消费水平会产生不同的影响。一般来说，生活必需品涨价，对低收入的消费者的消费水平影响就大些，而对高收入者影响就小些；高档消费品涨价，对低收入者影响较小，而对高收入者影响较大。因此，我们在调整商品价格时，特别要注意生活必需品价格的稳定，以免影响广大消费者消费水平的提高。

（5）人口规模及其增长速度

在国民收入、消费基金已定的情况下，人口的规模和增长速度直接影响消费水平。人口规模越大，增长速度越快，消费水平越低。因此，大力控制人口的增长，对于提高消费水平的作用也是很明显的。

五、消费规模和消费水平的宏观调控

消费的宏观调控就是正确运用各项调控措施，使消费保持在合理的规模和水平内，从而使消费的增加带来生产的发展，生产的发展促使消费水平进一步提高，形成消费—生产—消费的良性循环。由于影响消费的因素十分复杂，因而需要采取多种措施。

(1) 转变经济发展模式

从我国的基本国情出发，不顾生产发展的可能提出过度的消费需求是不对的，但在生产发展同时，不去增加收入和提高消费水平也是不对的。改革开放30多年来，中国经济取得了令人骄傲的成绩。1980年，中国占世界GDP的4%，到2006年上升到5.5%（不包括港澳台），上升了1.5个百分点，绝对额超过了英国、法国，居世界第四位。但是，我们也要看到，中国的经济的增长主要是依靠政府投资和出口完成，这种经济发展推动模式抑制了居民消费的正常增长。统计资料显示，1978年、1989年、1997年、2007年居民消费总额占GDP的比重分别是48%、51.7%、46.7%、37.4%。① 同期政府消费总额占GDP的比重分别为13%、13.7%、14.18%、14.07%。30年间，居民消费占GDP的比重呈下降态势，政府消费占GDP的比重呈缓慢上升态势。这与国外居民消费总额占GDP的比重上升和政府消费总额占GDP的比重下降形成鲜明对照，比如，美国居民消费总额占GDP的比重从1952年65%上升到2004年71%，政府消费从16%下降到10%；巴西从1950年51%上升到2002年的65%，政府消费维持在22%没有变；俄罗斯从1991年35%上升到2006年的55%，政府消费从25%降为22%。②

推动经济发展从政府投资、出口驱动向消费驱动转变，其主要内容有：

一是加大政府投资中的民生工程力度，如医疗卫生、社会保障和就业福利等。资料显示，2007年政府投在这三大民生工程的开支为6000亿元，相当于当年财政税收的15%，相当于当年GDP的2.4%，人均461元。而美国政府用在这三大工程的开支相当于联邦政府当年开支的61%，相当于当年美国GDP的11.5%，人均5000美元。当然，美国和中国的国情有很大差异，不便做绝对额比较，但同样是政府投资，中国直接花在国民身上相对开支比美国低得多，这是有悖于公有制为主体的初衷的。

二是约束征税权，缩小政府公权运用范围，并对财政预算过程进行透明监督，这是减少政府消费的必要条件。中国目前的征税权名义上是由全国人大掌握，但实际上各行政部门有相当大的变更权，他们或是推出新税种或新费种，或是对现有税种在不受约束的情况下提高税率。统计数据表明，从1995年到2007年，扣除通货膨胀因素，仅预算内的国家财政税收就翻了5.7倍，而城乡居民的人均可支配收入只增长了1.7倍和1.2倍。因此，在政府权力监督缺失的情况下，政府在国民收入的比重会增大，分配给民众的这一块会越来越小。经济增长的成果由政府拿走的最多，其次是城镇居民，分享最少的则是农民。

三是大力发展民营经济。中国经济难以向消费驱动转型，与民营经济发展不够有直接关系。换句话说，中国的国有经济依然庞大。国有经济是受政府控制的经济，政府投资的偏好是看得见的业绩，业绩决定政府的形象，决定政府官员的前途，而最能体现业绩的是

---

① 居民和政府消费总额的计算有两个口径：一是按全国居民每天的消费额计算，二是按城乡居民平均每年的消费支出额计算。由于计算口径不同，其总额略有差异，本书是以《中国统计年鉴》提供的居民和政府每天消费额计算。

② 参见陈志武：《中国经济模式转型的挑战》，《经济观察报》2009年7月6日。

那些看得见、摸得着的大楼与高速公路等项目。这些大项目通常是以高能耗、高污染的重、化工业为主体。所以，国有经济比重过大，对资源需求、对工业品的需求会远远高于对消费品、对民生服务业的需求。民营经济则不同，由于它不需要上级来检验业绩，经营者无仕途晋升之忧，而仅以市场需求为导向，由此产生的需求结构会偏重于消费品和服务品。一国需求结构决定经济结构，需求结构会决定整个经济的供给结构，决定经济发展模式。

（2）努力增加消费资料的供给，协调供需关系

加强消费的宏观调控，绝不是抑制合理的消费需求，而是为了使消费需求建立在生产发展的基础上，最终使消费需求能稳定持久地增长。在努力增加消费资料供给的同时，还要使供给在结构上适应消费需求的变化。在这方面除了要提高产品质量、调整产品结构以外，还要扩大消费的领域。

（3）建立公平发展机制

我国不合理收入差距的产生，绝大部分的原因是制度设置不合理引起的不公平造成的。因此，加强制度建设，创造平等的竞争机会，建立和健全社会主义市场经济体制等公平发展机制，是缩小收入差距的重要方面。主要内容包括：打破城乡间的制度性障碍；建立区域经济协调发展机制；建立公平合理的税负机制；规范收入分配秩序。

（4）通过制定各项扶持政策，增加弱势群体、弱势行业的收入水平

主要办法有：实行地区定点挂钩，由经济发达地区在技术、资金和人才方面通过各种形式帮助经济落后地区发展商品生产，增加地方财政收入；政府在财政、信贷方面，对老、少、边、穷地区实行适当的优惠政策；抓住适当时机，建立和完善"反哺农业"分配机制，增加农民收入。

同时，通过法律手段，堵塞各种非法的致富渠道，并对偷税、漏税行为依法处罚。对个人合法高收入者进行征税；控制消费品比价，对生活必需品实行低价，对高档奢侈品实行高价，使收入水平的差异不至于对日常生活消费产生太大的影响。

第三节　合理的消费结构

一、影响消费结构的因素

消费结构是指在消费过程中所消费的各类生活资料和劳务在消费总体中占的比重以及它们的相互关系。消费结构的发展变化要受一系列因素的影响和制约，从经济角度看，主要因素有：

（1）产业结构

人们消费的对象只能是生产的产品，消费品的生产结构直接表现为消费品的结构。随着消费品生产部门的增加，生产领域拓展，产品丰富，消费的内容不断丰富，消费结构不断改善。因而，生产力发展水平和生产结构直接影响消费结构。生产结构对消费结构的影响主要表现在三个方面：①经济结构直接制约着消费结构。因为人们消费的消费资料主要是由农业和轻工业部门提供的。各产业的结构是否合理直接影响消费资料总量和消费结

构。②消费品生产内部结构影响着消费结构。比如，在农业内部结构中，如果忽视畜牧业、水产业、养殖业的发展，就会使人们消费结构中的这些产品的消费与粮食的消费出现不协调；在轻工业内部结构中，纺织工业和服装业发展快，所占比重大，人们的消费结构中衣着消费的比重就大。③新兴工业部门的出现，如合成纤维、电脑产品的出现，会使消费结构发生变化。

(2) 居民收入

在商品经济条件下，人们的消费是以有支付能力的需求来实现的。收入水平的高低决定着购买力的大小。收入水平高，购买能力强，消费的商品数量多、质量高、领域广；收入水平低，购买的消费品数量就少。一般来说，高收入者总是与较高级的消费结构相适应，低收入者是与较低的消费结构相适应。而且，在高收入者的消费结构中，生存资料所占的比重较小，享受资料和发展资料所占的比重较大；低收入者的消费结构则相反。同时，居民收入的提高会使消费的内涵和外延扩大。

(3) 消费品价格

消费品价格对消费结构的影响表现在以下方面：①价格水平的高低影响着消费者的实际收入，从而影响消费结构。在收入一定的条件下，消费品价格越高，消费者的实际收入越少，实际购买能力越小；反之，消费品价格越低，消费者的实际收入越多，实际购买能力越强。各种消费品价格的变动引起消费量的变化，必然造成消费结构内部各部分的比重变化。②消费品价格变化会导致消费品的互相替代，一种消费品价格上升，人们的货币就会投向其他产品，引起消费结构变化。③消费品比价和差价影响消费品供求关系，影响购买行为和消费结构。如在工农产品比价中，农产品价格低，既影响农产品的供给，又会刺激对农产品的需求，而且还会影响工、农收入分配和消费结构的差异。产品差价对消费结构的影响主要表现在消费品的质量差价上，质量好、价格适中，人们就愿意买；否则，产品就难以进入消费领域。

(4) 人口总量及构成

在产品总量、国民收入一定的条件下，人口总量与国民收入成反比。人口总量多，人均收入少，人均拥有的消费资料的数量少，因而对生存资料的需求较大，对享受资料、发展资料的需求就较小，从而影响消费结构向更高层次转变。人口的构成包括人口的职业构成、年龄构成、城乡构成、地区构成、性别构成等，人口的构成不同，对消费资料的需求也有很大的差异。

(5) 国家的消费政策

国家为了指导消费，在一定时期实施某种消费政策，通过价格、税收等政策工具，可以抑制或刺激某类消费，从而促使消费结构的变化。比如，国家实施的家电下乡补贴政策，就会使耐用消费品更多地进入家庭。此外，消费者的示范作用、广告、宣传、社会政治制度、文化传统、风俗习惯、民族特点、家庭结构等方面，也会在一定程度上对消费结构产生影响。

二、消费结构分类及变动趋势

根据研究问题的不同需要，消费结构可以从不同的角度进行划分。

(1) 从满足人们需要的状况划分

从满足人们需要的状况划分,消费结构可分为生存资料、享受资料和发展资料三类消费。生存资料是人类维持生命和延续后代所必需的消费资料,是人类社会生存的最起码的生活资料,如一定量的食物、必备的衣服和一定的居住面积等。没有这些消费资料,人们就无法正常生存,就无法维持劳动力的简单再生产。享受资料是满足人们享受需要的消费资料,如高级食品、饮料,高档服饰、高级娱乐用品等。发展资料则是发展人的体力、智力、个性和才能所需要的消费资料,如接受高等教育,从事科技、文艺和社交活动需要的设备和条件等。按照马斯洛的需要层次论,人们消费需要的满足一般是从低层次开始,在低层次消费满足之后,然后上升到较高层次,因而形成一个消费的层次台阶。但是,需要指出的是,三个层次消费资料的划分没有绝对的标准,它们之间的界限、范围和数量会随社会生产力的变化而变化。在生产力水平较低条件下的享受资料,在生产力水平较高条件下则表现为生存资料,如20世纪70年代初期作为少数人享受的手表,在今天已成为人们正常工作学习的必备物品。在经济不发达的国家,小轿车属于享受资料,而在经济发达国家,小轿车则是人们上、下班必需的交通工具,属于生存资料。

(2) 从满足人们消费需要内容的角度划分

从满足人们消费需要内容的角度划分,消费结构可以分为实物消费、劳务消费和环境消费。实物消费是物质产品或有形产品的消费。劳务消费一般是通过服务提供使用价值,满足人们的某种需要。马克思指出:"任何时候,在消费品中,除了以商品形式存在的消费品以外,还包括一定量的以服务形式存在的消费品"。① 劳务消费是人们生活消费的一个重要组成部分。人们的基本生活需要的满足、享受和发展的需要的满足都离不开劳务消费。随着社会的发展,劳务消费在人们生活消费中的地位越来越重要。因为,许多劳务消费能提高人的素质,促进人的全面发展。环境消费是指人们对生活条件和空间的消费,在我国实现工业化的阶段,环境消费显得十分重要。

(3) 从消费者消费行为的角度划分

从消费者消费行为的角度划分,消费结构可以分为吃、穿、住、用、行等五大方面的消费。这种划分比较具体,在实际经济生活中便于统计和计算。我国和世界许多国家主要采取这种划分方法。2007年,我国城乡居民生活费支出中用于食品的支出分别是36.3%和43.1%,比1978年下降了21个和24个百分点;用于衣着、居住的支出分别是20.25%和23.8%;而用于交通电信和教育方面的支出增加较快,分别占26.87%和19.67%。随着生产的发展,消费结构还会发生明显的改变。

(4) 从满足消费者需要的方式划分

从满足消费者需要的方式划分,消费结构可以分为公共消费和家庭个人消费两大类。社会公共消费是满足人们共同需要的活动,以消费资料公共所有为基础。公共消费资料是依靠公共消费基金支付的。人们消费这些资料,有的实行免费,有的实行减价优待。这些消费资料包括文化教育、医疗卫生、妇幼保健、公共交通以及公园和一切有关的公共设施和福利设施。家庭个人消费是满足个人需要的消费活动,如个人衣、食、住、行、用以及

---

① 《马克思恩格斯全集》第26卷Ⅰ,人民出版社1976年版,第160页。

文化娱乐等。个人消费的资料归个人所有。公共消费和个人消费是相辅相成、互相补充的。个人消费是基础，但人们又不能离开公共消费。首先，社会大生产需要的劳动力在很大程度上要通过公共消费来培养。个体小生产需要的劳动技能，可以在家庭范围内，通过"父教子学"和个人消费方式培养和生产出来，而社会大生产需要的劳动力不仅要求具有健全的体魄，而且要求具有现代信息技术、空间技术和电子计算机等多方面的技能和知识，培养这样的劳动者，必须有公共消费才能完成。其次，个人的全面发展、自我价值的充分实现，也需要社会提供各种公共条件和设施。最后，在社会发展的一定阶段，有一些消费资料不适合个人消费或者个人无力进行消费，如飞机、火车等交通工具；城市的道路、供水、供电；文艺体育活动和休息游览的影剧院、公园、运动场等，这些都是人们不可缺少的消费需要，但只适宜采取公共消费形式来满足。

消费结构是不断变化的。随着生产发展和社会进步，消费结构由简单到复杂，由低层次到高层次发展。具体来说，消费结构的变动呈现以下变化趋势：生存资料比重逐渐下降，享受资料和发展资料的比重逐步上升；食物消费（如吃）的比重逐步下降，非食物消费（如穿、住、用、行）的比重逐步上升；实物消费的比重下降，劳务消费和环境消费的比重上升；家庭个人消费的比重下降，社会公共消费的比重上升。

我国目前正处于工业化阶段，农业经济占有相当比重。因此，随着工业化进程的加快，农民的消费结构变化除了具有上述趋势外，还呈现另一趋势，即非商品性消费比重逐步下降，商品性消费逐步上升。据统计，农民消费支出中自给部分，如粮食、油料、蔬菜和部分副食品，已由20世纪80年代的50%下降为现在的20%左右。在研究城乡消费结构时，要注意这个差别，不能单从消费支出的货币方面看，而要考察实物消费量和构成。

三、消费结构合理化的标准

现实的消费结构并不就是合理的消费结构。概括地说，合理的消费结构就是同一定时期的物质生产发展水平，同消费品和劳务的供给结构以及人民自然需求结构相适应的消费结构。消费结构合理化是一个动态概念。衡量消费结构合理化有生理标准、经济标准和社会标准三大类。从经济角度看，主要有：

（1）同生产力发展水平相适应，能够促进经济结构合理化

生产决定消费，消费不能脱离生产而进行。但是，消费作为社会生产总过程的一个环节，也在一定程度上决定生产、分配和交换。如果消费结构不合理，就会给生产部门提供不合理的信息，由此导致不合理的消费品生产结构，进而导致整个产业结构的不合理。

（2）有利于资源的综合开发和利用，保持自然生态平衡

一个国家和地区的自然资源有优有劣。有的资源相当丰富，有的资源又比较缺乏；有些资源具有再生性，有些资源并不具有再生性；有的资源具有无限性，有的资源却具有有限性。而人们的消费需要却具有再生性和无限性的特点。因此，应该从一个国家、地区的具体资源情况出发，多消费什么、少消费什么、不消费什么，应以资源的余缺、资源的恢复能力为主要依据。应该使人们获取消费品与自然资源的调节、恢复能力之间保持平衡关系，使人与自然之间进入良性循环，从而使消费结构的变化有稳定可靠的物质基础。

（3）符合社会主义物质文明和精神文明建设的要求，有利于劳动者素质的提高

消费是在一定的社会关系下进行的，因此，消费结构不能不打上社会经济关系的烙印。社会主义社会的消费，要提倡文明、健康和科学性，克服社会风俗习惯中还存在的愚昧落后的东西。一切腐朽消费要坚决反对、摒弃和抵制。社会主义消费要有利于劳动者的身心健康和全面发展，有利于提高整个中华民族的思想素质和科学文化素质，有利于培养共产主义道德和情操，有利于社会主义精神文明建设。

此外，消费结构还要符合我国民族的特点和风俗习惯，保持和发扬我国人民生活消费的优良传统和风格，把消费的民族化、现代化和国际化有机地结合起来。

四、消费结构的宏观调控

消费结构的宏观调控重点是解决消费什么的问题。消费结构宏观调控的主要措施有：

（1）大力发展科学技术，促进社会生产力的发展

消费结构的变化最终受生产力水平制约，而生产力的发展水平又在相当程度上取决于科学技术的发展状况。科学技术水平和生产力发展水平高，物质产品丰富，为提高消费结构的合理度提供了物质前提。马克思说："要想得到和各种不同的需要量相适应的产品量，就要付出各种不同的和一定数量的社会总劳动量。"[①] 社会总劳动量在各类产品和劳动中的分配比例取决于生产力和科学技术水平。在生产力水平较低的情况下，社会总劳动就会较多地分配在食物生产方面，这就限制了其他消费品生产的发展。与此相应，就较难改变人们消费结构中吃的比重过大，而其他消费品比重过小的局面。所以，要使消费结构合理化，必须大力发展科学技术，大力发展社会生产力。

（2）调整生产结构

生产结构不合理，消费结构就不可能合理。生产结构直接影响消费结构。调整产业结构和产品结构包括两方面内容：一是调整现有产业结构，生产优质消费品，使消费品的质量、品种、花色不断更新，以适应消费结构合理化的需要；二是根据居民消费结构变动趋势调整产品结构和产业结构。随着人民生活逐步提高，发展资料和享受资料生产应成为发展的重点。例如，各种营养食品和疗效食品、家用电器、电话、节能型的轿车、环保型民用建筑材料等要逐步增加生产比重。

（3）拓宽消费领域

消费结构的合理化还有赖于体制改革的深入使消费领域进一步拓宽。在生产力水平较低的条件下，消费结构中有一部分消费是以福利形式出现的。当生产力有了一定的发展，特别是市场经济体制的逐步确立，以社会福利形式出现的部分消费品将进入市场，按商品属性消费。

（4）正确引导消费

消费结构的宏观调控不仅要积极拓宽消费领域，而且对已经形成的消费结构中的某些不合理的部分也应进行引导，使消费结构与国民经济发展相适应。消费的引导包括：

①消费观念上引导：要把人们的消费意识和消费行为引向追求身心健康、全面发展的正确方向，反对挥霍、腐朽、颓废的生活消费方式。

---

① 《马克思恩格斯选集》第4卷，人民出版社1976年版，第368页。

②科学技术方面引导：随着社会经济的发展，科学技术成就带来的新产品越来越多地进入消费领域，这就要求消费者必须掌握一定的科学知识，如电学、营养学等。在吃的方面，要有科学的营养结构；在用的方面，学会正确选购和使用，以延长消费品的使用寿命，减少不必要的开支。

③价格和消费政策方面引导：例如，通过提高有关产品的价格，控制短缺产品消费；通过减免税收，鼓励某种产品或劳务的生产和消费；通过购房优惠贷款政策，鼓励居民增加住房消费开支，改善居民消费结构。

第四节 消费市场

一、消费市场的作用

市场是连接生产与消费的桥梁，是消费品实现的主要场所。列宁指出，哪里有社会分工和商品生产，哪里就有"市场"。市场量和社会劳动专业化的程度有不可分割的联系。市场不仅是商品交换的场所，而且也是商品交换关系的总和，或者说是商品供应和需求关系的总和。商品生产者和消费者要通过市场交换商品和劳务，以满足自己各种物质生活的需要。

消费市场对消费的作用主要表现在以下几个方面：

(1) 决定消费的最后实现

一方面，市场商品的数量决定消费的实现程度。因为在一定时期，劳动者生活的改善和消费水平的提高固然与实际收入有关，但同时也受市场供应商品和劳务的丰裕程度和价格水平的制约。市场消费品供应充分、品种齐全、质量优美精良、价格公平合理，群众消费需要才能比较充分地得到满足。另一方面，消费市场上商品的品种、花色、规格、档次状况直接影响消费者主权的实现。品种多了，消费者才能根据自己的收入水平、爱好进行自主选择；如果商品规格单一，消费者就只有被迫消费或者放弃消费。另外，消费市场的信誉、服务质量这些非物质方面也会影响消费者的心理，从而影响消费的实现。市场服务态度好、服务质量高，不仅能增进人们之间的情感，而且能提高人们的购买欲望。

(2) 指导消费者消费

消费者决定购买什么样的消费品，采用什么样的消费方式，影响因素很多，其中一个很重要的因素就是市场的广告宣传。据统计，消费者通过广告宣传获得有关信息后购买商品的占70%。消费市场不仅是商品交换的场所，它还是商品用途、使用方法等方面信息的传播场所。消费者通过市场获取有关商品知识，然后根据自己的收入水平、需要和偏好决定购买与否。特别是对于既能满足人们一般需要，同时又具有某些特殊作用的商品，市场的指导作用更为明显。

(3) 为消费者节约时间

消费者不但希望在市场上买到称心如意的商品，而且要求购买时间短，就近方便。因为"买卖所费的时间，就是他们的劳动时间的一种扣除"，消费市场"可以通过他的活动,为许多生产者缩短买卖时间"。① 市场的活动能为生产者节约时间,当然也能为消费者节省时间。在社会发展的一定阶段,劳动时间是个定数。消费者购买时间的节省,就会增加闲暇时间,就可以用于学习、休息和娱乐,全面发展人的才能,提高劳动者的素质,从而提高劳动生产率,增加社会财富。所以,"这种节约就等于发展生产力"。②

二、消费市场的特点

与人们生活密切相关的消费市场,也称为最终产品市场,与其他生产要素市场(如资本市场、生产资料市场等)相比,具有如下特点:

从交易的对象来看,它是供人们消费使用的产品和劳务,它必然受到消费者的收入水平、消费习惯、文化素养、心理因素等众多的人为因素所制约。因此,商品和劳务的价格需求弹性、收入需求弹性和价格交叉需求弹性都很大。

从交易的规模和方式看,消费市场购买人数众多,交易次数极为频繁,而每次交易量又都比较零星。因而,在整个社会市场体系中,消费市场占用的人力最多,商业网点机构设置最普遍,绝大部分的商品都要经过零售到达消费者手中。

从交易商品的作用来看,它是连接生产和生活消费的纽带,是劳动力再生产的重要条件。消费市场为劳动者提供消费资料,保证了劳动力再生产和社会扩大再生产的顺利进行。

从市场的动态来看,消费市场的供求关系复杂而多变,供求之间在品种、规格、式样、时间和空间等方面的矛盾表现得特别普遍。同时,由于消费者易于流动,城乡以及各地区之间的人员往来日益频繁,购买力也随之流动。特别是随着国内外旅游事业的发展,消费市场购买力的流动性明显增强。

改革开放以来,我国的消费市场迅速发展,各类市场逐步建立和扩大,特别是20世纪90年代后期,在生产资料公有制基础上,统一的社会主义消费市场日渐形成,并具有以下特点:

(1) 形成了多元销售市场并存的格局

统计资料显示,2007年,在全社会消费品零售总额中,国有经济占29.9%,集体经济占1.9%,其他经济成分,包括个体、私营、港、澳、台企业、外商企业等占68.1%。

(2) 经营方式多元化

根据各种消费品市场的特点及其对国计民生的重要性不同,采取了商业部门经销、生产企业自销等经营方式。国有商业企业采取了承包、租赁经营、股份制经营、股份合作制经营和集体经营等多种经营方式。与上述变化相适应,已经基本形成了由市场决定消费品价格的制度。

(3) 实现了由卖方市场向买方市场的转变

---

① 马克思:《资本论》第2卷,人民出版社1975年版,第147页。
② 《马克思未发表的手稿》,《经济学译丛》1982年第1期。

三、消费市场的宏观管理

中国要在 21 世纪初叶初步建立社会主义市场经济体制,促进经济持续、健康地发展,就要加快国民经济市场化进程,进一步发挥市场在资源配置中的基础性作用。为此,继续发展消费市场就成为重要内容之一。

如前所述,改革开放以来,中国的消费市场有了很大改变。但是,存在的问题也不能忽视,这些问题是:

①地区封锁:地方政府从本地利益出发,或者不让紧缺的消费品流向外地,或者不让外地产品进入本地市场参与竞争,或者对外地产品采取歧视措施,人为地分割市场。

②部门垄断:特别是带有资源垄断性部门和市场集中度高的部门,限制竞争实行垄断价格,从而麻痹市场机制对提高效率的作用。

③过度竞争相当普遍、严重,同种产品,一拥而上,杀价竞争,致使企业倒闭,浪费资源。

④假冒伪劣产品一度泛滥,不合格产品占有一定比例。① 假冒伪劣产品不仅损害了消费者的经济利益,而且已经危及到人们的生命安全。近几年,因电视机爆炸、热水器爆炸、有毒食品致命的事件时有发生。

⑤短斤少两、欺行霸市,乱收费、乱涨价,市场存在较为严重的无序状态等。

中国已经加入世贸组织,并向世界做出了庄严的承诺:遵守国际市场惯例,严格按国际规则办事。为此,我们必须加强对消费市场的宏观管理,尽快改变当前消费市场的混乱状态。

(1) 健全市场规则,严格以法治市

目前,市场的无序状态同市场规则不健全很有关系。市场规则最重要的是保护公开、公平的竞争。在现代市场经济中,竞争并不意味着那种无规则、无秩序的你争我夺。公平的竞争是一种有规则、有秩序的较量和竞赛。因此,要形成一个良好的竞争环境,政府需要创造一些必要的条件:竞争者不受垄断力量的干预;每个竞争者都有同等地位,既要负盈,又要负亏,承担经营风险;政府除了对极少数消费品,如自来水、煤气等产品的价格实行控制外(即使这些产品价格也要实行听证会制度),其余的消费品价格全部放开;政府不要随意干预市场,但对于地区封锁、地方保护和部门垄断的行为,要加大行政惩治的力度;加强市场管理和监督,不能政出多门、多家执法,可以考虑建立一个有权威的机构(类似国外的市场公正交易委员会),统一执法,最终执法,对市场各种行为和活动进行监督和仲裁。

(2) 发展消费市场中介组织

---

① 据新华社报道,贵州省有关部门在 2006 年查获假茅台酒 9.5 万瓶。另据《重庆晨报》2008 年 1 月初报道,重庆市商委酒管处处长戴云做客《阳光重庆》时披露,2007 年,茅台公司供应重庆市场的贵州茅台酒不超过 150 吨,而市场上实际销售的保守估计也在 300 吨以上,这表明重庆市场五成以上茅台是假酒。此前,成都《新生代调查》杂志记者曾亲赴贵州茅台镇,有经销商估计,目前全国约有 80%的假茅台,最保守的估计也有近 60%。参见中国酒商网:《茅台酒真假调查纪实》,2009 年 5 月 18 日。

市场中介组织分为两类：一类主要是为商品流通提供服务和进行沟通的市场中介，如经纪商和经纪人、信息咨询等；另一类主要是对市场运行提供公证和进行监督的市场中介，如会计师事务所、律师事务所等。我国发展市场中介组织的重点是发展会计师、审计师、律师事务所，公证和仲裁机构，计量和质量检验认证机构，价格听证会等。由于中介组织对经济运行起着重要作用，政府又赋予了很大权力，因而中介组织对市场的管理特别重要，包括立法管理、行政管理、行业管理、自律管理四个方面。中介组织的建立和运行，要依法通过资格认定，建立自律性运行机制，承担相应的法律和经济责任，接受政府的管理和监督，以便发挥市场中介组织的服务、沟通、公证、监督作用。

（3）扩大农村消费市场

中国 13 亿人中 7 亿多是农民，农村市场是国内市场的主体。因此，发展农村市场是扩大中国消费市场的中心环节。扩大农村消费市场，最重要的是千方百计地增加农民收入。这就需要继续完善农村土地承包制度，让种田能手安心耕种；加快农村工业化进程，大量发展非农产业，实现农业劳动力向非农产业的转移；提高农产品的组织化程度，如引导农民科学而高效地安排生产；完善宏观调控，探索和建立适应农产品市场化的农产品价格保护制度和储备制度；培育农村市场体系；加强外部对农业有偿和无偿的投入，改善农村的基础环境；改革财政分配办法，完善"反哺农业"的分配机制；深化经济改革，促进生产要素的流动，为消除城乡隔离，实现农村现代化创造条件，如逐步解决农村户籍歧视、促进小城镇的建设等。

（4）发展旅游市场

随着人民收入水平的整体提高，我国已迈入旅游扩张期的门槛。统计资料显示，1994 年国内旅游 524 万人次，2007 年达到了 1610 万人次，1996 年因私出境人数为 241 万人次，2007 年突破了 3492 万人次（见表 8-3）。但从总体看，仍不理想，国际经验证明，一个国家的国际旅游收入和国内旅游收入大体上是 1：10，2007 年我国的旅游外汇收入是 419.19 亿美元，以此推算，2007 年的国内旅游收入应在 3 万亿元人民币左右，可实际只有 7770 亿元，也就是说，我们现在只占有了不到 40%的市场份额。由此可见，旅游消费市场蕴涵着巨大的成长潜力和发展空间。假日旅游消费对扩大内需、活跃市场起到了积极的作用，但由于假日旅游消费自发性强、爆发性强，也出现了一些问题。旅游企业抱怨设施不足，消费者称是"花钱买罪受"，"满怀高兴而去，一腔怨气而归"。针对假日旅游消费中存在的问题，一方面，应该努力增加旅游企业设施，扩大旅游消费的容纳量，提高服务质量；另一方面，可以考虑对职工实行年度休假制，休假时间由职工与所在单位共同确定，以错开过于集中的"排浪式"消费。

表 8-3　　　　　我国居民旅游出游人次、旅游总花费情况

年份	国内旅游人次（百万）	国内总花费（亿元）	人均花费（元）	因私出境人数（万人次）
1994	524	1023	195	
1996	640	1638	256	241
1998	695	2391	345	319

续表

年份	国内旅游人次（百万）	国内总花费（亿元）	人均花费（元）	因私出境人数（万人次）
2000	744	3175	426	563
2002	878	3878	441	1006
2004	1102	4710	427	2298
2006	1394	6229	446	2879
2007	1610	7770	482	3492

资料来源：《中国统计年鉴》。

第五节 消 费 模 式

一、计划经济时期的消费模式特点

我国在很长时期内实行的是高度集中的消费模式，这种消费模式的特点是：

（1）消费水平增长缓慢，而且很不稳定

在1978年以前的30年中，凡是经济发展正常，消费水平就能得到正常提高；相反，当出现重大失误，造成社会经济运行的比例失调，经济发展受挫，人民群众的消费水平增长就不正常，甚至出现负增长。1949—1957年是人民消费提高较快的时期，仅"一五"期间，人民消费水平就提高了22.9%，年均提高4.2%；1958—1960年"大跃进"时期，在急于求成和"左"倾错误的影响下，我国人民消费水平出现下降，1960年居民消费水平比1957年下降了22.9%。1961—1965年国民经济经过调整，经济比例关系趋于协调，人民消费水平下降的态势得到扭转，1965年全国农民消费水平比1957年提高了7.7%。1966—1977年由于受"文化大革命"的冲击，经济滑坡，消费水平缓慢增长，而且极不稳定，时上时下。在十年中，有四年农民消费水平不升反降，有两年全国居民平均消费水平比上年下降。30年间，我国居民消费水平经历了较快增长—下降—恢复发展—缓慢增长的阶段。1958—1978年，全国居民人均货币消费水平由102元上升到175元，平均年递增2.6%，实际消费水平平均增长只有1.9%。

（2）商品性消费比重很低，城镇居民主要实行供给制，农村居民自给性消费占主导地位

供给制、半供给制本来是革命战争时期特殊条件下的消费方式。但在中华人民共和国成立以后，实行计划经济体制下，这种消费方式在相当长一个时期内仍然存在。其表现是：对基本生活必需品实行按人头定量，实行实物配给和低价凭票证定量供应；对职工的生活福利、劳动保险方面的支出实行国家统一包下来的供应方式；对部分党政机关干部实行按职位的消费品免费配给和低价供应（特供）。在农村，国家通过城镇户口和粮油供给关系，把农业人口限制在农村，农民的消费靠农民自己解决。由于农业生产力水平低，自然经济占主导地位，农产品商品率低，与此相应，农民的自给性消费占据主导地位。1978

年以前，农民的商品性消费只有30%左右，个别地区只有10%。

（3）实行直接的集中调节，消费结构单一、雷同

消费资源的配置主要由计划进行，不仅宏观消费是直接计划控制，微观消费方面也是直接调节。消费者对消费品的选择性和自主性很小，导致消费结构雷同、超稳定性。1957—1978年，人均粮食消费量始终在195~205公斤徘徊，人均粮食消费量1957年为203公斤，1978年为196.5公斤；同期猪肉消费量为5.1公斤和7.1公斤；鲜蛋为1.26公斤和1.97公斤。20年间，消费数量基本没有变化。消费结构由于受平均主义分配和计划票证供应的约束，具有明显的雷同性。城乡居民不仅物质消费品的消费结构相互雷同，而且精神文化劳务消费结构都是整齐划一的。

二、消费模式的转换

（一）新型消费模式的基本特征

改革开放以后，消费模式发生了重大变化。从我国的国情资源、人口、经济体制的转换、战略目标诸方面因素出发，我们在新世纪选择的是以小康型的消费模式。它与传统消费模式比较，具有以下特征：

（1）消费的商品化、市场化的比重日渐提高

我国正经历着由自然经济、半自然经济向商品经济的转变。商品经济的发展开拓了人们的眼界，加强了人们的社会联系和社会交往性，使人们的消费需求日益商品化和市场化。因而，将逐步排除消费的非商品化、非市场化的格局。农民自给性消费的比重将大大降低；城镇居民的各种补贴、福利将逐步纳入工资和商品经济运行轨道之中，各种免费或低价供应的现象将最终消除。总之，人们的各种消费越来越依靠市场，个人根据自己的需要从市场上取得各种各样的消费品和劳务。

（2）消费的选择性增强，消费者主权地位日渐确立

在新型消费模式下，由于价格体系日趋合理，按市场需要调节生产和供应，使资源配置优化，消费品生产和供应日益充足，使居民的消费内容日益丰富和多样化。一是，适合消费者需要的产品在数量上增加；二是，有些消费品，特别是耐用消费品，从无到有，从少到多；三是，对外开放，国外消费品进入国内市场，这样，就大大增强了消费的选择性，提高消费者的自主权，消费者将会作为生产者的"上帝"身份出现在市场。

（3）消费的差别将呈现倒"U"形变化

由于我国生产力多层次和多种经济成分并存，必然导致消费者收入和消费水平的差异。早在20世纪50年代，世界著名经济学家、诺贝尔奖获得者库兹涅茨提出了倒"U"假说。他认为：发展中国家原来分配比较平均，但随着收入水平的提高，为了提高效率，必须扩大分配的差距；但达到发达国家后，收入水平又会趋于均等，即收入差距变化趋势表现为小—大—小。收入决定消费，收入差别决定消费差距。倒"U"形的变化趋势虽然是就资本主义国家而言的，但它揭示的是市场经济下人们消费变化的一般规律性，因而对我国新的消费模式也是适用的。

（二）消费模式转换的措施

向新型消费模式转换是市场经济条件下人民生活消费发展的必然趋势，反映了现代消

费的客观要求，所以，应采取积极有效的措施加速新型消费模式的建立。

(1) 破除旧的消费观念，树立与市场经济相适应的消费观念

由高度集中的消费模式向分散决策的消费模式转换，是消费领域中的一场深刻革命。在这场变革中，首要的是观念更新。使广大城乡居民从供给制、自然经济下的万事不求人、大而全、小而全的消费观念中解放出来，树立消费的市场化、货币化、多样化、开放性等一系列与市场经济相适应的新观念。为了改变人们的消费观念，一方面要进行市场消费理论知识的宣传教育；另一方面要提倡消费者到市场实践中去，掌握市场消费的知识。

(2) 合理分配收入

收入是影响消费模式的主要因素之一。消费水平的高低直接取决于收入水平的高低；消费结构的变化、层次及其差异直接受收入分配变化的制约；收入分配是货币分配还是福利分配、是货币收入还是实物收入，都直接影响消费模式的类型及其转换。因此，实现消费模式的转换，必须合理分配收入，逐步建立合理的分配格局，完善分配制度。

(3) 拓宽消费领域，拓宽和完善消费市场

消费领域狭窄，人们消费选择的空间就必然狭窄，使货币购买力投向过分集中于某些紧俏的消费品；同时，也与人们丰富多彩的消费需要不相适应。因此，实现消费模式的转换，必须拓宽消费领域和开拓消费市场，如住房、劳务、旅游等。

(4) 不断提高消费者的素质，树科学消费、健康消费、文明消费之新风

消费者是消费的主体，是消费的主人。要建立合理的消费模式，必须对消费者、对消费主体进行引导，提高消费主体的质量，这是实现消费模式转换的微观基础。提高消费者的素质，首先，要提高消费者的消费能力。一方面是要提高个人的才能，发挥每个人生产和消费的积极性；另一方面是加强消费者教育，普及消费知识，使消费者能自觉地、主动地消费。其次，要加强对消费行为的引导，提高消费修养水平，走出消费陷阱。比如，10万元一桌的年夜饭、数千元一件的极品衫、百万元的极品床、数千元一条的极品烟，这种奢侈性消费就不宜提倡。我国是一个发展中大国，不少人民群众刚刚解决温饱问题，局部地区的旱灾、涝灾、地震等各种灾害也频频出现。对此，不妨粗略计算一下，一桌豪华团年饭能帮多少灾区群众搭建遮风挡雨的帐篷，建筑多少所希望小学，资助多少特困生接受教育，因此，在举杯欢庆的时刻，人们应多一分清醒，切莫让奢侈支配自己的消费领域。

思 考 题

1. 简述消费的内涵及其与生产、交换、分配的关系。
2. 为什么说消费在一定条件下对生产具有决定作用？
3. 简述消费宏观调控的必要性和原则。
4. 为什么要把环境列为消费的重要内容？环境消费具有哪些特点？
5. 联系实际谈谈如何提高消费效果。
6. 简述我国城乡、不同地区和行业间消费水平差异的特点及缩小差别应分别采取的对策。
7. 简述经济发展推动模式对居民消费水平的作用机理。

8. 什么是消费结构？影响消费结构的因素有哪些？
9. 简述消费结构的变化趋势。
10. 消费结构合理化的标准是什么？如何实现消费结构合理化？
11. 消费市场具有哪些作用？如何加强对消费市场的管理？
12. 转换消费模式应该采取哪些措施？

第九章　对外经济贸易的宏观管理

第一节　对外经济贸易活动及其宏观管理的意义

一、对外经济贸易的内容及必要性

(一) 对外经济贸易的含义和内容

对外经济贸易是一个国家或地区同其他国家或地区之间所进行的商品、技术和劳务交换活动的总称。我国对外经济贸易活动的基本内容包括两大部分：一是进出口贸易活动，具体包括对外商品贸易、对外技术贸易、对外劳务贸易、对外承包工程等；二是其他对外贸易活动，具体包括国际投资、国际金融、国际运输、国际保险、国际旅游等。在整个对外经济贸易活动中，进出口贸易是最基本的活动。

(二) 对外经济贸易的必要性

对外经济贸易是以商品经济的发展和国家的存在为基本前提的，它既是人类社会生产力发展到一定历史阶段的产物，也是促进社会生产力进一步发展的强大推动力。对外经济贸易活动的必要性主要表现在以下几方面：

(1) 对外经济贸易是国际分工发展的必然结果

在商品经济条件下，国际分工是对外经济贸易产生的主要原因。随着商品经济的发展，出现了社会分工，当社会分工超出国界以后，就产生了国际分工，国际分工是随着社会生产力的发展而发展的。人类历史上的每一次科技革命都促进了社会生产力的发展，同时也促进了国际分工的发展。例如，以蒸汽机的广泛使用为主要标志的第一次科技革命，加深了资本主义宗主国与殖民地半殖民地国家之间的国际分工；以电力的广泛使用为主要标志的第二次科技革命，扩展了工业制成品生产国与初级产品生产国之间的国际分工；第二次世界大战后所发生的以电子计算机、原子能和空间技术的发展和利用为主要标志的第三次科技革命，进一步突破了民族、国家的界限，形成了世界范围内劳动密集型国家和资金技术密集型国家之间的国际分工。当今的国际分工，已从传统的以自然资源为基础的分工逐步发展成以现代工艺、技术为基础的分工；从各产业部门间的分工发展到各个产业部门内部和以产品专业化为基础的分工；从沿着产品界限所进行的分工发展到沿着生产要素界限所进行的分工；从垂直型的分工日益走向混合型的分工。总之，当今的国际分工已经发展成为全球性的高度社会化和专业化的世界分工。而随着国际分工的日益深入化和普遍化，各国间的经济联系就越来越密切了，所以，对外经济贸易是国际分工发展的必然结果。

(2) 开展对外经济贸易是国际经济一体化发展的必然要求

国际分工的不断深化,导致了不同国家或地区之间经济发展的不平衡。同时,由于资源、土地、资本、劳动力、技术等生产要素禀赋条件的不同,又造成了不同国家或地区经济实力的差别。所以,在当今世界,任何一个国家都不可能拥有发展本国经济的全部资源,不可能掌握世界上所有的先进技术,不可能生产自己所需要的全部产品,国内也不可能存在自己产品的全部市场,因此,都不可能关起门来发展本国经济,而必须依靠其他国家和世界市场。这样,就促进了国际经济一体化的发展。第二次世界大战以后,国际经济一体化的发展势头很猛,特别是20世纪60年代以来,不仅发达国家,而且发展中国家的国民经济都日益被纳入国际经济一体化之中,各国经济相互渗透,相互融合,使世界经济已升华到一个高度发展的阶段。目前,世界进出口总额占世界GDP总值的比例已上升到50%左右,对外经济贸易的增长速度远远高于世界经济的增长速度;世界性和区域性的经济合作关系日益扩大,国际经济组织在国际经济社会生活中发挥着越来越重要的作用;特别是第三世界国家的崛起和"南南合作"的加强,已经从根本上改变了少数经济大国称雄国际政治舞台的局面,形成了国际经济的新格局。总之,国际经济一体化已经成为世界经济发展的必然趋势,加强对外经济贸易联系已成为国际经济一体化对每个国家提出的客观要求。谁要是闭关锁国,就必然落后;相反,顺应这一潮流的客观要求的国家,其经济就可能得到迅猛发展。第二次世界大战后日本和原联邦德国的经济振兴、亚洲"四小龙"的出现,就是利用对外经济贸易实现本国或本地区经济腾飞的生动例证。随着国际经济一体化和成功加入世界贸易组织,我国经济也得到了快速的发展。

(3) 发展对外经济贸易是我国实行对外开放政策的必然选择

中华人民共和国成立以来,我国在发展对外经济贸易方面,经历了从闭关锁国到对外开放的历史演变过程。1979年以前,我国基本上实行的是闭关锁国的政策,对外经济贸易活动的范围很窄。党的十一届三中全会以后,在邓小平同志建设有中国特色的社会主义理论的指导下,我国实行了对外开放政策。1980年,对外开放作为我国的一项基本国策载入了《中华人民共和国宪法》。其后,党的十四大、十五大、十六大和十七大又多次重申,坚定不移地实行对外开放政策是我国的长期方针。我国的对外开放,是面向世界上所有国家或地区的全方位开放,其内容主要包括:大力发展对外贸易,特别是要扩大出口贸易;积极引进先进技术和设备,特别是有助于企业技术改造的适用型技术;积极有效地利用外资;积极开展对外工程承包和劳务合作;发展对外经济技术援助和多种形式的互利合作;设立经济特区和开放沿海城市,并以之带动内地的开放等。总之,对外开放的基本含义,就是要大力发展和不断加强国际间的经济技术交流,充分利用国内和国际两个市场、两种资源,优化资源配置,积极参与国际竞争和国际经济合作,吸收世界各国的长处,发挥我国的比较优势,实现国内经济与国际经济的互补,以加速我国现代化建设的步伐。由此可见,发展对外经济贸易是我国实行对外开放政策的必然选择。

二、对外经济贸易宏观管理的内容及意义

(一) 对外经济贸易宏观管理的内容和任务

对外经济贸易宏观管理是从总体上对涉外经济活动所进行的全局性管理。其内容主要包括：对外贸易发展战略管理、进出口贸易管理、技术引进管理、利用外资管理、国际劳务合作管理、外汇及汇率管理、国际收支管理等。对外经济贸易宏观管理的基本任务是：合理控制对外经济贸易活动的总规模，正确安排对外经济贸易活动中的各项平衡关系，努力提高对外经济贸易活动的经济效益和社会效益，实现国内经济与国外经济的互补，促进国内经济的迅猛发展。

（二）对外经济贸易宏观管理的意义

对外经济贸易宏观管理的必要性根源于对外经济贸易活动自身的特点。具体来讲，体现在以下几方面：

（1）维护国家主权和国家利益的需要

对外经济贸易活动是国家与国家之间所进行的经济交往活动，它是国际关系的重要组成部分，与国际政治关系密切相关。因此，它既涉及国家的经济利益，也涉及国家主权。虽然经济上的相互依赖常常是国际政治关系中强有力的"稳定器"，但是，由于国家间经济实力差距的存在，某些经济发达国家常常以经济制裁、贸易报复作为其实现政治目的的手段。所以，在对外经济贸易活动中，既存在一个维护国家经济利益的问题，又存在一个维护国家政治利益的问题。在当今政治多极化、经济全球化的背景下，区域集团化进一步加强，贸易保护主义日益加剧，国际竞争日趋激烈。为了维护国家的整体经济利益，我们必须对各地区、各部门和各企业的对外经贸活动从宏观上实行统一管理，避免国内对外经贸主体多头竞争而使外国得利；同时，为了对付外国对我国的制裁和歧视性政策，我们也必须通过宏观管理来统一自己的行动，一致对外，以维护国家主权不受侵害。

（2）正确贯彻执行对外开放政策的需要

对外开放是我国进行社会主义现代化建设的一项基本政策。因此，我们必须扩大对外经济技术交流与合作，重视利用国际资源，开拓国际市场。但是，我国的对外开放是在自力更生基础上的对外开放，而不是对外国的依赖。为了正确处理对外开放与自力更生的关系，我们必须加强对对外经贸活动的宏观管理，以便更好地利用国际经济力量来壮大自己的经济实力，增强自力更生的能力。同时，对外开放也并不意味着敞开国门，让什么都进来；为了防止国外消极影响的入侵，我们也必须加强对对外经贸活动的宏观管理。

（3）保持国内经济稳定发展的需要

宏观经济管理的重要任务是要保持社会总需求与社会总供给的平衡。在对外开放条件下，本国的社会总供求包括国内、国外两个市场的供求，因此，对外经济贸易也成为影响社会总供求平衡的重要因素之一。随着对外经济贸易活动的不断发展，它在国民经济中所占的比重也会越来越大，从而对国内经济发展的影响也会越来越大。同时，中国加入WTO后，在实现贸易自由化过程中，需要逐步扩大对外开放，其中也存在风险。在这样的情况下，要实现国内经济的稳定发展，我们不但要对国内经济进行宏观管理，也要管理好对外经济贸易，使其规模适度，有利于国内总供求的平衡；使其结构合理，有利于产业结构优化。

（4）维持良好的对外经贸秩序的需要

参与对外经贸活动的主体包括政府、企业和个人，涉及生产、运输、仓储、包装、商检、财政、银行、外汇、保险、税收、海关和工商管理等众多的部门和单位，因此是一个复杂的系统工程。为了使各方面的积极性都得以充分发挥，就必须合理处理各方面的利益关系，维持一个良好的对外经济贸易活动的秩序。而所有这些，都离不开对对外经贸活动的宏观管理。

第二节 进出口贸易管理

一、对外贸易发展战略的选择

对外贸易发展战略是指实现一国既定的社会经济发展战略可供选择的对外贸易发展方针、目标、步骤、措施的总称。它是一定的对外经济发展战略思想的重要体现。

（一）对外贸易发展战略的种类

世界各国在实现本国经济和社会发展战略目标的实践中，实行过许多不同的对外经济贸易发展战略。但归纳起来，主要可分为以下几类：

(1) 鼓励初级产品出口的发展战略

这一发展战略的基本要求是：充分发挥发展中国家自然资源丰富的优势，通过出口农产品和矿产品等初级产品，换取外汇，然后进口本国不能生产的工业制成品，实现国内经济与国外经济的互补。这一发展战略在理论上得到了西方经济学中"比较成本学说"的支持。但是，由于初级产品的出口价格增长太慢，工业制成品的进口价格增长太快，国际市场的这种初、高级产品的不等价交换，使得发展中国家的对外贸易条件不断恶化、国内经济增长的传导路线严重受阻。于是，许多发展经济学家认为，发展中国家主要依靠初级产品出口来发展本国经济是不妥当的，而应该尽力谋求国内工业制成品的自给自足，这样就出现了进口替代型发展战略。

(2) 进口替代型发展战略

这一发展战略的基本要求是：通过引进技术和设备，大力发展本国的制成品工业，并用自己生产的制成品来替代原来需要进口的制成品，以实现国内工业品的自给自足。这一发展战略是以贸易保护主义为前提的。进口替代型发展战略的最大优点是便于保护和发展本国的民族工业，建立独立、完整的国内工业体系和国民经济体系。在这种发展模式下，由于工业产品主要销往国内市场，所以国内经济的发展受国际市场的影响较小。但是，事实表明，进口替代型发展战略实施过久，也会产生一系列问题，如滥用保护主义政策，导致了国内生产的高成本和低效率；由于国内技术水平有限，随着替代范围的扩大，替代的可能性也越来越小；由于国内市场容量有限，导致了生产规模的不经济性，等等。于是，发展经济学家又主张发展中国家应实施出口替代型的发展战略。

(3) 出口替代型的发展战略

这一发展战略的基本要求是：用工业制成品的出口替代初级产品的出口，用技术含量高、附加值大的产品出口替代技术含量低、附加值小的产品出口，通过这种替代来促进外向型经济的发展，以获取国际分工的比较利益，加快国内经济现代化的步伐。这一发展战略是以对外开放、面向世界的思想为指导的。实践表明，实施出口替代型的发展战略，参与激烈的国际竞争，可以有效地提高本国工业化的水平和制成品的质量，使其向高技术、高效益的方向大大迈进；同时，也有利于国内生产规模和就业面的扩大，并有利于增加外汇储备，提高进口能力和偿还债务的能力。

(4) 混合型贸易发展战略

该战略就是进口替代战略和出口替代战略的有效组合，它结合了两者的优点。通过进口替代，可以拓宽产业空间，推动出口替代；而通过出口替代，可以促进出口，带动进口替代。实现经济增长的国家多数采用的是这种混合型贸易战略。

需要特别指出的是，以上四类对外贸易发展战略不是相互对立的，而是存在着相互转化的必然趋势，这与生产力的发展水平密切相关。正确执行以上战略的关键，在于如何把握住它们相互转化的最佳时机。

(二) 我国对外贸易发展战略的选择

正确选择对外贸易发展战略，必须依据本国生产力发展水平、本国的经济比较优势和本国的经济社会发展战略目标的要求，同时还要求善于把握国际机遇。由于我国目前还是一个发展中国家，实行的是社会主义市场经济体制，并已成为世界贸易组织的正式成员，挑战与机遇并存、内向型经济与外向型经济并存，所以，我国应进一步扩大对外开放的范围，提高对外开放的程度，继续积极推进以质取胜和市场多元化的对外贸易发展战略。这一战略的基本要点是：第一，坚定不移地实行对外开放的政策，逐步实现国内市场的全方位开放；第二，继续扩大出口贸易，不断改善出口商品结构，提高出口商品的质量和档次；第三，适当增加进口，更多地利用国外资源和引进先进技术；第四，在保持和发展原有国外市场的同时，努力开拓新的国外市场。可见，这一战略实际上是一种进出口替代相结合型的发展战略。

我国做出这一战略选择的客观依据是：

(1) 是我国经济发展战略转换的结果

长期以来，我国实行的是优先实行工业化的发展战略，相应地，对外经济贸易也一直实行进口替代型的发展战略。实行这一战略，使我国建立了强大、独立的工业体系，增强了我国的自力更生能力，提高了我国的国际地位。但是，由于长期实行贸易保护主义政策，也导致了国内生产的低效率和高成本，导致了出口产品的质量竞争能力差。改革开放以来，我国的对外贸易战略由进口替代型逐渐向出口替代型。这一战略转变，既扩大了我国的出口能力，也使国内生产规模、产业结构和产品结构发生了极大变化。然而，随着国内外经济形势的变化，出口替代型的发展战略也显现出不足之处，如随着贸易摩擦的增多，使出口受阻；出口战略带来巨大的外汇储备，也使人民币汇率有升值压力。而且，我国目前仍然面临出口产品质量差、国外市场狭小的贸易困难，为尽快扭转这一局面，我们必须实行以质取胜和市场多元化的发展战略。

(2) 是国际贸易环境变化的要求

当今的国际经济关系和贸易环境已经发生了重大变化。概括起来讲，这种变化的主要表现在：①初级产品价格下跌，发展中国家的贸易条件恶化；②国际贸易中，高新技术制成品所占比重提高；③世界范围内的经济竞争日益激烈，前所未有；④亚洲国家和地区的经济迅猛崛起，欧美国家经济发展速度减慢。为适应这一国际贸易环境的变化，我们也必须扩大对外贸易的范围，调整出口产品结构，坚持以质取胜。

(3) 是调整我国对外贸易格局的需要

我国原有的对外贸易格局存在的主要问题是：①出口矿产品等初级原材料，进口钢材、有色金属等高级原材料；出口粗加工制成品，进口深加工制成品，导致我国的对外贸易经济效益差；②对发达国家和港澳地区的出口占70%以上，在进口总额中，它们所占比重更大，这使我国对外贸易活动范围狭小，贸易风险较大。显然，我国原有的对外贸易格局与新的国际经济环境已极不适应，必须予以调整，为此，必须实行市场多元化的发展战略。

(4) 是我国目前经济条件限制的结果

虽然我国目前实行的是对外开放的政策，鼓励发展外向型经济，但是我国的生产建设还没有形成具有新技术的、足以承担出口导向的支柱产业体系；对外贸易体制以及整个市场经济体制还不能完全适应外向型经济运行的需要。所以，从现实的条件来看，我们也只能实行进出口替代相结合型的发展战略。

总之，我国实行进出口替代相结合、以质取胜、市场多元化的对外贸易发展战略，是符合国内外实际情况的，是一种正确的、历史的选择。

适应对外贸易战略的调整，我国的对外贸易体制也必须进行相应的改革。改革的基本取向是建立适应国际现行规则的对外贸易运行机制。具体来讲，包括以下要点：①取消对外贸易方面的指令性计划，减少行政干预，改变对进出口商品的配额管理办法；②国家主要用汇率、税收和信贷等经济手段调节对外贸易活动；③对外贸易宏观管理延伸至上游生产领域，形成出口产业管理体系；④转换各类企业的对外经营机制；⑤鼓励外资兴办出口型企业；⑥充分发挥进出口商会的中介作用；⑦推行进出口贸易代理制，坚持统一政策、放开经营、平等竞争、自负盈亏、工贸结合的原则；⑧统一和健全对外经贸法规，逐步向国际规范靠拢；⑨降低关税总水平，合理调整关税结构，完善出口退税制度，严格关税征管办法。

二、进出口商品规模的决策与调控

(一) 进口规模的确定

进口通常是指从国外购进商品。进口的商品一般是技术先进的机器设备、国内短缺的原材料和生活消费品。进口贸易的发展，在促进工农业生产发展、保证国家重点建设、推动企业技术进步、补充和活跃国内市场、改善人民生活等方面起着重要作用。

衡量进口规模大小的主要指标是进口总额。进口总额是指按到岸价格计算的一定时期内到达本国境内的全部进口商品的货币总金额。进口规模的大小主要取决于两方面的因素：一是国内对进口商品的需要；二是可用于进口商品的外汇数量。根据国内需要来确定进口规模，这是确定进口规模的出发点。但是，进口规模到底能安排多大，最终还是取决于本国拥有外汇的数量。由于国家外汇主要来源于出口贸易创汇和非贸易创汇，其中出口贸易创汇是国家外汇的最主要来源，所以，进口贸易规模归根到底取决于出口贸易的规模，取决于对外经济管理国际化的程度。

安排进口贸易规模，一般应遵循以出定进的原则。但是，这并不是说进口总额一定要小于出口总额，而是说两者要相适应。

改革开放以来,我国的进口规模增长较快。据《2008年中国发展报告》提供的数据,我国1990—2000年进口总额的年平均增长率为15.5%,2000年进口总额为2250.9亿美元。另据《2008年中国统计年鉴》提供的数据,我国2007年进口总额已达9559.5亿美元,是2000年的4.25倍,7年间年平均增长率为22.9%。

(二)出口规模的确定

出口通常是指向国外售出商品。出口的商品一般是国内市场供应比较充足,而国际市场需求量较大、在生产成本上具有相对优势的商品和具有本国特色的商品等。出口贸易既是对外贸易的重要内容,又是对外贸易的基础。出口贸易的发展有利于增加外汇收入和扩大进口规模,同时也可以促进国内生产的发展和财政收入的增加。

衡量出口规模大小的主要指标是出口总额。出口总额是指按离岸价格计算的一定时期内离开本国国境的全部出口商品的货币总金额。出口规模的大小主要取决于两方面的因素:一是本国经济技术的发展水平;二是国际市场商品的供求状况。本国经济技术发展的水平是确定出口规模的基础,是影响出口规模的决定性因素,由世界经济形势和国际经贸关系所决定的国际市场商品的供求状况是影响出口规模的重要制约性因素。

安排出口贸易规模一般应遵循扩大出口的原则。这是因为,扩大出口有利于扩大本国经济规模,提高本国产品的质量,增加外汇收入,为扩大进口规模创造条件。这不仅是加快国内经济发展的需要,也是提高本国国际经济地位的需要。

改革开放以来,我国的出口贸易发展也很迅速。据《2008年中国发展报告》提供的数据,我国1990—2000年出口总额平均增长率为14.9%,2000年出口总额已达2492亿美元。另据《2008年中国统计年鉴》提供的数据,我国2007年出口总额已达到12177.8亿美元,是2000年的4.89倍,7年间年平均增长率为25.4%。

(三)进出口规模与速度的宏观调控

所谓进出口规模和速度的宏观调控,就是要在社会经济发展战略和对外贸易发展战略的指导下,正确处理好以下关系:①国际市场供求信息与对策的关系,即要认真分析、研究国际市场供求信息,为本国的对外贸易政策选择及企业决策提供依据。②进出口商品的规模和技术进步的关系,即要在技术进步的基础上不断扩大进出口贸易的规模,提高产品质量和深加工程度。③国内生产商品的内销与外销的关系。正确处理这一关系的基本原则是:内外销矛盾不大的商品尽量出口;国内外都需要、货源紧、国外价格看好的商品要优先出口;与国计民生有关的重要商品要限量出口。④国家与企业的关系,即一方面要调动企业参与外贸的积极性,另一方面又要加强对企业外贸活动的宏观管理。⑤进出口贸易中的国别关系,即要着眼于调动各个国家的积极性,努力开拓国际市场,实现贸易关系多元化。

三、进出口商品结构的优化与调控

(一)影响进出口商品结构的因素

进出口商品结构是指进口或出口的各类商品在进口或出口总额中所占的比重。一国进出口商品结构的形成和变化,是国内和国际多种因素综合发挥作用的结果。进出口商品结构的特征,与本国的比较利益、对外贸易发展战略、国内外供需结构及供需平衡状况、国内外价格体系的差异、国内的产业结构等因素密切相关。确定和调整进出口商品结构，必须以这些因素的状况为依据。

(二) 进出口商品结构的变动趋势

进出口商品结构与生产力的发展水平密切相关。一般来讲，生产力发展水平较低的国家，出口商品中初级产品所占比重较大，工业制成品所占比重较小。随着生产力发展水平提高，初级产品出口所占比重将下降，工业制成品比重将会提高。进口商品结构的变化一般是由进口粗加工制成品为主转向以进口精加工制成品为主。

进出口商品结构受对外贸易发展战略的影响极大。一般来说，实施进口替代型战略的国家，初级产品出口比重较大，原材料和机器设备的进口比重较大；实施出口替代型战略的国家，轻纺等工业制成品的出口比重较大，出口替代行业所需的关键原材料和技术设备、零配件的进口比重将扩大；实施进出口替代相结合型战略的国家，出口商品结构开始重型化，重、化工产品和轻纺制成品将构成出口贸易的主体，进口商品结构中，资金密集、技术密集型产品的比例将会上升。

据《2008年中国统计年鉴》提供的数据，在2000年我国的出口商品结构中，制成品占89.8%，其中，机械及运输设备占33.1%。在进口商品结构中，制成品占79.2%，其中机械及运输设备占40.8%。在2007年我国的出口商品结构中，制成品占94.9%，在进口商品结构中，制成品占74.6%。这说明，在我国的进出口商品结构中，出口制成品的增长快于进口制成品的增长，表明我国的进出口商品结构正在不断升级。

我国进出口商品结构存在的主要问题是：以低价初级产品和粗加工制成品换取高价高新技术制成品，使我国贸易条件处于不利地位；出口煤炭、石油等资源性产品，又进口以石油为原料的中间产品，影响了宏观经济效益；以压缩国内需求、增加财政补贴支援出口，不能适应国际贸易格局的急剧变化。为此，必须对我国的进出口商品结构做进一步的实质性调整。

(三) 优化我国进出口商品结构的方向

根据国际贸易格局的变动趋势和我国21世纪初期的现状与可能条件，我国进出口商品结构优化的方向是：从出口商品结构来看，应由主要出口粗加工制成品向主要出口精加工制成品转变；劳动密集型出口产品应由低档向高档转变；减少国内稀缺资源性产品出口。从进口商品结构来看，应优先进口先进技术和关键设备；鼓励进口国内不能生产的重要原材料；适当进口国内虽能生产，但质量不能满足需要的重要生产资料；逐步增加石油制品等国内短缺的资源性商品进口；限制国内能够生产的生产资料的进口；减少一般消费品和奢侈品的进口。

(四) 我国进出口商品结构的宏观调控

我国进出口商品结构宏观调控的目的，是为了调整不合理的进出口商品结构，优化进出口商品结构。这需要有一定的物质基础，并通过有效的政策体系来实现。为了促进出口商品"以质取胜"，国家在产业发展上应对其实行倾斜政策，在信贷方面，对其实行优惠政策；在进口方面，对其实行宽松政策；在出口商检方面，对其实行严格政策。进口商品结构的宏观调控应以关税调节为主，国际上常用的有进口税、进口附加税、差价税、优惠关税等，必要时，也可采用非关税壁垒，如公布限制进口商品目录、实行进口许可证制、严格卫生检疫标准等。

第三节 技术引进管理

一、技术引进的概念和意义

技术引进是指技术输入方通过贸易或经济技术合作的途径，从技术输出方引进制造某种产品、应用某种工艺或提供某种劳务所需的系统知识及购买必要的技术装备。虽然技术引进既包括技术知识等"软件"的引进，又包括机器设备等"硬件"的引进，但是，其核心内容是技术知识的引进。单纯的机器设备的购买只是一般性的商品买卖，而不是技术贸易，更谈不上技术引进。明确技术引进的含义，有利于我国技术引进工作的正确开展。

技术引进的意义主要表现在两个方面：一是促进经济的发展。科学技术作为第一生产力，对于现代经济的增长起着越来越大的作用。发达国家的实践表明，科学技术对经济增长的贡献已达70%以上。二是推动科技的进步。技术贸易加强了国与国之间科技成果的横向交流、促进了国与国之间的科学研究合作，有利于新技术的发展和科技成果的推广运用。目前，技术贸易已在国际范围内广泛地开展。全世界的技术贸易总额迅猛增长，其增长速度大大超过了工业和普通商品的贸易总额的增长。

在我国，技术贸易也日益成为对外经济贸易活动的重要组成部分。截至2006年年底，中国共引进技术88851项，合同总金额达2477.63亿美元。引进技术促进了我国产业结构的优化，提高了科学技术水平，提高了企业的经济效益和社会效益，也有利于提高我国产品的国际竞争力，促进我国经济的发展。

二、技术引进的种类和方式

技术引进可从不同角度进行分类。按技术引进项目的技术表现特征划分，可分为"硬件"项目引进和"软件"项目引进。前者是指技术设备的引进，后者是指技术设计方案、科技知识和技术经验的引进。按引进技术的公开程度划分，可分为公开技术项目引进、专利技术项目引进和专有技术项目引进。一般来说，专有技术不受法律保护，无期限规定，其技术载体可以是文字、图纸，也可以是人脑；而专利技术则受法律保护，有明确的期限规定，其技术载体只能是文字、图纸。按技术引进项目的技术水平划分，可分为先进技术项目引进、中间技术项目引进和初级技术项目引进。此外，还可按部门和行业的不同划分，按技术密集程度的不同划分。

技术引进的方式也有许多种。根据技术的表现形式，基本上可分为两类：一是"硬件"引进，二是"软件"引进。具体方式主要有以下几种：

(1) 许可证贸易

许可证贸易是技术引进的一种主要形式，它是由交易双方以签订许可协议（合同）的形式所进行的一种技术贸易。从贸易角度来讲，许可证贸易可分为专利技术许可、专有技术许可和商标许可三种。其中，专有技术许可是最重要的形式，在国际许可贸易中大约占80%。通过许可协议，技术引进方得到的不是专利权、专有技术控制权和商标权本身，而只是专利、专有技术和商标的使用权,并应支付使用费和承担保守秘密等项义务。进入20世纪90年代末,中国技术引进逐步从进口成套设备转向以专有技术和专利技术许可为主,在加入WTO后,这种趋势更加明显,其在技术引进合同中所占比例从2001年的48.3%增长到了2006年的67%。

(2) 购买先进设备

购买先进设备是以实物贸易形式所进行的一种技术引进,是"硬件"引进的主要方式。这种方式通常是与利用外资结合在一起进行的。购买先进设备可采用两种形式:购买主机和关键设备;购买成套设备。前者与后者相比较,既可以减少外汇支出,又有利于国内配套工业的发展,是我们引进设备应采用的主要形式。

(3) 技术服务

技术服务是指技术引进方与输出方就某项工程技术服务和人员培训以及技术经验、管理方法的传授而达成的一项服务性契约。这是一种既快又省的技术引进方式。

(4) 顾问咨询

顾问咨询是指咨询人支付一定费用,咨询公司负责解决由咨询人拟定的技术课题。它与技术服务有类似之处,但其服务范围更广。

(5) 合作生产

合作生产是指两个或两个以上国家的企业,根据共同签订的协议,合作生产某种产品。合作的技术一般由输出方提供,引进方在合作生产过程中就达到了引进技术的目的。它包括长期合作生产和合作承包两种基本形式。

(6) 合作研究

合作研究是指合作双方在科学研究和研制新产品、新工艺、新材料等方面的共同合作。这是一种比较高级的技术引进方式。在合作研究中,双方共同拟定研究题目、研究计划,确定研究方法和步骤,共同承担科研费与投资,成果由双方共享。

三、技术引进的宏观管理

技术引进是一项异常复杂的工作,它涉及国家的政治、经济、技术、生产、贸易、法律等许多方面的问题,必须对其实行宏观管理。为了提高技术引进工作的经济效益,在技术引进中必须遵循以下原则:

(1) 积极稳妥的原则

积极稳妥是指思想要解放,态度要认真,步子要迈大;但要量力而行,有步骤、有计划、有重点地进行,防止盲目行事。

(2) 先进适用的原则

先进适用是指引进的技术既要先进又要适用。技术的先进性是指成熟的、工业化的、具有一定领先地位的技术;适用性是指引进的技术要符合本国目前的技术状况,经过努力,能够被消化和掌握的技术。坚持先进性、适用性的目的,在于保证产品在国际和国内市场有竞争能力。

(3) 消化创新的原则

消化创新是指对技术的要点,要认真学习,消化吸收,掌握运用,并有所改进、创新，使企业在核心产品和核心技术中拥有更多的自主知识产权，在同行业中起推广作用。消化创新是引进技术的基本要求；否则，引进技术就不能对本国的技术进步产生推动作用。

（4）优化结构的原则

优化结构是指技术引进的结构要合理，要在提高技术引进占进口贸易比重的前提下，增加"软件"引进，减少"硬件"引进。"软件"引进的重点应放在工程技术，特别是机械、电子工业技术以及经济管理经验上；"硬件"引进的重点则应放在单项关键设备上。现阶段，软件和硬件技术引进的比例得到了优化，平均软件费用占合同总额由"八五"期间的10%提高到了现在的25%。

（5）严格管理的原则

严格管理是指在技术引进宏观管理工作中，应让计划机制发挥重大的作用。国家要以国家计划为依据，利用信贷、税收等经济手段和必要的行政措施，对全国技术引进的总规模、重点项目及外汇使用实行严格的控制，要避免盲目引进、重复引进和低水平引进，要将技术引进的重点引导到关键技术、基础技术和"软件"上来。

（6）内外结合的原则

内外结合是指要将技术引进同国内现有企业的技术改造结合起来，促进国内民族传统技术的发展。这样做，既可以降低技术引进的成本，加速生产经营方式由外延形式向内涵形式的转化，又能为缩小同发达国家在经济技术上的差距创造条件。

第四节 利用外资管理

一、外资的概念及利用外资的方式

外资是指国外的资金或国外的资本。外资包括外国资金、外国投资、外国援助、补偿贸易、租赁信贷等。吸收外国资金进行经济建设是中国对外开放政策的重要组成部分，也是中国发展对外经济联系、与国外进行经济技术合作的重要内容。

利用外资的方式可分为利用外国直接投资、利用外国间接投资和利用外国信贷投资三类。

（一）利用外国直接投资

所谓外国直接投资，是指外国投资者把资本以货币形式或以技术、设备、材料等形式直接投入东道国企业，通过生产经营获得利润。我国利用外国直接投资有以下六种方式：

（1）中外合资经营

这是由一个或一个以上的不同国家或地区的投资者同我国的经济组织通过签订合同，按照一定的比例共同投资、共同经营、共负盈亏、共担风险，并按双方股份比例分配收益的一种经营方式。中外合资企业在法律上属中国企业，外方通常以设备、工业产权、专有技术、资金作为投资股份，我方一般以场地、厂房、设备、人民币现金作为投资股份。按照我国政府规定，外方投资比例不得小于25%，上限无规定。

（2）中外合作经营

这是外方企业、经济组织或个人与我方的企业或经济组织，按照中国的有关法律，依据共同签订的合作经营合同所规定的合作各方权利和义务而组成企业，共同经营的一种经营方式。它与中外合资企业的区别在于，双方不一定用货币计算股权，也不一定按照股权比例分配收益，而是按双方商议确定的方式或比例分配收益。合作期满后，合作企业的剩余资产一律无偿归中方所有。在对外开放初期，中外合作经营企业在外商独资企业中所占比重很大，近年来有所下降。

（3）外商独资经营

这是指外商依照我国法律规定，经我国政府批准，在中国境内设立全部由外商投资的企业，并由外商独资经营的一种经营方式。其特点是外商单独投资，技术必须先进，产品立足外销，企业自负盈亏，经营范围受到一定限制。

（4）中外合作开发

这是指我国与外国投资开发公司合作对本国地下资源进行开发的一种经营方式。从我国目前情况看，这种方式主要用于海洋石油及矿产资源开发。

（5）补偿贸易

这是指不需使用现汇，而是在信贷的基础上向外商购买机器、设备和专利，然后用其生产的产品或双方商定的其他产品偿还贷款和利息的一种利用外资的方式。它分为直接补偿、间接补偿和部分补偿三种具体形式。

（6）对外加工装配业务

这是指利用国外原材料、资金、技术和设备来发展生产，增加外汇收入的一种利用外资的方式。目前，该业务主要包括来料加工、来样加工、来件装配三种具体形式。

（二）利用外国间接投资

所谓外国间接投资，是指外国投资者以购买债券和股票等有价证券的方式以及开展国际租赁和信托业务，向我国的生产和流通领域进行的投资。间接投资主要有以下四种方式：

（1）国际债券投资

它是指本国政府、公司、企业、银行及其他金融机构或国际性机构在国际债券市场上以外国货币面值发行债券，供外国投资者购买。这是借用外资的一种重要方式。

（2）国际股权投资

它是指在本国股票市场上或外国股票市场上出售本国企业的股票，供外国投资者直接用外国货币购买。当外国投资者所购买的股票足以控制投资企业的经营权时，股权投资就由间接投资转化为直接投资了。

（3）国际租赁

它是指外国或本国的租赁公司根据用户要求，筹集资金、进口设备，然后把设备租给用户使用，由用户定期支付租金的一种利用外资的方式。国际租赁是当今世界融资的重要方式之一，为我国企业提供了一条有效的融资途径，可广泛应用于现有企业的技术改进。

（4）国际信托

它是指通过本国或外国信托机构接受外国委托人的财产（如货币、有价证券、不动产等）委托，并加以管理运用的一种利用外资的方式。

(三) 利用国际信贷投资

所谓国际信贷投资,是指外国政府或金融机构以贷款方式对一国政府或金融机构所进行的国际间的信贷投资活动。国际信贷投资主要有以下四种方式:

(1) 外国政府贷款

这是指外国政府利用国库资金向另一国政府提供的长期、低息、优惠贷款。它通常是在友好国家之间进行的,具有双方经济援助性质,其赠与成分一般在35%以上。我国利用的外国政府贷款主要有日本海外协力基金贷款、日本能源贷款、日本"黑子还流"贷款和其他外国政府贷款。

(2) 国际金融机构贷款

这是指从事国际金融业务的机构向其成员国所提供的一种贷款。这种贷款通常也是长期、低息贷款,但对其使用方向有严格规定。目前,世界上的国际金融机构很多,但归纳起来有两类:一类是属于联合国管辖的专门机构,主要有世界银行(IBRD)、国际货币基金组织(IMF)和国际农业发展基金会(IFAD)等;另一类是地区性的国际金融组织,主要有亚洲开发银行(ADB)、非洲开发银行(ADB)、泛美开发银行(BID)和欧洲货币市场等。目前,向我国提供多边贷款的国际金融组织主要有世界银行、国际农业发展基金组织和亚洲开发银行,曾经提供过信贷的有国际货币基金组织。其中,世界银行已经成为我国对外借款的主渠道。

(3) 外国商业银行贷款

这是指借款国为支持某一项目的建设,在国际金融市场上向外国银行商借的贷款。这种贷款通常是在商业银行之间进行的,分为短期信贷、中期信用、长期贷款三种具体形式。商业银行贷款方式比较灵活,货币可以自选,手续比较简便,用款不受限制,但贷款利率较高。

(4) 出口信贷

这是指出口国政府为扩大本国产品出口,提高本国产品在国际市场上的竞争力,在本国官方银行或私人银行设立的一种供本国出口商或外国进口商使用的一种利率较低的贷款。出口信贷利率与市场利率的利差由政府补贴。出口信贷大部分用于购买提供出口信贷国家的产品。按接受信贷的对象不同,它分为卖方信贷和买方信贷两种具体形式。

二、对外债务宏观管理的主要任务

利用外资问题实质上是一个对外债务问题。因此,利用外资宏观管理实质上是一个对外债务宏观管理问题。对外债务宏观管理的主要任务是合理控制外债总规模;不断优化对外债务结构;正确引导外资使用方向,努力提高外资的利用效率。

(一) 合理控制外债总规模

合理控制外债总规模是对外债务宏观管理的首要任务。正确安排对外债务总规模,必须充分考虑国外国内两方面的因素。国外因素主要有国际资金市场的供求状况、世界贸易市场的状况、国际政治环境等;国内因素主要有对外资的吸收能力、国内资金的配套能力、借用外资的偿还能力等。

利用外资规模是否适度,要以能否促进我国国民经济的健康发展为衡量标准,这是一个最基本的要求,从理论上讲,一个国家的外债最优规模是利用外资的边际收益等于其边际成本时的规模。这是因为,当利用外资的边际收益等于其边际成本时,受资国举借外债的净收益将会达到最高水平。显然,这是一种理想状态。在现实生活中,对外债务总规模是否合理,可以通过负债率和偿债率两项指标来判断。

(1) 负债率

负债率是指一个国家一定时期的外债余额与同期国内生产总值的比率,其计算公式如下:

$$负债率 = \frac{一定时期外债余额}{同期国内生产总值} \times 100\%$$

负债率是根据一个国家的国内生产总值来衡量其外债承受能力的指标。国际金融组织认为,对于发展中国家来说,这一指标一般控制在 5%~20% 比较适宜;低于 5%,说明外债规模过小;超过 20%,则说明外债规模过大。

(2) 偿债率

偿债率是指一个国家一定时期的外债还本付息额与同期外汇总收入的比率,其计算公式如下:

$$偿债率 = \frac{一定时期还本付息额}{同期外汇收入总值} \times 100\%$$

偿债率是根据一个国家的外汇收入总额来衡量其外债偿还能力的指标,也是衡量受资国偿债信誉的主要标准。国际测算公认,偿债率以 15%~20% 为安全警戒线。从我国的情况看,分析研究认为,为保证经济长期稳定发展,偿债率在 15% 左右是我国外债规模的上限。偿债率是衡量我国外债规模是否适度的重要标准。

长期以来,我国外债的总规模与国民经济总水平相适应,一直在国际安全线之内。但近年来,随着我国对外开放进程的加快,资本流出、入不平衡的矛盾日益突出,人民币面临升值压力,短期外债已冲破安全警戒线,对我国经济平稳发展造成了不利影响,必须加强外债监管。

根据国内外的经验教训,宏观控制我国的外债规模,必须坚持以下原则:①在外债余额已相当于当年外汇总收入时,外债的增长速度不宜超过国内生产总值的增长速度;②国内投资要和借用国外贷款同步增长,不能一边借外债搞建设,一边降低国内投资搞消费;③利用外资要注意兼顾目前利益和长远利益,以利于国民经济的健康发展;④加强对外商直接投资规模的控制,根据不同情况,在 WTO 的框架内,适当控制外商投资领域和外资股份所占比例。

(二) 不断优化对外债务结构

对外债务结构主要包括外债方式结构、币种结构、利率结构、期限结构和偿还结构。优化外债结构既可以提高利用外资的效益,又可以减轻外债的负担,还能够便利国家有条不紊地安排外债的借入、使用和偿还。

(1) 外债方式结构

这是指外债总额中,各种利用外资方式所占的比重。由于外商直接投资事实上只是受资国的名义债务,其本息无需偿还,从减轻国际收支压力以及引进国外先进技术、管理方法等综合效益来看,它比其他方式要略胜一筹。因此,优化外债方式结构,首先要提高外商直接投资在总债务中的比重。在其他利用外资方式上，其选择顺序依次是外国政府贷款和国际金融机构贷款、出口信贷、国际债券发行、外国商业银行贷款。

(2) 币种结构

这是指以各种货币安排的借款额占外债总额的比重。货币汇价是不断变化的，有些外汇会升值，有些外汇会贬值，因此，即使外债总额不变，变动币种结构也会使债务偿付的实际支出额增加或减少，从而使债务负担加重或减轻。优化币种结构的任务就是要减少债务偿付的实际支出。一般来说，提高软币的比重，有利于债务偿付的实际支出减少，因为软币的汇率趋于下跌。

(3) 利率结构

这是指不同利率的外债额占外债总额的比重。外债利率是使用外债的成本，它的高低对债务负担有重要影响。优化利率结构就是要尽可能选择利率水平较低的外债。但是，国际信贷的利率是同汇价、商品价格、各种费用联系在一起的，所以在借款时，应把利率同其他因素结合起来考虑。

(4) 期限结构

这是指长、中、短期外债额占债务总额的比重。优化债务期限结构的目的在于保证债务偿付的均衡性，避免出现债务偿付高峰。因此，应尽量争取中、长期外债。

(5) 偿还结构

这是指直接偿还、间接偿还和综合偿还外债额占外债总额的比重。直接偿还是借债单位依靠自己的外汇收入直接偿还外债；间接偿还是由安排借债单位负责偿还，而不是由用债单位负责偿还；综合偿还是由国家或地方综合统筹提供外汇偿还。一般来说，外债的借、用、还三个环节结合的程度越高，外债的使用效率就越高，而直接偿还相对于其他两种偿还方式，借、用、还三个环节结合的程度显然最高，因此，优化外债偿还结构，应提高直接偿还外债所占比重。

(三) 正确引导外债使用方向

发展中国家利用外资，在使用方向上基本可分为两种类型：一种是开发型，即将外资主要用于固定资产投资。其中，又分为基础设施型和基础设施出口创汇型；另一种是开发-财政混合型，即将外资既用于固定资产投资，也用于进口消费品、原材料以至军火武器。从世界各发展中国家的情况看，一般而言，开发型比较成功，而开发-财政混合型问题较多。今后，我国在使用外债投向上，也应坚持开发型。根据我国经济发展重点和调整产业结构的基本要求，今后我国外资的主要投向应是能源、交通等基础产业；国民经济的薄弱环节；高新技术产业；出口创汇的产业。要注意纠正旅游服务业和房地产业利用外资比重偏大的倾向。

第五节　国际收支管理

一、国际收支的概念

国际收支是用货币收支形式对一个国家或地区在一定时期内的全部对外经济活动所做

的系统记录。这些活动包括金融资产与商品劳务之间的交换、物物交换和商品与劳务之间的交换、金融资产之间的交换、无偿的商品劳务转移、无偿的金融资产转移等。

国际收支是全面反映一个国家或地区对外收支状况的一面镜子,是评价一个国家或地区国际经济实力的主要依据。加强国际收支管理,对于全面了解和指导一个国家或地区的对外经贸活动,研究和制定正确的对外经济政策,安排和调节国际收支平衡,维护正常的国际金融秩序,促进国内经济和世界经济的稳定与发展,都具有十分重要的意义。

在经济全球化背景下,研究一国的国际收支显得更为重要。一国国际收支的平衡状况不仅反映了一国对外经济和贸易的状况,还反映了一国经济资源的利用状况、经济发展状况、对外开放程度及其对外发展的路线、政策和方针。所以,国际收支平衡表成为国家制定宏观经济政策的依据之一。

二、国际收支平衡表的主要内容

国际收支平衡表是综合反映一个国家或地区在一定时期内由于对外交往活动而发生的一切货币收支项目及其金额的统计表。它是我国新国民核算体系中有关社会再生产核算的五张基本表之一。编制国际收支平衡表可以全面反映一个国家或地区的国际收支平衡状况、国际收支结构和国际储备资产的增减变化情况,可以为制定对外经济政策、分析影响国际收支平衡的基本因素、采取相应的宏观调控措施提供依据。

我国的国际收支平衡表是参照国际货币基金组织的国际收支平衡表的标准表式,根据复式记账原理和有关核算原则,并结合我国的实际情况而设计的。其基本格式见表9-1。

表 9-1　　　　　　　　　　　国际收支平衡表

项　　目	差额	借方	贷方
甲	1	2	3
国际收支总计			
一、经常项目			
对外贸易			
1. 出口			
2. 进口			
非贸易往来			
1. 货运			
2. 港口供应与服务			
3. 旅游收支			
4. 投资收支			
(1) 利润			
(2) 利息			
(3) 银行收支			

续表

项　目	差额	借方	贷方
甲	1	2	3
5. 其他贸易往来 其中：政府交往收支 　　　　劳务承包收支 无偿转让 　1. 与国际组织往来 　2. 无偿援助和捐赠 　3. 侨汇 　4. 居民其他收支 二、资本（资金）往来项目 　长期资本（资金）往来 　　1. 直接投资 　　　（1）外国和港澳台地区在华直接投资 　　　（2）中国在外国和港澳台地区直接投资 　　2. 证券投资 　　　（1）外国和港澳台地区在华证券投资 　　　（2）中国在外国和港澳台地区证券投资 　　3. 国际组织贷款 　　4. 外国政府贷款 　　5. 银行借款 　　6. 地方、部门借款 　　7. 延期付款 　　8. 延期收款 　　9. 加工装配、补偿贸易中应付客商作价设备款 　　10. 租赁 　　11. 对外贷款 　　12. 其他 　短期资本（资金）往来 　　1. 银行借款 　　2. 地方、部门借款 　　3. 延期付款 　　4. 延期收款 　　5. 其他 三、误差与遗漏 四、储备资产增减额 　1. 黄金储备 　2. 外汇储备 　3. 特别提款权 　4. 在基金组织的储备头寸 　5. 对基金信贷的使用			

国际收支平衡表的主栏设四类项目：经常项目、资本（资金）往来项目、误差与遗漏、储备资产增减额。经常项目反映一国与他国之间除金融项目之外的各种往来项目，包括商品进出口额、劳务进出口额和无偿转让收支额。资本（资金）往来项目反映除储备资产以外的金融资产在一国与他国之间的流动，包括期限在一年以下的短期资本流动和期限在一年以上的长期资本流动。误差与遗漏反映由于统计的技术性因素和其他原因所造成的借方总额与贷方总额的差额。储备资产增减额反映一国政府拥有的可以直接对他国支付的各种储备资产的增减变动，包括黄金储备、外汇储备、特别提款权、在基金组织中的资产、对基金组织信贷资金的使用。

国际收支平衡表主栏项目中的经常项目是国际收支平衡表中最基本、最重要的项目，误差与遗漏、储备资产增减额则是国际收支平衡表中的平衡项目。

国际收支平衡表的宾栏设三个项目：借方、贷方和差额。借方反映支出项，即商品和劳务的进口支出，对外金融资产的增加和对外债务的减少记入借方，用负号表示。贷方反映收入项，即商品和劳务的出口收入，对外金融资产的减少和对外债务的增加记入贷方，用正号表示。差额反映每一具体项目借方与贷方的合计数。

国际收支平衡表的主栏项目在表内划分为线上项目和线下项目两部分。线上项目包括经常项目、资本（资金）往来项目和误差遗漏项目；线下项目包括储备资产增减额。线上项目的总差额（净余额）是国际收支的总差额。根据复式记账原理，它与线下项目储备资产增减变动差额（净余额）在金额上相等，在符号上相反，两者之和为零。

三、国际收支失衡及其调整

国际收支失衡是指国际收支出现大量的顺差或逆差。所谓顺差，是指国际收入大于支出；所谓逆差，是指国际支出大于收入。由于国际收支的状况对一国的货币币值和汇率的变动、对一国的进出口贸易、对一国的国内经济平衡、对一国的货币金融政策和外汇管理工作都会产生重大影响，所以，保持国际收支的基本平衡具有非常重要的意义。加强对国际收支的宏观管理工作，其最基本的任务就是要针对国际收支失衡的状态和原因，采取相应的调整措施，以求得国际收支的基本平衡。

造成国际收支失衡的原因很多，主要原因有对外贸易的影响、资本流动的影响、国内物价变动的影响、本国货币价值变动的影响及周期性经济危机的影响等。一般来说，进出口贸易的顺差、资本的净流入、国内物价水平的下降、本国货币的贬值、经济的复苏和高涨，都会造成国际收支的顺差；相反地，进出口贸易的逆差、资本的净流出、国内物价水平的上涨、本国货币的升值、经济的收缩和衰退，则会造成国际收支的逆差。

国际收支失衡的调整政策主要有四类：①外汇缓冲政策：是指运用官方储备的变动或临时向外借债，来抵消市场的超额外汇供给或需求。这是解决一次性或季节性国际收支失衡的政策。②直接管制政策：是指政府对国际经济交往直接采取严格的行政管理措施，包括外汇管制和贸易管制。这种政策主要用于调整结构性的国际收支失衡。③开支变更政策：是指运用扩张性或收缩性财政货币政策，提高或降低收入和物价来消除国际收支的周期性失衡和货币性失衡。这是第二次世界大战后各国普遍采取的办法。④汇率政策：是指利用汇率的调整来控制进出口，从而实现国际收支平衡。此政策通常被用于解决根本性的国际收支失衡。

当国际收支出现或预期出现顺差时，可采取的具体措施有：①增加进口，减少出口；②增加对外投资和贷款；③增加国家外汇储备；④调低利率和外汇汇率；⑤放松直接管制，等等。当国际收支出现或即将出现逆差时，则可采取相反的措施：①鼓励出口，限制进口；②增加国外借款和各种非贸易外汇收入；③动用国家外汇储备；④调高利率和外汇汇率；⑤加强直接管制，等等。

20世纪90年代以来，我国国际收支出现了长达十几年的双顺差现象，外汇储备连年增长。这种双顺差结构的持续存在是由储蓄率居高不下、内需不振、长期鼓励出口和鼓励外资流入的政策、人民币汇率因素、国际投机资本因素等内外因素共同导致的。我国应处理好投资与消费、内需与外需的关系，扩大消费需求，建立国际收支结构的合理模式，完善有管理的浮动汇率，推进利率市场化，调整外资引进政策、对外投资政策等。

四、外汇管理

（一）外汇与汇率

外汇是以外国货币表示的用于进行国际间结算的支付手段。这种手段包括以外币表示的信用工具和有价证券，如存放在银行里的外币存款，在国际上能偿付的汇票、支票，外国政府国库券和长短期证券等支付凭证。可以兑换的外币现钞也算外汇，但一般数量是很少的。

汇率是两国货币之间的交换比价，即一国货币用另一国货币表示的价格。通过银行将本国货币兑换成外国货币，或者将外国货币兑换成本国货币，这种活动叫做外汇买卖；汇率就是外汇买卖的兑换标准。

汇率有两种标价方法：

（1）直接标价法

直接标价法是指用一定单位的外国货币作为标准来折算成一定数额本国货币的汇率标价方法，即外国货币与本国货币的比值。这种标价法的特点是，外国货币的数额不变，折算成本国货币的数额要根据外币与本国货币的币值的对比变化而变化。如果一定数额的外国货币比以前换得较少的本国货币，说明本国货币币值上升，这叫做外汇汇率下降；相反，如果一定数额的外国货币比以前换得较多的本国货币，则说明本国货币币值下降，这叫做外汇汇率上升。总之，汇率用直接标价法表示时，外汇汇率的升降与本国货币币值的升降成反比。

（2）间接标价法

间接标价法是指用一定单位的本国货币作为标准来折算成一定数额外国货币的汇率标价方法，即本国货币与外国货币的比值。这种标价方法的特点是，本国货币数额不变，折算成外国货币的数额要根据本国货币与外币的币值对比变化而变化。如果一定数额的本国货币能兑换的外国货币数额比原来少，说明本国货币币值下降，这叫做本币汇率下降；相反，如果一定数额的本国货币能兑换的外国货币数额比原来多，则说明本国货币币值上升，这叫做本币汇率上升。总之，汇率用间接标价法表示时，本币汇率的升降与本国货币币值的升降成正比。

当前世界上，除英、美等少数国家采用间接标价法外，其他国家都采用直接标价法。我国人民币的对外汇率也采用直接标价法。

（二）汇率的分类

汇率按汇率制度的不同，可分为固定汇率和浮动汇率。固定汇率是指由政府根据货币的含金量的对比，规定本国货币同他国货币的比价，并由政府把这种比价的波动限制在一定幅度内的一种汇率制度。浮动汇率是指一国货币对外币的汇率不规定上下波动的幅度，而是根据外汇市场的供求情况，任其自由涨落的汇率制度。

汇率按形成的主体来划分，可分为官方汇率和市场汇率。官方汇率是指由政府制定的汇率；市场汇率是指在外汇市场上根据外汇供求状况自发形成的汇率。

目前，世界上绝大多数国家采用的都是浮动汇率制和市场汇率制，我国也不例外。

（三）影响汇率变动的因素

影响汇率水平变动的主要因素是两国货币所代表的价值量之比和两国货币的供求状况。两国货币所代表的价值量之比是决定汇率水平的基础，而两国货币的供求状况则决定了汇率水平的变动幅度。影响两国货币供求状况的因素主要有：

(1) 国际收支的状况

这是影响汇率水平的最基本因素。当一个国家的国际收支出现顺差时，本国货币价格上涨，外汇汇率下降；反之，当一个国家的国际收支出现逆差时，本国货币价格下跌，外汇汇率上升。

(2) 通货膨胀状况

由于汇率从根本上说是由两国货币的价值量之比来决定的，所以，当一个国家由于货币发行量过多而出现通货膨胀时，该国货币所代表的价值量就会减少，本国货币贬值，外汇汇率就会上升。

(3) 利率水平的状况

一个国家利率水平的高低是反映借贷资本供求状况的主要标志。当一国利率水平上升快于别国利率水平上升时，就会吸引国内外投资者对该国金融资产进行投资，增加资本流入量，从而相应增加对本国货币的需求量，导致该国货币升值，外汇汇率下降；反之，则会导致外汇汇率上升。

此外，一个国家的经济增长、财政赤字、国际储备、社会环境状况以及国家对外汇市场的干预程度、国际环境的变化和外汇市场的投机活动等，也是影响汇率水平的重要因素。

（四）汇率变动对经济活动的影响

汇率变动是指汇率的上升或下降。这两种变化方向相反，对经济活动的影响也完全不同。

(1) 汇率变动对国际贸易的影响

一般来说，外汇汇率下降，将使本国的出口贸易减少，进口贸易增加。其原因是，外汇汇率的下降将导致以外币表示的该国产品的价格上涨和以本币表示的外国产品的价格下跌，这就抑制了出口，刺激了进口。相反，外汇汇率上升，将会使本国的出口贸易增加，进口贸易减少。

(2) 汇率变动对国际投资的影响

外汇汇率下降，一般会使外国资本的输入减少，本国资本的输出增加。这主要是因为外汇汇率的下降，意味着外币的贬值和本币的升值，这就降低了外国投资者对本国投资的收益，提高了本国投资者对外国的投资收益，从而导致资本的流入减少，流出增加。相反，外汇汇率上升，将使外国资本的输入增加，本国资本的输出减少。

(3) 汇率变动对国内物价的影响

一般来说，外汇汇率下降，将使国内物价水平下降。其原因是：(1) 外汇汇率的下降，将使出口减少，进口增加，这就使得国内供给量增加，导致国内物价下降；(2) 由于外汇汇率下降，进口产品折算成本国货币的价格将下降，这对国内产品价格下跌也会产生影响。相反，外汇汇率上升，将使国内物价水平上升。

(4) 汇率变动对国内经济的影响

总的来说，外汇汇率下降，将对国内经济，特别是外向型经济的发展产生不利影响。这主要是因为：①由于外汇汇率下降，会导致出口减少、进口增加，这就限制了国内生产规模的扩大，并会减少外汇收入；②由于外汇汇率下降，会使外国资金的流入减少、本国资金的流出增加，这就会进一步加剧国内资金的短缺，影响国内经济的发展；③由于外汇收入和外国资金的流入减少，将使本国的技术引进工作严重受阻，从而对本国经济的发展产生不利影响。相反，外汇汇率上升，将促进本国经济特别是外向型经济的发展。

2008年4月10日，人民币对美元汇率中间价"破7"，创下2005年7月汇率形成制度改革以来的新高，我国很多出口企业面临重大挑战，出口作为拉动我国经济的"三驾马车"之一，严重受挫，影响了经济的发展，我国将经历由升值引发的经济、金融转型。

(五) 外汇管制

外汇管制在我国习惯地被称为外汇管理，它是指国家为了维持本国货币汇率、改善国际收支、稳定国内经济而对外汇的收支存兑活动所实行的限制性措施。其内容主要包括：对贸易外汇的管制，对非贸易外汇的管制，对资本输出、输入的管制，对黄金外汇的管制，对汇率的管制，对居民和非居民存款户的管制以及对本国货币出入国境的管制，等等。

中华人民共和国成立以来，我国的外汇管理体制的演变，大体上可以划分为以下四个历史阶段：

第一阶段：1979年以前。这一阶段，我国实行的是高度集中统一的外汇管理体制。其基本特点是外汇收支实行全面的指令性计划管理，管理手段主要是行政手段，人民币汇率实行官方固定汇率。

第二阶段：1979—1993年。为了适应对外开放和经济体制改革的需要，这一阶段我国的外汇管理体制主要进行了以下几方面的改革：①设立了专门管理外汇的机构——国家外汇管理局；②公布了外汇管理条例和各项实施细则；③改革了外汇分配制度，实行外汇留成办法；④建立了外汇调剂市场，汇率实行国家牌价和调剂价并存的制度；⑤准许国内居民开立外汇存款账户。

第三阶段：1994—2005年。为了促进社会主义市场经济体制的建立和进一步对外开放，推动国民经济的持续健康发展，1994年，我国在外汇管理体制改革方面迈出了非常重要和关键的一步。其改革的主要内容包括：①从 1994 年 1 月 1 日起，实现人民币官方汇率和调剂价格并轨，实行以市场供求为基础的、单一的、有管理的浮动汇率制度；②实行银行结汇、售汇制，取消外汇留成和上缴制；③建立银行间外汇交易市场，改进汇率形成机制；④取消外国货币在我国境内计价、结算和流通的限制，停止发行外汇券；⑤取消外汇收支的指令性计划，国家主要运用经济、法律手段实现对外汇和国际收支的宏观调控。

经过 1994 年我国外汇管理体制的重要改革以后，人民币双重汇率实现了并轨，人民币汇率稳中有升；在很大程度上放松了外汇管制，企业的用汇条件宽松了，促进了进出口贸易的发展；在原有外汇调剂市场的基础上，全国范围内统一的外汇市场已初步形成，使稀缺的外汇资源能在全国范围内合理流动和配置；国家取消外汇收支方面的指令性计划，促进了以经济手段为主的国际收支和汇率的宏观调控体系的形成，这对发展市场经济、逐步实现人民币的自由兑换以及国内外价格体系的逐步接轨是具有重要意义的。但是，这次改革实现的仍然是经常账户下有限的自由兑换，贸易项目下的外汇管制放松了，但非贸易用汇和个人外汇买卖仍然受到限制。

第四阶段：2005 年以来。这一阶段主要是市场竞争机制调节外汇体制阶段。自 2005 年 7 月 21 日起，我国开始实行以市场供求为基础，参考一揽子货币进行调节的有管理的浮动汇率制度。这次人民币汇率形成机制改革的主要内容包括：①汇率调控的方式：人民币汇率不再盯住单一美元，引入参考一揽子货币；②初始汇率的调整：2005 年 7 月 21 日 19 时，美元对人民币交易价格调整为 1 美元兑 8.11 元人民币，作为次日银行间外汇市场上外汇指定银行之间交易的中间价；③中间价的确定方式：银行间一揽子货币兑人民币的每日收市价作为翌日买卖中间价。

人民币汇率改革的总体目标是建立和健全以行供求为基础的，有管理的浮动汇率体制，保持人民币在合理均衡水平上的基本稳定。从长期来看，推进人民币汇率形成机制的改革是我国建立和完善社会主义市场经济体制的内在要求，也是平衡对外贸易、扩大内需、增强企业国际竞争力和提高对外开放水平的需要。

根据我国与 WTO 所达成协议，今后几年，我国将进一步放松外汇管制，逐步开放资本市场，最终实现资本项目下人民币的自由兑换。

思 考 题

1. 对外经济贸易的含义及其必要性是什么？
2. 对外经济贸易宏观管理的内容及意义是什么？
3. 对外贸易发展战略的种类有哪些？
4. 我国的对外贸易战略及其依据是什么？
5. 进出口商品规模的影响因素和安排原则是什么？
6. 进出口规模和速度的宏观调控内容有哪些？
7. 进出口商品结构的影响因素和变动的一般趋势是什么？
8. 优化我国进出口商品结构的方向及其宏观调控对策是什么？

9. 什么是技术引进？其主要方式有哪些？
10. 技术引进的宏观管理原则是什么？
11. 外资的概念是什么？利用外资的方式有哪些？
12. 合理的外债规模的安排依据和衡量判别标准是什么？
13. 对外债务结构的内容及其优化原则是什么？
14. 外债使用方向的类型有哪些？我国选择的类型是哪种？
15. 国际收支的概念是什么？国际收支平衡表的基本结构是怎样的？
16. 国际收支失衡的原因及调整政策措施有哪些？
17. 外汇的概念和汇率的含义是什么？汇率标价方法有哪几种？
18. 影响汇率水平变动的因素有哪些？
19. 汇率变动对经济活动会产生哪些影响？
20. 外汇管制的含义和内容是什么？
21. 我国外汇管理体制改革经历了哪几个阶段？改革的主要内容是什么？

第十章 收入分配的宏观管理

第一节 收入分配宏观管理的意义

一、收入分配的含义和作用

(一) 收入分配的含义

收入分配是指社会在一定时期内创造出来的生产成果,根据一定的分配政策和分配规律,在分配主体中进行分割的经济活动。在我国的收入分配关系中,一般政府、企业、个人是全部收入分配的主体。所谓一般政府,包括立法、行政、国防、科技、教育、文化、体育等政府机构以及社会组织和公共服务机构;所谓企业,包括国有企业、集体企业、中外合资企业等各种类型;所谓个人,专指居民,其中包括个体劳动者。

收入分配还可以从宏观和微观的角度进行考察。宏观收入分配是指收入总量的分配,即国民收入在各种生产要素之间的分配,主要体现收入分配中的总量关系。宏观收入分配的指标主要有国民收入总额、投资总额、消费总额、社会储蓄总量、财政收入、财政支出等。微观收入分配是指收入个量的分配,即居民、企业的收入分配,主要体现收入分配中的个量关系,其主要指标有企业的利润额、职工工资总额、居民消费额等。宏观收入分配与微观收入分配存在密切的内在联系:一方面,微观分配要服从于宏观分配的总格局;另一方面,宏观分配又要以微观收入分配为基础。

(二) 影响宏观收入分配的因素

任何国家的宏观收入分配,无论从总量、形式还是从构成上,一般都受到该国的经济体制、经济增长状况以及经济政策的影响。从经济体制来看,生产资料所有制直接决定了收入分配的主要形式。我国的社会主义生产资料公有制决定了收入分配以按劳分配为主导形式,劳动成果归劳动者所有,按照劳动者劳动的数量和质量在劳动者间实行按比例分配,以最大限度地调动劳动者的生产积极性,使之创造出更多更好的劳动成果。同时,由于我们仍处于社会主义初级阶段,公有制内部还存在着按资分配、按经营成果分配、按劳动力价值分配等多种形式。

经济增长状况影响着收入分配的总量。当一国的经济增长状况较好时,一国可供分配的收入总量也必然增长;当一国经济停滞时,一国可分配的收入总量就不可能有增长。经济增长速度越快,增长持续时间越长,一国可分配的收入总量也增长越快;反之,增长速度降低,可分配的收入总量增速也会降低。同时,经济增长还可以通过增长总量的高低来影响收入分配结构的变化。

经济政策，尤其是收入分配政策，对收入分配格局的变化和形成有着重要影响。随着经济的发展，经济政策是不断变化着的，而经济政策的变化往往会引起经济主体经济利益的变化。在不同的经济政策下，经济利益在各经济主体之间的分配比例是不同的，各经济主体间的经济利益关系也不同，从而引起收入分配关系的变化，形成新的收入分配格局。

另外，在现实生活中，收入分配还要受到历史上已形成的收入分配状况、生产力的发展水平、人口状况、人们的价值观念、风俗习惯以及社会道德、社会心理等因素的制约。

(三) 宏观收入分配的作用

宏观收入分配是宏观经济运行中的重要组成部分。它的合理与否，对经济增长和社会稳定具有重要作用。宏观经济的运行具体表现为生产、分配、流通、消费四大环节。生产是首要环节，对收入分配起决定性作用，但收入分配同时也反作用于生产。合理的宏观收入分配能保证提供社会再生产所需的财力和物力，有助于经济的快速稳定增长。具体表现在以下几个方面：

(1) 宏观收入分配影响国民经济发展的规模和速度

收入分配活动通过两条途径对国民经济的发展规模和速度产生影响：一是收入分配通过决定生产性投资的多少直接影响国民经济的发展规模和速度。一般而言，生产性投资越多，经济发展的规模和速度就越大越快；生产性投资减少，经济发展的规模和速度就会缩小和降低。二是收入分配通过改变经济环境来影响国民经济发展的规模和速度。经济的增长不仅需要直接增加生产性投资，而且还需要良好的经济环境与之相配合。通过收入分配，多提取公共服务开支，可以使基础设施和其他公共服务设施得以发展和完善，为经济增长奠定良好的条件，从而形成整体经济增长的态势。

(2) 宏观收入分配影响国民经济的结构和效益

收入分配主要通过分配结构影响国民经济的结构。收入分配结构是国民经济各部门、各地区、各单位之间分配的国民收入的数量和比例。分配结构一方面调节着积累、消费之间的比例及其内部各种比例，从而制约着经济结构的形成和发展；另一方面，直接影响国民经济中的投资结构，从而制约经济结构。经济结构的合理与否，又直接关系到国民经济效益的高低。合理的经济结构是提供国民经济效益的基础；否则，会导致社会的无效生产，降低国民经济效益，阻碍经济增长。

(3) 宏观收入分配影响流通

从整个社会经济过程来看，流通过程反映着社会供求关系。流通的顺利进行实际上就是商品交换中供求关系协调的表现，而收入分配是形成社会需求的来源，因此，收入分配从总量和结构上影响流通。从总量上，如果收入分配比例过小，将导致一部分物资因缺乏购买力而卖不出去，造成流通不畅；如果收入分配比例过大，形成超分配，则会出现物价上涨、通货膨胀、流通秩序混乱等。从结构上，收入分配结构直接影响购买力结构；如果分配结构不合理，购买力结构与物资供应结构之间不能相互适应，就会使社会供求失衡、流通受阻。

(4) 宏观收入分配影响消费

收入分配直接影响消费基金总额和消费行为，决定社会产品归属于个人的比例，从而直接影响着居民的消费水平、消费结构和消费效果。

另外，收入分配还调节着国家、集体、个人之间，集体和集体、个人和个人之间的经济利益。合理的收入分配结构能同时兼顾这些利益主体，形成适当的分配比例，以调动各方面的积极性，发展生产，促进经济增长。

宏观收入分配对保持社会稳定也具有重要作用。合理的宏观收入分配能充分体现效率和公平相兼顾的原则，在拉开差距、追求效率的同时，又将差距控制在适度范围内，实现社会公平，以保持社会的稳定，为经济发展创造良好的环境。

二、收入分配管理的意义和类型

（一）收入分配管理的意义

收入分配管理是国家通过一系列的收入分配政策，对宏观经济运行中的收入分配流程进行控制和组织，以实现预定的政策目标的经济活动，是宏观经济管理的重要组成部分。收入分配管理的内容主要有：收入分配目标模式的确定，收入分配总量的控制，收入分配结构的安排，收入分配原则的选择，收入分配政策的决定和搭配等。

国民收入分配过程是社会再生产的中介环节。已生产出来的国民收入，经过初次分配和再分配，形成参加社会生产活动的各单位的收入；持有这些收入的经济主体将收入投入使用，或者消费，或者投资，于是形成新的再生产过程。宏观收入分配在社会再生产活动中的这种中介作用，决定了收入分配管理在宏观经济管理活动中的中介地位，它同社会总供给与总需求的总量和结构以及社会经济利益关系等，都有着直接的内在联系。因此，宏观收入分配管理对于调节社会总供求矛盾、各主体之间经济利益的矛盾、社会公平与效率的矛盾等，都有着其他经济手段所不能比拟的作用和重要意义。收入分配管理的意义具体可表现为：

（1）有利于调节社会总供给和总需求的矛盾，实现二者的基本平衡

总供给和总需求的平衡包括总量平衡和结构平衡两个方面，收入分配管理能同时从总量和结构两个方面加以调节，以促进供求平衡。从结构方面来看，供求结构失衡主要表现为一部分商品积压，另一部分商品供给不足，针对这种情况，收入分配管理可以从分配的具体流向和规模方面加以调控。比如，将资金主要投向那些技术薄弱而社会需求旺盛的生产部门，以增加该种产品的供给；或将资金重点投向固定资产的更新、技术的改造，以提高社会有效生产，增加社会有效供给等。这些做法都可以缓解商品积压或供给不足的矛盾。从总量方面看，当社会总供给大于社会总需求时，可以采用扩张性的收入分配政策刺激需求，以实现供求平衡；当社会总需求大于社会总供给时，可以采用紧缩性的收入分配政策，以控制需求，促进供求平衡。

我国目前社会需求不足，供给相对过剩。因此，应从多方面着手，结合财政政策、货币政策、社会保障等多种手段，以刺激国内需求，促进供求平衡。

（2）有利于收入公平化

收入公平是指通过调整收入分配，使之达到社会公认的公平状态。收入分配不公平，贫富过于悬殊，在政治上，会加剧社会成员之间的矛盾，不利于社会稳定；在经济上，会加剧生产和消费之间的矛盾，影响劳动者的积极性，不利于经济增长。因此，在收入分配的管理中，一方面，要制定正确的收入分配政策，打破平均主义、适当拉开收入差距，以

刺激效率；另一方面，要通过税收政策、社会保障制度，从确保最低收入和限制高收入两个方面，将收入差距控制在一定范围之内，减少收入不均的程度，实现社会安定和经济持续增长。

(3) 有利于各种利益关系的合理化

收入分配的实质是经济利益在各经济主体之间的分配。由于各个经济主体有着自己独立的经济利益，彼此之间既可能相互促进，也可能产生矛盾，因此存在着复杂的利益关系，如国家、集体、个人之间的关系，中央和地方的关系，地区与地区间的关系，部门和部门间的关系，个人和个人间的关系等，收入分配管理就是要通过各种经济政策以及行政、法律手段，对这些经济关系进行协调和安排，以促进宏观经济的顺利运行。

(二) 收入分配管理的类型

收入分配管理的类型是分配理论在分配领域中的综合运用，各个国家由于其具体国情、理论依据不同，选择的收入分配管理类型也有很大不同。一般说来，收入分配管理大致有以下三种类型：

(1) 自由放任型

这种类型的收入分配管理是建立在自由的市场经济基础之上的。自由的市场经济理论强调市场手段的调节作用，轻视宏观调控的重要作用，主张宏观经济通过市场的自发调节，实现正常运行。同样，选择自由放任型收入分配模式的国家认为，在收入分配的过程中，随着经济的发展，社会对劳动者的需求量会增加，就业率会不断上升，职工的收入会逐步提高，必然能自发实现收入分配关系的合理化。但实际上，在收入分配中，有些问题是市场力所不及的，如公平和效率问题，市场本身不能使社会公平自然地实现。在自由放任型的收入分配管理下，社会贫富差距会越来越大，社会收入分配的两极分化，必然会使经济产生动荡，从而影响社会安定。在这种情况下，收入分配中的公平问题不仅得不到自然解决，反而会有越来越恶化的趋势。

(2) 增量管理型

收入分配的增量管理是指政府在不改变整个收入分配关系的基础上，采用多种政策措施，调节社会新增收入，实现收入分配的合理化。采用增量管理型收入分配管理的国家认为，这种做法能在不改变原有利益分配格局的条件下，通过对新增收入的合理分配，实现收入分配关系的改善。但是，在实际生活中，人口是在不断增长的，而且速度比较快，仅仅对新增收入进行分配管理，难以在短时期内满足社会需要，不利于收入分配格局的根本改善。

(3) 总量管理型

这是与增量管理型相对应的一种收入分配管理模式。在总量管理型中，政府采取财政、金融、社会福利等各种政策措施对总量加强管理，以缓解收入分配不公这一矛盾。采用总量管理型收入分配模式的国家认为，在收入分配问题中，最重要的是要保证居民基本生活的需要，而这仅靠增量管理是难以做到的，还必须借助于总量管理，从收入分配总额上加以调节，通过建立各项社会保障制度，以保证居民对基本食物、生活用水、医疗卫生等的最低需要。

我国在不同的历史时期，收入分配管理的具体内容和形式有所不同。在计划经济体制下，收入分配受计划机制和行政手段的支配，管理权限高度集中于政府，由政府根据国民经济发展的需要和国家财政经济状况，直接控制全社会的投资和消费基金总量，并用指令性计划规定企业的职工总数和工资总额。在这种体制下，国有企业缺乏必要的收入分配自主权，不能作为独立的经济主体参与收入分配活动。收入分配以财政分配为主要渠道，分配形式上以劳动收入分配为主。这种收入分配管理方式能实现较高程度的收入分配均等化，从而维持人民的最低限度的生活水平和提供必要的社会保障，有利于社会政治环境的安定。但是，收入分配形式和渠道的简单化，使人民收入来源单一化，生活水平提高的速度很缓慢；再加上在现实生活中，按劳分配的理论与实践严重脱节，"大锅饭"、平均主义严重等极大地影响了人们劳动积极性的充分发挥。

改革开放以来，收入分配管理中市场机制的作用不断加强，政府的分配权限逐渐缩小，国家、企业、个人都成为分配主体，都有相应的分配自主权；分配渠道和分配形式日益多样化，分配形式上除了劳动收入分配外，资本收入分配、经营性收入分配等新的形式逐步产生和发展，使居民收入来源多元化，提高了居民收入水平。当然，由于受市场机制自身的局限性和改革的渐进性的约束，收入分配中也出现了一些新问题和新矛盾，如财政收入占国内生产总值的比重下降过大；社会分配不公平较突出；居民收入差距扩大等。这些矛盾的解决，要靠进一步地加强和深化经济体制改革，并在体制改革中，运用多种方式、采取多种手段加强对收入分配的宏观管理。

第二节 收入分配宏观管理的内容

一、收入分配模式

收入分配模式是一定的收入分配理论的综合反映，是收入分配管理在经济生活中的具体表现形式。它主要解决政府在调控本国宏观收入分配的过程中对于分配原则、分配制度、分配手段以及组织形式的选择问题。收入分配模式的合理与否，对经济增长、社会稳定、社会资源的合理配置都有十分重要的意义，应该慎重对待，选择与本国国情相符的收入分配模式。

不同的国家，或同一国家在不同时期，由于客观条件的差别和主观选择的不同，收入分配模式也不同。根据世界各国收入分配的基本特征，可将宏观收入分配模式分为两大类：一类是集中计划型收入分配模式；另一类是市场型收入分配模式。

(一) 集中计划型收入分配模式

这是与传统的、高度集中的计划体制相适应的一种收入分配模式。其基本内容和主要特征表现为：

(1) 分配权限的集中化

在计划体制下，收入分配的权力高度集中于中央，中央控制着收入分配的全过程，企业和地方没有自己的分配自主权，不能作为独立的经济主体参与分配活动。

(2) 分配手段的计划化

在收入分配的决策中，国家根据国民经济发展的需要和国家财政经济状况，用指令性计划规定收入分配的规模和基本流向，排斥市场机制的作用；在收入分配的调节中，以行政手段和国家计划为主，漠视经济利益和市场激励手段。

（3）分配渠道单一化

在收入分配的渠道中，强调财政分配的主导地位，轻视银行信贷对收入分配的作用。国家通过财政预算，集中各单位的利税，然后以财政拨款的形式将其分配给各部门、各地区。财政收支计划控制了收入分配的主要流程，而银行信贷仅起补充的作用。

（4）分配形式简单化

在分配形式上，以劳动收入为主，重视工资性收入分配，而经营收入、资产收入等非劳动收入分配形式的范围极其有限。这种收入分配模式在居民收入构成上的表现就是，劳动收入成为居民收入的绝大部分，其他收入微乎其微。

总之，集中计划型收入分配模式不仅控制了分配总量，而且控制了分配个量，其调控是高度集中和指令性的。这种分配模式能较多地考虑社会公平，有利于社会安定，有利于提高资本积累率；但它对效率的损害很大，而且容易导致平均主义，以致削弱劳动者的积极性。

（二）市场型收入分配模式

这种模式是建立在市场经济基础上的。与集中计划型收入分配模式相比，它的主要内容和基本特征有很大的不同，主要表现在：

（1）分配权限分散化

收入分配的权限在中央、地方、企业各级间进行分配，地方和企业都拥有相应的收入分配自主权，以分配主体的地位参与分配活动。

（2）分配手段市场化

在整个收入分配运行过程中，市场调节居于主导地位，主要通过价格、工资、利率等市场手段调节收入分配活动。政府主要以经济政策和法令条例为主要调节手段，对收入分配起引导作用。

（3）分配渠道多元化

除财政分配外，银行信贷也成为收入分配的重要渠道，通过银行渠道进入分配的资金比例上升，银行信贷分配在收入分配中的地位日益突出。而且，随着经济货币化和信用化程度的提高，银行信贷有取代财政主渠道的趋势。

（4）分配形式多样化

收入分配的形式不再仅限于劳动收入，各种非劳动收入形式逐步产生和发展，在收入分配形式中所占比重也越来越大。

总之，这种模式的最大特点就是整个收入分配过程市场化，市场机制对收入分配起支配作用。这有利于资源的优化配置和提高资源的使用效率，但它不利于社会公平分配，容易导致贫富两极分化，甚至有可能导致社会的不安定。

（三）我国收入分配模式的转变

随着经济体制改革的逐步深入，我国的收入分配已开始突破原有的集中计划型模式，向市场型转变。在由谁分配上，逐渐由政府主导分配向政府、企业和个人共同决定分配转变，政府逐渐从初次分配领域退出，由市场在初次分配中发挥基础作用，政府把更多的精力用于再分配领域。在今后一个时期,我国在收入分配上将实行市场机制调节、企业自主分配、职工民主参与、国家监控指导。具体表现为以下几个方面:

①充分发挥劳动力市场对企业工资收入分配的基础性调节作用。企业成为分配主体,可根据劳动力市场调节形成的社会平均工资水平和本企业经济效益自主决定工资水平,参考劳动力市场工资价位确定经营者和职工个人的工资收入,建立工资收入能增能减机制。为此,一要结合国有企业产权制度改革进程,积极稳妥改革现行工资决定办法;二要加快企业内部分配制度改革,特别是要突出岗位、职责和贡献的作用,提倡竞争上岗,以岗定薪,岗变薪变,使职工工资收入能增能减;三要建立经营者收入分配激励和约束机制。

②探索实行按生产要素分配的多种形式,使经营者和职工能通过本人拥有的资本、技术等生产要素分享企业的经营成果。当前,主要是在实行股份制改造或产权清晰的竞争性企业试行职工持股制度;在高新技术企业试行技术入股办法,把技术专利和科技成果作价折股由科技发明者和贡献者持有,对没有条件实行技术入股的企业,可以对科技人员实行项目成果奖、销售收入提成等办法;在资本回报率和净资产收益率高于社会平均水平的小企业,探索试行劳动分红办法。无论实行何种分配办法,其关键要正确处理按劳分配与按生产要素分配的关系,使工资与按生产要素分配的收入保持合理比例关系,否则,难以达到充分调动职工积极性、增强企业凝聚力、促进企业发展和经济效益提高的目的。

③加强民主管理和科学管理,通过民主协商签订工资集体协议等多种方式,使职工参与和监督企业工资收入分配过程。工资协商制度的主要形式是由工会或者职工选举的代表,会同企业有关负责人,对职工的工资进行集体协商,达成集体工资协议。根据这项制度,职工在确定工资分配制度、分配标准和形式的问题上,在协商过程中有了充分的谈判能力,可以对工资的确定施加影响。工资收入分配逐渐民主化、透明化。

二、政府、企业、居民分配的管理

(一) 政府、企业、居民间的分配关系

政府、企业、居民三者间的分配管理是收入分配管理中的一个重要内容。政府是宏观经济活动的组织者和领导者;企业是物质资料的直接生产单位;个人既是生产资料的主人,又是直接的生产者。这三者之间有着各自的经济利益。收入分配管理就是要把这三者的利益结合起来,实现政府利益、企业利益和个人利益的统一。政府利益和集体利益是劳动者的共同利益,代表劳动者的长远利益和根本利益,是劳动者个人利益的源泉和保证,所以,政府、企业利益应高于个人利益。但是,在强调政府、企业利益时,也必须重视个人利益,因为个人利益是政府利益和企业利益得以集中的基础和最终归宿。因此,调节这三者利益关系的基本原则应当是:在国民收入分配过程中,统筹兼顾政府、企业、个人之间的利益,合理安排三者在国民收入中所占的比重,实现政府、企业、个人之间利益的统一。要想正确处理三者之间的比例关系,应主要从下述几方面着手:

首先,要合理安排政府和企业之间的利益关系。具体应做到:一方面,要将国家的长远利益和全局利益放在首位,因为政府是整个经济活动的组织者和领导者。只有国家的财力和物力得到了保证,才能有效地行使其职能,合理地调控宏观经济运行,保证国民经济的顺畅发展。另一方面,又要重视企业利益,因为企业是独立的经济实体,要想增强企业活力、调动企业的积极性，必须保证企业自主经营所必需的财力。

其次，要合理安排企业和个人之间的利益关系。既要考虑企业的长远发展，又要考虑劳动者生活水平逐步提高的需要，保证劳动者生活在国民收入增长、劳动生产率提高的基础上逐步有所改善。因此，企业在上缴国家税收后留归企业的自主收入中，要正确处理好用于企业自我改造、自我发展的部分与提高劳动者个人收入分配部分之间的关系，使企业利益和个人利益都能得以实现。

另外，还要处理好政府与个人、企业与企业以及个人与个人之间的分配关系，以便于充分调动各主体的积极性，促进经济发展。

(二) 我国国民收入分配格局的变化

国民收入分配格局主要是指国民收入在居民、企业和政府三者之间分配的比例及其相互关系。改革开放以来，随着经济快速发展和经济体制改革不断深化，居民收入、企业收入和政府收入在国民收入中的比重发生了较大变化，有力地促进了经济发展和人民生活水平的提高。

我国政府、企业、居民三者分配关系的总体变化趋势为：改革初期至1990年，政府可支配收入所占比重大幅下降，企业可支配收入所占比重有所提高，居民可支配收入所占比重持续上升，形成了宏观收入分配向居民倾斜的局面；20世纪90年代以后，政府和企业的可支配收入所占比例不断上升，宏观收入分配向居民倾斜的格局不断得到调整，但是居民的可支配收入所占比例有持续下降的趋势；20世纪90年代中期以后到现在，收入分配出现了过多向政府和企业倾斜的现象。

统计数据显示，1996—2005年，在我国的企业、政府、居民分配关系中，居民分配比率一直处于显著下降趋势，由1996年的69.3%下降到2005年的59.8%。与此同时，政府、企业收入分配比率一直处于上升趋势，分别由17.1%、13.6%上升到20.7%、19.5%。具体情况见表10-1。

表10-1　　　　　　　　　最终收入分配格局（可支配收入）情况表

年份	政府		企业		居民	
	规模（亿元）	比率（%）	规模（亿元）	比率（%）	规模（亿元）	比率（%）
1996	11492.2	17.1	9092.6	13.6	46443.3	69.3
1997	12878.1	17.5	10568.6	14.4	50121.2	68.1
1998	13555.9	17.5	11050.4	14.3	52688.6	68.2
1999	15046.2	18.6	11586.9	14.3	54354.2	67.1
2000	17352.7	19.5	13895.6	15.6	57682.0	64.9
2001	20331.8	21.1	14599.1	15.1	61499.0	63.8
2002	21520.7	20.5	15042.0	14.3	68448.2	65.2
2003	25823.3	21.8	18290.0	15.5	74088.2	62.7
2004	32915.2	20.2	36385.5	22.4	93387.9	57.4
2005	38251.3	20.7	35944.0	19.5	110609.5	59.8

资料来源：安体富、蒋震：《对调整我国国民收入分配格局、提高居民分配份额的研究》，《经济研究参考》2009年第25期。

造成我国收入分配向政府、企业倾斜的局面的原因主要有两个方面：

一是，政府财政收入的快速增长降低了居民收入增长，形成"税收侵蚀工资"。政府主导型投资增长促使政府财政收入的增加，但并未带来居民收入的相应增长；政府转移支付对提高居民收入的所起作用不大，社会保障支出制度滞后，并且我国非税收收入的规模和比例依然很大，并且游离于预算管理之外，这些都使居民的收入增长处于不利的地位。

二是，受企业管理水平提升、企业资产运营效率提高、投资收益增加、企业成本超常压缩等原因影响，我国企业利润进入快速增长阶段，但是由于成本超常压缩的原因，其中劳动者报酬减少是重要方面，形成了"利润侵蚀工资"。现今非国有企业员工收入长期低于经济增长的速度，并且国有企业也大量使用临时工等体制外员工，以降低用人成本。由于政府管制的"缺位"，将使这一现象在短期内难以消除。长期压低员工工资的做法将会打击劳动者劳动的积极性，更严重的是，如果劳动力成本长期低于劳动力再生产成本，将不利于我国产业的可持续发展。

居民可支配收入是居民购买力的基础，居民可支配收入比例的持续下降将会带来一系列的内部结构失衡问题，如果国民收入继续向政府、企业倾斜，必然会降低市场配置的效率；国民收入分配格局在一定程度上影响着社会的协调稳定，居民收入分配比重下降的趋势不利于经济的稳定发展，也不利于社会和谐。因此，应运用多种经济杠杆、经济政策，加强对收入分配的调控和管理，采取增加劳动力收入、健全社会保障制度、规范收入分配秩序、健全企业薪酬机制等多种措施，使收入分配逐步向居民倾向，提高国民收入格局中居民收入的比重。

三、投资与消费之间的分配管理

国内生产总值经过初次分配和再分配后，最终主要用于投资与消费两大领域。投资与消费彼此联系、相互依存。投资主要用于扩大再生产，可以发展经济，增加就业，为消费水平的提高奠定物质基础；消费水平的提高能调动劳动者的积极性，提高劳动者的素质，为生产创造需求，为生产的发展提供广阔的市场，从而促进生产的发展，为进一步提高积累水平创造条件。但是，就一定时期而言，二者之间又存在着一定的矛盾。一定时期的国内生产总值总量是一定的，投资多了，消费就少；反之，消费多了，投资就少，二者此消彼长。这一对矛盾的存在对宏观经济的稳定运行有很大影响。因此，在收入分配的使用中，必须妥善处理好投资与消费之间的比例关系。

投资与消费之间的比例关系是宏观收入分配中最根本、最综合的比例关系。它体现着当前利益和长远利益、局部利益和全局利益之间的关系，影响社会再生产其他重要比例关系的形成与变化。安排得好，能促进国民经济的持续、快速、健康发展；反之，处理不当，就会造成整个国民经济比例关系的失调，影响社会再生产的顺利进行。因此，必须慎重对待、合理安排二者之间的比例关系。

（一）投资与消费分配管理的基本原则

搞好投资与消费的分配管理、合理安排投资和消费之间的比例，总的原则是要把整体利益和局部利益、长远利益和眼前利益结合起来，做到既有利于发展生产，又能逐步提高人民生活水平。具体地说，应遵循以下一些基本原则：

(1) 保持合理的消费水平

合理的消费水平包含三个方面的内容：首先，保证人民消费水平的最低限度。计划期消费总额的增长速度，必须与人口自然增长率相适应，不仅要能满足居民基本的生活消费需要，而且要能保证居民消费水平至少不低于前期（报告期）。其次，保证劳动者生活的逐步改善和劳动力素质的提高。在生产发展和劳动生产率提高的基础上，应使劳动者获得数量更多、质量更高的生活消费资料以及日益丰富的科学文化知识。最后，消费水平的提高还应与劳动生产率的提高相适应，应使消费水平的提高速度适当地低于社会劳动生产率的提高速度。

(2) 保持适度投资率

投资率是指投资额占国内生产总值的比重。要使经济以较快的速度增长，就必须有一个比较高的投资率。但是，投资率并不是越高越好，投资率过高，用于基本建设的投资过多，会造成基本建设战线过长，投资效率下降，并影响人民生活的改善；投资率过低，也会影响社会扩大再生产的顺利进行，降低经济增长速度。因此，投资率既不能过高，也不能过低，必须保持在一个适度范围内，既有利于社会生产较快发展，又能促进人民生活不断改善。

(3) 保持投资和消费的需求总和与国内生产总值之间的总量平衡，不搞超分配

投资和消费的需求总和如果超过了国内生产总值的总供给，也就是社会总需求超过总供给，将导致商品供应紧张，物价上涨，经济过热，使经济陷入失衡状态。因此，应分别控制投资和消费总额，防止超分配，使投资和消费的分配额不超过国内生产总值的总供给。

(二) 影响投资和消费比例的因素

投资和消费比例是全局性、综合性的比例，它的形成受许多因素的影响和制约。概括起来，主要包括供给因素和需求因素。

首先，从供给方面看，影响的因素表现为：

①国内生产总值的规模及其增长速度。国内生产总值总量低，增长速度慢时，投资与消费只能保持相对稳定，变动的弹性区间比较小；国内生产总值总量高，增长速度快时，投资与消费变动弹性区间就相对大一些，既可以增大投资比重，也可以增加消费总额。

②社会生产结构的变化。投资的实物形态主要是生产资料，消费的实物形态是生活资料，投资与消费的比例及其变动必须以与物质资料结构相适应为基本前提。因此，社会生产结构及其变化从根本上制约着投资与消费的比例及其变动的方向和范围。

③对外贸易进出口差额及其结构的变化。进口会增加国内生产总值的资源量，出口会减少国内生产总值的资源量。因此，外贸表现为顺差还是逆差、差额多大，必然影响国内生产总值的资源量，从而影响投资和消费比例。同时，进出口商品结构的变化也可以使国内生产和生活资料结构发生变化，从而影响投资和消费的比例。

④后备基金的动用状况。后备基金的数量及其流向可以调节社会供给的总量和结构，从而影响投资与消费的比例。

从需求方面看，包括投资需求和消费需求两大因素。

①投资需求。投资的需要量可分为最低投资需要量和追加的投资需要量。最低投资需

要量包括三个方面的内容：一是新增就业人数对生产性投资的需要；二是新增人口对非生产性投资的需要；三是增加生产资料和生活资料储备对投资的需要。投资追加需要量也应考虑三大因素：一是物质生产领域对增加生产性投资的需求；二是非物质生产部门对增加非生产性投资的需要；三是增加国家储备的需要。

②消费需求。消费的需要量也可分为最低消费需要量和追加的消费需要量。消费需求的下限应保证原有人口和新增人口的消费水平不低于前期。追加消费的需要量决定于两大需要：一是提高人民消费水平所需增加个人消费基金的需要；二是发展科学、文化、教育、卫生、国防事业和维持行政管理等方面需要增加的社会集体消费基金。

投资和消费的最低需要加上追加需求，就构成了投资和消费各自的全部需要量，直接形成投资和消费的比例。

第三节　居民收入的管理

一、我国居民收入分配制度的变迁

伴随着经济体制改革的深入进行，我国的居民收入分配体制也经历了一个不断改革和完善的过程。与此同时，收入差距扩大以及收入分配不公的问题也日益突出，引起了全社会的普遍关注。近年来，党和国家的重要会议都对收入分配问题给予了高度重视。回顾我国改革开放以来收入分配制度的发展历程，对于我们更好的改进和完善我国居民收入分配体制政策具有十分重要的意义。

改革开放以来我国居民收入分配制度发展大体经历了以下几个阶段：

第一阶段：1978—1984年，开始农村分配制度的改革。

以农村普遍实行家庭联产承包责任制为突破口，破除平均主义。1980年3月以后，开始实行生产责任制和定额计酬制。1983年中央1号文件指出：要对人民公社体制进行改革，一是实行生产责任制，特别是联产承包制；二是实行政社分开。"缴够国家的，留够集体的，剩下都是自己的"的分配方式成为农村贯彻按劳分配原则的一种实现形式。

第二阶段：1984—1992年，实施以国有企业为主体的城镇居民分配制度改革。

1984年党的十二届三中全会提出了要加快以城市为重点的全面经济体制改革。《中共中央关于经济体制改革的决定》指出："平均主义思想是贯彻执行按劳分配原则的一个严重障碍，平均主义的泛滥必然破坏社会主义生产力。"《中共中央关于经济体制改革的决定》提出了深化分配制度改革的几项重要原则：①肯定了农村实行承包责任制的基本经验同样适用于城市。国有企业内部也要按照"责权利相结合，国家、集体、个人利益相统一，职工劳动所得同劳动成果相联系"的原则，建立多种形式的经济责任制。②要使企业职工的工资和奖金同企业经济效益的提高挂起钩来。③在企业内部要进一步贯彻按劳分配原则，扩大工资差距，充分体现多劳多得、少劳少得，奖勤罚懒。④改革国家机关、事业单位的工资制度，使职工工资同本人肩负的责任和劳绩密切联系起来。⑤共同富裕不等于同步富裕，要允许一部分地区、一部分企业和一部分人依靠勤奋劳动先富起来。1985年1月国务院发布的《关于国营企业工资改革问题的通知》规定，在有条件的全民所有制企业,逐步推行把职工和经营者的工资、奖金同所在企业经济利益高低、本人贡献大小挂钩的办法。1985年6月国务院《关于国家机关和事业单位工作人员工资制度改革问题的通知》提出了,国家机关、事业单位实行以职务工资为主要内容的结构工资制。1987年党的十三大报告明确指出:"社会主义初级阶段的分配方式不可能是单一的。我们必须坚持的原则是,以按劳分配为主体,其他分配方式为补充。除了按劳分配这种主要方式和个体劳动所得以外,企业发行债券筹集资金,就会出现凭债权取得利息;随着股份经济的产生,就会出现股份分红;企业经营者的收入中,包含部分风险补偿;私营企业雇用一定数量劳动力,会给企业主带来部分非劳动收入。以上这些收入,只要是合法的,就应当允许。"这为我国多元化分配格局的形成奠定了基础。

第三阶段:1992—1997年,开始探索逐步建立和完善同社会主义经济体制相适应的收入分配制度。这一阶段收入分配制度主要是贯彻按劳分配为主体,多种分配方式并存,效率优先、兼顾公平的原则。

1992年召开的党的十四大,确定了我国经济体制改革的目标是建立社会主义市场经济体制。江泽民同志在报告中谈到社会主义基本制度时指出:"在分配制度上,以按劳分配为主体,其他分配方式为补充,兼顾效率与公平。"这标志着我国社会主义现代化建设和经济体制改革进入了一个新的阶段,同时也标志着我国个人收入分配制度改革进入了新的阶段。

党的十四届三中全会通过的《中共中央关于建立社会主义市场经济体制若干问题的决定》指出:"个人收入分配要坚持以按劳分配为主体、多种分配方式并存的制度,体现效率优先、兼顾公平的原则。劳动者的个人劳动报酬要引入竞争机制,打破平均主义,实行多劳多得,合理拉开差距。坚持鼓励一部分地区、一部分人通过诚实劳动和合法经营先富起来的政策,提倡先富带动和帮助后富,逐步实现共同富裕。"

第四阶段:1997—2002年,首次提出了要把按劳分配和按生产要素分配结合起来,解决了生产要素在社会主义经济条件下不能参与收入分配的问题。

1997年10月召开的党的十五大报告指出:"坚持按劳分配为主体、多种分配方式并存的制度。把按劳分配和按生产要素分配结合起来,坚持效率优先、兼顾公平,有利于优化资源配置,促进经济发展,保持社会稳定。依法保护合法收入,允许和鼓励一部分人通过诚实劳动和合法经营先富起来,允许和鼓励资本、技术等生产要素参与收益分配。"十五大报告第一次明确提出要建立按劳分配与按生产要素分配相结合的分配制度,充分肯定了资本等非劳动生产要素参与收益分配的必要性和合法性。

第五阶段:从2002年党的十六大至今,确立了劳动、资本、技术和管理等生产要素按贡献参与分配的原则,收入分配制度逐步调整完善。

党的十六大报告指出:"确立劳动、资本、技术和管理等生产要素按贡献参与分配的原则,完善按劳分配为主体、多种分配方式并存的分配制度。坚持效率优先、兼顾公平,既要提倡奉献精神,又要落实分配政策;既要反对平均主义,又要防止收入悬殊。初次分配注重效率,发挥市场的作用,鼓励一部分人通过诚实劳动、合法经营先富起来。再分配注重公平,加强政府对收入分配的调节职能,调节差距过大的收入。"

党的十六届五中全会通过了《中共中央关于国民经济和社会发展第十一个五年规划

的建议》，在阐述加强和谐社会建设问题时，首次提出"更加注重社会公平，使全体人民共享改革发展成果"，同时，在强调继续贯彻十六大报告精神基础上，进一步明确"注重社会公平，特别要关注就业机会和分配过程的公平，加大调节收入分配的力度，强化对分配结果的监督"。"更加关注公平"分配思想的提出，被理论界认为是我国分配制度的一个重大转折，即是从"先富论"到"共富论"的历史性转变。

针对分配制度改革所带来的个人收入分配差距的扩大以及我国经济转型期市场体制不完善的现实，党的十七大第一次明确地提出，"初次分配和再分配都要处理好效率和公平的关系，再分配更加注重公平"。

二、居民收入结构

居民收入是指全体社会成员在一定时期内从各种途径所获得的收入总和。在整个国民收入中，居民所占比重最大、数量最多，直接影响就业、投资、消费、储蓄、物价等方面的问题。居民收入水平的高低和结构变化对劳动者积极性的提高、经济的增长以及社会主义生产最终目的的实现都有很大的影响。因此，居民收入问题是收入分配管理中的一个重要问题，必须认真对待，加强管理。

居民收入水平在前面已有涉及，这里主要论述居民收入结构问题。居民收入结构可以划分为收入来源结构、所有制结构、行业结构、城乡结构、水准结构等类型。从不同的侧面和层次上考察居民收入结构及其演变，有助于更好地把握我国居民收入增长中的矛盾和特征。

（一）居民收入来源结构

居民收入主要来源于货币收入和实物收入。货币收入具体表现为工资收入和非工资性收入。其中，工资收入包括基本工资、奖金、津贴、福利等内容；非工资性收入主要有经营性收入、资产收入等。

改革开放以前，我国居民收入在来源结构方面具有明显的单一性特征，主要表现为：城镇居民收入主要来源于职工的工资，工资收入占城镇居民收入的90%左右，工资中又以基本工资收入为主要部分；农村居民收入主要来源于农村集体经济组织的收入，家庭经营收入仅占30%左右。

改革开放以来，居民收入来源结构多元化是我国居民收入分配过程中最引人注目的变化之一。主要表现在：

①在职工工资收入中，奖金、津贴和其他工资形式从无到有、从小到大，在职工全部工资收入中的地位越来越重要，而改革前作为职工主要收入形式的基本工资却越来越丧失其重要性。

②职工工资外货币收入不断增加。资产收入、第二职业收入、其他创收等名目繁多的收入形式出现，在居民收入中所占比重越来越大。

③职工工资外非货币收入增加。包括职工免费地或以低价形式从单位得到的实物以及以其他非货币形式享有的福利收入等。

④城镇个体劳动者和私营企业主一方面由于其从业人数越来越多，另一方面由于其收入水平很高，所以城镇个体劳动者和私营企业主的总收入与改革前相比，增长很快。

⑤农民收入方面,由于农村经济体制改革,家庭联产承包责任制的推广,农民进入城镇打工人数的增多,农民收入有一定的增长。

(二) 居民收入所有制结构

居民收入所有制结构是指全民所有制与集体所有制之间、公有制与其他经济形式之间的职工收入水平关系。我国一直就存在全民所有制企业职工无论在工资还是在福利方面都好于集体企业职工的现象。改革开放后,这种状况依然存在,而且还进一步有所发展。

公有制单位职工与其他所有制单位职工之间的收入差距,从允许和鼓励其他经济形式发展的时候就存在。公有制企业基本上是传统分配模式,尽管享有国家福利保障,但是远比不上个体经济和私营经济可以通过资产收入、劳动收入、经营收入等多个渠道而获得的收入,而且这个差距呈扩大趋势。

(三) 不同行业间的差别收入

劳动者由于所处的行业不同,其收入也存在着很大的差别。这些差别,有些是由于不同行业的生产技术复杂程度、劳动者的素质以及所处的自然条件和劳动环境等的不同而产生的,是合理的;但有些是不合理的,如邮电、通信、金融、水、电、煤、气等能源生产和供应行业,由于其在运营中处于垄断地位,获取垄断利润,其职工收入明显高于其他行业。具体见表10-2。

表10-2 按行业分职工平均工资(2003—2005) (单位:元)

年份	农林牧渔业	采矿业	制造业	水电燃气的生产和供应	建筑业	地质勘查业和水利管理业	交通运输、仓储和邮政业	批发零售贸易和餐饮业	金融保险业	房地产业
2003	6969	13682	12496	18752	11478	12095	15973	10939	22457	17182
2004	7611	16874	14033	21805	12770	13336	18381	12923	26982	18712
2005	8309	20626	15757	25073	14338	14753	21352	15241	32228	20581

年份	社会服务业	卫生、体育和社会福利业	教育、文化艺术和广播电影电视业	科学研究和综合技术服务业	国家机关、政党机关和社会团体	其他
2003	12900	16352	14399	20636	15533	16501
2004	14152	18617	16277	23593	17609	18131
2005	16642	21048	18470	27434	20505	20992

资料来源:《中国劳动统计年鉴》。

由表10-2中可以看出,2005年水电燃气供应业、金融业的平均年工资收入分别是农业收入的3.02倍和3.88倍,2008年又进一步扩大为3.07倍和4.29倍。各行业的收入差距呈不断扩大的趋势,行业收入分配出现了两极分化的趋势。这里,还不包括制度外收入部分,如加上制度外收入,差距会更大一些。国际上公认的行业间工资水平差距合理水平在3倍左右,而我国的行业收入差距已经超过了这个水平。

(四) 地区间的差别收入

这里既有历史遗留问题,又有政策累积性问题。在历史上,东部沿海地区的经济发展要快于中西部地区,东、西部之间收入差距早已存在。改革开放后,国家税收政策和投资政策向东部的倾斜,进一步拉大了两者之间的收入差距,造成了中、西部地区的城镇居民和职工收入水平及其增长速度在全排名长期"双低"的现象。中央开始实施西部大开发战略以来,落后地区的经济发展开始加速,东、西部地区的差距有所缩小。随着沿海地区经济升级和结构调整,一部分产业会逐渐往内地转移,地区之间收入差距过大的现象将会得到一定的改善。

(五) 城乡差别收入

我国长期以来一直存在城乡二元经济结构,城乡居民收入历来就因为工农业产品价格的"剪刀差"和工农之间不平等的福利待遇而存在较大的差别。改革开放以来,我国城乡居民收入水平都有很大的提高,但城乡居民收入之间仍存在较大差距。近期以来,这种差距有进一步扩大的趋势,这与农业生产成本上升、农副产品的收购价格已无太多的上调空间、国家财政税收政策存在着不足等多因素密切相关。城乡居民收入差距过大,不利于农民生产积极性的提高和社会稳定。政府应重视农业问题,增加农业投入,使城乡居民收入保持合理比例。城乡居民收入差距的问题引起了社会各界的普遍关注,党的十七大明确提出了要建立以工促农、以城带乡长效机制,形成城乡经济社会发展一体化新格局。随着统筹城乡发展战略的推进和实施,城乡收入差距问题将逐步得到解决。

(六) 水准结构

居民收入的水准结构是指高收入者与低收入者之间的收入水平差距状况,也可称为居民收入的均等化程度。国际上,通常用基尼系数来表示。基尼系数是根据洛伦兹曲线计算的表明收入分配平均程度的指标。基尼系数越低,收入均等化程度越高;基尼系数越高,收入均等化程度越低。

根据世界银行《2006年世界发展报告》的统计,在报告的127个国家中,有94个国家的基尼系数低于中国,高于中国的国家只有29个。世界上的绝大多数国家的基尼系数分布在0.3~0.4,中国的基尼系数已经超过0.4(见表10-3),处在相对较高的水平,中国收入不均程度到了不容忽视的地步。

表10-3 各国收入分配状况比较

国家	年份	收入/消费的基尼系数
美国	2000	0.38
日本	1993	0.25
德国	2000	0.28
法国	1994	0.31
英国	1999	0.34
瑞典	2000	0.25

续表

国家	年份	收入/消费的基尼系数
俄罗斯	2002	0.32
墨西哥	2002	0.49
巴西	2001	0.59
阿根廷	2001	0.51
印度	2000	0.33
巴基斯坦	2001	0.27
埃及	2000	0.34
尼日利亚	2003	0.41
中国	2001	0.45

资料来源：世界银行：《2006年世界发展报告：公平与发展》。

用F.W.Paish提供的"五等份法"来测算我国居民最高收入与最低收入（即全国1/5最高收入户与1/5最低的收入户收入之比），则差距更为直观（见表10-4和表10-5）。

表10-4　　　我国城镇居民按五等份法计算的人均可支配收入状况　　（单位：元）

年份	2000	2001	2002	2003	2004	2005
低收入户	3492	3634	3649	3970	3642	4017
中等偏低收入户	4364	4624	4932	5377	6024	6711
中等收入户	5512	5898	6657	7279	8167	9190
中等偏高收入	6905	7487	8870	9763	11051	12603
高收入户	8632	9434	11773	13123	20102	22902
高低收入差距	5140	5800	8124	9153	16460	18885
高低收入比	2.47	2.60	3.23	3.31	5.52	5.70

表10-5　　　我国农村居民按五等份法计算的人均可支配收入状况　　（单位：元）

年份	2000	2001	2002	2003	2004	2005
低收入户	802	818	857	866	1007	1067
中等偏低收入户	1440	1491	1548	1607	1842	2018
中等收入户	2004	2081	2164	2273	2579	2851
中等偏高收入	2767	2891	3031	3207	3608	4003
高收入户	5190	5534	5903	6347	6931	7747
高低收入差距	4388	4716	5046	5481	5924	6680
高低收入比	6.47	6.77	6.89	7.33	6.88	7.26

资料来源：张东生主编：《中国居民收入分配年度报告2006》，中国财政经济出版社2006年版。

表 10-4 显示，从 2000—2005 年我国城镇高收入户与低收入的收入差距不断扩大，而且增幅较为明显，高低收入户的收入比由 2.47 上升到 5.70。贫穷差距明显扩大。

表 10-5 显示，从 2000—2005 年我国农村高低收入户的收入比由 6.47 上升到 7.26。虽然农村收入差距的增长幅度不大，但农村的贫富分化程度大大已超过城市。

可见，无论从哪个角度分析，中国居民的收入差距问题已成为中国经济快速健康发展的瓶颈，如果对此不引起注意，极易导致两极分化。

三、我国居民收入差距拉大原因分析

我国居民收入差距的扩大是由多种原因造成的，总体而言，主要有以下几个方面：

（1）收入分配制度改革的累积效应

改革开放以来，我国的收入分配制度经历了从单一的按劳分配到按生产要素贡献分配的变迁。收入的初次分配根据效率原则，分配给生产要素的所有者。要素本身的差异以及其配置效率和使用效率的差异，是使收入的差距产生、积累和扩大的根本原因。同时，政府在再次分配的过程中，按照公平原则，通过税收和财政支出对分配进行调控存在缺陷，加剧了收入差距的进一步扩大。

（2）国家非均衡发展战略

在这一战略的指导之下，集中资本和资源优先发展联系效应大的产业和东部地区，出现了政策和资金向这些产业和地区倾斜的局面。这些产业和东部地区以较快的速度得到优先发展。尽管国家已经开始加大对中、西部地区和农村的改革和扶持力度，但是受非均衡改革的长期积累的影响，优先发展地区各项制度趋于完善，在整体竞争中已占据很大优势以及旧有的制度安排的惯性运作，收入差距在一定时期内仍将继续扩大。

（3）市场机制的不完善和扭曲

市场经济条件下，真正完善的市场机制会自动促使资本和劳动这两类生产要素在地区和部门间自由流动，并最终使资本和劳动比率趋同，从而使人均收入也会趋同，是有利于缩小收入差距的。但是，由于我国政府对微观主体的资源配置进行了过多的干预和管制，资源配置的不公平不可能通过生产要素自由流动来消除，市场机制的"要素价格均等化"的作用也就失灵，从而各阶层的人均收入差距没有收敛，反而发散和扩大了。

（4）城乡分割的二元结构以及向城市倾斜的政策

我国长期实行以户籍制度为根基的城乡分割体制，使农民不能向城市迁移，导致城乡居民面对着不平等的发展机会、社会地位、福利待遇和各种优惠政策。城乡分割限制了农民进城工作的途径，造成并维持了城乡居民之间的过大收入差距。同时，国家通过财政和金融方面的政策，把大部分的资金投入到城市工业部门，国家资源和资金集中于城市，造成了城乡发展水平的巨大差距。这也加速了城乡居民收入差距的扩大。

（5）法律法规的不健全，给非法收入提供了滋生的土壤

我国缺乏完善的打击、遏制非法收入的法律体系，缺乏对公共权利运用的有效监督的制度，导致了灰色收入和灰色富有阶层的出现。以权谋私、贪污受贿、设租、寻租、乱收费、乱罚款、坑蒙拐骗等导致的非法收入与广大劳动者合法的劳动收入相比，差距悬殊。

四、居民收入差距的调控

居民收入差距的调控就是通过一系列宏观调控措施，对社会不同收入者的经济收入进行调节，建立与经济增长和社会稳定相适应的居民收入体系，促进社会在公平与效率基础上的稳定发展。我国调控居民收入的主要途径有：

(一) 加强社会保障制度建设

建立社会保障体系的目的是为了保证公民在个人谋生能力中断或消失时，能够获得一定的经济来源，使其基本的生活得以保障。个人在现代生活中，不可避免地会遇到影响自己基本生存权利的困难和问题，如病老伤残、失业等，特别是在市场经济体制下，个人所面临的各种风险更多更大。因此，应建立社会保障体系，以确保居民最低收入，避免收入差距过大。具体地说，我国应从以下几个方面完善社会保障制度，构筑社会安全网：

首先，应逐步扩大社会保障的覆盖面。社会保障的保障对象应是全体公民，而我国目前社会保障仅仅局限于城镇国有企业和部分大的集体企业的员工，城镇非国有企业职工和广大的农村居民都被排斥在外，而这部分人中低收入者较多，因此，应扩大社会保障的覆盖面，提高低收入者的收入，以缩小居民收入差距。

其次，必须加强社会保障缴费的立法约束，增加社会保障机构的权威性，提高资金的有效征缴率；同时，加强对收缴上来的基金的管理和使用，实行征、管、用相分离，建立有效的监督机制，并逐步形成保险基金保值增值机制，以保证社会保障基金的有效支付。

再次，政府应加大对社会保障的投入。政府用于社会保障性质的支出，在发达国家一般占财政支出的 50%~60%，而我国 1999 年 1~10 月经过调整后的预算支出中，社会保障性支出（含行政单位离退休经费、抚恤和社会救济费）的比重只占总支出的 4.96%。随着我国国企下岗职工的增多和人口的逐渐老年化，这方面的支出应该不断地增加。在失业保障金的管理上，应严厉打击某些贪赃枉法者将"救命钱"挪作他用的行为。在对下岗职工的补偿问题上，着力解决企业曾经在困难时期向职工集资的"集资款"，或者以"买断性补偿"，或者以"股份化补偿"的方式，解决下岗职工为此所做出的利益牺牲。

(二) 改革税收制度，加强收入再分配的税收调控力度

首先，要加强税收的征收管理，提高执法力度，减少税收漏洞。长期以来，由于不同经济单位人们收入的来源不同，兼职收入、灰色收入和地下经济的交易收入等也颇为盛行。这在很大程度上限制了税收调节的力度，再加上我国税收征管体制不健全的因素，偷税漏税的空间很大。因此，一方面，应在现行个人储蓄实名制和个人信用制度的基础上，建立并规范个人收入申报制度和个人财产税制度，将个人收入的管理与个人实物财产管理结合起来，逐步开征财产税；另一方面，必须强化对税收的征缴，要加快税务部门的技术装备建设，加强税务部门的稽查力量，加大执法力度，要由当前注重面上的管理向重点对象征管转变，使各种偷税漏税减少到最低程度。

其次，应提高所得税在税收总额中的比重，并逐步提高起征点。我国于 1994 年建立起来的税收体系中，流转税为主体，增值税为主导，所得税只占据非常低的比重。这种税收结构在缩小收入差距、保持社会稳定方面的作用并不显著。有人曾经推算，我国流转税

的三大税种占全部税收的 53.3%，增值税占 38.6%；企业所得税和个人所得税合计占 16.9%，其中，个人所得税仅仅占 3.9%。在所得税占税收总额比重太低的情况下，无法发挥其"缩小收入差距"的作用。同时，我国个人所得税的起征点过低，再加上征管手段欠缺，工薪所得的税款占个人所得税款总额的比重较高（据国家税务局分析，1994—1998 年，工资、薪金所得的税款占个人所得税总税款的比重为 45%左右），低收入居民的所得税包担沉重，个人所得税调节收入差距的作用并不明显。因此，应提高所得税在税收总额中的比重，并逐步提高起征点。

（三）打破行业垄断，调节行业间过大的收入差距，规范不合理收入

解决行业间存在的收入差距，最终要靠充分发挥市场机制的作用来完成。在这个过程中，国家的责任就是制定反垄断法，清除市场准入壁垒。对于有垄断行为的国有企业，国家不能放松对其分配活动的监管，要制定工资指导线，加大对工资福利过高、增长过快行业的职工收入调控力度；加强对这类企业国有资产保值增值率、人工成本增长率的考核，严重违反国家工资政策的，要进行严肃处理。为此，劳动、财政、统计等有关部门应尽快建立企业人工成本监测指标体系，加强对企业人工成本的监测，定期发布行业的人工成本水平，指导企业与国内外同行业人工成本比较，合理确定本企业的职工收入水平。

（四）在非公有经济中健全工会组织，加强对普通工人的权益保护

由于业主或管理者具有分配上的决定权，而我国的劳动权益保护法规尚不健全，普通工人的工资水平往往被人为地压低，致使普遍职工与业主之间的收入差距越来越大。因此，在非公有制经济中应建立健全工会组织，加强工人与企业主讨价还价的能力，减少和杜绝业主随意克扣和减免工人工资事件的发生。同时，劳动部门也应进一步加强劳动监察、劳动争议和劳动仲裁的执法力度，切实保护工人的利益和权益，规范非公有制领域的收入分配行为。

（五）加快经济体制各领域的配套协调改革，进一步加强法制建设，严厉打击非法经营和权力寻租，抑制非法收入

首先，对于走私贩毒、偷盗抢劫、拐卖人口等非法犯罪现象，一定要加大追查和惩罚力度。其次，对于造假售假、欺行霸市等非法经营活动，必须在市场体系、市场管理制度和手段等方面的建设和完善上加大力度，要司法惩处和经济制裁双管齐下，加大犯罪的经济成本，使犯罪变得无利可图。再次，对于官员腐败和利用权力寻租、设租现象，一方面要加快经济体制各个领域的配套协调改革，消除双重或多重制度并存，弥合"设租"的体制缝隙；另一方面，要加大对政府管理体制改革和职能调整，进一步加强对行政权力的监督和制约，最大限度地打击各种腐败行为。

此外，要调节居民收入结构，积极推进个人收入的货币化和规范化，减少那些透明度低、来源不规范、难以管理的工资外收入，限制和减少实物分配，使调节对象明确化。继续推进福利保障制度改革。将工薪阶层因福利保障制度改革被分流的收入消化在工资增长的过程中。对于国有单位来说，进一步提高职工工资收入的同时，要注意暗补变明补、补贴进工资。

第四节 收入分配政策

一、收入分配政策制定的基本原则

收入分配政策是指国家为实现宏观调控总目标和总任务，在分配方面制定的原则和方针。它是确保国家宏观调控实现的重要手段之一，对宏观经济运行起着综合性的调控作用，如调节需求的收入分配政策能在不同的供求状况下，促进经济的总量平衡；强调效率的收入分配政策能激励经济主体的内在动力，增加社会总供给；导向性的收入分配政策能引导宏观经济结构的优化。因此，必须制定正确的收入分配政策，以促进总量平衡、结构优化，为国民经济的持续、快速、健康发展创造条件。

在制定收入分配政策时，应遵循以下原则：

(一) 兼顾公平与效率

收入分配包括宏观收入分配和微观收入分配两个方面。微观收入分配表现为企业外部的分配和企业内部的分配两个方面。企业外部的分配是指企业根据其出售的产品或提供的服务获得收入，这个分配过程在市场中进行，应遵循讲求效率的原则，生产效率高的企业从市场中获得较多的收益，效率低的企业获得较少的收入，甚至得不到收入。在企业内部分配中，效率主要体现在劳动报酬上，企业内部职工的收入应与各自的劳动生产率挂钩，多劳多得、少劳少得，以激发职工劳动的积极性。

宏观收入分配过程是对收入分配总量进行分配的过程，应充分体现公平的原则。宏观层次的公平是指社会公平，即个人最终收入差距不能过于悬殊。个人差距如果过大，则会影响劳动者的生产积极性，从而影响整个经济的发展，因此，应以宏观手段加以调控，实现社会公平。

一般说来，社会公平要求缩小差距，效率要求扩大差距，二者之间存在着一定的矛盾。社会主义的分配政策既不能片面强调公平，也不能单纯强调效率，应二者兼顾，做到效率优先，兼顾公平。

(二) 以按劳分配为主体，按劳分配与按生产要素分配相结合，允许和鼓励资本、技术等生产要素参与收益分配

按劳分配是我国居民收入分配的主要方式，是由我国的生产资料公有制和社会主义初级阶段劳动的特点决定的。在按劳分配中，劳动者的劳动报酬要引进竞争机制，实行多劳多得，打破平均主义，调动劳动者的经济性，促进生产的迅速发展。同时，由于我国处于社会主义的初级阶段，在按劳分配的同时，要结合按生产要素分配的方式，允许和鼓励资本、技术等生产要素参与收益分配。

按劳分配与按生产要素分配在社会主义初级阶段实质上是一种对立统一的辩证关系。原因如下：

①在社会主义市场经济条件下，实行按劳分配，需要按生产要素分配的配合。按劳分配是劳动者主导型的分配方式，该分配方式有助于人力资本含量高的劳动者收入的相对增加，而使人力资本含量低的劳动者收入相对减少，体现了劳动者的物质利益水平，因而可

以极大地调动劳动者的积极性。但其缺陷在于，按劳分配很少能调动生产要素所有者资源投入的积极性。同时，由于按劳分配是以资源的充分供给为前提的，劳动者所得是与其提供的劳动量成比例的，因而它虽能促使劳动者注重提高劳动效率，但在一定程度上却可能导致在追求劳动成果数量的同时，不计资源损耗，造成资源浪费。而这一系列的缺陷恰恰可以通过按生产要素分配来弥补。

②按生产要素分配也需要坚持按劳分配，这是由社会主义共同富裕的本质决定的。按生产要素分配是要素所有者主导型的分配方式，体现了要素所有者的物质利益。因而，其虽然可以调动要素所有者资源投入的积极性，但却无法调动劳动者劳动投入的积极性，从而可能导致在追求资源利用效率和节约效率时，却往往以活劳动的浪费为代价。而且在宏观上，按生产要素分配往往会形成财富的"马太效应"，使近期的劳动收入呈相对下降趋势，从而导致社会的收入差距的逐步扩大。

因此，在按劳分配与按生产要素分配的关系上，我们只能选择非劳动要素所有者收入的相对较大幅度增长和劳动者劳动收入一定幅度增长的双增长格局。

（三）鼓励一部分人、一部分地区先富起来，先富带动后富，实现共同富裕

按劳分配的差别性决定了实现共同富裕的途径只能是先富带动后富，最后实现共同富裕。按劳分配是按照劳动者提供的劳动量来进行分配的。对不同的劳动者来说，提供的劳动量有差别，需要赡养的人口数量也有差别，这就会造成生活水平事实上的不平等，造成富裕程度的差别；同样的，在社会主义市场经济条件下，各企业之间的经济效益存在着差别，各地区之间经济发展不平衡，再加上各种非按劳分配方式的存在，就会使一部分人、一部分企业、一部分地区先富起来。因此，实现共同富裕，应鼓励一部分人、一部分地区先富起来，通过先富带动后富，促进社会生产力的发展，才能由少到多、由局部到整体地逐步实现共同富裕。

提倡在共同富裕的目标下，一部分人先富起来的政策本身是正确的，但由于理解和执行上的差异，可能会产生截然不同的两种效果；一种是真正通过诚实劳动和合法经营致富的一部分人成为勤劳致富的榜样，有利于激励广大劳动者奋斗、开拓、创业，促进经济效益的提高和社会生产力的发展；另一种是少数人利用体制和改革上某些不合理因素，甚至搞歪门邪道发财致富，损害公共利益，挫伤广大劳动者的积极性，阻碍生产力的发展。因此，我们在鼓励一部分人、一部分地区先富起来时，必须特别注意纠正偏差，弥补政策漏洞，加强监督管理，促进人民以正当手段致富。

此外，在部分先富与共同富裕的关系上，我们既不能因强调共同富裕而使收入分配重新回归到平均主义模式，也不能因强调部分先富，使我国的收入分配走向另一个极端，即贫富差距扩大、两极分化。因此，在"部分先富，共同富裕"原则的实施过程中，应该注意使高收入阶层收入大幅度增长，低收入阶层收入也逐步得到提高。

二、各种收入分配政策的协调搭配

收入分配政策是国家影响社会再生产的分配和最终收入形成的一系列政策的总称，包括国民收入的初次分配政策、国民收入的再分配政策、财政政策、工资政策、税收政策、信贷政策等。收入分配政策的协调是指国家在制定和执行政策时，应全面考虑各种政策的

不同特点，注意各种政策的功能互补搭配，从而最佳地实现政策目标。

之所以要注意收入分配政策的协调性，是因为任何一项收入分配政策都具有与其他政策不同的调节时差，其作用过程又都只能调控收入分配的某一方面或某一环节，而且有时单项政策还可能与其他政策目标之间产生矛盾。所以，国家不可能仅凭某项收入分配政策的作用实现预期的调节目标，而必须使各项政策有机配合，才能有效实现收入分配的调节目标。其次，在我国经济机制转轨时期，经济形势变化多样，各种社会问题彼此交错，因此，要实现宏观收入分配的目标，必须加强各项收入分配政策的协调配合使用。

在实践中，如何进行有效的政策搭配，以实现预期的调控目标，主要取决于对经济形势的正确判断和对收入分配调控目标的合理取向。一般来说，收入分配政策主要有以下搭配方式：

（一）收入分配政策的"松"、"紧"搭配

"松"的收入分配政策具有扩张性，"紧"的收入分配政策具有紧缩性。在不同的经济形势和收入分配的调控目标下，存在着松紧搭配的不同方式。一般而言，有三种形式：①全部都紧；②全部都松；③部分紧、部分松。以货币政策和财政政策的搭配为例，当经济处于过热状态、通货膨胀严重并有进一步加剧趋势、物价持续上涨时，政府为了控制通货膨胀、降低经济增长率、对过热经济降温，一般采用"双紧"政策，即紧缩性的财政政策与紧缩性的货币政策搭配使用。当经济处于严重衰退或萧条状态之中、企业普遍开工不足、公开失业或隐蔽性失业急剧增加、大量生产资源处于闲置状态时，政府为了追求充分就业和较高的经济增长率，应采用"双松"政策，即扩张性的财政政策和货币政策搭配使用。当经济出现"滞胀"局面，即一方面是通货膨胀和价格的持续上涨，另一方面又是企业大量开工不足、存在大量的闲置资源，经济处在很不景气的状况时，一般采用"松"、"紧"搭配。如果是以抑制通货膨胀为主要政策目标，一般选用"松"财政、"紧"货币的搭配；如果是以启动闲置资源、促进经济步入景气为主要政策目标，宜选择"紧"财政、"松"货币的搭配方式。

（二）收入分配政策的时差搭配

政策时差是指政策由知道到发挥作用，再到最终对社会经济运行发生影响的传导时间，包括认识时差、决策时差、作用时差等。不同的收入分配政策产生的时差不同。例如，财政政策的决策时差要比货币政策的决策时差长，因为财政政策的调整涉及各方面的利害冲突，往往要经过一个较长的批准过程，我国要经过人大常委会批准，西方国家要经过国会批准；而货币政策的制定则不需要那么长的批准过程，中央银行可以在短时期内做出决策。但是，财政政策的作用时差比货币政策短一些，因为财政政策只要通过政府扩张或紧缩支出，就可以使总需求增加或下降，而货币政策无论是通过扩张货币供应量而刺激有效需求增长，还是通过紧缩货币供应量而抑制有效需求增长，都需要一个较长的时差。因此，各种收入分配政策只有相互配合使用，才能避免时滞的出现。

（三）收入分配政策的主辅搭配

不同的收入分配政策在不同的经济运行状况下的调节力度是有很大差别的。为了实现某一特定的经济目标，必然要以对该目标调节力度强的政策为主，并辅之以其他政策，使它们有效地相互配合，这就是主辅搭配。在某一时期，具体以哪种政策为主、以哪种政策为辅,主要取决于当时的经济问题和调控目标。例如,要调节居民收入差距,应以税收政策为主,辅之以初次分配和再分配政策;要调节因货币投放过多而引起的通货膨胀、总量失衡,则应以财政政策和货币政策为主,辅之以物价政策和工资政策。

(四) 收入分配政策的效应搭配

各项收入分配政策由于各自的调节手段、调节强度不同,因此产生的调节效应也是不同的。有的会产生正效应,有的会产生负效应;有的先产生负效应,后产生正效应;有的先产生正效应,后产生负效应,必须相互协调搭配。例如,在共同富裕的目标下,鼓励"一部分人先富起来"的政策在执行的过程中,少数人无视法纪,通过投机倒把、坑蒙拐骗、偷税漏税等不正当手段发财致富,扰乱了社会秩序,阻碍经济发展,是政策负效应的反映。但是,并不能因此而放弃这项政策,因为大多数人是通过守法致富的,而且"一部分人先富起来"是实现共同富裕的必由之路,所以,应运用税收政策以及其他政策协调配合,纠正偏差,克服负效应,促进正效应。

思 考 题

1. 什么是收入分配?
2. 什么是宏观收入分配?影响宏观收入分配的因素有哪些?
3. 收入分配管理有哪些类型?
4. 收入分配有哪几种模式?
5. 简述我国收入分配模式的转变。
6. 正确处理国家、集体、个人三者之间关系的基本原则是什么?
7. 影响投资与消费比例的因素有哪些?
8. 居民收入结构可以分为哪几类?
9. 我国居民收入差距拉大的原因是什么?
10. 如何调控居民收入差距?
11. 制定居民收入分配政策应遵循哪些基本原则?
12. 如何实现收入分配政策的协调搭配?

第十一章　宏观计划管理和综合平衡

第一节　计划管理的地位和作用

一、计划是现代市场经济的重要调节手段

计划的本意是指人们对未来事业发展所作的预见、部署和安排。随着社会生产力发展、社会化程度的提高，经济生活和社会生活日趋复杂和多样化，计划日益成为人类组织社会生产活动的管理方法，成为发展社会生产的重要手段。作为经济调节手段的计划，其含义是指国家通过制订和组织实施经济发展战略和社会经济发展计划，用以指导和调控社会经济的发展。

计划作为经济运行的一种调节机制和手段，是不受社会制度限制的。在自由资本主义时期，即在资本主义手工业时期及手工业向大机器工业过渡的时期，完全的自由放任是资本主义经济的典型形式，西方经济理论和经济政策主流主张对经济实行自由放任，由"看不见的手"，通过市场进行自发调节。但是，当资本主义进入现代市场经济阶段以后，随着生产的社会化程度极大提高，市场作用的局限性日益明显地暴露出来，资本主义国家开始了对经济的政府干预和计划调控。对此，恩格斯在晚年针对当时出现的支配和垄断某些工业部门的托拉斯这一情况时指出：根源于资本主义私人生产无计划性的提法，需要大加修改，因为资本主义私人生产是由单个企业家所经营的生产，可是这种生产已愈来愈成为一种例外了。由股份公司经营的资本主义生产，已不再是私人生产，而是为许多结合在一起的人谋利的生产。如果我们从股份公司进而来看那支配和垄断着整个工业部门的托拉斯，那么，那里不仅私人生产停止了，而且无计划性也没有了。当然，这里所讲的计划性，包括第一次世界大战后一些资本主义国家对经济所实行的行政干预，还只是一种从广义角度理解的计划性，即资本主义国家已存在对经济的自觉调节或宏观调控。其计划含义是指社会按照预先确定的目标，运用各种力量和形式调节国民经济的运行。显然，这种调节并不单指直接意义上的计划这种形式。资本主义国家真正将计划作为国家宏观调控的一个相对独立的手段，是从第二次世界大战以后开始的。例如，法国政府于1946年设立计划总署，并于1947年开始实施第一个五年计划；日本政府从1955年开始至今，已制订过10多个长期计划，其中最著名、影响最大的是"国民所得倍增计划（1961—1970）"；韩国从1962年开始制订和实施五年计划，现在正在推行的是绿色增长国家战略的新五年计划，即依靠发展绿色环保技术和新再生能源，以实现节能减排、增加就业、创造经济发展新动力三大目标。资本主义国家在制订计划时，注重市场作用，采用现代方法，在计划

实施上，政府的政策干预和有关法律手段作用所具有的普遍性使其计划既能具有一定的宏观指导作用，也能在一定程度上得以有效实施，因而使计划成为推动生产力发展的一种重要手段。

在我国，无论通过改革建立什么样的体制模式，计划都将作为社会化大生产条件下现代市场经济的重要调节手段，对经济运行起到不可替代的调节作用。

建立在社会化大生产和生产资料公有制基础上的社会主义社会，一直注重计划对经济运行的调节作用，这是人所共知的。而且，对计划手段的重视程度和运用范围的广度及其作用力度，都远远超过了资本主义国家。我国的计划体制经历了从集权的指令性计划改革到以市场经济为基础的指导性计划，转折点为1986—1990年的"七五计划"，从1952年开始至今，已制定实施了十个五年计划和各类专项计划及长远规划，并通过年度计划及各种调节手段的配合，力求使中长期计划得以具体付诸实现。目前，已进入实施国民经济和社会发展第十一个五年计划的末期。实事求是地说，计划手段的运用对我国的经济和社会的进步、对生产力的发展，是起了很大推动作用的。当然，也不能否认，在旧的体制下，受传统思想的指导，计划管理过多过细，给社会经济发展带来了一些消极影响。正因为如此，当我国确立以社会主义市场经济体制为改革目标时，有人就对计划产生了某种逆反心理。认为计划作为一种旧体制的产物和对经济发展有害的手段，应当被废弃。这显然是不恰当的。随着经济体制改革的逐步深入，人们已日益清楚地认识到，不能简单地将计划等同于政府行政指令和干预。我国过去经济发展出现的失误，就计划管理而言，不在于计划手段本身，而在于决策和手段的运用。无论通过改革建立什么样的体制模式，计划都将作为社会化大生产条件下现代市场经济的重要调节手段，对经济运行起到不可替代的调节作用。

二、计划管理的作用

在市场经济条件下，市场作为一种基础性的调节机制，对于促进技术进步，对于社会经济运行和资源配置，能起到有力的调节作用。这种作用来源于它的特有的功能，其功能主要是：①调整利益功能，即指市场通过商品经济规律调整人们经济利益关系的作用。②调节供求功能，即指在市场经济运行中，市场通过价格信号自动地调节生产和需求的作用。③配置资源功能，即指市场根据社会平均劳动耗费和平均利润率合理配置资源的作用。④优胜劣汰功能，即指市场在竞争过程中培育胜者、淘汰劣者的作用。

然而，在社会化大生产条件下，单纯的市场经济调节是不能实现资源的合理配置的。因为市场调节本身存在着一些局限性，这主要表现在：①市场机制不能解决宏观经济的平衡问题。市场机制功能对微观经济活动有着强有力的约束作用，而对宏观经济全局是无法左右的。因为市场机制发挥作用的一个重要前提是商品生产经营者的独立决策和追求盈利，而各个生产经营者受视野的限制，依据所获市场信息做出的生产经营决策，从全社会的角度看，往往带有一定的盲目性。有时会因此而导致生产过剩，造成社会经济的剧烈波动，这种波动的克服是市场机制本身所无能为力的。②市场机制不能有效反映国民经济发展的长远目标和结构。因为各商品生产者自主决策的依据是市场价格，而市场价格信息反映的只是特定时期的供求状况，难以对社会经济发展远景提供信号。在此基础上形成的经济结构就可能不是国民经济的合理结构，严重时，还会导致国民经济的比例失调，从而也不能实现国民经济的持续稳定发展和经济效益的提高。③市场信号具有事后的性质。市场机制是通过供求关系在竞争中的变化而引起价格、利率、工资等的变化，来引导和调节经济活动的。由于市场信号是市场供求关系的事后反映，带有滞后性，因而有可能引起供给与需求的脱节，导致社会资源的浪费。④市场竞争可能导致垄断，因此会影响市场机制的作用效果。市场机制有效作用的一个重要前提是充分竞争。但在现代经济中，自由竞争的结果往往导致垄断的产生，使市场机制不能正常发挥作用。由此而使市场信号不能真实地反映供求关系的变化，资源也就难以实现优化配置了。⑤市场机制在调节对象上存在局限性。一些基础设施、公益事业、风险大的投资项目等，一般不是以利润最大化为目标的，其局部效益和社会效益之间存在较大差异，是难以通过市场有效调节的。此外，在单纯贯彻优胜劣汰原则的市场机制作用下，收入分配不均和两极分化不可避免。如果单靠市场调节，不可能实现收入的社会公平分配，公平和效率也是不可能统一的。市场机制调节的局限性换个角度说也就是其所具有的特点，即它主要调节微观经济，表现为事后调节，主要是短期调节，是自动的调节。

市场对经济运行调节的不足，可以通过计划管理来加以弥补。计划对经济运行的调节有市场所不能取代的重要作用。尤其是在社会主义条件下，国家计划作为一种对社会经济活动有预见性的、自觉的、有组织的和全局性的调节机制，如果其本身是具有科学性的，那么，它的重要作用就可以体现在以下几个方面：

第一，通过国家计划，能够实现社会总供给与总需求的宏观平衡。国家计划是以宏观的、全面的信息为依据，以社会再生产全过程或国民经济全局为调节对象的。其主要任务就是通过制定和实施国民经济和社会发展的中长期规划和年度计划，保持经济总量的平衡。国家可以预先对财政、信贷、物资、外汇等进行总量核算，做出大体符合实际的预测，制定相应的计划，用以指导市场活动，调节经济运行，实现整个国民经济的平衡。这就能够弥补市场机制事后调节的不足，减少或避免周期性波动造成的损失。

第二，国家计划能够从长远的角度优化资源配置，克服市场作用的短期行为。计划管理的一个重要职能在于合理确定国民经济和社会发展战略，用以规定国家在长时期内经济和社会发展的目标、任务和要求。经济社会发展战略目标主要包括经济持续增长、产业结构优化、生产力合理布局、人民生活水平提高等内容。在此基础上制定的各阶段各时期的计划和产业政策，是市场经济条件下指导和调节经济运行的有效手段，有利于把企业微观经济行为与国家宏观调控目标结合起来。它既能引导市场积极作用的发挥，又能有效克服市场调节的短期行为，从全局和长远的角度实现资源的合理配置、结构的优化。

第三，国家计划能够集中力量进行重点建设和统筹解决外部不经济（外部性）问题。所谓外部性，是指某些经济活动导致外部他方（或他人）受益（外部经济效益）或受损（外部负效益），其益损又不能计入有关产品的价格或成本。这样的经济行为称为外部性经济行为。为了保证国民经济的顺利发展，各个时期都要安排一些关系国计民生且处于薄弱环节的重点建设及社会生活必需的有关"外部不经济"问题。国家可以在全社会范围内利用人力、物力、财力和自然资源，集中力量加以解决，从而能保证国民经济在稳定协调中加快发展。

第四，国家计划为宏观调控提出基本目标，是制定宏观经济政策的依据。在我国，国家计划与宏观经济政策的关系为：国家计划是各项宏观经济政策的依据，宏观经济政策是根据国家计划调节各种宏观经济变量的基本原则和方针。因此，从这个意义上讲，宏观经济政策调控也就是市场经济条件下的计划调控。由于计划目标是有明确的时空规定和有关特点要求的，作为政策依据就有利于经济政策的时差配合、主次配合、交替配合和功能配合，从而能提高宏观经济政策作用的效率，有利于宏观调控的顺利实现。

第五，国家计划对于社会主义市场经济体制的建设和保证市场经济自身的正常运行具有重要作用。建立社会主义市场经济是我国社会经济管理制度的深刻变革，是一项涉及多方面和许多领域的系统工程。从传统的计划经济体制向市场经济体制转变所必然要求的政府职能的转变、产权关系的理顺、企业经营机制的转换、市场体系的培育、市场制度和市场法规的建设、分配制度和社会保障制度的改革等，都需要在国家计划指导下有步骤地加以推进，必须要有适合于市场运行的国家计划，通过国家计划的指导、服务、协调和监督，保证市场经济的正常运行。

计划调节具有上述作用是由计划所具有的功能和特点所决定的。在社会主义市场经济体制下，计划的功能主要有：①战略导向功能，即能合理确定国民经济和社会发展和宏观调控目标，引导经济健康运行。②政策协调功能，即能提出和运用与宏观调控目标及发展任务相适应的经济政策，使计划的制订和实施过程成为协调经济政策和经济杠杆运用的过程。③资源配置功能，即能直接或间接地组织和衔接主要生产要素和主要产品，调节生产比例，推进产业结构调整，优化资源配置。④信息服务功能，即政府计划部门通过信息反馈、市场分析与监测，为社会各界和企业提供信息和咨询服务。

计划调节的特点正好与市场调节的特点相反，它主要调节宏观经济，表现为事前调节，主要是长期调节，是自觉的调节。

三、市场经济条件下计划与市场的结合

自 1979 年以来，我国在进行以市场为取向的改革进程中，从理论和实践上对计划与市场的结合进行了有益的探索。然而，在坚持计划经济体制的前提下，两者的结合虽然可以对市场机制功能的发挥、商品经济的发展起到一些促进作用，但这种作用由于受到传统体制模式的限制，使得两者结合所带来的功能互补程度尤其是市场作用的发挥很有限。这主要表现在如下几个方面：①在传统体制模式下，市场只能处于从属的地位，作用有限。因为传统计划经济的突出特点在于，整个国民经济和社会再生产的全过程要由计划机制来调节，因此，在这种体制框架下，无论其经济运行机制如何选择，市场调节为辅的地位及其发挥作用的有限性都是难免的。②计划过多的强制性使市场作用只能很有限度的发挥。虽然在改革过程中，从形式上看，大量的指令性计划改为指导性计划，但因为其实施过程中所必需的条件不具备也难以具备，使得指导性计划在实行过程中实际上又较多地沦为指令性计划。加上原有的指令性计划还必须有相当数量的保留，在这种前提下，实行计划与市场结合，市场作用的弱化是不可避免的。③两者结合的基本要素不具备，也难以具备。计划对市场不是引导，而主要是限制，市场对企业作用不力。由于政企职责不分，企业不能成为真正的自主经营、自负盈亏的商品生产者和经营者，不能作为以盈利为主要经营目标的独立法人，不能摆脱对行政机构的依附，在此情况下，企业就不会面对市场，市场竞

争中的优胜劣汰就不可能实现。由于所有权机制没有进入企业内部，企业必然缺乏自我约束机制，使经济利益关系扭曲，影响计划与市场结合的有序性；由于不能建立起统一的、完整的、开放的竞争性市场，使计划与市场的结合缺乏必要的运行环境；由于宏观间接调控体系的建立只能流于形式，难有实质性的新举措，也不利于计划与市场的有效结合。

建立社会主义市场经济，实现由计划经济体制向市场经济体制的转变，为计划与市场的结合提供了新的体制基础。与传统体制相比，新体制的一个根本性转变在于，市场成为配置资源的基础方式。随着经济体制改革的不断深化，将建立起产权关系明确、内部经营机制健全、适应于市场配置资源活动的企业制度；形成统一、规范、开放的市场体系；建立起有效的宏观调控体系以及合理的分配制度和社会保障制度，等等。经济体制的变化能使市场作用得以有效发挥，使计划与市场能够实现有机的结合。在社会主义市场经济条件下，计划与市场相结合的主要表现及特点有如下几个方面：

第一，在社会主义市场经济条件下，市场成为配置资源的基础，但市场与计划不存在主、辅的关系。由于社会主义市场经济体制的确立，一方面，企业作为市场的主体，可以按照市场提供的价格信号，根据利益最大化原则自主地决定生产什么，生产多少，如何生产；另一方面，国家作为宏观经济管理的主体，不再像计划经济体制下那样直接管理企业，而是要通过市场来调节经济的运行。因此，市场在整个经济运行中处于中介或轴心的地位，市场经济下的国家计划从总体上讲是指导性的，其对市场的调节渗入了国家经济发展战略和计划的意图，因而使市场具有计划性。这种情形下，市场对企业的调节不是自发地、盲目地起作用。虽然国家计划不具有直接的强制性，但在市场体系和宏观调控体系健全的情况下，通过市场作用，能更好地引导企业，调节经济运行，实现国家宏观计划管理与调控的要求。因此，在计划与市场两者的关系上，不存在主、次或何者为主何者为辅的问题。虽然市场是基础调节方式，但计划的导向作用显然是十分重要的。而且，计划也是一个重要的资源配置手段，政府可以运用重点项目计划、产业政策和其他宏观经济政策，按照社会经济效益最大化原则调整生产比例，优化产业结构，指导和影响社会资源的配置，使社会资源得以充分利用。

第二，在社会主义市场经济条件下，计划与市场能有效地实现优势互补。社会主义市场经济条件下，由于以市场为基础的资源配置方式替代了原有的集中计划资源配置方式，适应了信息复杂和利益主体多元化的客观现实，使市场作用的优势能够得到充分的发挥。同时，也是对计划作用不足的弥补。这主要体现在调节微观经济活动方面，市场可以灵活有效地调节供求对比，使社会生产与社会需要迅速实现局部均衡，因而能有效地解决社会化生产力信息来源广泛、分散同集中决策的需求之间的矛盾。各经济利益主体可以按照利益最大化原则，根据市场信号，自主地进行经营决策，从而使局部利益与社会利益协调起来。当然，单纯通过市场作用而实现的平衡和协调只能是局部的和短期的，在调节对象上也存在局限性，而这正是可以通过计划作用加以弥补的。计划机制可以从全局利益出发安排和实施重点建设，调节长期资源配置，实现产业结构和产品结构的合理化，克服经济行为的短期化；可以通过间接调节，纠正市场信号的偏差，引导微观行为的合理化，使企业行为的趋利性与国家宏观调控目标相一致；可以通过计划调节作用，防止收入分配方面出现的两极分化和贫富悬殊的现象。

第三，在社会主义市场经济下，计划与市场是一种内在的结合。对于计划与市场应当怎样结合这个问题，自1979年经济体制改革以来，我国在经济理论探索中提出过多种设想，在经济管理实践中也做过不同方式的尝试。其中最具代表性的有两种，即板块式结合与渗透式结合。板块式结合是将国民经济划分为两大块，主要部分由计划调节，次要部分由市场调节，这实际上是一种没有反映两者内在联系的外在结合，计划调节部分排斥市场机制调节作用，计划外部分则排斥计划机制导向。这也是改革之初，我国在传统的把计划和市场对立的理论观点指导下的产物。渗透式结合强调计划与市场作用的相互渗透，计划调节考虑市场机制的要求和作用，市场调节则注意计划机制的要求和作用，以求实现两种调节方式的相互渗透和制约。但这种渗透反映的是计划与市场两者作为平行关系而发挥作用的，没有体现市场的基础性和计划的高层次地位，因此不能真正体现两种机制的调节优势和特点。可见，上述两种方式都不是计划与市场的理想结合。

社会主义市场经济体制的建立为计划与市场的理想结合，即内在的结合提供了现实可能。简言之，这种结合就是以市场为基础，以计划为主导，把两者有机地结合起来。以市场为基础表现在：①市场是贯彻计划意图的必要途径，计划目标要通过市场调节的过程加以实现；②市场的状况及其发展趋势是计划制定的依据；③市场为检验计划的正确与否提供信息，可据之对计划失误进行纠正，提高计划的科学性；④在市场经济体制建立与完善的基础上，通过计划导向的市场能有效地对企业起调节作用。以计划为主导表现在：①计划为市场的发展规定方向，克服市场在利益关系上的局限性和对经济调节的短期行为；②计划为市场失灵提供及时的纠正，调整其运行偏差；③计划为市场机制发挥积极作用提供必要的条件。此外，计划还在市场力所不及或作用不大的社会经济活动领域起到有效的调节作用。由于计划主导和市场基础作用的有机结合，在现实经济运行中融为一体，因而能促进国民经济灵活而有序地向前发展。

第四，在社会主义市场经济条件下，计划与市场作用于国民经济各个领域，但在不同的领域，两者的作用力度不一样。我国的社会主义市场经济是既优于传统的计划经济，又优于资本主义市场经济的体制。与传统的计划经济相比，它能使市场在广泛的领域发挥基础作用；与资本主义市场经济相比，它又能使计划发挥全面有效的指导作用。但具体到不同的领域，计划与市场发挥作用的力度是不同的。从经济管理的不同层次角度来说，在宏观领域，对于经济发展的总量平衡，虽然市场机制要起作用，但这种平衡主要是以国家计划和宏观经济政策的有效实施作为保证的，因此，计划的作用力要大一些。在中观领域，经济发展主要是解决产业结构的合理化和高级化以及地区经济结构问题，这既需要充分调动地方、部门的积极性，又要有效发挥国家产业政策的指导作用，即需要通过国家产业政策与区域发展政策同市场机制的高度有效结合，才能实现中观经济发展目标，于是在这一层次上，计划与市场都要发挥强有力的作用。在微观领域，经济发展的重点在于提高企业效率，增强企业活力，这里虽然有国家对市场的调节进而影响企业的经济行为，但市场对企业的调节是直接的，企业的经济行为要由市场作用来左右，在微观层次上，主要靠市场发挥作用。

国民经济各部门的竞争性程度不一样，计划与市场的作用力也有区别。一般而言，竞争程度越高，市场作用力越大，而对于非竞争性部门，计划作用就要大得多。由于我国市场经济体制尚在建设之中，市场还不完善，因此还难以实行计划与市场的规范化结合，需要从现实情况出发，区别不同情况，发挥计划与市场对经济运行的调节作用。在完全竞争的经济部门，如非生活必需品的生产与流通、某些服务性部门、旅游业等，由于其经营活动对国民经济全局无关紧要，其生产要素在该部门的流动具有充分的自由和可能，且经营者都不可能进行垄断。国家对这类部门的经营活动只是通过政策法规和国家计划调节市场信号进行间接调控，主要由市场调节。在不完全竞争的经济部门，如一般原材料生产部门、众多消费品生产部门等，这类部门中的企业间存在激烈竞争，同时，由于企业间在生产经营及有关条件方面存在一定差别，而使某些企业的生产经营在一定时期内存在相对的"垄断"；此外，受生产力发展水平和资源稀缺的限制，结构调整还有一定的时滞性。对这类部门，可实行产出导向以计划机制为主与生产要素配置以市场机制为主，以利于产品适应社会需要，也有利于结构的调整和经济效益的提高。在非竞争性经济部门，如高新技术产业、公共工程建设、国防科技工业、铁路、邮政、少数稀缺原材料工业、能源动力等，可实行以计划机制为主的调节。因为这些部门在国民经济发展中具有十分重要的地位，有的部门生产经营具有垄断性，其产品可以直接转化为社会必需品，实行统一经营能够取得好的社会经济效益。对这类部门，国家在体现价值规律要求的前提下实施计划调控，其生产经营的规模和方向不是由市场决定，而是由国家计划决定的。

改革开放30多年来，我国的经济管理体制由传统的计划经济逐渐转向社会主义市场经济。市场调节的范围不断扩大，推动了中国经济生动蓬勃的发展。现在商品流通总额中，市场调节的部分已经占到90%以上，中国市场经济在整体上完成程度已经达到70%左右。但是，目前市场经济还有一些不到位的地方，如资源要素市场、资本金融市场等，需要进一步发展到位。市场经济在发挥激励竞争、优化资源配置等优越性的同时，它本身固有的缺陷，尤其在总量平衡、环境资源保护以及社会公平分配上引发的负面效果已经充分的显露出来。这与国家的宏观计划调控跟不上市场化的进程密切相关。

党的十七大重新提出"发挥国家规划、计划、产业政策在宏观调控中的导向作用，综合运用财政、货币政策，提高宏观调控水平"这个关于国家计划的导向性问题，说明社会主义市场经济依然是有计划的市场经济。但是，强调国家计划在宏观调控中的导向作用，不同于过去的传统计划经济，因为，第一，现在的国家计划不是既管宏观又管微观，无所不包的计划，而是只管宏观，微观的层面由市场来管；第二，现在资源配置的基础性手段是市场，计划是弥补市场缺陷的必要手段；第三，现在的计划主要不再是行政指令性的，而是指导性的、战略性的、预测性的计划，具有导向作用和必要的约束、问责功能。

第二节 计划管理的编制和实施

一、计划的编制

计划的编制要在全面估量、正确判断、科学预测国内经济环境和宏观经济形势及发展趋势，深入调查研究、广泛听取各方面意见的基础上，提出经济和社会发展战略、主要任务、宏观调控目标和政策措施。中、长期规划要以党中央关于制定中、长期规划的建议作为主要依据，年度计划要贯彻落实每年的中央工作会议精神，与中、长期规划相衔接，保持政策和重大建设项目的连续性，并依据中、长期规划实施过程中和年度经济运行中出现的新情况、新问题，适时、适度灵活调控。

（一）计划编制的基本原则

（1）遵循自然规律和市场经济规律。要增强计划的科学性，体现社会主义市场经济的要求，突出计划的宏观性、战略性和政策性。

（2）正确处理改革、发展、稳定的关系。要把握好改革的力度、发展的速度和社会可承受度。

（3）保持经济总量基本平衡。特别是要使建设规模与国力、资源环境的支撑和承受能力相适应，货币供应量与经济发展的实际需要相适应，防止出现需求过热、通货膨胀或需求不足、通货紧缩。

（4）促进经济结构优化。要大力推动体制创新和科技创新，积极推进经济增长方式的根本转变，全面提高国民经济的整体素质和效益，实现可持续发展。

（5）要坚持以人为本，努力构建社会主义和谐社会。把不断提高城乡居民的物质、文化生活水平和质量，促进人的全面发展作为根本出发点和归宿。

（6）计划目标既要体现抓住机遇、加快发展的精神，充分发挥各方面的积极性；又要适当留有余地，应对难以预料的意外情况。

（二）计划编制的程序和步骤

按期限长短不同，国家要分别编制年度计划和中、长期规划。中、长期规划和年度计划的编制程序和步骤基本相同。以年度计划为例，编制程序和步骤如下：

（1）提出计划建议

国家发展和改革委员会在总结本年度计划执行情况、广泛听取各方面意见的基础上，会同有关部门，提出下一年度经济工作思路的建议，包括对下一年度国际国内经济环境等方面的分析、下一年度经济工作总体要求、宏观调控的主要预期目标、实现这些预期目标和促进长远发展需要采取的政策措施等。并向党中央、国务院汇报，最终成为中央确定下一年度经济工作思路的重要依据。与此同时，国家发展和改革委员会向各地区、各有关部门及计划单列市、计划单列企业集团发出编制年度计划的通知，提出编制计划的具体要求。

（2）编制计划草案

根据中央确定的下一年度经济工作的总体要求、政策取向和工作重点，国家发展和改革委员会会同有关部门，在汇总分析各地和各部门报送的计划（草案）的基础上，对全国计划涉及的各个方面、各项指标，反复进行平衡衔接，并听取各方面的意见，最终拟订下一年度国民经济和社会发展计划（草案）。

（3）修改完善计划

在每年全国人民代表大会会议召开之前，根据全国人大常委会关于加强对经济工作监督的有关规定，国家发展和改革委员会将拟提交全国人大审议的计划草案报告送全国人大财政经济委员会进行初步审查，进一步修改完善后，报国务院审定。

(4) 审查批准计划

全国人民代表大会在每年第一季度的会议期间，听取国家发展和改革委员会受国务院委托向大会会议所做的关于上年度计划执行情况和本年度计划草案的报告。经大会审议通过做出决议，计划草案成为正式计划，并由国家发展和改革委员会会同有关部门组织实施。

在计划执行过程中，国务院有关部门每季度向全国人大财政经济委员会汇报国民经济运行情况。国家发展改革委员会于每年8月，向全国人大常委会汇报本年度国民经济和社会发展计划的执行情况；于每年初，向全国人大在京代表和港澳代表汇报上年度国民经济和社会发展计划执行情况，接受全国人大的指导和监督。

(三) 计划编制的方法

编制计划的方法有很多，概括起来有两大类：基本方法和辅助方法。

(1) 基本方法——综合平衡法

所谓综合平衡法，就是根据客观规律的要求，从国家的自然条件和经济、技术状况出发，借助各种平衡表的编制和建立综合平衡数学模型，从数量平衡关系上进行计算、安排、对比、分析，以揭示和确定国民经济各个领域之间的客观联系，从而达到合理安排各项比例关系和协调衔接各项计划指标。综合平衡法的主要表现形式是编制国民经济平衡表。再生产的复杂性决定了要建立一个相互联系的平衡表体系，才能反映社会主义扩大再生产的全过程。国民经济平衡表作为一个体系，主要有如下几种平衡表：人口劳动力平衡表、国民财产平衡表、社会产品平衡表、部门联系平衡表，等等。

下面简单地介绍一下部门联系平衡表的作用和内容。

部门联系平衡表又称为投入产出表，通过编制投入产出表和相应的经济数学模型及电子计算机的运算，可以反映国民经济各部门、再生产各环节的数量平衡关系。它通过对中间产品、最终产品和总产品关系的分析，揭示了再生产过程中的内在联系，便于分析和研究国民经济结构的变动趋势。投入产出法与其他传统的计划方法相结合，是加强宏观经济管理、改进国民经济综合平衡的重要工具。

部门联系平衡表的内容可以分为产品部门联系平衡表、劳动部门联系平衡表和固定资产部门联系平衡表等。其中，产品部门联系平衡表是基础，它又可分为实物形态和价值形态两种类型的部门联系平衡表。实物表反映各类产品的生产和分配使用情况，并表明产品间的生产技术联系；价值表既反映各部门产品生产和分配使用情况，又反映各部门产品的价值形成过程，用来表明国民经济各部门的技术经济联系与重大比例关系。

价值形态的部门联系平衡表的基本结构由三大部分组成（见表11-1）。

整个价值表纵横交叉。第Ⅰ部分是投入产出表的核心部分，从纵向看，是各部门在生产活动中所消耗的"中间投入"部分，从横向看，是各部门产出（产品和劳务）用作"中间使用"的部分，从而构成了一张棋盘式的平衡表，反映国民经济和社会各部门在生产活动中的相互投入和使用关系。第Ⅱ部分是产出的"最终使用"部分，其中包括总消费、总投资以及出口（进口部分单列）。第Ⅲ部分是最初投入部分，它反映国民经济和社会各部门在从事生产活动时所需要的固定资产和劳动投入。

表 11-1　　　　　　　　中国投入产出表（部门联系平衡表）　　　　单位：亿元
(按生产者价格计算)

投入＼产出			中间使用				最终使用				出口	合计	进口	总产出
			物质生产部门		非物质生产部门	合计	总消费		总投资					
			第一产业	第二产业	第三产业		居民消费	社会消费	固定资产形成	库存增加				
中间投入	物质生产部门	第一产业												
		第二产业												
	非物质生产部门	第三产业												
	合计													
最初投入	固定资产折旧													
	劳动收入													
	福利基金													
	税金和利润													
	其他													
	合计													
总投入														

该表从左到右、从上到下，分别反映了如下两个平衡关系：

中间使用+最终使用−进口＝总产出

中间投入+最初投入＝总投入

投入产出表的三个部分相互连接所形成的国民经济综合平衡图景，能较系统地反映生产、分配、流通、消费、积累的再生产过程。

(2) 辅助方法

综合平衡法的运用，在数据的收集和分析加工、指标的推算和预测等过程中还需要其他一些辅助方法配合使用。

这些辅助方法主要有：

①因素分析法：是一种把质的分析和量的计算有机结合起来测算计划期经济总量的方法，即根据影响经济总量的具体因素的变化和相互关系以及它们同总量的依存关系，建立计算公式来推算经济总量。

②定额法：定额是对生产经营活动中有关产品数量、质量以及人力、物力、财力利用和消耗等方面规定的标准和尺度。它是编制计划、实行经济核算的重要经济技术依据，是计划管理的一项基础工作。计划工作中使用的定额有很多，包括产品质量和数量方面的定

额、固定资产利用方面的定额、物资消耗方面的定额、流动资金利用方面的定额、劳动方面的定额，等等。定额反映了一定时期国民经济整体、部门和企业生产的技术水平、经营管理水平和经济成效，所以又称为技术经济定额。计划工作中使用的应该是平均先进定额，即必须具有先进水平，又切实可行。

③系数法：是根据反映国民经济相关指标之间联系的相对稳定的比例系数来测算计划期有关指标的方法。常用的系数法有运输系数法和能源弹性系数法。以运输系数法为例，所谓运输系数，是指产品的运输量占生产量的比例。根据运输系数，可以从已知的生产量推算运输量，或者通过已知的运输量推算生产量。能源弹性系数法的运用参见本书第5章相关内容。

除以上方法外，还有比较法、比重法、目标推算法、现代数量分析方法，等等。

二、计划的实施

国家计划由国务院委托国家发展计划委员会组织编制，经全国人民代表大会审议批准，由国务院负责具体实施。

(一) 计划实施的方式

在传统的计划经济体制下，国家计划基本上是指令性的。计划指标按部门和地区逐级分解，直至基层企业。基层计划单位必须无条件地完成国家下达的计划任务。

社会主义市场经济体制下，计划是指导性的，国家一般已不再向企业直接下达计划任务。指导性计划或政策性计划强调的主要是经济社会发展的方向和目标，对于企业一般不具有行政约束力，主要是提供信息引导。但国家计划确定的目标和任务对各级政府是具有约束力的。各级政府、中央各专业管理部门和国家综合管理部门是实现国家发展计划的组织保证，政府机构有采取相应措施保证国家计划实施的责任。国家计划对各级政府和中央主管机构规定的任务和目标，应当是各级政府和有关部门制定和实施经济调控方案的基本依据。

国家计划调控的方式主要有：①通过国家发展计划调控目标和经济政策的导向，向企业展示政府的宏观调控意图和政策环境，为企业在经营活动中的自主决策提供最重要的宏观经济信息。②强化需求管理。短期计划调控的重点是需求管理，通过需求管理保证社会总供给与总需求的大体平衡，为市场运行创造良好的宏观环境。③制定和实施国家公共资金和资源的动员和运用计划，以利于为国家掌握一定的物质力量，用以正确引导全社会资金和资源流向，为国家的重点建设提供必要的物质保证，也是国家有效地调控国民经济运行的全局、克服市场的短期行为和波动性的必要手段。④实施计划合同制度。计划合同是实现计划目标的一种方式，合同双方可以是中央计划部门与地方政府，也可以是中央计划部门与重要的工商企业集团。通过签定计划合同，有利于明确合同双方的权利和义务，通过合同的履行保证国家计划的顺利实现。

(二) 计划实施的调控手段

在社会主义市场经济条件下，计划调控主要采取经济手段和法律手段，采取间接调控手段，但并不排斥必要的行政手段和直接调控手段。

计划调控手段主要有：

(1) 国家直接掌握的物质调节手段

国家直接掌握的物质条件，如财政资金、政策性贷款、国家外汇储备、某些重要商品的国家订货、储备和投放等。按照国家发展计划的要求，根据市场供求的变化，国家运用这些财力和物力，通过制定和组织实施国家公共资金和资源动员与运用计划，引导全社会资金和资源的流向，对市场运行进行调节，保证国家计划目标的实现。

(2) 财政调控手段

运用财政手段调控经济运行就是把财政政策作为供求管理的重要工具，以实现既定的计划目标。政府运用财政调控手段，主要是通过实行扩张性或紧缩性的财政政策来进行需求总量调控，其中，主要是控制社会投资总量和消费总量，另外，还可以采取结构性的财政政策来调节资源的配置，引导社会资源的合理配置，保障国家计划的实施。

(3) 金融调控手段

金融调控手段即运用货币政策和其他金融手段，通过对货币供应量的控制来调节利率，再通过利率的变动来影响总需求的变化。国家运用金融调控手段，主要是根据市场运行态势，适时抓紧银根，在稳定币值的基础上调节社会总供给和总需求，保证经济增长目标的实现。

(4) 价格调控手段

价格是引导资源配置方向的重要杠杆，国家通过制定和调整价格政策影响商品供求变化，从而对企业的经营行为产生影响。

(5) 行政调控手段

行政调控手段是国家根据需要采用的直接调控手段，包括行政命令、审批制度、许可证制度、规模控制等。行政手段实施的力度大、收效快、作用直接，但在运用不当时，易犯主观随意性的错误，因此其使用应控制在必要的范围内。

(6) 法律调控手段

法律是政府和国家重大政策的规范化，适用于经常性和普遍性的问题。法律手段是指借助于国家立法形式规范市场主体行为，来实现国家计划的一系列措施。法律手段具有权威性、稳定性、透明性的特点，其局限性在于，不能用来解决特殊性和暂时性的问题。

除以上手段外，还有收入分配调控手段、进出口管理手段等。

第三节　宏观计划的综合平衡

一、综合平衡的概念和作用

(一) 综合平衡的概念

综合平衡是我国经济理论和经济工作中经常使用的概念，它既是我国计划管理实践的经验总结，又是我国计划工作和制订计划的基本方法。所谓综合平衡，就是国家在宏观计划管理中，根据客观规律的要求，从全局出发，对国民经济各部门、各地区、社会再生产各环节之间的关系进行统筹安排和协调，以求得社会生产和社会需要的平衡，国民经济按比例地发展。综合平衡的主体是国家计划部门，综合平衡的对象是经济系统的总体平衡和结构协调，其遵循的总体方针是从全局出发，统筹兼顾，适当安排。上述方针和指导思想贯彻到计划管理过程中，就体现为综合平衡法，它不仅用于编制计划，还用于检查和调整计划。

理解综合平衡，必须首先明确认识不平衡是绝对的，平衡是相对的这一客观规律。所谓平衡与不平衡，是指社会生产和社会需要之间在时空上的对比状况。社会经济的发展总是在不断地打破旧的平衡、出现不平衡、建立新平衡的过程中进行的。例如，我国每年做一次计划，安排积累与消费的适当比例，以求得生产和需要之间的平衡，这事实上就是经济发展的暂时相对平衡。随着时间的变化，平衡成为不平衡、统一成为不统一，又需要做第二年的平衡和统一。可见，平衡与不平衡的矛盾是客观存在的，国民经济的发展不能没有不平衡，没有不平衡，经济发展就会停滞不前，成为死水一潭。同样，国民经济的发展不能没有平衡，没有平衡，社会主义经济就难以迅速而健康地发展。

为了做好计划的综合平衡工作，还要正确认识和处理好单项平衡和局部平衡同国民经济综合平衡的关系。综合平衡是相对于单项平衡和局部平衡而言的。单项平衡和局部平衡是指某一项经济活动或某一方面的平衡。将各个单项平衡和局部平衡从总体上结合起来进行全局性的平衡，就是综合平衡。综合平衡不是单项平衡和局部平衡的简单汇总，而是它们的有机综合。首先，综合平衡要以单项与局部平衡为基础。因为单项和局部平衡是综合平衡的具体组成部分，而综合平衡又必须具体化为一系列的单项与局部平衡，并且具体落实到单项平衡与局部平衡上，如社会再生产在整体上的平衡必须建立在社会产品的各种实物平衡和价值平衡相统一的基础之上。由此可见，这样的综合平衡反映出了二者间的联系，必然是有机的综合。其次，在进行单项或局部平衡时，必须以综合平衡为指导。因为单项和局部平衡只能反映国民经济中个别或部分经济的联系与比例，不能全面反映宏观经济中的各个复杂经济联系和各种比例和统筹兼顾地做出适当安排。所以，在进行宏观经济综合平衡时，要先算大账，搞好战略平衡，然后再据之具体做好单项与局部平衡。

(二) 综合平衡的重要意义和作用

综合平衡是一个根本性的问题，因为它是保证计划工作符合实际、提高计划管理科学性的一个关键环节。我国社会主义经济建设的实践经验表明，当我们重视并认真去搞好国民经济综合平衡时，整个社会经济与各项事业的发展就比较顺利，如"一五"计划时期比较重视综合平衡，经济建设的成绩比较显著，人民生活水平有了很大提高；而忽视综合平衡或在综合平衡工作中有严重失误时，国民经济就会遭到重大挫折，造成巨大的浪费和损失，如1958年到1960年的三年"大跃进"，片面追求高速度，而忽视农业的基础地位，"以钢为纲"，造成重大比例严重失调，人民生活陷入极度困难之中。经历了1958年的波折之后，毛泽东同志曾做出了在整个经济工作中综合平衡是一个根本问题这一带有总结性的科学论断。在以后的时期中，这一正确的认识和指导思想未能得到坚持与贯彻，无疑是我国经济建设一再遭受挫折的一个重要原因。由此可见，无论什么时候，都要重视和加强综合平衡。特别是在社会主义市场经济条件下，要克服市场经济的自发性、盲目性，保持国民经济的整体协调性，必须加强综合平衡，否则就不能保证国民经济持续、快速、健康地发展。具体说，综合平衡在宏观经济计划管理过程中的重要意义和作用表现如下：

①建立在综合平衡基础上的计划，能够正确地反映客观经济规律的要求，具有很高的

科学性。因为依据综合平衡原则制定国民经济的长期、中期和年度计划,可以把国民经济各部门、社会再生产各环节的关系协调起来,使各项指标相互衔接,计划任务有人、财、物等方面的保证。这样,不仅使计划反映了经济需要按比例发展的客观要求,而且也使之建立在切实可行的基础之上。所以,综合平衡能够防止发生比例严重失调,可避免经济剧烈波动,保持国民经济发展的良好势头。

②通过综合平衡,实现国民经济各部门的按比例发展,为国民经济的持续健康发展打下了坚实的基础。因为国民经济各个部门之间客观上存在着相互依存与制约的密切联系,每个部门的发展速度都取决于与之相关的部门对该部门产品(或服务)的需要,以及能够为该部门提供多少人力、物力和财力,而后者又是同有关部门可能达到的发展速度直接相联系的。由此可见,通过综合平衡确定各部门比例关系的过程,也就是确定各部门应该和可能达到的发展速度的过程。所以,没有综合平衡,就没有按比例发展,也就很难有社会主义的最优速度。

③做好综合平衡,能够保证国民经济按比例快速发展,同时又为提高宏观经济效益创造了必要的前提条件。经济效益的提高意味着用一定量的劳动和物资能生产出更多更好的符合社会需要的产品来。这就要求产、需平衡,国民经济各部门发展在量上要保持适当的比例等,所有这些任务都需要通过综合平衡来加以解决。如果在计划工作上不注意综合平衡,势必使产品不符合需要、产销不对路,使积压和浪费产生。总之,搞好综合平衡,既能出速度,又能出效益,所以说,它对提高计划工作的科学性和保证国民经济按比例快速发展、提高宏观经济效益等方面起着重要作用。

二、综合平衡的内容

综合平衡就其反映的经济内容而言,主要包括:进行总量和结构的平衡,安排主要比例关系,组织全社会范围内的人、财、物的综合平衡等。这里主要分析一下比例的安排和组织人、财、物的平衡问题。

(一) 主要比例关系的安排

研究和确定国民经济发展中的主要比例关系,是综合平衡的重要内容。关系国民经济发展全局的、具有战略性的主要比例关系有:生产资料和生活资料两大部类社会生产的比例;农业、轻工业和重工业的比例;生产和建设的比例;投资与消费的比例;经济建设和科学、教育及文化建设之间的比例;经济建设与国防建设之间的比例;人口再生产和物质资料再生产的比例;国民经济各地区间的比例,等等。这些比例关系从宏观经济方面反映了社会再生产的各项比例,在进行综合平衡时,要从整体出发,进行全方位的协调。

(二) 人、财、物的综合平衡

为了保证上述比例关系的协调,就要合理安排全社会范围的人力、物力、财力的资源与需要之间的平衡。在社会主义市场经济条件下,要保证国民经济在宏观和整体上按比例发展,重点是要做好全社会的人力、物力和财力的综合平衡,主要包括:劳动力资源与需要的平衡;重要生产资料的平衡;消费品购买力与消费品可供量的平衡;财政、信贷、外汇收支平衡以及财政、信贷、外汇与物资之间的综合平衡。

三、综合平衡的原则

综合平衡的过程就是协调各种经济关系，正确处理各种经济矛盾的过程。根据客观经济规律的要求和我国的实践经验，做好宏观计划的综合平衡工作必须坚持以下几项原则：

（一）从全局出发，统筹兼顾，全面安排

国民经济是各部门、各地区及各经济单位组成的有机整体。因此，综合平衡必须从国民经济的全局出发，对各部门、各地区的发展统筹兼顾、适当安排。只有这样，才能使整个国民经济协调发展，否则，就会顾此失彼。例如，只顾工农业生产的发展，而不顾交通运输、能源的发展，最终会导致能源、交通成为国民经济发展的瓶颈部门，使社会再生产难以顺利进行。综合平衡涉及许多利益分配关系，如中央与地方的利益关系，国家、集体和个人之间的关系，各部门、各地区之间的关系，等等。对这些关系，只有坚持统筹兼顾、适当安排的原则加以正确处理，才能调动各方面的积极性，加快四化建设的步伐。

（二）从实际出发，使需要与可能相结合

从实际出发，就是从中国的国情、国力出发，既看需要，又看可能，这是几十年综合平衡工作实践的经验总结。国民经济综合平衡的基本要求就是要使计划建立在社会生产与社会需要总量平衡的基础上。所谓可能，就是保证生产增长的各种条件和物质基础，即人们不能超越客观许可的范围去计划自己的行动。然而，强调条件不等于"唯条件"，在一定条件下，若经过努力能够达到较快发展而不去争取，这也不符合综合平衡原则的要求。总之，一切要从实际出发，按客观规律办事。

（三）瞻前顾后

社会再生产是一个连续不断的发展过程。在建立和调整国民经济的平衡与比例关系所采取的措施中，有些是在短时期内能见效，有些则是需要花费较长时间才能实现收益的，因此，在进行综合平衡时，必须瞻前顾后，将长远需要与当前需要、目前利益与长远利益、近期发展与中长期发展等正确地结合起来，以保持国民经济持续、稳定地发展。当前与长远的矛盾在综合平衡中的具体表现有：现行生产与基本建设的矛盾；经济发展与科技、教育发展的矛盾；投资与消费的矛盾；发展生产与环境保护之间的矛盾，等等。

（四）重点和一般相结合

国民经济发展讲求综合平衡，但不等于齐头并进。在宏观经济发展过程中，有些产业部门关联度强，牵一发而动全身，具有决定意义，这就是我们通常所讲的重点。保证重点，就是优先发展，在人力、物力、财力等方面保证其发展的需要。但在保证重点的同时，要兼顾一般，重点和一般是相互制约和促进的，没有一般，也就无所谓重点。因此，在进行综合平衡时，要重点和一般相结合。在结合的过程中，一是要注意防止重点过重，挤掉一般；二是要注意防止"撒胡椒面"的做法，即大家都上，都是重点，结果等于没有重点。

（五）留有余地

在综合平衡中，留有余地的原则是指制定计划指标应以平均先进的定额为基础，使大多数人经过努力可以达到。也就是说，指标不能定得过高、超出实际可能，应当大体符合实际，即要正确认识和处理好经济发展速度与综合平衡之间的关系，要留有在计划执行中

争取超额完成的余地。这表面上看似乎限制了速度,没有"高指标"那么鼓舞人心,但实际上却能够为国民经济持续、稳定、快速发展提供保证。这一点已被我国经济发展的历史所证明。

另外,综合平衡留有后备,也是为了应付意外情况的发生。因为任何计划都不可能预见到影响经济发展的一切可变因素,如自然灾害、战争、人为的失误等情况的出现都是在所难免的。计划留有余地,留有后备,就是为了不至于在意外情况出现时陷入被动。

第四节 财政、信贷、外汇、物资的平衡

一、财政与信贷的平衡

(一) 财政收支平衡的内容及实现平衡的途径

财政平衡是社会总供求平衡的一个组成部分,从国民经济综合平衡的角度来讲,财政平衡本身不是目的,而是手段,所以财政收支的综合平衡是指财政收支的安排应该有利于实现经济的综合平衡,而不应该仅仅局限于实现财政收支本身的平衡。

财政收支平衡意味着国家集中的财政收入和国家分配出去的财政支出要大体相等。而事实上,收支相等的情形很少,通常是预算执行的结果不是收大于支,就是支大于收。组织财政收支平衡是财政管理的一项基本原则,所以,必须千方百计保证财政收支平衡。然而,财政收支平衡是相对的,是一定范围内略有节余或略有赤字的基本平衡。在现实经济生活中,实现财政收支基本平衡不是很容易做到的,有时不仅不能做到略有结余,反而会出现财政赤字。财政赤字政策是通过扩大政府投资刺激消费需求,从而解决失业,达到经济增长的政策,但有时候会由于需求超过供给,引起物价上涨,造成通货膨胀;财政黑字政策即财政盈余政策,以削减政府支出、减少消费需求和投资需求,使物价稳定,改善国际收支,但往往可能会增加失业率造成经济衰退;平衡或近似平衡的财政政策可以起到稳定经济、消除非平衡政策的不利影响,但遵循这一目标,就意味着放弃对经济调节的主动权,不利于解决紧迫严峻的经济问题。

当下各国政府更倾向于一种长期财政收支平衡,即周期性平衡财政政策,通过积极的财政政策来"熨平"经济周期中的波动,繁荣时,采用财政黑字政策来抑制通胀;萧条时,实行财政赤字政策刺激经济,使整个经济周期内盈亏相抵,以达到长期相对平衡的状态。

因此,要从根本上实现财政收支平衡,除了周期平衡的思路以外,还要保持合理的财政扩张和紧缩力度,同时,保证财政支出正确的使用方向和提高资金使用效率,合理安排财政支出,采取适度合理的财政分配政策,保证中央财政收入占国民收入的一定比例。

(二) 信贷收支平衡的内容

信贷收支平衡是指信贷资金的来源和运用之间的平衡,主要是银行吸收存款与发放贷款总量之间的平衡。信贷资金的来源与运用之间存在着如下关系:

$$存款 + 现金 = 贷款$$

从这个等式中可以看出,存款与贷款差额就是流通中的现金量。如果存款大于贷款,

说明流通中的现金减少，货币回笼，信贷收支有可能出现顺差；若存款不变，贷款增加，现金发行增加，即货币投放增加，信贷收支有可能出现逆差。通常，信贷逆差被视为信贷收支不平衡的表现，因为，有时银行发放贷款额的增加有可能超出了存款的增加和现金发行允许增长的范围，如果超出这个范围，信贷收支即使账面上平衡了，也不能算真正的平衡。信贷收支的真正平衡是贷款与真实性存款加正常的现金发行基本相等。现实经济生活中，往往是贷款大于真实性的存款和正常的现金发行，造成货币流通量与市场物资供求不相适应、物价上涨、通货膨胀。

可见，信贷不平衡其实就是流通中的货币量超过了流通必要量。因此，要实现信贷收支真正平衡，首先，必须采取措施控制货币流通量的过快增长，力求做到资金运用的增长与货币需要量的增长相适应，把资金运用增长限制在应追加的货币需要量的范围之内；其次，提高贷款质量，使贷款产生相应的经济效益，从而使新增的存款额与现金量都具有物质保证。总之，控制好信贷规模，把好银行投放货币这个总闸门的关，才能真正做到资金运用的增长量不超过正常的货币需求量的范围，实现信贷收支平衡。

(三) 财政与信贷的平衡

财政与信贷平衡是指财政收支平衡和信贷收支平衡之间的相互适应。为了保证国民经济持续增长和人民生活水平的不断提高，财政收支和信贷收支不仅要保持各自的平衡，还要将财政资金与信贷资金作为一个整体全面地统筹协调，这是由二者之间的相互密切关系决定的。

从20世纪50年代开始，在全国总资金的管理上，国家确定了财政资金和信贷资金的分口管理、分别使用、综合平衡的原则。二者的平衡衔接，1979年以前采用过三种具体方式：①财政每年从预算中对银行直接增拨信贷资金，以补充银行的长期信贷资金来源；②降低银行上交财政利润比例，用财政少收、银行多留的方式来增加银行自有资金的积累；③财政直接对企业拨足定额内流动资金，减轻企业对银行信贷资金的需求压力。1979年以后，由于国民收入分配格局的调整，财政已无力对银行增拨信贷资金，而且银行以统管流动资金、参与固定资产投资领域的贷款、提高利润上缴比例和有条件的允许财政透支和财政借款等方式，承担了原来由财政负责的筹资任务。到20世纪80年代末，财政资金和信贷资金只是在总量上相互协调，在使用中分别管理。

当前我国的财政资金和信贷资金之间的关系大致如图11-1所示。

财政资金和信贷资金是既有区别又有联系的两种资金，财政和信贷作为国家集中分配资金的两种形式也是有区别的。财政资金主要来自剩余产品价值的一部分；而信贷资金主要来自转移价值和劳动报酬基金，也包括很小一部分剩余产品基金。财政资金的使用是无偿的，主要用于国家经济建设方面的长期固定性占用；信贷资金的使用是有偿的，主要用于短期流动性资金占用。两种资金的密切联系表现在如下两个方面：

①在资金运动的相互往来上，两者之间存在着存款和借款、拨付与交纳以及代放联系。具体说来，存款关系是指银行代理财政金库，代为财政保存财政收入，使得一部分未使用的财政资金成为银行信贷资金的重要来源。借款关系是指财政对银行的透支，当财政出现赤字，除采取其他措施外，常常采取向银行借款的办法来弥补赤字。拨付关系是指财政为增加银行的自有资金向银行拨款，这是财政在预算支出时主动对银行信贷的一种支

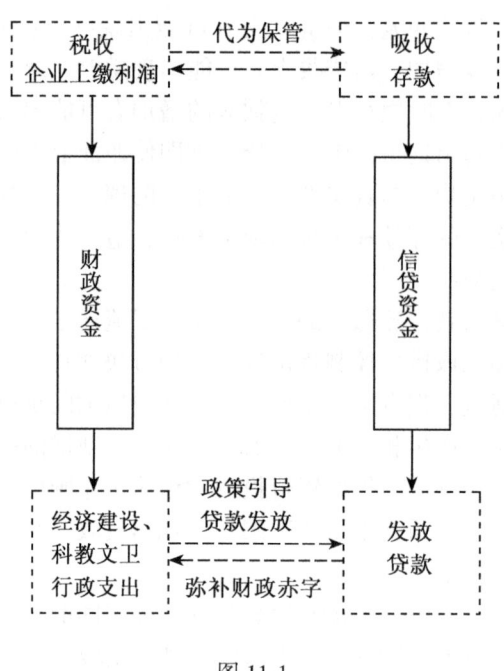

图 11-1

持。但随着经济体制改革的不断深入,财政和信贷收支的关系发生了很大变化,现在,这种支持已经显得力不从心了。交纳关系是指银行当年实现的利润按一定比例上交财政或者纳税。银行结益上缴比例的变动或者纳税情况的调整,直接影响着财政资金与信贷资金的比例。代放关系是指银行代放财政性贷款,如建设银行办理基本建设贷款就属于此类。

②在对社会再生产的资金供应方面,二者共同担负着对国有企业更新改造资金、基建资金和流动资金的供应。由于两种资金的性质不同,它们各有分工、各有侧重,但又是密切配合、相互联系的。因此,在进行综合平衡时,必须坚持财政与信贷的统一平衡,只有这样,才能实现资金运动的总体平衡,保证社会再生产的顺利进行。

财政与信贷的统一平衡实际上是资金运动总体上的平衡。财政性存款的增减会影响信贷资金来源的增减,而且在信贷资金来源的增长少于经济发展对信贷资金需要的增长的情况下,这个贷大于存的差额要由财政增拨信贷资金来弥补,财政性贷款也要由财政提供资金来源。在中国,随着统收统支体制的打破,各单位自有资金增多,加上城乡居民收入提高,储蓄大量增加,信贷资金来源日益增多,财政信贷统一平衡的内容起了变化,但仍必须统一平衡,以有计划地统筹安排国家资金,从而既防止财政赤字,又防止信用膨胀,以有计划地合理控制货币发行量,稳定金融和物价。

二、外汇收支与国内资金收支的平衡

外汇收支与国内财政收支、信贷收支的平衡,反映了利用外资与国内资金配套能力的相互适应,二者是密切联系的。例如,政府的国外借款收入以及借款还本付息的支出与国家预算收支直接相关;进出口任务的实现离不开财政、信贷的支持,如进口时,引进技术

设备、出口时所需要的固定资金和流动资金都需要由财政、信贷予以垫付；另外，利用外资还需要有国内基本建设投资、流动资金供应配合，等等。因此，在进行社会财力的综合平衡时，不仅要使国内资金收支平衡、外汇收支平衡，还要使外汇收支与国内资金收支保持平衡。

外汇收入和支出在现实经济生活中常常是不平衡的，有时表现为顺差，有时表现为逆差。外汇收支出现顺差时，外汇储备增加，外汇存款增加，但时间过长，将有可能直接影响信贷资金的来源。外汇顺差表明国家经济实力增强，国家对外信誉提高，但不宜过大，过大意味着要承担更大的通货膨胀风险，同时，还有可能失去向国际货币基金组织低息借款的机会。外汇收支出现逆差时，外汇储备减少，相应的外汇存款也减少，国内资金供应量也要随之而减少。外汇收支出现逆差，有可能使借用外资额增加。利用外资要与国内财力相适应，否则将突破财政、信贷的平衡。另外，外汇收支逆差也不宜过大，过大表明外汇储备大量减少，这将会引起严重的信用危机。

当前我国外汇收支存在着巨额顺差。截至 2010 年年底，我国外汇储备余额已达到 28473 亿美元，是全球外汇储备最多的国家。所谓外汇储备，是指一国政府所持有的国际储备资产中的外汇部分，即一国政府保有的以外币表示的债权。

图 11-2 是国家统计局公布的 1995—2010 年我国的外汇储备。由图中可以清晰地看到，我国外汇储备从 1995 年的 735.97 亿美元增长为 28473 亿美元，尤其是最近五年的时间增长了 247%。外汇储备的雄厚是防范金融风险的重要壁垒，但过多的外汇储备，则成为一把"双刃剑"，既不利于社会财富的累积，带来巨大的贬值风险，又成为政府调控经济的障碍。从当前经济形势看，我国面临着投资过热和通货膨胀的预期，政府有必要推行紧缩的财政和货币政策。而在人民币面临升值和发达经济体量化宽松的预期下，我国采取的紧缩银根加息政策加快了国外资本和热钱的流入，势必会导致原本庞大的外汇储备继续增加，流入的外汇需要央行用基础货币来收购，基础货币进入市场在货币乘数作用下更会

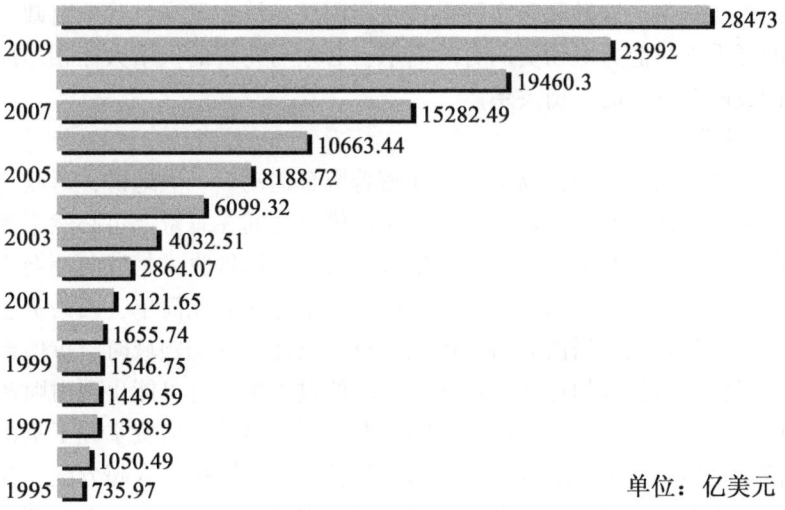

图 11-2　我国 1995—2010 年外汇储备情况

有放大的效果，这就与央行紧缩银根的政策相违背。在本轮经济调控中，面对如此庞大的外汇储备，加息这样有效的政策调控在实施时反而要更加慎重。所以，外汇储备规模应该保持合理的度。

造成这样庞大的外汇储备的主要原因是：经常项目顺差及资本与金融项目双顺差。

另一个造成外汇高额储备的原因是投机资本的流入。预期人民币升值、获取投机利润是投机资本流入的动机，尽管我国在政策上对外资流入有严格限制，但不可否认，从灰色渠道进入的外资数额不可小觑。它们进入的主要途径有地下钱庄、外企注册资金、其他贸易渠道等。据中国社科院估计，我国热钱数额达1.75万亿美元，约相当于截至2008年4月的外汇储备存量。投机资本对我国经济存在着一定威胁，一方面，它的逐利性进一步对国内房地产市场泡沫和股市震荡起到了推波助澜的作用；另一方面，投机资本的不稳定性使得其对投资环境、政策异常敏感，很容易发生逆向流动，试想，如此大规模的撤资将会对经济产生多么巨大的冲击。

面对巨额的外汇储备，我国政府要合理调整储备资产结构，寻找投资渠道，实现储备的保值增值，还要加大对热钱进入和流动的监管力度，完善相关制度，确保经济的平稳运行。

总之，不论是外汇储备增加，还是利用外资，都与财政收支、信贷收支密切相关。因此，在进行综合平衡的过程中，要相互衔接、相互配套。特别是利用外资要与国内资金配套，进出口规模的大小要与国家财政投资、银行信贷统一协调。只有这样，才能保证外汇收支与国内资金收支平衡，才有利于现代化建设的顺利进行。

三、财政、信贷、外汇与物资的平衡

财政、信贷、外汇与物资的平衡关系是多层平衡关系的有机综合，是指这四个方面在各自平衡基础上的相互平衡。财政、信贷、外汇的收支之间的关系是货币运动的内在相互关系，而货币运动要以物资为基础，所以研究它们的关系时，还要讨论货币收支运动与物资运动之间的内在联系。这种联系实际上就是指国民经济在发展过程中财政、信贷、外汇资金所形成的货币支付能力对物资的有效需求，必须与物资的供给大体相适应。这种适应包括总量和构成两个方面的平衡关系。

(一) 总量平衡

在社会主义的商品生产中，物资运动伴随着资金运动。一般地讲，财政、信贷、外汇收支总额上平衡，全社会的商品购买力和商品可供量之间在总量上也必然平衡。因为一切货币购买力归根到底都来源于企业的产品销售收入，而销售收入是以向社会提供物资产品为前提的，二者存在着统一平衡的客观性。而事实上并非如此简单，因为资金运动和物资运动各自有相对的独立性，当商品由生产领域进入流通、分配领域时，价值形态的资金与实物形态的物资就开始各自的运动。在这个运动的过程中，有可能出现由财政、信贷、外汇支出形成的购买力总额大于物资可供量的情况。因为财政、信贷掌握了货币发行权，当出现赤字和信贷差额时，可以通过发行货币来弥补，导致国民收入超分配，使社会购买力总额超过物资供应总额；另外，财政还有可能发生虚收实支的情况，银行若控制不严，有时也会过多发放贷款等，这些都会引起总购买力增加，导致货币流通量过多。

因此，要使流通中的货币量与物资的运动量保持一致，从而使物资供求在总量上平衡，最重要的就是要保证财政、信贷、外汇收支平衡，特别是要保证货币的投放量不能超过正常的需要量范围。在实际工作中，还要防止虚假的财政、信贷收入，要建立健全储备制度，及时处理积压物资，等等。这些都对保持财政、信贷、外汇与物资的总量平衡有着积极作用。

(二) 构成平衡

所谓构成平衡，是指由财政、信贷、外汇支出形成的购买力需求构成与物资供应构成相协调。构成平衡与总额平衡密切相关，总额平衡是实现构成平衡的前提，总额不平衡，构成肯定不平衡。但是，总额平衡不等于构成一定平衡，也可能平衡，也可能不平衡，可见，构成平衡是十分复杂的。不过从根本上讲，只要由财政、信贷、外汇支出引起的对两大部类产品的需求构成和供应构成能相互适应，构成平衡也就不难了。因为全部货币支出形成需求用于购买生产资料和生活资料，而全部物资产品的实物形态也表现为生产资料和生活资料，若供需相适应了，构成也就平衡了。因此，实现结构平衡必须使财政、信贷集中的资金用于补偿支出、消费支出以及投资支出三者比例符合生产资料和消费资料生产的比例。具体地讲，就是在安排固定资产投资时，必须考虑生产资料增长的可能；在安排提高人民生活水平支出时，必须考虑消费品增长的可能；在安排各种专项资金时，要有物资作保证。平衡的过程是一个反复调整的过程，要从供给和需要两个方面共同努力，保证财政、信贷、外汇与物资的构成相适应。

思 考 题

1. 如何理解计划是现代市场条件下的重要调节手段？
2. 市场经济条件下，国家计划的重要作用表现何在？
3. 社会主义市场经济条件下，计划与市场相结合的主要表现及特点是怎样的？
4. 国家计划调控的方式和手段主要有哪些？
5. 编制计划的基本方法是什么？辅助方法有哪些？
6. 什么是综合平衡？如何理解？
7. 进行综合平衡必须遵循的原则是什么？
8. 财政与信贷平衡的内容是什么？
9. 如何理解外汇收支与国内资金收支的平衡？
10. 财政、信贷、外汇与物资平衡的内容包括哪些？如何平衡？

第十二章　宏观经济调控体系

第一节　宏观经济调控体系的作用和特征

宏观调控是市场经济发展必然产生的经济总量失衡的产物，是商品经济发展的内在客观要求，是现代市场经济条件下国家（中央政府）特有的经济职能。由于商品经济固有矛盾的发展，社会总需求和总供给往往处于非均衡状态，因而会危害宏观经济的健康发展。中央政府为了促进总需求和总供给基本平衡而建立的调控主体（由宏观调控决策部门、决策支撑部门、信息收集反馈部门组成）、调控对象（由反映总供给和总需求的各种宏观经济变量组成）和政策工具（由各种手段组成），称为宏观经济调控体系。宏观经济调控体系与各国政治制度和经济体制紧密结合，不同的国家具有较大差异。我国的宏观经济调控体系与我国基本国情相适应，是本章研究的出发点和落脚点。

一、宏观经济调控体系的作用

为了发挥市场机制在资源配置中的基础性作用，克服市场机制的缺陷，实现经济增长和结构优化，必须加强和改善宏观调控，完善宏观经济调控体系。

（1）宏观调控体系是市场经济正常运行的客观要求

社会总供给和总需求的基本平衡是国民经济健康发展的基本前提。如果总供给和总需求严重失衡，将导致国民经济大起大落，过热或者过冷，引发经济危机，甚至社会动荡。由于导致经济总量失衡的原因十分复杂，需要各种政策工具协调配合，需要比较完善的宏观经济调控体系。

（2）宏观调控体系是引导经济结构升级的客观要求

总量是相对结构来说的，结构也是相对总量而言的，总量和结构相辅相成，有总量就必然有结构。在总供需结构不合理的时候，可采用一系列措施淘汰低端供给和需求、培育高端供给和需求（供给的低端和高端划分可以从价值链的增值程度判断；需求的低端和高端划分可以从需求层次进行分析），进而促进国民经济结构升级。调整需求结构和供给结构也需要各种政策工具的协调配合，需要比较完善的宏观经济调控体系。我国经济发展中的结构问题日益突出，需要完善宏观调控体系，加大调控的力度。

（3）宏观调控体系是克服市场固有缺陷的需要

由于存在市场不完备、信息不完全、竞争不完全等原因，市场失灵无处不在，从而导致国民经济总量失衡。由于导致市场失灵的原因十分复杂，需要各种政策工具的协调配合，需要比较完善的宏观经济调控体系。

(4) 宏观调控体系有利于缩小地区差距，实现共同富裕

市场机制通常是扩大而不是缩小地区之间经济发展差距，进而拉大了地区之间人民生活水平的差距。加强和改善宏观调控体系，有利于处理好经济领域的效率与社会领域的公平之间的关系，有利于处理好国民收入初次分配和再分配的关系，逐步缩小地区之间人民生活水平的差距，实现共同富裕，促进社会公平。

二、宏观经济调控体系的特征

宏观调控是市场经济条件下中央政府间接管理经济的方式。在社会主义市场经济条件下，宏观经济调控体系主要具有以下几个特征：

(一) 宏观调控的直接对象或者依据是宏观经济变量

宏观调控的直接对象或者依据是反映社会总供给和总需求的宏观经济变量，如国民生产总值增长速度、投资总量及结构、消费及其结构、出口及其结构、进口及其结构、消费价格指数、失业人数及失业率、就业人数及就业率等。此外，污染物排放总量和建设用地供应总量也已经纳入了宏观经济变量体系，成为影响宏观经济发展决策的重要总量指标。随着时代的发展，今后还有一些宏观经济指标将纳入宏观经济变量体系。社会总供给和社会总需求处于不断变化之中，当总供给和总需求失衡超过一定程度时，这些宏观经济变量发生超出预期的不利变化，中央政府就会采取一系列措施促进总供给和总需求的基本平衡，使这些指标值回到正常范围，防止经济过冷或者过热。

(二) 宏观经济调控是一种逆向调节

根据总供给与总需求之间的关系，当总供给小于总需求时，中央政府出台一系列增加总供给、抑制总需求的措施，防止物价过快上涨和通货膨胀；当总供给大于总需求时，中央政府出台一系列抑制总供给、扩大总需求的措施，防止物价过快回落和通货紧缩。我国采取的抑制产能过剩和扩大内需的措施就属于逆向调节措施。

(三) 宏观经济调控主体是中央政府

中央政府成为宏观经济的调控主体，是由中央政府的地位和特点决定的。中央政府不是市场经济的"运动员"，不是直接的参与者，不是直接的利益相关者，具有相对超脱的地位。中央政府是国民经济信息的掌握者和发布者。中央政府所掌握的中央银行、财政税务部门、外汇管理部门，是利率、税率和汇率等政策工具的制定者和实施者。即使在市场化程度很高的情况下，中央政府也是利率、税率和汇率水平主要的影响主体，并通过市场体系对国民经济产生影响。

(四) 宏观经济调控属于间接调控

中央政府通过制定和实施国家规划和计划，调整财政收支规模和结构，调整税率、利率和汇率，影响引导市场主体的预期和行为，调节优化经济增长速度和结构，实现国民经济的总量增长和结构优化。间接调控是通过调整企业经营的外部环境或者外部条件来实现的，体现了政府的政策意图，有较大的弹性。当然，在特殊情况下，国家对关系国家安全的特殊商品和服务下达的指令性计划也属于政府干预。

(五) 短期调节和长期调节相结合

宏观经济调控主要目的是纠正国民经济运行出现偏差，防止国民经济运行出现大起大

落。当经济回落到正常范围以后，所采取的宏观经济调控措施就会进行相应调整。一般来说，宏观经济总量过冷或者过热的时间比较短，短期调节在总量调控中占据主导地位。但我国经济运行中还存在大量的体制性、结构性问题，单靠市场机制难以解决，还需要国家实行长期政策加以调节，如缩小区域人民生活水平的差距问题、统筹城乡发展、稳定外需和扩大内需等，需要不断进行体制机制改革，保持已经出台的各项政策措施的连续性、稳定性。总体说来，对短期波动实施短期调节，对重大比例关系实施长期调节，对总量问题实施短期调节，对重大结构问题实施长期调节。

第二节　宏观调控手段系统

国民经济宏观调控体系是由多个子系统构成的有机整体。整体功能的实现依赖于各个子系统优势的充分发挥及其相互间的协调配合。宏观调控手段系统在整个调控体系中占有重要的地位，它包括经济手段、法律手段、行政手段等。正确地运用这些手段，能够保障国民经济正常运行，实现中央政府的调控目标。

一、经济手段

（一）概念及特征

经济手段是中央政府根据宏观调控的目标，通过调整政府投资规模与结构、财政支出规模与结构、国家物资储备规模与结构以及税率、利率、汇率等经济杠杆，引导、影响市场主体的预期和行为，促进总供给与总需求的总量平衡和结构平衡，保障国民经济正常运行的一种手段。经济手段有以下特征：

（1）是经济利益的引导手段

经济利益是经济发展的动力，经济手段就是通过调节经济利益的多少，去诱导人们的经济行为，以达到调控的目的的。

（2）是价值形式的调控手段

在市场经济条件下，各个单位都是具有独立利益的经济主体，国家与企业、企业与企业、企业与个人之间的经济利益关系都是以价值形式反映的，经济手段也都是以价值形式表现的，这为参与国民经济宏观调控提供了可能。

（3）由国家所掌握，其运用需要有一定的条件

国家是宏观调控的主体，在运用经济手段时要创造一定的条件，如改革经济管理体制，政企分开，明确管理部门职能，使企业成为独立经济利益的实体；建立完善的市场体系；建立健全现代化的宏观调控信息反馈系统。此外，国家还要直接掌握一定的财力、物力，建立必要的物资储备等。只有具备了这些条件，才能有效地运用经济手段，使其发挥调节功能。

（二）经济手段的具体形式及其比较

（1）税收杠杆

税收是国家根据法律预先规定的标准，强制地、无偿地取得财政收入的一种手段。它具有三个明显的特征：强制性、无偿性及固定性。税收是国家参与国民收入分配与再分配

的一种重要方式，它对宏观经济的调控作用是通过税种、税目、税率、减免税四种具体形式实现的。

税收杠杆的调节作用有：

①调节生产：国家运用经济杠杆开征产品税，对不同的产品规定不同的税率，有的予以鼓励，有的加以限制，以正确引导企业的生产经营、投资方向，促进产业结构合理化。

②调节流通：运用税收杠杆对不同的流通环节、流向区别征税，加速商品流转，促进商品流向合理化，改善某些商品和地区的供求关系，鼓励或限制不同商品的进出口贸易。

③调节消费：国家通过征收个人所得税、工资调节税、筵席税等，调节消费需求。

④调节分配：国家运用税收杠杆，首先调节国家与企业之间的分配关系，即国家以税收的形式无偿占有企业创造的一部分国民收入等。其次调节企业之间的分配关系，如国家运用税收手段将企业间由于外部条件差异造成的级差收益收归国家，理顺企业间分配关系，以利于平等竞争。再次调节国家与个人、企业与个人、个人与个人之间的分配关系，通过开征工资税、奖金税、个人所得税等进行调节，理顺各种分配关系。

税收杠杆的调节作用虽然很大，但也有其局限性：一是调节的对象比较具体，而对宏观方面的一些重大经济问题，如社会总需求大于总供给、通货膨胀等问题的调节作用有限；二是由于税收具有法律的相对稳定性，如纳税人、税种、税目、税率不宜经常变动，与其他经济杠杆相比，灵活性显得差一些。

(2) 信贷杠杆

信贷是国家根据经济发展形势及政策要求，通过信用来影响和调节社会经济活动的一种手段。具体地说，就是以中央银行为核心的社会主义银行体系，通过调节存贷利率、贷款投向、额度等来引导资金流动，实现对国民经济运行的宏观调控。信贷杠杆的显著特点是偿还性和灵活性。信贷杠杆与税收手段不同，不能无偿使用，必须有借有还，操作相对比较灵活方便，可根据客观需要随时调整力度。

信贷杠杆的调节作用表现在以下几个方面：

①银行通过贷款投向的倾斜、贷款时间的长短以及对不同产业实行差别利率，引导或抑制信贷资金流向不同企业，从而调节产业结构的变化。

②银行通过吸收居民储蓄存款，将社会上暂时闲置的资金集中起来，然后合理地发放给企业，这实际上就是推迟或抑制了现实消费需求，将这部分消费基金转化为积累积金，用于发展生产和建设，从而有效地调节投资与消费的比例。

③银行通过信贷资金和货币流通量的投放和回笼，调节社会商品供求平衡，保证货币流通量与商品可供量相适应，促进国民经济稳定协调地发展。

④调节生产和流通。通过对生产企业和流通企业的流动资金贷款，对生产和流通的发展具有较大的调节作用。

信贷杠杆的局限性主要表现在：一是投资需求对利率的变动反映不很灵敏，不能适应市场经济的要求；二是信贷具有滞后性，中、长期贷款用于扩大再生产，但往往不在当年增加社会商品供应量，而当年信贷对当年的社会商品购买力有直接影响，这是宏观经济调控过程中必须注意的问题；三是信贷杠杆不能调节由非经营性原因而引起的企业间的级差收益，所以还需与其他手段配合使用。

(3) 外汇杠杆

外汇是指以外国货币表示的能够实现国际间购买力转移、清算国际间债权债务的流通手段和支付手段。

外汇杠杆有两个特征：

①多变性：以外国货币代表的价值在各种因素的作用下，经常波动。特别是有些国家实行浮动汇率，这种多变性随着国际形势的变化日趋明显。

②转嫁性：外汇是以外国货币表示的支付手段，在国际上流动，从而外国就可以通过它转嫁经济、货币危机。

汇率是外汇杠杆发生作用的关键，国家对外汇市场的干预主要依靠市场机制。

外汇杠杆的作用主要是：

①汇率的变化直接影响进出口贸易和非贸易外汇收入，调节国际收支平衡。

②汇率的变化对利用外资、旅游外汇收入等也有很大的影响。

运用外汇杠杆时，必须谨慎从事，因为汇率的变动受国际纷纭复杂的政治、经济因素影响。汇率剧烈波动，意味着转嫁风险的可能性更大，稍有不慎，就会影响到本国经济的正常发展，这也正是外汇杠杆的局限性之所在。

二、行政手段

（一）概念及特征

行政手段是指国家凭借行政组织权力，制定政策，发布命令、措施、规定、制度、程序等形式，扫除不利于市场机制发挥作用的障碍，保障国民经济正常运行的一种手段。行政手段具有以下几个基本特征：

(1) 强制性

行政强制要求特定行政对象在行动目标上必须服从统一的意志，上级发出的命令、指示、决定等，下级必须坚决服从和执行。

(2) 具体性

一定的行政命令、指示只在特定时间对特定对象起作用。

(3) 纵向性

行政指示、命令是按行政组织系统的层级纵向直线传达，强调上、下级的垂直隶属关系，横向结构之间一般无约束力。

(4) 政策性

行政手段主要通过政策优惠或者政策限制来实现，对于结构性、区域性问题的解决具有比较明显的优势。我国结构性、区域性问题还比较多，行政手段还有很大的作用空间。

（二）行政手段的作用及局限性

行政手段有助于解决市场机制不能完全发挥作用、甚至市场机制扭曲的特殊问题，如市场垄断问题、市场恐慌问题、价格剧烈波动问题、金融危机信用危机问题、幼稚产业扶持问题、衰退产业或地区援助问题、贫困地区发展问题等。在2008年汶川特大地震发生后，灾区建材价格迅速上涨，国家采取临时的价格干预措施，保障灾区市场稳定，保障了灾区灾后恢复重建工作的顺利进行。行政手段具有速度快、效果明显的特点，在特殊情况下是最为有效的手段。

但行政手段也有其自身的弱点，主要表现是：①缺乏弹性，容易"一刀切"；②破坏市场机制，经济波动是市场经济的常态，并且每一次剧烈波动都将导致一部分"劣者"退出市场，但行政手段的使用往往损害了优胜劣汰的机制。③容易导致政府腐败，影响市场公正。政府过度介入国民经济运行过程，为政府官员设租、寻租创造了条件。因此，行政手段不能作为宏观调控的经常性手段。

由于体制机制不顺、决策传导机制不畅、地方利益保护和信息反馈系统建设滞后等多种原因，行政手段也会出现失效、难以达到预期目标的情况。

三、法律手段

（一）概念及特征

现代市场经济是法制经济，法律手段是保障市场经济正常运行的重要手段。法律手段是指国家通过经济立法、经济司法调整各经济主体利益关系，维护经济秩序，保证国民经济顺利发展的一种手段。法律手段的内容包括经济司法和经济立法两个方面。经济立法主要是由立法机关制定各种经济法规，保护市场主体权益；经济司法主要是由司法机关按照法律规定的制度、程序，对经济案件进行检察和审理，维护市场秩序，惩罚和制裁经济犯罪，保证经济运行的正常秩序。

法律手段的基本特征有：

(1) 规范性

它以法律的形式明确地规定了法人与公民的权利和义务，指出了经济活动中的可为或不可为，且任何一个法律条文的解释是唯一的。无论是领导机关，还是基层企业、事业单位，都必须以法律为统一的行为规范，在法律允许的范围内进行经济活动。

(2) 强制性

它通过对经济法规的严格贯彻执行来实现对经济活动的调控。对于任何违反法律的行为，国家机关都将用强制的手段予以制裁。

(3) 责任性

凡违反经济法规、不履行义务者，必须承担违法责任，包括经济责任；赔偿与罚款；行政责任，如对个人记过、降职处分，对单位勒令停止营业、吊销执照等；刑事责任，如对违反经济法规、构成犯罪者给予刑事制裁。

(4) 相对稳定性

法律手段调控是经济活动中比较稳定的调控手段。经济法律一经制定和颁布执行，就不得随意改变，要在比较长的一段时间内起作用，因而它具有相对稳定性。

（二）法律手段的作用与局限性

法律手段有利于国家根据国民经济和社会发展需要建立相关法律法规，规范市场竞争规则，稳定市场主体预期，维护市场主体的合法权益，为市场机制发挥作用创造良好的外部环境和竞争平台。但法律手段也有滞后性、不完备性等局限。例如，解决经济发展过程中出现的新问题的立法不是短时期内能完成的，这种滞后性限制了对新问题的及时调控。

法律手段对某些经济行为的调控比较被动，国民经济是一个庞大而又复杂的客体，人们不可能事无巨细地制定法律条文。

四、宏观调控手段的综合运用

（一）综合运用各种调控手段的必要性和客观依据

如上所述，各种经济杠杆及调控手段，由于各自特点不同，其调控的功能、适用范围和力度不一样。而国民经济又是个复杂的大系统，要进行有效的调控，各种手段必须综合配套使用才能达到预期目的。

在综合运用经济、法律、行政手段的过程中，要按照客观经济规律办事，要符合社会主义经济规律和价值规律的要求。经济手段是通过物质利益机制实现调控的。实施调控的过程，就是主观与客观实际相统一的过程，即按客观经济规律办事的过程。行政手段体现的是国家的意志，是政府决策，运用时，必须从实际出发，在深刻认识经济规律的基础上，从全局出发来协调各方面的经济利益关系，只有这样，才能够达到宏观调控的目的。法律手段是对经济手段、行政手段的规范化，是以法律的形式固定下来的经济法律，也反映了客观经济规律的要求，它对维护其他调控手段的正常运行起到了保证作用。

（二）突出运用经济手段

在各种宏观调控手段的综合运用中，要突出运用经济手段，这是社会主义市场经济的客观要求。在市场经济条件下，各个经济单位都要面向市场，都是独立的经济实体，国家、集体、个人之间、企业与企业之间存在着利益差别。而经济手段正是经济利益的引导机制，它能够激发经济单位在生产经营中的动力、活力和效率。突出经济手段，也是政府职能转变的需要。为了适应市场经济的要求，政府对经济的管理要以间接调控为主，要更多地运用经济手段，通过对经济手段各种具体形式的运用，使各个经济单位、劳动者个人从物质利益上关心国家发展目标的实现。从操作上讲，经济手段具有更大的灵活性，更便于对复杂多变的经济客体进行调控。

（三）综合运用各种调控手段的基本要求

（1）同向性

运用各种手段进行宏观调控时，方向要一致，各种手段要相互配合，不能相互矛盾、相互抵消。

（2）互补性

各种调控手段各有所长，也各有所短，运用这些手段时，要做到扬长避短，充分发挥各种调控手段的长处。

（3）适度性

适度性是指调控的力度要适中，不能造成经济的大起大落。为做到这一点，运用各种手段时，松、紧、宽、严的力度要把握好，期限的长短要与调控的目标相适应。

总之，综合运用各种调控手段，要讲求科学性，要选择不同手段配合的最佳方案，力争用较小的代价取得良好的效果。

第三节 宏观经济政策系统

一、宏观经济政策的特点和分类

（一）宏观经济政策的概念和作用

宏观经济政策是党和国家为了实现一定时期内经济和社会发展的战略目标，依据客观经济规律和重大经济决策而制定的指导和规范国民经济活动的准则和措施。它不是孤立的，而是由一系列不同层次、相互联系的各种经济政策构成的宏观经济政策系统，是宏观调控的重要手段之一，在指导社会主义市场经济运行过程中有着不可替代的作用。具体表现在：

（1）能够弥补市场机制的局限性

在市场机制下，经济主体由于利益的狭隘性所做出的决策往往与全社会整体利益不一定相符合，运用宏观经济政策，可以弥补或校正各种局限性，实现社会经济协调发展的目标。

（2）可以有效、适度地集中财力、物力、人力，解决某些重大问题

政策原则虽然不依靠暴力产生效应，但它具有行政约束力，它可以从消极和积极两个方面去规定惩罚或鼓励措施，促使局部利益服从整体利益。

（3）是制订计划和对宏观经济进行调控的重要依据

党和国家一定时期的战略任务的实现，必须要落实到具体的行动计划上，而具体的行动计划不能偏离宏观经济政策确定的方向和活动范围。宏观经济政策是规范了的经济行为，对经济活动具有监督作用，可以抑制不利于实现经济发展总目标的行为。

（二）宏观经济政策的特点

国家用于调控国民经济活动的一系列政策具有以下特点：

（1）制定和运用宏观经济政策的主体是国家（政府）

国家是社会全局性利益的代表者，作为公共经济权力的代表，具有行使宏观经济管理的职能，对经济运行进行调节和监督。所以，政府要结合本国国情，制定实施大政方针和一系列可操作的经济政策，用以指导国民经济的发展。

（2）宏观经济政策的贯彻执行是以微观经济政策为基础的

在市场经济条件下，宏观经济政策是借助市场机制达到宏观调控目的的，即宏观经济政策作用于市场，微观经济单位在接收到市场传递过来的宏观经济政策信息后，结合本单位实际情况，制定相应的措施用以适应宏观经济政策的变化，以免偏离国家经济发展的总体目标。可见，在政策系统中，处于最高层次的宏观经济政策的贯彻执行，必须以微观经济政策为基础。

（三）宏观经济政策的分类

经济政策调控手段包括的内容很多，根据研究问题的需要，可以从不同的角度，按照不同的标志进行分类。其主要分类有：

①按照经济政策作用的范围不同，可分为总量政策和结构政策。总量政策是党和国家

为指导和影响宏观经济总供给和总需求所规定并付诸实施的准则和措施，如财政政策、货币政策、汇率政策、投资政策等；结构政策是指各种调节经济结构、促进社会公平的准则和措施，如企业劳动工资政策、企业利润分配政策、产业政策、区域政策等。

②按照涉及时间的长短，经济政策可分为长期经济政策和短期经济政策。长期经济政策是为较长时期内经济发展所规定的准则，一般5至10年左右；短期经济政策是为短时间内经济发展所规定的准则，通常为1年。

③按所涉及的部门和行业划分，经济政策还可分为农业经济政策、工业经济政策、服务业发展政策、能源发展政策、固定资产投资政策等。

二、宏观经济政策的制定

制定宏观经济政策是一个复杂的过程。为了保证宏观经济政策的正确性，既要考虑影响宏观经济政策的因素和制约条件，还应从制度上和组织上加以保证。

（一）制定宏观经济政策的规范化和程序化

所谓制定政策的规范化，是指对制定政策本身所规定的制度，如制定政策必须遵循的程序的规定、政策制定权限的划分以及政策发布机构与发布方式、政策执行与监督方式等。有了明确规定后，责权分明，便于政策制定，也有利于减少政策失误。

制定经济政策的程序化，就是在制定经济政策一般应遵循以下程序：①调查研究，实地了解情况，找出需要解决的重大经济问题，分析相关原因；②明确目标，拟订方案；③论证和选择方案，论证技术上的可行性、经济上的合理性等，选择是权衡利弊、博采众长的过程，尽可能地做到在做必要补充后形成较为理想的经济政策方案；④通过法定程序公布实施；⑤对经济政策进行效应评估，根据评估结果对政策进行微调。

（二）影响制定宏观经济政策的因素

影响因素有很多，最主要的有：

①决策者（包括智囊团）对经济形势的分析与判断；

②决策者对主要结构问题的分析与判断；

③决策者对政策收益和风险的权衡；

④行政管理体制以及权责明确的政府能够较快的出台政策；

⑤政策作用对象的承受能力；

⑥决策者的政策水平。

三、财政政策和货币政策

（一）财政政策

财政政策是国家制定的指导财政分配活动、处理各种财政分配关系的一些指导性原则，通过财政支出与税收政策来调节总需求。增加政府支出可以刺激总需求，从而增加国民收入；反之，则压抑总需求，减少国民收入。税收对国民收入是一种收缩性力量，增加政府税收可以抑制总需求，从而减少国民收入；反之，则刺激总需求，增加国民收入。财政政策按照不同的标志可以进行各种分类，主要有以下几种：

①根据财政政策调节经济的作用方式来划分，财政政策可分为自动稳定的财政政策和

相机抉择的财政政策。自动稳定的财政政策是指财政制度本身存在一种内在的、自动调节经济运行的机制。一方面，是指所得税的自动稳定作用。在经济萧条时，个人收入和企业利润降低，符合纳税条件的个人和企业数量减少，税基相对缩小，使用的累进税率相对下降，税收自动减少。因税收的减少幅度大于个人收入和企业利润的下降幅度，税收便会产生一种推力，防止个人消费和企业投资的过度下降，从而起到反经济衰退的作用；而在经济过热时期，其作用机理正好相反。另一方面，是指政府福利支出的自动稳定作用。如果经济出现衰退，符合领取失业救济和各种福利标准的人数增加，失业救济和各种福利的发放趋于自动增加，从而有利于抑制消费支出的持续下降，防止经济的进一步衰退；而在经济繁荣时期，其作用机理正好相反。

相机抉择的财政政策是指政府根据一定时期的经济社会状况，主动灵活选择不同类型的反经济周期的财政政策工具，干预经济运行行为，实现财政政策目标。相机抉择的财政政策具体包括汲水政策和补偿政策。汲水政策是指经济萧条时期进行公共投资，以增加社会有效需求，使经济恢复活力的政策；补偿政策是指政府有意识地从当时经济状况反方向上调节经济景气变动的财政政策，以实现稳定经济波动的目的。在经济萧条时期，为缓解通货紧缩影响，政府通过增加支出、减少收入政策来增加投资和消费需求，增加社会有效需求，刺激经济增长；反之，在经济繁荣时期，为抑制通货膨胀，政府通过财政增加收入、减少支出等政策，抑制和减少社会过剩需求，稳定经济波动。

②从需求管理出发，财政政策可划分为三类：膨胀性财政政策、紧缩性财政政策和平衡性（中性）财政政策。膨胀性财政政策是指当社会需求不足时，通过财政分配来刺激社会需求，增加社会需求总量，具体做法是降低税收，扩大政府支出。这种减收增支的结果又集中地表现为财政赤字，因而又称为赤字性财政政策。紧缩性财政政策是指在社会总需求膨胀时，通过财政分配活动，如提高税率、减少转移支付、降低政府支出等，来抑制社会总需求，减少社会需求总量。平衡性财政政策是指通过对税收的适当调整、财政支出的统筹安排，使财政收支大体保持平衡，以实现社会总供求平衡的政策。

(二) 货币政策

货币政策是国家为了实现其宏观经济目标、管理和组织货币流通所规定的一些指导性原则，是中央银行采用各种工具调节货币供应量和利率水平来间接影响总需求和国民收入变化的一系列措施。货币政策最终目标的实现依赖于中央银行掌握一定政策手段，作用于中间目标，再通过中间目标去影响经济运行。

(1) 货币政策的最终目标

货币政策的实施，关键在于目标的确定。货币政策最终目标的选择，有单一目标，即从稳定货币和促进经济发展二者中择其一；有双重目标，即稳定货币和促进经济发展二者并重；还有多重目标，即除双重目标外，还包括充分就业、国际收支平衡等。一个国家货币政策的最终目标究竟做何种选择，直接受制于该国现实的经济状况。

(2) 货币政策的中间目标

货币政策实施不能够立即从最终政策目标上反映出来，往往需要经过一段时间才能发现政策最终目标是否实现。这种时滞性表明，需要设置一个中间目标，通过它的变动及时反映货币政策手段的效果，以透视货币政策最终目标能否实现及实现的程度。中间目标既与货币政策的最终目标密切相关,又能为中央银行所控制。中间目标的选择在西方国家多数体现为市场利率和货币供应量,20世纪90年代以后,大多数国家将通货膨胀作为中间目标,有利于公众形成合理的价格预期,有利于公众对货币当局政策行为的监督。目前,我国主要以货币供应量(分为M0、M1、M2三个层次)作为中间目标。

(3) 货币政策的操作指标

在货币政策的执行过程中,需要选择一些能够直接反映政策手段变动效应的指标去进行操作。一般是存款准备金和同业拆放利率,因为这两个操作指标的变化直接影响到中间目标——货币供应量和市场利率的变动。

(4) 货币政策手段

货币政策手段主要包括存款准备金率、中央银行贷款利率、公开市场业务。

①存款准备金率是指各专业银行存款准备金占其存款总额的比率,又可进一步分为法定存款准备金率和超额存款准备金率。存款准备金是中央银行控制专业银行信贷总量的重要手段,中央银行提高法定准备金率就可以增加专业银行应交存的存款准备金;反之,就减少应交存的存款准备金,从而影响专业银行的贷款能力,实现对货币供应量的调节。

②中央银行贷款利率是指中央银行对各专业银行贷款所规定的利率。中央银行是各专业银行的最终贷款人,中央银行通过调高或调低这一贷款利率,直接影响对专业银行的贷款数量和货币供应量。如果中央银行提高贷款利率,各专业银行向中央银行借款成本增加,将使其相应收缩对企业的贷款,从而减少货币供应量;反之,则会扩大对企业的贷款,相应增加货币供应量。

③公开市场业务是指中央银行在金融市场上公开地买卖有价证券和票据,以控制金融市场的一种活动。中央银行买进或卖出证券,相应地向市场注入或回笼了货币量。更重要的是,当国家由于财政赤字而发行大量公债时,中央银行可以通过公开市场业务来保证国家有价证券的发行。此外,通过银行信贷计划来控制贷款总规模,也是我国现阶段一个货币政策工具.

根据货币政策与总需求的关系,一般有扩张性货币政策、均衡性货币政策和紧缩性货币政策之分。

扩张性货币政策是指供应量大于货币需求量的增长,以刺激需求的扩大。这一政策在社会总需求严重不足、经济增长缓慢时使用,有利于增加有效需求,提高供应能力,促使供求总量趋于平衡。均衡性货币政策是指按照经济增长率来控制货币供应量,实现货币供应量大体上等于货币需要量的增长,以保持社会总供求的基本平衡。均衡性货币政策既可抑制总需求膨胀,也可缓和总需求的严重不足,但政策发生效应的时间相对较长。紧缩性货币政策是指货币供应量小于货币实际需求量的增长,其目的是为了限制社会总需求的过快增长,抑制物价上涨,减少市场压力,促使总量平衡。

财政政策和货币政策属于总需求管理的政策,总体上属于短期政策,具有较大的弹性。我国还实施了大量的总供给管理政策,促进国民经济结构调整和优化,如国家重要物资储备政策(如对粮食、肉类、石油等特殊商品根据市场供求状况进行反向调节,防止价格大起大落)、特殊商品价格保护和限价政策(如农产品最低保护价政策、限制集体涨价、临时价格干预的政策)、产业结构调整政策(包括产业组织政策、产业技术政策、产业准入政策、幼稚产业扶持政策、衰退产业援助政策、产业布局政策和政府采购政策等）和区域政策（对不同功能区和问题区给予政策支持或者政策限制，发挥区域优势、缩小区域差距和实现人与自然的和谐）。当前，国家土地管理部门将"地根"（土地供应量）也作为了宏观调控政策的重要工具，以土地用途管制和总量控制来实现产业集聚发展、规模发展，提高土地集约利用效率。由于我国经济发展中的结构性矛盾已经成为我国经济发展中的主要矛盾，总供给政策将在很长一段时期内占有十分重要的地位。

四、经济政策的协调配合

（一）各种经济政策协调配合的必要性

政策协调是指国家按照宏观经济发展目标，全面考虑各种经济政策的不同调节特点，统筹规划对各种经济政策的运用，使它们在最佳配合方案下实现经济政策目标。政策协调的必要性是由宏观协调发展的要求和经济政策要素间的相互联系决定的。

宏观经济是一个复杂的有机整体，所有宏观经济变量都是相互作用并内在地联系在一起的，它们形成错综复杂的运动过程，即任何一个部门或行业的发展，都离不开其他部门的支持，彼此涉及人、财、物等方面的联系；社会再生产各个环节也是相互制约、不可分割的，如果其中某一环节发生问题，都会影响其他相关环节的变化。任何一项经济政策都有它独特的调节功能。任何一项政策工具的实施都需要一定的配套条件，都是在一定的条件下才发挥作用。因此，根据宏观经济变量之间关系的复杂性和单项经济政策作用的局限性，必须使各项经济政策协调配合，才能有效地实现宏观调节目标。从经济政策的构成看，经济政策包括政策目标、政策工具、政策主体等要素，这些要素之间关系复杂，如不同的经济政策主体制定出的经济政策会有不同；由于政策的目的不同，运用的经济政策手段也不一样，由此而产生的政策效应也不同。要想使各种经济政策形成合力，发挥最大正效应，必须搞好政策间的协调，将各种经济政策有机地结合起来，使其相互补充，最大程度地实现经济政策目标。

（二）各种经济政策协调配合的方式

在运用政策时，协调配合的方式主要有以下几种：

（1）政策目标之间的协调配合

各种经济政策目标形成一个目标体系，在目标体系内，各层次确定的大小政策目标关系复杂，有的表现为互补，有的互不相关，有的相互矛盾，这就要求对目标体系进行协调。例如，经济政策目标的实现要同社会发展政策目标相协调，以保证经济、社会发展的全面性；经济政策的最终目标要与中间目标相协调，因为没有中间目标的传导，就没有经济政策最终目标的实现，等等。搞好经济政策目标之间的协调，有利于政策的稳定，有利于国家宏观经济管理总体目标的实现。

（2）经济政策功能的协调配合

不同的经济政策有着不同的调节功能，有的具有调节社会总供求的功能，如金融货币政策；有的具有协调市场原则和社会原则的功能，如价格政策、分配政策等；还有的适用于综合调节，等等。为解决宏观经济运行中的重大问题，必须充分发挥各种经济政策功能的互补作用，保证国民经济的顺利发展。

（3）经济政策的主次协调配合

特定领域的经济问题要制定相应的经济政策加以解决。例如，我国工业生产结构不合理，能源工业、原材料工业等制约着国民经济的发展，而有些加工工业又盲目发展，造成产品积压，效益低下，这些问题的解决应主要依靠合理的产业政策去加以调整，同时也要配以其他辅助性经济政策，如价格政策、税收政策等。这样，以直接涉及该问题的经济政策为主、其他经济政策为辅，主次搭配，协调一致，共同进行宏观调控，收到的效果会更佳。

（4）经济政策的时滞配合

各种经济政策从制定到最终对国民经济运行产生效果的传导时间存在长短差异。首先，是认识上的时滞。因为客观存在的经济问题有些表现明显，有些则比较复杂，因此在认识上的时滞是客观存在的。其次，是政策决策时滞。不同的经济政策决策所需要的时间不同。例如，财政预算政策的决策必须经过全国人民代表大会通过，所以决策时滞长；而信贷政策操作相对灵活，由中央银行决策，时滞较短。此外，各种经济政策在发生作用时也存在着不同的时滞。例如，产业政策由于比其他经济政策更加深刻地干预了社会再生产过程，所以真正见效往往所需的调节时间跨度大，时滞长，而价格政策的调节作用则相反，它见效快，时滞短。由于上述时滞的存在，就要求在运用各种经济政策时，应注意不同政策在时间上的协调，以发挥协同的合力。

（5）政策力度和效应的协调配合

在各项经济政策实施的过程中，可以有多种搭配方案，如同向搭配或逆向搭配、紧松搭配或中性搭配等。根据国民经济发展过程中出现的情况不同，采取不同的搭配方式运用政策，既可促使调控目标快速有效地实现，也可避免过猛的经济振荡，消除或减少调控过程中出现的副作用。在现实经济生活中，财政政策与货币政策搭配使用最为典型，二者由于搭配方式不同，对国民经济发展的总供求平衡的调控会产生不同的影响。

具体地讲，有四种搭配方式：一是财政、货币都"紧"的政策搭配。这种搭配政策的运用，可以抑制社会总需求以及经济过热增长，有利于实现总量均衡以及总量均衡下的宏观结构平衡，但有时也会带来经济萎缩、市场疲软等一些副作用。二是财政、货币都"松"的政策搭配。这种搭配政策的运用，可刺激社会需求总量的增加，促使经济的发展，但容易引起通货膨胀、财政赤字的后果。三是"紧"的财政政策与"松"的货币政策的搭配。这种搭配政策的运用，可以减少国家财政赤字，但刺激投资，若度把握得不好，易造成信用膨胀。四是"松"的财政政策与"紧"的货币政策的搭配。这种搭配政策的运用，可从财政上扶持不景气的行业发展，但发展生产所需要的资金主要靠民间筹集。上述四种搭配各有利弊，在选择时，要从国家经济发展的现实出发，对各种配合方案进行可行性研究，对政策配合方案做出科学决策，尽可能做到政策配合力度适中，正效应最大。

第四节　宏观经济管理信息系统

一、经济信息的概念、分类和作用

经济信息与宏观经济运行密切相关。宏观经济管理过程包括预测、决策、调控、监督等环节，每一个环节都离不开对经济信息的处理，没有准确和必要的经济信息，宏观经济管理就失去了前提和基础。所以，建立一个良好的宏观经济管理信息系统，为经济管理提供信息服务，对于建立健全宏观经济调控体系是十分必要的。

(一) 经济信息的概念

信息是客观事物状态、特征和变化的反映。由于世界上任何事物的状态和特征都在发生变化，因而会产生各种各样的信息，经济信息就是其中的一类。所谓经济信息，是指反映经济活动实际情况和特征的各种消息、情报、资料、指令等的统称，是对各种相互联系的经济关系本质的描述，它通过各种数据、文字、图表和信号反映经济活动的特征和发展趋势。

人们从事经济活动，不断地产生着经济信息，通过经济信息的接收、传递、处理等，反映和沟通社会再生产各个方面的变化，并以此为依据，实现对社会再生产各环节的管理。因此，对经济信息的概念必须有深刻的认识。首先，要把握经济信息所反映的内容，它是客观事物和行为的变化和特征。其次，要理解经济信息的实质，经济信息反映的实质是客观事物之间的内在本质联系。最后，还要了解经济信息的表现形式，任何经济信息都要有一定的载体，否则，就不便于人们使用。经济信息是运用各种数据、文字、图表和信号来展示的。

(二) 经济信息的分类和作用

经济信息的内容很多，在宏观经济管理中，要高效率地处理和利用经济信息，必须对经济信息进行科学的分类。按照不同的标志，主要有以下三种分类方法：

①按照经济信息所反映的内容不同，可分为定性经济信息和定量经济信息。定性经济信息是指反映经济发展变化性质、质量的信息，包括评估结论、总结经验、分析经济发展变化过程等方面的信息；定量经济信息是指反映速度、比例、规模等经济方面的以数量形式表现的经济信息。

②按照经济信息所反映的范围不同，可分为宏观经济信息和微观经济信息。宏观经济信息是全面的、系统的、综合的经济信息，它从全局的角度反映了宏观经济发展变动的趋势和特征，它服从于宏观经济管理决策、管理调控、管理操作等方面的需要。微观经济信息是从各个经济单位角度反映社会再生产活动的变化和特征的信息，数量大、时效性强。

③按照经济信息的载体不同，可分为文件式经济信息和非文件式的经济信息。文件式的经济信息主要是指通过文字和数字记录进行传递的经济信息，如国家计划、会议决议、统计报表等都属于这一类经济信息；非文件式的经济信息主要是口头语言，有些通过电讯、录音、录像传递，有些运用磁带、磁盘传递。除上述分类外，还可按照经济信息的时态不同，分为过去、现在、未来经济信息；按管理的需要不同，分为决策、指挥调控、实际操作信息。

研究经济信息种类的划分，目的不仅在于要了解它、认识它，更重要的是要运用它。因为，当今世界经济、科技迅猛发展，信息的作用越来越大。经济信息对于宏观决策、政策实施、计划执行、宏观调控、经济的正常运行等都具有重要作用。具体表现如下：

(1) 经济信息是国民经济决策与规划的基础

决策与规划是国民经济管理的首要职能，国民经济决策与规划的正确与否，在很大程度上取决于经济信息的质量。如果经济信息效率低或者所提供的信息水分大、预测不准，必然导致决策部门做出错误判断，甚至造成重大决策失误。如果掌握了充分而可靠的经济信息，对经济活动的发展变化就能做到心中有数，这时就能驾驭形势和局面，以便不失时机地做出成功的决策和规划。所以，决策的正确与否和质量高低在很大程度上依赖于信息工作的水平和质量，经济信息的全面、及时、准确是保证国民经济决策与规划科学性的基础。

（2）经济信息是对国民经济的运行进行有效监督、调控的重要依据

决策规划将目标和任务确定下来后，还需要通过一系列管理活动具体组织实施，即通过对经济活动的组织指挥、协调、监督、调控等，来保证决策目标的实现和计划任务的贯彻执行。这个过程，以组织实施阶段输出的信息为依据，根据输出信息监督检查经济活动与目标是否背离。把这些是否背离目标的信息传回决策管理部门或原输入点，称为信息反馈。依据反馈信息，决策部门才能够对偏差及时采取措施进行调节和控制，从而保证国民经济的正常运行和决策目标的实现。

（3）经济信息是各管理层次、各经济环节相互联络的纽带，是保证国民经济协调发展的重要手段

国民经济是一个庞大的系统，既有众多的部门和行业，又有众多的企业；既有系统内的联系，又有系统外的联系。整个国民经济形成了一个有机的整体。为了使各层次各单位的经济活动协调于系统整体之中，就必须借助经济信息这一纽带，把党的方针、政策、指令、任务等传递到每个单位，同时又把每个单位重要的经济活动和问题及时反馈到有关决策层，实现上下纵向和左右横向的多方面的联系，沟通系统内和系统外各方面情况，从而把各方面活动协调于整个国民经济系统之中。可见，相互联系、相互依存的经济信息所形成的充满活力的情报网及其整体功能的发挥，对实现国民经济的有效管理起着重要作用。

二、经济管理信息系统的特点和构成

（一）经济管理信息系统的特点

在现代化的大生产条件下，准确、可靠的经济信息成为宏观经济管理的先决条件。而宏观经济管理的复杂性又决定了其所需经济信息的构成也是十分复杂的。例如，不同层次和管理职能机构需要不同的经济信息；同一管理层的管理职能机构由于管理对象、范围不同，也需要不同的经济信息。而各个方面以及各个层次的经济信息又是相互联系、彼此相关的，因此，必须建立经济管理信息系统。所谓经济管理信息系统，就是运用现代技术方法和电子计算机网络进行经济信息的收集、加工、存储、传递的有机整体，是自动化处理数据的系统。一般说来，经济信息管理系统具有以下特点：

（1）目的性（服务性）

经济管理信息系统是为管理机构服务的，服从于经济管理目标的需要。例如，为了保证宏观经济决策与计划的正确性，必须相应地设计、研制和开发宏观经济信息系统，使之能够提供综合性强、质量高、带有全局性的经济信息用于宏观经济决策和计划的确定；若为了实现微观经济管理目标，就要相应地设计开发微观经济管理的信息系统，提供及时、准确、大量的信息用于微观经济管理。

(2) 转换性

宏观经济管理信息系统总是处在经济信息不断输入、加工、存储,并不断转换为输出、不断反馈的川流不息的过程之中。而转换的过程又是经济信息筛选、去伪存真的过程,这为经济信息的有效性提供了良好的保证。

(3) 关联性

经济管理信息系统具有层次性和相关性,是各个子系统的有机组合。系统整体功能大于各个子系统单个功能之和,更能发挥为宏观经济管理提供信息服务的作用。

(二) 宏观经济管理信息系统的构成

在国民经济中,管理信息系统所包含的子系统可以从不同的角度划分,按照信息收集的范围,可分为工业、农业、交通运输、邮电业、能源工业、商业等各种业务部门子系统和财政、金融、物价、劳动等综合部门子系统;按照信息处理的过程,可分为信息收集、处理系统和信息传输系统;按照信息处理的内容,可分为社会统计系统、社会簿记——银行信息系统、科学技术情报系统。

(1) 社会统计信息系统

社会统计信息系统是由各级统计部门的综合系统、各级业务部门的统计系统和基层单位的统计机构三个部分组成的。它运用各种各样的统计方法,真实而全面地反映、记录国民经济各方面的情况,全面描述社会经济现象在不同时期经济发展的规模、水平、速度和比例关系。社会统计着眼于反映经济活动成果,同时也反映经济活动的各种约束条件。因此,是人们认识社会、进行国民经济监督和检查的有力工具,也是为国民经济管理和决策提供经济信息的主要渠道。

(2) 社会簿记——银行信息系统

会计是核算与监督的重要工具,而银行是社会经济活动的核算中心和簿记中心,是整个信息系统的一个重要分支,记录着资金的来源与去向、成本与效益、活动与成果。通过会计核算和经济活动分析,了解资金使用效果和经营管理水平,所有这些信息都是宏观经济管理与决策必不可少的依据。因此,必须高度重视会计信息作用,进一步健全社会簿记系统,使其更好地为宏观经济管理提供足够有价值的信息。

(3) 科技情报系统

科技情报系统是由各级科研机构和科学技术机构组成的。其主要任务:一是提供已经研究成功的科学技术成果在生产中具体应用效果的信息;二是提供有关各国科学技术部门正在研制的项目和有关科技发展方向的信息,即预测信息。这些信息对国民经济发展战略目标的选择和制定、产业结构的调整和优化,对于利用和引进先进技术改变我国的生产工艺等,都有着重大意义。尤其我国目前面临西部大开发战略的启动,既要着重推进传统工业革命,又要迎头赶上世界新技术革命步伐双重任务,必须十分重视世界科技及发展新趋向。因此,要强化这一信息系统,使其在宏观经济管理过程中发挥更大作用。

三、经济管理信息系统的运行和现代化

(一) 经济管理信息系统的运行

经济管理信息系统的运行就是对经济信息的处理过程。首先,通过有关渠道收集信

息，这是管理信息系统运行的起点和基础；然后，对所获取的原始经济信息进行加工，经济信息的加工是运用科学的方法进行分类、排序、筛选、计算、分析和判断，去伪存真，使之系统化、条理化，以便使用；接下来，合理地组织信息流动，保证经济信息及时地、源源不断地输送到使用信息的部门，这是管理信息系统运行的目的；最后，将那些暂时不需要用或虽已用过但以后还有参考价值的经济信息储存起来，以作备用。

随着国民经济发展现代化进程的不断加快，建立经济管理信息系统十分必要。它不仅能改变过去那种收集信息缓慢、使用经济信息分散、加工信息手段落后的状况，而且也顺应了经济增长、科技进步和社会发展的客观要求，在宏观经济管理中显示出了很多优越性。其优点表现在：

（1）经济合理

建立经济管理信息系统可以克服使用者分散收集、加工信息的状况，减少了重复信息，简化了传递渠道，节省了经济信息获取、加工、传递、存储的费用，提高了信息的质量和利用程度。

（2）使用方便

完善的经济管理信息系统是以计算机网络的形成和健全为前提条件的。所以，凡需要信息的用户，只要备有终端，通过计算机联网便可交换信息，使用起来非常便利。

（3）提高信息准确性和有用性

经过管理信息系统处理的经济信息，精确度高，能够比较真实地反映经济活动的客观状况，且针对性较强，具体明确，使用起来切实可行，具有很强的适用性。

（4）保证了经济信息的及时性

面对瞬息万变的市场经济，搞好宏观经济管理，贵在及时。有了现代化的管理信息系统，凭借数据库和计算机网络，随要随调，能够及时地传递信息，满足用户需要。

（二）经济管理信息系统的现代化

宏观经济管理信息系统是国民经济管理的神经系统。随着改革开放的不断深入和扩大，现代化大生产的迅速发展，生活节奏的加快，各种关系日趋复杂，经济信息的数量急剧增长，宏观经济管理难度加大等，对信息处理和传递提出了很高的要求，那种传统的信息管理系统和带有一定封闭性的以电子计算机为基础的信息管理系统已不能满足客观经济发展的需求；加之世界各国计算机技术和通信技术的迅猛发展，一场新的信息革命迫在眉睫，为此，我们必须建立全国性的现代化的宏观经济管理信息系统，建设具有中国特色的"信息高速公路"。否则，我们将跟不上世界科技、信息革命的大趋势。

建立我国现代化的宏观经济管理信息系统，还必须从我国的实际出发。我国宏观经济管理信息系统的建设虽然起步较晚，但从 20 世纪 80 年代开始，经过几十年的努力，各级各类经济信息系统由小到大、由弱到强、由单机到联网，形成了一个以国家、省（自治区）、中心城市、县四级信息中心为纵向系统，国务院各部委信息机构及行业信息组织为横向系统的巨型经济信息网络，并开通了信息网络为社会提供服务，为经济监测、政策模拟提供了许多有价值的经济信息，使得为宏观调控和宏观经济决策提供的经济信息服务日趋完善。但是，我国现有的经济管理信息系统与国际先进水平相距甚远，今后，还必须加快实现宏观经济管理信息系统的现代化进程。

实现经济管理信息系统的现代化，需要具备一定的条件。主要包括：①要有大容量的数据库；②要有技术先进、功能齐全、能高速处理和分析数据的电子计算机；③要有大量传输信息并联成网的现代通信技术系统以及若干专用的计算机程序；④要有一大批精通电子计算机软硬件的专业人员、领导机构以及便于查询和显示信息的多功能终端设备。实现我国经济管理信息系统现代化，就是要建设具有中国特色的"信息高速公路"，即建立国家经济信息网，它由信息资源网和信息通信网两部分组成。建设国家经济信息网的任务是宏伟巨大的，是涉及各行各业的社会系统工程，它需要全面规划，需要各部门密切合作、协同攻关。

随着国家经济信息网的逐步建成，将电子计算机、高速传输通信网络与信息应用三者密切结合，将大大提高经济信息的使用价值、拓宽经济信息处理的应用范围，从而为加强和改善我国的宏观经济管理发挥更加突出的作用。

第五节 20世纪90年代以来我国的宏观调控实践

20世纪90年代以来，我国宏观经济出现了四次较大起伏，随之经历了四次时间集中、规模和力度较大的宏观调控。第一次是1993—1997年；第二次是1998—2002年；第三次是2003—2007年底；第四次是2008年开始至今。认真总结我国应对经济发展中的突出矛盾和问题而采取的宏观调控经验，提高我国的宏观调控水平，充分发挥市场机制对资源配置的基础性作用，对促进国民经济持续快速增长和社会基本稳定具有十分重要的理论意义和现实意义。

一、1993—1997年的宏观调控：适度从紧

1992年邓小平同志南巡讲话和党的十四大确立社会主义市场经济体制后，我国经济进入高速增长期。"八五"时期，除1991年外，其他4年全国经济增长都在两位数以上，伴随经济高增长，也出现了比较严重的通货膨胀，房地产业严重膨胀，开发区盲目扩张，信贷投资猛增，通货膨胀抬头。1993年全社会固定资产投资增长61.8%，社会消费品零售总额增长28.5%，流通中现金M0、狭义货币供应量M1和广义货币量M2分别增长35.3%、21.5%和26.5%；中央财政赤字355亿元，货物和服务贸易逆差680亿元（118亿美元）；居民消费价格由上年上涨6.4%，升至14.7%，在需求快速扩张时滞因素的作用下，1994年蹿升至24.1%，为改革开放以来的最高价格涨幅。面对过热的国民经济，1993年，党中央、国务院及时加强了宏观调控，于同年6月24日以中发［1993］6号文件正式下发《中共中央、国务院关于当前经济情况和加强宏观调控的意见》，以整顿金融秩序为重点、治理通货膨胀为首要任务，采取适度从紧的宏观经济政策，尤其是总量控制、结构调整和改进调控方式等经济政策，出台了宏观调控16条措施，加强和稳定农业基础，控制固定资产投资的过快增长。这一时期，国家宏观调控手段主要是坚持以适度从紧的财政货币政策为主，再辅之以产业政策、外贸政策以及利率、汇率、价格、关税等经济杠杆，国民经济调控方式实现了由直接调控为主向间接调控为主的转变。

在财政政策方面，通过税制改革、清理预算外资金、增收节支等手段，控制财政赤字

规模。1993年下半年,中央采取适度从紧的财政政策,控制支出规模,压缩财政赤字。1994年实施分税制改革。1995年完善和深化财税体制改革,积极配合国有企业改革和其他配套改革;通过加强和改善财税管理工作,努力挖掘增收潜力;进一步调整支出结构,加大农业投入,严格预算约束,继续抑制投资及消费需求。1996—1997年继续实行适度从紧的财政政策,强化税收征管;控制支出总量,优化支出结构;压缩财政赤字,控制债务规模;大力整顿财经秩序,继续深化财税改革。

在货币政策方面,央行运用多种手段改进金融调控方式,注重对货币供应量进行调整,改变货币供应量增长过快和货币结构不合理的局面,采取"对冲"措施,收回央行再贷款减少基础货币投放,1993年5月和7月两次提高存贷款利率,并采取了诸如整顿信托业、加强金融纪律、限制地区间贷款等急刹车措施,调整货币结构,控制固定资产和消费基金的过快增长。1996年经济增长水平回落到了10%之内,零售物价指数接近6%的调控目标。1997年中央在继续实行"适度从紧"的宏观调控政策的同时,针对通货膨胀水平不断下降的新情况,实施稳中求进的政策,两次下调利率。1997年消费物价指数涨幅下降到了2.8%,零售物价指数涨幅则进一步下降到了0.8%。

在调整优化产业结构政策方面,强化交通运输和通信等基础设施建设;加快能源和重要原材料工业(重点是煤炭、电力、钢铁、建筑材料和石化工业)的发展;大幅度地增加农业优质品种的产量;按照规模经济、合理布局和突出重点的原则,积极发展机械电子、石油化工、汽车制造和建筑业,使之成为国民经济的支柱产业,同时加快第三产业的发展。

全面深化体制改革,为实施有效的宏观调控提供持久的体制保障。1994年起,财税、金融、外贸外汇、投资、价格和流通体制等方面的改革措施相继出台。这些改革着眼于理顺基本经济关系,解决深层次矛盾,建立新的运行机制。这几项重大改革的成功,既对3年多有效实施宏观调控起到了重要的作用,又对保持国民经济持续快速健康发展产生了深远的影响。

经过3年多的不懈努力,过快增长的投资需求和消费需求得到有效遏制,价格涨幅显著回落,国民经济呈现出高增长、低通胀的良好发展势头,成功实现了经济的"软着陆"。从国内外的历史经验看,在不太长的时间内大幅度地降低物价上涨率,往往容易引起经济的大起大落。既要有效地抑制通货膨胀,又要实现经济较快增长,是这次宏观调控的最大难点,也是这次宏观调控的最成功之处。

二、1998—2003年的宏观调控:扩大内需

1998年由于遭受国内特大洪涝灾害和亚洲金融危机的影响,加上体制转轨、经济转型和经济国际化进程加快,国内商品市场逐步由卖方市场转向买方市场,需求不足成为制约经济发展的突出矛盾。从1997年10月开始,中国物价总水平开始下滑,到1998年,全社会商品零售物价指数上涨率出现负增长,为-2.1%;1999年进一步下探到-3%。1997年,工业企业中亏损企业占25.6%,亏损企业数比上年增加5.68%。国有工业企业中,亏损企业占39.2%。1998年上半年,我国供不应求的商品为零,供过于求的商品达25.8%,供求平衡的商品占74.2%。生产能力明显过剩、国内需求不足和通货紧缩相互交

织，主要经济指标连续下滑。党中央、国务院及时调整宏观调控政策，提出了"在东南亚金融危机的严峻形势下，要保持经济继续较快增长，稳定出口总额和人民币汇率，必须加快两个根本性转变，实施积极的财政政策，努力扩大国内投资需求和消费需求"的对策思路。

在财政政策方面，一是增发长期建设国债，扩大政府支出规模。1998—2003年，中国政府一共增发了8000亿元长期建设国债，增加农田水利和生态环境建设投资，扩大铁路、公路、电信和一些重点机场等交通基础设施建设，扩大城市环保和城市基础设施建设规模，建设250亿公斤仓容的国家储备粮库，实施农村电网改造和建设工程，抓紧进行城市电网改造，扩大经济适用住宅建设规模，支持企业技改贴息。二是调节税率、减轻税负、鼓励投资。提高部分产品出口退税率，加大退税力度，支持出口；对高新技术产业给予税收优惠，改造传统产业，发展高新技术产业；1998年，提高了出口退税率、降低关税税率、清理整顿收费；1999年，中国进一步加大出口退税力度，两次提高出口退税率。为吸引外商投资，从1999年7月2日起，对从事能源、交通、港口建设项目的外商投资企业，按15%的优惠税率征收企业所得税；为鼓励固定资产投资，从1999年7月1日起，固定资产投资方向调节税按现行税率减半征收，从2000年1月1日起暂停征收。为鼓励房地产投资和促进房地产市场发展，从1999年8月1日起，对涉及房地产的营业税、契税、土地增值税给予一定的减免。调整抑制消费需求的税收政策，开征利息所得税，鼓励消费信贷，延长法定节假日等。国务院决定从1999年11月1日起，对储蓄存款利息恢复征收个人所得税。为鼓励证券投资，1999年调低了B股证券交易印花税税率，从2001年11月16日起，对A股和B股的证券交易印花税税率统一降为2‰。2002年，金融保险营业税税率由7%下调为6%，并对实际呆账损失超过呆账准备的，经核实允许据实列支。调整收入分配政策，提高国企下岗职工、失业人员以及城镇居民低保对象等低收入者的生活水平，增加机关事业单位职工工资和离退休人员的养老金。此外，加强预算外资金的管理，加快"费改税"步伐，扩大中央财政收入，强化转移支付制度，加大对社保基金的支持。

在货币政策上，一是取消对四大国有商业银行贷款限额的控制，逐步实行自求平衡的资产负债比例管理和风险管理，借以扩大商业银行的信贷规模。1999年1月，央行发布关于开展个人消费信贷的指导意见，把消费信贷业务放开给所有商业银行去办，调整对农村的信贷政策，为解决农民贷款抵押难问题，1999年3月，发布关于农村信贷的指导意见，允许农村信用社向农民发放信用贷款。二是注重运用存款准备金、再贴现、再贷款等多种手段对货币供应量的调节，积极试点公开市场业务，灵活运用利率手段。1999年11月，存款准备金率下调2个百分点，金融机构相应增加2300多亿元可用资金。1996—2002年连续8次降息，1998年就在9个月内降息3次，一年期存款利率由5.76%下调到3.78%，以刺激消费和投资。三是发行特别国债，充实银行资本金，降低不良资产，防范金融风险。四是进一步发挥再贷款政策的作用。过去，再贷款只提供给国有商业银行和农业发展银行，从1999年开始，对农村信用社和中小商业银行发放再贷款。对内保持物价稳定，对外保持汇率稳定。加快政府机构、国有企业、金融体制、粮食流通体制、投融资体制、住房制度、医疗制度和财政税收制度等项改革，认真做好国有企业下岗职工再就业和基本生活保障工作，促进经济社会长期稳定发展，选择重点行业增资减债。针对国际跨国资本流动的新特点和加入 WTO 的要求，分步开放外商投资的新领域。

到 2003 年，我国经济已经完全走出了亚洲金融危机的阴影，消费价格指数（CPI）从 2003 年 1 月开始由负转正，2003 年 4 月份 CPI 首次达到 1%，经过几个月的反复后，从第 3 季度开始出现递增趋势，彻底摆脱了通货紧缩的困扰。这次宏观调控的典型特点是：一是注重运用各种手段协调配套，形成合力。如积极的财政政策与灵活的货币政策相结合，扩大内需与增加出口、利用外资相结合，增加投资与启动消费相结合，扩大经济总量与提高效益、调整结构相结合，必不可少的行政手段与各种经济杠杆和法律手段相结合，促进经济增长与深化各项改革相结合。二是更加注重调控政策的全面性。既进一步加强基础设施建设，又着眼于提高企业的技术创新能力，加快企业技术改造；既考虑到当前经济增长的需要，又加快教育事业的发展，加大对生态环境建设的投入，实施可持续发展战略。三是更加注重对居民心理预期的引导。不仅直接针对经济的总量和结构进行调整，而且注重社会心态对经济发展的影响，采取具体措施，保障广大人民群众的根本利益和基本生活，增强了全社会对经济发展前景的信心。四是更加注重在保持社会稳定的大局下，不断推进各项改革，继续完善与居民切身利益相关的各项措施，有效地推动了经济增长率，为社会稳定和经济继续发展创造了条件。

三、2003—2007 年的宏观调控：结构调整，有保有压

"2003 年以来的宏观调控，一开始是从抑制粮食产量大幅下降和投资需求膨胀'两碰头'展开的，之后又加强了对'三过'（投资增长过快、信贷投放过多、外贸顺差过大）问题的调控。"我国粮食产量从 1998 年突破 1 万亿斤大关后，由于土地、资金等要素大量转向非农产业以及种粮比较效益低等原因，粮食耕种面积连年调减，产量一路走低。2003 年，粮食产量降至 1990 年以来的最低点，粮食播种面积减至 15 亿亩以下，为中华人民共和国成立以来最低水平，农民增收缓慢。从 2003 年开始，中国经济进入新一轮上升周期，工业和固定资产投资、外贸出口分别在 15% 和 20%、30% 以上的高增长轨道上运行；2004 年开始，社会消费品零售总额步入两位数以上的快速增长阶段。但一些行业和地区也开始出现投资过旺和低水平重复建设倾向加剧等问题，信贷增长偏快，资源对经济增长制约越来越大，钢铁、煤炭、化工、有色金属、建筑等行业投资快速增长，基础设施和基本公共服务供应严重不足。针对宏观经济运行中出现的粮食供求关系趋紧、固定资产投资过猛、货币信贷投放过多、煤电油运供求紧张等不稳定、不健康问题，从 2003 年年底到 2004 年 4 月，党中央、国务院及时采取了相应措施，加强和完善宏观调控。

①加大了对"三农"的扶持力度，鼓励和扶持粮食生产。中央确立统筹城乡发展、"多予、少取、放活"的农业发展方针，2004—2008 年连续发出 5 个中央一号文件，建立支持粮食稳定发展的政策框架，出台一系列支农惠农政策，国债资金和中央预算内投资不断向农业特别是粮食主产区倾斜，对种粮农民实行直接补贴、良种补贴、购买农机补贴，对粮食实行最低收购价，采取综合措施稳定农资价格，逐步取消农业税，取消除烟叶以外的农业特产税；对粮食购销市场全面放开。我国粮食产量不断上升，2007 年超过 1 万亿斤，实现连续 4 年总产增加，同时单产创下历史最高纪录。

②实施稳健的财政政策。2004年12月，中央经济工作会议明确提出，财政政策由积极转为稳健。连续调减长期建设国债，适当增加中央预算内基本建设投资。2003—2006年，连年调减长期建设国债，分别较上年减少100亿元、300亿元、300亿元、200亿元，2007年减少100亿元。2004—2006年，适当增加了中央预算基本建设资金，分别增加50亿元、100亿元、100亿元，2007年增加250亿元。逐步增加了对"三农"、社会事业发展和基本公共服务等薄弱环节的投资。大幅增加了社会保障投入，推进社保制度完善。在东北三省试点的基础上，增加8个省份开展做实企业职工基本养老保险个人账户试点。支持城镇廉租房建设；加大教育事业支出，完善农村义务教育经费分担机制。中央不断扩大教育支出。中央和地方各级财政安排专项资金，积极组织实施"两免一补"政策；增加医疗卫生尤其是公共卫生支出。推进税制改革，完善税收体系。调整部分产品的出口退税率，扩大了高能耗、高污染、资源性产品取消出口退税和降低退税率的范围，降低或取消了部分资源类产品（如非金属类矿产品）、部分高耗能产品（如钢材、水泥、有色金属及废料等）、部分化工和污染严重产品（如铅酸蓄电池、氧化汞电池）、部分能源类产品（如煤炭、天然气等）的出口退税。调低了部分能源、资源类产品（煤炭、成品油、氧化铝等）进口的关税税率；而对于部分能源类、资源类产品（如煤炭、原油、焦炭、有色金属初级产品、钢材制品等）以及国内稀缺的金属原矿等（如稀土等）的出口，则征税或提高税率，税率提高幅度平均为10%。同时，增补加工贸易禁止类商品目录，对部分"两高一资"产品加征出口关税，降低进口关税，支持转变外贸增长方式。完善了出口退税负担机制，超基数部分中央、地方负担比例由75∶25改为92.5∶7.5。对东北地区的装备制造业等8大行业实行了增值税转型改革试点，并积极在中部地区推行增值税转型改革试点。提高个人所得税起征点，统一内外资企业所得税。调整了资源税政策，推动有效利用自然资源，增加地方财政收入。从试点增值税改革到推进内外资企业所得税两法合并，从调整进出口关税到调减存款利息所得税率，从深化农村税费改革到继续完善收入分配、社会保障、教育和公共卫生制度，稳健的财政政策在支持经济结构调整和加强公共财政职能等方面发挥了有力的作用。

③实施稳健的货币政策。公开市场操作，恢复了央行票据发行，开始在全国银行间债券市场连续滚动发行央票；启用正回购操作，发行3年期央行票据及远期央行票据。启动以特别国债为质押的正回购业务，向贷款增加较多的商业银行发行定向票据，收紧放贷能力。调高利率，连续10次调整基准利率，一年期贷款基准利率调至7.47%；一年期存款基准利率调至4.14%。加强货币信贷投放调控，央行15次上调法定存款准备金率，累计上调7.5个百分点，法定存款准备金率水平达到14.5%。在2007年8月将存款准备金率提高1个百分点的基础上，2008年4月又提高了0.5个百分点。将信贷政策与产业政策协调配合起来，商业银行一方面严格控制对钢铁等过热行业的信贷投放，另一方面支持有利于调整结构、扩大消费和增加就业的项目资金需要。

④在产业政策方面，采取经济、法律和必要的行政手段，遏制部分行业盲目投资，防止产能过剩，提高产业准入标准。国家发改委会同有关部门制定产业结构调整指导目录，将产业细化为鼓励类、限制类和淘汰类。在促进鼓励类产业加快发展的同时，国家从项目审核、贷款发放、土地供给、环境保护、质检乃至工商管理等环节采取措施，限制类和淘

汰类企业的发展。从 2003 年年底到 2007 年 4 月，国务院要求各地区、各部门采取有力措施，遏制钢铁、水泥、电解铝、铜冶炼、电石、炼焦、电力、铁合金、汽车、铝冶炼等行业盲目投资、低水平重复建设的势头，相继制定更加严格的环境、安全、能耗、水耗、资源综合利用和质量、技术、规模等标准，提高准入门槛。限制不符合产业政策、没有达到市场准入条件企业的用电、用油、用煤额度，调整煤价和电价，取消地方出台的优惠电价，对高耗能行业实行差别电价。对不符合市场准入条件的项目，依法停止建设；对拒不执行的，追究有关人员责任。比如，新建钢铁联合企业，吨钢综合能耗要低于 0.7 吨标煤，耗新水要低于 6 吨，污染物排放要达到环保标准要求，对达不到排放标准或超过排污总量指标的钢铁生产企业实行限期治理。对未按程序报批环境影响报告书并擅自开工建设的项目，在建的要一律停建，投产的要一律停产。对不符合产业政策和市场准入条件以及未按规定程序审批的项目，一律不得贷款，已发生贷款的，要采取适当方式予以纠正；证监会不得核准含相关公司的首次公开发行和再融资申请。将钢铁、电解铝、水泥、房地产（经济适用房除外）等部分行业建设项目资本金比例提高了 15 个百分点，其中，钢铁项目资本金比例由 25% 提高到 40% 以上，水泥、电解铝、房地产开发项目资本金比例由 20% 提高到 35% 以上。对产品质量不达标或生产伪劣产品的企业，不颁发生产许可证；对未经有效核准的新建或改扩建项目、不符合国家产业政策和市场准入条件的项目，不提供授信支持，土地、规划、建设、环保和安全生产监管部门不办理相关手续等。国家环保总局掀起了一场"环保风暴"，先是公布 30 个违法开工项目，接着又公布 46 家未启动脱硫项目的火电厂名单。此后，这场风暴越刮越烈，从叫停项目建设到不受理项目立项申请，再到"区域限批"和"流域审批"。同时，采取了"堵"和"疏"相结合的办法，完善产业政策、推动产业结构的优化和升级。鼓励大型企业集团按照市场原则实施兼并重组活动，以促进产业的集中化、大型化和基地化；鼓励增加高附加值短缺品种的供给能力，限制发展长线品种；推进钢铁、有色、电力、石化等行业的节能降耗技术改造；加快淘汰消耗高、污染重、危及安全生产、技术落后的工艺和产品；以控制不合理的资源开发为重点，强化对水资源、土地、森林、草原、海洋等的生态保护等；加快发展循环经济，加快技术开发和推广，加强节能减排管理，加大监督检查执法力度，形成激励和约束机制。

⑤在土地政策方面，加强土地利用总体规划，严格依照法定权限审批土地，严格执行占用耕地补偿制度，禁止非法压低地价招商，从严从紧控制农用地转为建设用地的总量和速度，将土地控制目标上升约束性指标。明确土地管理和耕地保护的责任，规范土地出让收支管理，调整建设用地有关税费政策，建立工业用地出让最低价标准统一公布制度，强化对土地管理行为的监督检查，严肃惩处土地违法违规行为，以收紧土地供应的"闸门"。对不符合国家产业政策和行业准入标准的建设项目，一律不批准用地。对违法违规占地严重的地方，暂停土地使用审批，确保中央土地调控政策的有效实施。从 2003 年以来，开展了土地市场特别是开发区的清理整顿，停止对钢铁、水泥、电解铝和高档别墅、高尔夫球场等房地产开发的土地供应。配合做好制止钢铁、水泥、电解铝等行业盲目投资工作，严格加强用地管理。

⑥加强对房地产业的宏观调控。2005 年 3 月，国务院发出《关于切实稳定住房价格

的通知》，强调住房价格上涨过快虽然是局部性和结构性问题，但如果不及时加以控制或处理不当，就有可能演变为全局性问题。为了抑制房地产投机，国家也将房地产开发企业向银行申请贷款的门槛提高到自有资本金达到项目资本金比例的 35%；个人商业用房贷款的抵借比不得超过 60%，并且贷款期限最长不得超过 10 年；同时，商业银行不再接受空置 3 年以上的商品房作为贷款抵押物。

到 2007 年，宏观调控取得了预期效果，经济实现了平稳快速增长，连续 5 个年头达到或超过 10%，投资增幅是逐步回落，消费增速不断加快，新增就业人数持续增加，财政收入和企业利润大幅上升，价格稳定，没有出现严重通货膨胀，经济社会发展连续几年保持增长较快、运行较稳、结构优化、效益提高、民生改善、后劲较足的良好态势。2003—2006 年，全社会固定资产投资分别增长 27.7%、26.6%、26% 和 24%，增速呈现稳步下降态势。资本形成对国内生产总值增长的贡献率也由 63.7% 逐步下降到 55.3%、37.7% 和 40.7%，对经济增长的拉动也由 6.4 个百分点逐渐下降到 5.6、3.9 和 4.3 个百分点。与生产、投资紧密相关的物价指数也呈现出稳步下降的态势：2004—2006 年，工业品出厂价格上涨幅度由 6.1% 逐步下降到 3%，原材料、燃料、动力购进价格上涨幅度由 11.4% 下降到 6%，固定资产投资价格上涨幅度由 5.6% 下降到 1.5%。这次宏观调控未雨绸缪，是为了预防经济的周期性波动主动进行的宏观调控。2003 年，经济增长率为 9.1%，通货膨胀率仅为 1.2%，中央政府及时抓住某些部门投资过猛的苗头，在经济增长率尚在适度范围内、价格攀升趋势刚刚露头时就及时采取了宏观调控。综合运用经济、法律手段和必要的行政手段，货币政策稳中从紧，财政政策由积极逐步转向稳健，调控效果明显，副作用少。有保有压，区别对待，不"急刹车"，不"一刀切"，既"防热"，控制部分行业投资过快增长，适时适度调控回升过程中出现的各种苗头性问题，防止局部过热现象蔓延；又"升温"，加大对农业、交通、能源等薄弱环节的支持力度，避免大起大落，保持经济的可持续协调发展。不仅抑制了过热部门的盲目发展，而且调整了经济结构，经济保持稳定增长的势头。通过适当的控速降温，使经济在适度增长区间内实现平稳而较快地可持续发展，努力延长经济周期的上升阶段。

四、2008 年以来的宏观调控：从防止过热转向扩大内需

2008 年以来，由于南方地区出现严重的雨雪冰冻灾害、汶川发生 8.0 级特大地震以及国际上爆发金融危机，我国宏观调控从"双防"转向"一保一控"，再转向"保增长、扩内需、调结构"，宏观调控一年内"一波三折"，是历史上宏观调控方向转变最快的时期。

①从 2007 年年底或者 2008 年年初到 2008 年 7 月，以"双防"为中心，防止经济增长由偏快转为过热，防止价格由结构性上涨演变为明显通货膨胀。

2007 年，中国经济增长率达到 11.9%，居民消费价格指数（CPI）自 2007 年 8 月连续 5 个月同比增幅突破 6%，全年平均上涨 4.8%，成为 1997 年以来的年度最高涨幅。固定资产投资增长过快，信贷与货币投放过多，有由偏快转为过热的风险。为消除经济运行面临的风险和存在的不健康、不稳定因素，2007 年 12 月的中央经济工作会议确定 2008 年的宏观调控任务是"双防"：防止经济增长由偏快转为过热、防止价格由结构性上涨演变为明显通货膨胀。着眼于"双防"的目标，我国实施了稳健的财政政策和从紧的货币政策，财政支出要重点用于加强经济社会发展的薄弱环节，着力促进结构调整和协调发展。为落实从紧的货币政策要求，继续加强银行体系流动性管理，抑制货币信贷过快增长，中国人民银行决定于2008年1月25日、3月18日、4月25日、5月20日上调存款类金融机构人民币存款准备金率至16.5%。2008年6月7日，中国人民银行决定上调存款类金融机构人民币存款准备金率1个百分点，于2008年6月15日和25日分别按0.5个百分点上调。上调后，存款类金融机构人民币存款准备金率达到17.5%的历史高位。此次准备金率的调整，地震重灾区法人金融机构暂不上调。

②从2008年7月15日到10月底，"一保一控"，保持经济平稳较快发展、控制物价过快上涨。2008年年初，南方地区出现严重的雨雪冰冻灾害；5月12日，四川汶川发生特大地震，造成人员重大伤亡，基础设施大面积损毁，工农业生产遭受重大损失。受美国次贷危机的影响，国内许多外向型出口企业经营出现困难，出口持续出现下滑势头。2008年上半年，GDP同比增长10.4%，比去年同期回落1.8个百分点，中国经济增长开始放缓；居民消费价格水平上涨7.9%，物价涨幅仍然较高。7月15日，国务院常务会议指出，下半年要把保持经济平稳较快发展、控制物价过快上涨作为宏观调控的首要任务（即"一保一控"），把抑制通货膨胀放在突出的位置。为缓解纺织企业的困难、稳定出口、保障就业，7月31日，财政部等部门宣布自2008年8月1日起，将部分纺织品、服装的出口退税率由11%提高到13%。8月初，央行调增了全国商业银行信贷规模，以缓解中小企业融资难和担保难问题。随后，央行又决定从9月16日起，下调人民币贷款基准利率和中小金融机构人民币存款准备金率，以解决中小企业流动资金短缺问题。

③从2008年11月初至2009年，保增长、扩内需、调结构。

2008年前三季度经济同比增长9.9%，保持了平稳较快发展。随着美国次贷危机升级为世界金融危机，西方主要经济体陷入衰退的风险不断加大，国内房地产、钢铁、汽车等重要支柱产业产销大幅度下滑。10月17日，国务院常务会议指出，采取灵活审慎的宏观经济政策，尽快出台有针对性的财税、信贷、外贸等政策措施，继续保持经济平稳较快增长。国家发展改革委10月20日宣布，继续加大强农惠农政策力度，其中包括全力组织开展主要农产品收购，较大幅度提高2009年生产的粮食最低收购价格，较大幅度增加对种粮农民的补贴。10月21日，国务院常务会议研究加强基础设施建设，核准了公路、机场、核电站、抽水蓄能电站等一批建设项目，决定加快南水北调、东线一期工程建设进度。从2008年11月1日起，适当调高纺织品、服装、玩具等劳动密集型商品和高技术含量、高附加值商品的出口退税率。加大资助困难学生、优抚救济、住房保障等方面的支持力度，加大保障民生投入力度，切实保障低收入群众和特殊群体的基本生活。对个人住房交易环节的税收政策做出调整，降低住房交易税费。中国人民银行宣布下调个人住房公积金贷款利率和扩大商业性个人住房贷款利率的下限。

随着欧美等主要经济体和中国主要出口市场经济出现衰退，外需不足的问题更加突出，进一步扩大内需就成为中国保持经济平稳较快增长的主要动力所在。2008年11月5日，国务院常务会议公布拉动内需10项措施和4万亿元投资计划，在全国全面实施增值税转型改革，决定自2009年1月1日起，在全国范围内实施增值税转型改革，允许企业抵扣新购入设备所含的增值税，同时，取消进口设备免征增值税和外商投资企业采购国产设备增值税退税政策，将小规模纳税人的增值税征收率统一调低至3%，将矿产品增值税税率恢复到17%。11月9日，国务院常务会议宣布对宏观经济政策进行重大调整，财政政策从稳健转为积极，货币政策从从紧转为适度宽松，同时公布了两年总额达4万亿元的投资计划，明确要求"出手要快、出拳要重、措施要准、工作要实"。11月12日，国务院常务会议又决定出台扩大内需、促进增长的四项实施措施，包括核准审批固定资产投资项目；决定提高部分产品出口退税率；确定中央财政地震灾后恢复重建基金的具体安排方案；提出进一步加强林业生态恢复重建的政策措施。11月19日，国务院常务会议研究确定了促进轻纺工业健康发展的6项政策措施，增加各级财政扶持中小企业发展专项资金规模；继续适当提高纺织品、服装和部分轻工产品出口退税率，清理和取消涉及轻纺企业的各种不合理收费等。11月26日，央行宣布下调金融机构一年期人民币存贷款基准利率各1.08个百分点；下调工商银行、农业银行、中国银行、建设银行、交通银行、邮政储蓄银行等大型存款类金融机构人民币存款准备金率1个百分点；下调中小型存款类金融机构人民币存款准备金率2个百分点。12月2日，为尽快推动扩大内需，中央确定2008年第四季度增加中央投资1000亿元。12月3日，国务院常务会议提出九大金融举措力促经济发展，主要包括：落实适度宽松的货币政策，促进货币信贷稳定增长；提高对中小企业贷款比重，积极扩大住房、汽车和农村消费信贷市场；稳定股票市场运行，推动期货市场稳步发展，优先安排与基础设施、民生工程等相关的债券发行；引导保险公司以债权等方式投资交通、通信、能源等基础设施；改进外汇管理，大力推动贸易投资便利化，适当提高企业预收货款结汇比例等。12月6日，国家发改委、财政部、交通运输部、国家税务总局发布公告，就《成品油价税费改革方案》公开征求意见。公告提出，在不提高现行成品油价格的前提下，将汽油消费税单位税额由每升0.2元提高到1元，柴油由每升0.1元提高到0.8元，其他成品油单位税额相应提高。同时，取消公路养路费、航道养护费、公路运输管理费、水路运输管理费、水运客货附加费等6项收费，并逐步有序取消已审批的政府还贷二级公路收费。12月10日，解除执行了12年的"不得用贷款从事股本权益性投资"的规定，企业在从事并购过程中，将获得银行贷款的大力辅佐，"过桥资金"名正言顺地参与企业并购活动。11月5日，国务院常务会议提出，要加大金融对经济增长的支持力度，加大对重点工程，"三农"，中小企业和技术改造、兼并、重组的信贷支持。这也成为《指引》选在此刻出台的重要原因。12月10日中央财政斥资18亿元补贴中小企业不良贷款，为这些不良贷款担保并承担部分损失，落实支持中小企业发展的税收优惠政策，实施促进企业自主创新的财税优惠政策，加快高新技术和装备制造业发展等。同日，国务院常务会议部署做好农民工工作，决定增加农机具购置补贴，2009年安排100亿元补贴农机具购置。12月18日，发改委下达100亿元中央补助投资建保障性住房，用于加快廉租住房建设和国有林区、垦区、煤矿棚户区改造以及扩大农村危房改造试点等。12月20日，国务院办公厅提出关于促进房地产市场健康发展的若干意见。为贯彻落实党中央、国务院关于进一步扩大内需、促进经济平稳较快增长的决策部署，加大保障性住房建设力度，进一步改善人民群众的居住条件，促进房地产市场健康发展，经国务院同意，提出了关于促进房地产市场健康发展的若干意见。12月21日，人力资源社会保障部、财政部和税务总局联合发出通知，采取缓缴社会保险费等五大举措，以减轻企业负担，稳定就业局势。12月22日，央行宣布，从2008年12月23日起，下调一年期人民币存贷款基准利率各0.27个百分点，中央银行再贷款、再贴现利率同时下调。此外，从25日起，下调金融机构人民币存款准备金率0.5个百分点。这是2008年9月以来央行第5次宣布降息，前后间隔不到100天，降息力度十分罕见。12月22日，铁道部称中国将投5万亿元再建4万公里铁路，提出到2020年全国铁路营业里程达到12万公里以上的新目标。客运专线及城际铁路建设目标由1.2万公里调整为1.6万公里以上；规划建设新线由1.6万公里调整为4.1万公里；将煤运通道运输能力逐步提升到23亿吨以上。12月23日，中国工商部门出台五项措施，促进农民增收，进一步完善红盾护农、经纪活农、合同帮农、商标富农等工作机制，促进农业增效、农民增收。12月25日，商务部出台加快农村流通网络建设、继续完善城镇流通网络、规范发展再生资源流通网络、积极培育一批大型流通企业等四项措施，构建高效安全的流通网络体系，扩大城乡居民消费。

2009年，中央实施积极的财政政策，财政赤字9500亿元，各项税费减免政策预计减轻企业和居民负担约5000亿元。扩大政府公共投资，中央政府公共投资安排9080亿元，增加4875亿元。推进税费改革，实行结构性减税，减轻企业和居民税收负担。提高低收入群体收入，大力促进消费需求。调整国民收入分配格局，提高居民收入在国民收入分配中的比重和劳动报酬在初次分配中的比重。进一步优化财政支出结构，保障和改善民生。大力支持科技创新和节能减排，推动经济结构调整和发展方式转变。加大科技投入，促进企业加快技术改造和技术进步。增加节能减排投入，稳步推进资源有偿使用制度和生态环境补偿机制改革。改革完善资源税制度，促进资源合理利用。

2009年，中央实施适度宽松的货币政策，加大对经济发展的支持力度，保证货币信贷总量满足经济发展需要。适时适度开展公开市场操作，保持银行体系流动性合理充裕。引导金融机构优化信贷结构，坚持"区别对待，有保有压"，继续加强对"三农"、中小企业、就业、助学、灾后重建、消费等改善民生类信贷支持工作，加大对产业转移、自主创新、区域经济协调发展的融资支持。加强货币政策与财政政策、产业政策的协调配合，为经济发展创造良好的货币金融环境。2009年6月末，广义货币供应量M2余额为56.9万亿元，同比增长28.5%，增速比上年同期高11.2个百分点。企业、居民活期存款增加较多。各项贷款继续快速增长，中长期贷款占比逐步上升，个人消费贷款增速大幅回升。2009年上半年，人民币贷款增加7.37万亿元，同比多增4.9万亿元；6月末，人民币贷款余额为37.7万亿元，同比增长34.4%，增速比上年同期高20.2个百分点。金融机构贷款利率继续下降，6月份非金融性公司及其他部门人民币贷款加权平均利率为4.98%，比年初下降0.58个百分点。人民币汇率在合理均衡水平上保持基本稳定，6月末，人民币对美元汇率中间价为6.8319元。

2009年，中央加大了对产业发展的支持力度。纺织业、钢铁业、汽车业、船舶业、装备制造业、电子信息产业、轻工业、石化产业、物流业、有色金属业和文化产业十一大产业振兴规划出台，其中，钢铁、汽车、船舶、石化、纺织、轻工、有色金属、装备制造、电子信息九个制造产业工业增加值占全部工业增加值的近80%，占GDP的比重达三分之一，占全国税收收入比例超过三分之一。物流业涉及领域广、吸纳就业多、拉动消费作用大。文化产业与人民生活息息相关，受金融危机影响小，有利于带动第三产业以及相关的设备制造业的发展。

2009年，我国也加大了对过剩产业的调整力度，大力抑制钢铁、水泥、平板玻璃、煤化工、多晶硅、风电设备等行业出现的盲目扩张和重复建设。对钢铁业，到2011年年底前，要坚决淘汰400立方米及以下高炉、30吨及以下转炉和电炉；对水泥业，要严格控制新增水泥产能，煤化工业三年内停止审批单纯扩大产能的焦炭、电石项目，原则上不再安排新的现代煤化工试点项目；新建多晶硅项目规模必须大于3000吨/年，到2011年前，淘汰综合电耗大于200千瓦时/千克的多晶硅产能；对风电设备业，原则上不再核准或备案建设新的整机制造厂；此外，2009—2012年原则上不再核准新建、扩建电解铝项目，各级土地、海洋、环保、金融等相关部门不再受理新建船坞、船台项目的申请，暂停审批现有造船企业船坞、船台的扩建项目。修订发布《产业结构调整指导目录》，进一步提高钢铁、水泥、平板玻璃、传统煤化工等产业的准入门槛。强化环境监管，区域内的钢铁、水泥等高耗能、高污染项目环境影响评价文件必须在产业规划环评通过后才能受理和审批。依法依规供地用地，对不符合产业政策和供地政策、未达到现行《工业项目建设用地控制指标》或相关工程建设项目用地指标要求的项目，一律不批准用地。实行"有保有控"的金融政策，对不符合重点产业调整和振兴规划以及相关产业政策要求、未按规定程序审批或核准的项目，金融机构一律不得发放贷款，对已发放贷款的，要采取适当方式予以纠正。严格发债、资本市场融资审核程序。对不符合重点产业调整和振兴规划以及相关产业政策要求、不按规定程序审批或核准的项目及项目发起人，一律不得通过企业债、项目债、短期融资券、中期票据、可转换债、首次公开发行股票、增资扩股等方式进行融资。严格项目审批管理。各级投资主管部门原则上不再批准扩大产能的项目，不得下放审批权限，严禁化整为零、违规审批。严格防止各级政府的财政性资金流向产能过剩行业的扩大产能项目。

为了扩大国内需求，积极推进家电下乡，推动农村消费结构升级。财政部、商务部《关于印发家电下乡推广工作方案的通知》（财建〔2008〕680号）和商务部、财政部《关于做好家电下乡推广工作有关问题的通知》（商综发〔2008〕426号）对家电下乡实施时间、补贴品质、补贴对象进行了规定。从2009年2月1日开始到2013年1月31日止，农民在指定销售网点购买规定数量的家电下乡产品（以申报补贴时提供的销售发票载明的时间为准），可享受家电下乡产品的补贴。补贴标准为销售价格的13%，每户农户购买补贴范围内的家电下乡产品，每类产品不超过2台（件）。家电下乡首批补贴产品六大类，包括彩电、冰箱（含冰柜）、洗衣机、手机、空调、热水器（含电热、燃气、太阳能热水器）。家电下乡实施最高限价：彩电2000元，冰箱（含冰柜）2500元，洗衣机2000元，手机1000元，空调2500元，电热热水器1500元，燃气热水器2500元，家电下乡产品的销售价格不得高于中标价格。2009年2月起，家电下乡工作在全国开展。补贴产品增加了摩托车、电脑、热水器、空调四类补贴品种，各省（区、市）从中自主选择两类实施；2009年3月，加大了家电下乡政策实施力度。摩托车、电脑、热水器、空调四类产品在全国范围内享受家电下乡政策，增加微波炉和电磁炉两类补贴产品，并将原来每户每类家电下乡补贴产品限购1台调增到2台。家电下乡品种大幅增加，将使农民购买家电的选择余地更大。家电下乡品种及生产企业更趋多元化,由于每类产品都有多个厂家、多个品牌的产品参与竞争,有利于稳定价格,提高质量。

2009年上半年,在应对国际金融危机的一揽子经济刺激计划作用下,国民经济运行中的积极因素不断增多,企稳向好势头日趋明显。农业发展势头良好,工业生产增速回升加快;消费持续较快增长,投资增速逐步加快。上半年,实现国内生产总值(GDP)14万亿元,同比增长7.1%,居民消费价格指数(CPI)同比下降1.1%。在世界经济危机的背景下,我国经济已经逐步走出困境。

五、20世纪90年代以来宏观调控的基本经验

从20世纪90年代以来,我国市场经济体制逐步建立和完善,对外开放的程度和领域不断扩大,经济发展的内、外部环境在不断发生着巨大的变化。与此同时,中央政府调控宏观经济的能力不断增强,宏观经济调控体系不断完善,国民经济实现了又快又好发展。我国成功进行了四次比较成功的宏观经济调控实践,其基本经验如下:

(1) 不断完善中央政府的宏观调控职能

我国中央政府实施的宏观调控与社会主义政治制度和经济制度紧密结合。我国已经形成了以国家计划规划管理部门、财政税务管理部门和货币政策管理部门为主体,其他政府管理部门密切配合的宏观经济调控体系。同时,我国建立健全了宏观调控支撑体系,决策咨询机构、监督机构和信息反馈机构逐步建立,并在宏观调控中发挥了越来越重要的作用。随着我国经济体制改革的进一步深入、国民经济发展模式的不断转换,中央政府的宏观调控职能将会更加完善。我国政府的几次机构改革都将合理配置宏观调控部门职能作为头号任务。2008年国务院机构改革进一步明确各宏观调控部门职能重点。国家发展和改革委员会集中精力抓好宏观调控,负责宏观经济形势分析和预测,提出国民经济和社会发展目标、任务,提出宏观调控政策的建议,制定需要配套实施的经济政策。财政部、中国人民银行分别根据宏观调控的政策取向,提出财政政策和货币政策的具体措施。财政政策在促进经济增长、优化经济结构和调节收入分配方面发挥重要功能,货币政策在保持币值稳定和经济总量平衡方面发挥作用。加强各宏观调控部门之间的协调配合,国家发展和改革委员会、财政部、中国人民银行等部门之间建立健全协调机制,形成国家发展战略、财政税收政策、货币金融政策、产业发展政策互相联动的宏观调控机制,多种宏观调控政策的协调配合,实现宏观调控部门的互联互通和信息共享。同时,土地管理、环境保护等管理部门也逐步参与到宏观调控体系中。我国宏观调控取得的巨大成绩与我国已经形成了比较完善的宏观调控部门密切相关。

(2) 注重多种宏观调控手段的灵活运用

宏观调控需要适时依据不同时期的主要矛盾采取恰当的对策,才能有效发挥作用。20世纪90年代以来的四次宏观调控就采取了不同的政策。第一次是以抑制需求过热和通货膨胀为主要任务,实施适度从紧的财政货币政策,以金融政策为主,从而实现了经济的"软着陆";第二次是以扩大内需和避免通货紧缩为主要任务,实施适度扩张的财政货币政策,以财政政策为主,保持经济的适度快速增长,实现了经济的平稳快速增长。第三次宏观调控以抑制流动性过多和产能过剩为主要任务,以产业政策和金融为主,甚至将

"地根"、"环评"作为新的调控手段。第四次宏观调控前期以防止经济过热为重点,中期以防止经济增速下滑为重点,后期以扩大内需为重点;前期以金融政策为主导,中期以财政政策为主导,后期以产业政策为主导。

(3) 增强宏观调控的针对性和预见性

我国处于经济结构深刻的调整过程之中,经济中的总量问题主要是由城乡结构、区域结构、产业结构等结构失衡引起的,宏观调控的针对性和预见性十分重要,不搞"一刀切"。四次宏观调控都十分重视产业政策、财政政策、区域政策等对结构失衡进行调整,尤其是对产能过剩的调整贯穿始终。同时,也不断加大了对宏观经济形势的跟踪分析,提高了宏观调控的及时性和前瞻性。

20世纪90年代,我国经济能够高速增长,经济结构在不断调整和优化,宏观调控发挥了十分重要的作用。适应经济全球化、工业化、城镇化加速发展的趋势,适应我国产业结构的深刻调整和升级的趋势,适应国际经济对国内经济影响越来越大的趋势,我国宏观调控体系仍然需要进一步完善。①进一步完善宏观调控的基础,提高宏观调控的科学性。宏观调控是建立在市场体系基础之上的,市场体系越残缺,政府对经济的直接干预就越多,宏观调控越难以发挥作用。要大力培育市场体系,充分发挥市场在发现价格、形成价格方面的重要作用,发挥市场在配置资源方面的基础性作用,尤其是一些关系国计民生的重要商品价格在市场条件成熟时要逐步交给市场决定。要大力加强国民经济信息化建设,利用现代网络技术、通信技术,提高信息生产和传输能力,大力培育信息市场,为宏观经济形势研究和宏观调控决策提供充分、及时的信息支持。②长期坚持"有保有压、不搞一刀切"的宏观调控方法,建立健全宏观调控目标跟踪瞄准系统,实现哪儿过热、过剩压哪儿,哪儿过冷、短缺保哪儿。适应推进我国主体功能区形成的要求,适应人口流动和集聚的基本规律,适应产业转移和集聚的基本规律,适应污染物排放总量受资源环境承载能力制约的基本规律,促进区域政策、产业政策、财政政策、绩效考核政策等各类政策有机结合,建立各类主体功能区的宏观调控政策,实现总量平衡、结构平衡以及人与自然的基本平衡,促进国民经济可持续发展。③完善宏观调控的工具系统。随着货币电子化、无纸化的进一步发展,随着国际资本跨国流动规模进一步扩大,流动成本进一步降低,中央银行控制流动性的难度不断加大。随着经济发展中基本矛盾的变化,随着宏观调控目标单元的调整,宏观调控的基本变量也应该不断增加。比如,在今后的宏观调控中,区域规划、建设用地指标、污染物排放指标、碳汇指标、用水指标发挥着越来越重要的作用,也就是说,在传统的银根基础上,又将增加了"地根"、"污根"、"水根"、"碳根"等指标。当然,这些指标的刚性比较强,缺乏弹性,要通过适当的制度设计,使其透明化、公开化、市场化,增强指标的弹性。④促进宏观调控部门的有机配合,打"组合拳"。从国民经济健康发展的全局出发,在国民经济规划计划的指导下,各部门协调配合,发挥各种工具的优势和长处。

思 考 题

1. 什么是宏观调控体系?它的作用如何?

2. 我国宏观调控体系的特征有哪些？
3. 什么是经济手段？它的功能和特征有哪些？
4. 经济手段的具体形式有哪些？如何理解？
5. 什么是行政手段？它的作用及局限性有哪些？
6. 什么是法律手段？它有什么特征和调节作用？它的局限性是什么？
7. 综合运用各种调控手段的必要性和客观依据是什么？
8. 综合运用各种调控手段时为什么要突出经济手段？
9. 什么是宏观经济政策？它的作用是什么？
10. 影响宏观经济政策的因素和制约条件有哪些？
11. 财政政策、货币政策的概念是什么？它们各自包括哪几种类型？
12. 各种经济政策为什么要协调配合？协调配合的方式有哪几种类型？
13. 什么是经济信息？它对宏观经济管理有什么作用？
14. 什么是经济管理信息系统？它由什么构成？如何运行？
15. 20世纪90年代以来，我国进行的宏观调控主要采取了哪些政策措施？

第十三章 宏观经济运行的监督、监测和分析

第一节 宏观经济监督

一、宏观经济监督及其作用

宏观经济监督是指国家权力机构、政府管理部门和广大人民群众为了有效地实现宏观经济管理的目标，从国民经济整体利益出发，对全社会各经济主体行为的监察和督导。所谓监察，就是监测和考察国民经济活动的基本运行轨迹，看它是否符合既定的目标，并查明偏差的程度和原因。所谓督导，就是督促和引导各经济主体的行为，督促其纠正偏差，引导着经济活动有效地实现目标。

宏观经济监督是宏观经济管理的重要环节和职能。从一般意义上讲，宏观经济监督的必要性在于监督与管理存在内在的必然联系，也就是说，只要有管理，就必然有监督，监督实际上体现着管理上的控制和反馈信息的内在功能。在社会主义条件下，宏观经济监督的必要性从根本上来说，是由社会化大生产和社会主义的生产关系所决定的。具体地说，这种必要性主要表现为：加强宏观经济监督是保证社会主义市场经济有序发展的需要，是保证国家宏观调控目标顺利实现的需要，是调整各方面经济利益关系、维护各方合法利益的需要，是同违法乱纪行为做斗争的需要，是促使经济效益提高的需要。

在社会主义的宏观经济管理中，宏观经济监督具有多种功能，如预防偏差的功能、评价结果的功能、传递信息的功能、调整活动的功能等，这些功能的有机结合使得宏观经济监督在社会主义市场经济体制下发挥着广泛的作用。

（一）宏观经济监督是市场机制正常发挥作用的基本保证

在社会主义市场经济体制下，市场机制在资源的配置方面起着基础性作用，国家、企业和个人的经济决策都是依据市场信号做出，并通过市场机制来实现的。因此，保证市场机制正常发挥作用，对于国民经济的健康发展和宏观经济管理目标的顺利实现都是至关重要的。发达国家和我国实行市场经济的实践都表明，健全的法律制度和严格的经济监督是市场机制正常发挥作用的必要条件。因为，健全的法律制度可以实现有法可依，严格的经济监督可以实现有法必依，两者结合起来，就能保证市场机制在法制化的轨道上正常运作，并发挥其积极的作用。

（二）宏观经济监督是强化经济主体行为约束的有力工具

在社会主义市场经济体制下，各经济主体是真正的市场活动主体，是自主经营、自负盈亏的法人实体，它们按商品生产的一般原则行事，主要以追求最大盈利为经营目的。在

这种情况下，就不可避免地会出现某些损害国家、社会或消费者利益的不正当行为和不合理现象。为了规范企业行为，国家必须有针对性地制定一系列的法律和法规，并加强经济监督。严格的经济监督既可以保障各经济主体的合法权益和正当行为，也可以发现、防止和打击各种违法乱纪和危害社会的现象。健全的法制与严格的经济监督相结合，就能真正实现国家法律法规对各经济主体行为的有效约束，保证宏观调控、微观搞活目标的实现。

(三) 宏观经济监督是强化管理者行为约束的有效手段

在社会主义市场经济体制下，国家的各项宏观经济管理职能是通过各级政府部门来分别行使的，具体来说，又是通过众多的管理者来贯彻实现的。为了保证各部门各司其职、相互协调地高效率运转。国家也需要制定一系列的法律和法规，以明确各部门的职责和权限。与此同时，国家还必须实行严格的经济监督，以强化对管理者行为的约束。从我国目前的情况来看，由于市场经济体制不完善、法制不健全、管理者素质低下等原因，各职能部门之间还存在着职责不明、相互推诿、扯皮等不正常现象，管理者中也存在着当权者以权谋私、执法者知法犯法等腐败现象。这些现象的存在，既损害了我们党和政府的形象，也引起了广大人民群众的不满和愤怒。显然，健全法律制度、强化经济监督已刻不容缓。只有这样，才能及时纠正管理者的不正当行为，惩治腐败现象，保证各职能部门在顾全大局的基础上公正、合理、廉洁、高效地从事宏观经济管理活动。

(四) 宏观经济监督是硬化预算约束、提高国民经济整体效益的重要途径

在社会主义条件特别是在计划经济条件下，企业的预算约束、投资者的预算约束、社会集团的消费预算约束都是软化的。随着社会主义市场经济体制和现代企业制度的建立，这种状况虽然有所改善，但目前社会上仍然还不时存在着生产经营不计盈亏、投资活动不考虑风险和效益、公款消费大肆挥霍的现象，这就造成了社会财富的巨大浪费。要克服预算约束软化，从根本上来说，就在于要调整国家与各经济主体之间的经济关系，彻底转换各经济主体的经营机制。但是，加强经济核算、强化经济监督，也可以在相当程度上制约各经济主体的经济行为，促使其减少浪费、提高效率，从而达到提高国民经济整体效益的目的。

二、宏观经济监督的种类和内容

(一) 宏观经济监督的种类

由于经济活动的复杂性，宏观经济监督可以从不同的角度进行分类，形成多种具体监督形式。按开展经济监督的主体和机构不同来划分，可以分为以下几类：

(1) 法律监督

法律监督是指经济立法和经济司法机构对宏观经济运行和管理活动的监督。在我国，行使国家立法权的机构是全国人民代表大会，因此它是我国宏观经济活动的最高监督机关。全国人民代表大会主要通过制定各种法律法规，审核批准经济和社会发展计划，审查批准国家财政预、决算，来进行经济监督。经济司法机构在我国主要由两部分组成：一是各级人民法院内设立的经济法庭；二是专门审理某些专门经济案件的经济法庭，如铁路运输法庭、国际海事法庭等。经济司法机构主要以经济法律和法规为依据，对各种经济犯罪行为进行审查和处罚，以维护正常的经济秩序。

(2) 党政监督

党政监督是指党的纪律检察机关和政府各职能部门对宏观经济运行和管理活动的监督。党的各级纪律检查机关主要对广大党员干部在经济活动和经济管理工作中执行党的纪律情况进行监督，对党内的经济犯罪行为做出党的组织处理。政府的各职能部门主要包括财税、金融、审计、工商、物价等部门，它们主要依据各项政策法规，对财政收支、信贷往来、财务会计、经济交易、市场物价等方面的情况实行经济监督，以维护社会经济秩序，保护国家、企业和个人的合法利益。

(3) 群众监督

群众监督是指人民群众和社会团体对宏观经济运行和管理活动的监督。在我国，人民群众是国家的主人，他们既是各项经济活动的主体，也是各项经济活动的服务对象，他们有权对国民经济发展的总体方向和具体活动实行全面的监督，对经济活动中危害社会、危害群众利益的不正当的企业行为，对管理工作中违反党纪国法、以权谋私、腐化堕落的管理者进行举报。群众监督是我国宏观经济监督的重要组成部分，是法律监督、党政监督的重要补充，是我国经济监督民主性的具体体现。

(二) 宏观经济监督的内容

由于社会主义国家的宏观经济监督具有全面性、全局性的特点，所以，宏观经济监督的涉及面是很广泛的。但是，从监督的对象来看，宏观经济监督主要包括以下几方面的内容：

(1) 对国家宏观经济计划和宏观经济政策执行情况的监督

社会主义市场经济体制下的宏观经济运行机制是市场机制和计划机制有机结合、功能混合的机制，宏观经济管理的主要工具是宏观经济计划和宏观经济政策。宏观经济计划是国家宏观经济管理目标的具体化，它指明了国民经济发展的总方向，是实现宏观经济决策的重要措施。宏观经济政策是计划机制和市场机制相结合的最佳实现形式，是最重要的宏观调控手段。社会主义市场经济体制下的宏观调控，实际上就是国家运用宏观经济计划和宏观经济政策来调节企业经济行为，控制国民经济总体发展方向的过程。因此，加强对国家宏观经济计划和宏观经济政策执行情况的监督，是关系到国民经济发展全局的大事，是宏观经济监督的首要内容。

(2) 对市场交易活动和交易规则的监督

社会主义市场经济体制下的宏观经济管理，主要是以市场为中介的间接管理，国家通过经济政策来影响市场变量，市场信号引导着企业的经济行为。所以，加强对市场交易活动和交易规则的监督，对于有效地控制企业行为、保证宏观经济管理目标的顺利实现具有重要意义。对市场交易活动的监督主要包括对交易对象（如商品、劳务、技术等）的监督；对买卖当事人的监督；对交易价格的监督；对计量工具和标准的监督；对商标使用权的监督，等等。对市场交易规则的监督主要是指对上述各项交易活动必须遵守的各项规定、法则执行情况的监督，如对交易程序的监督、对竞争规则的监督，等等。加强对市场交易活动和市场交易规则的监督，其目的在于保护合法交易，取缔非法交易，实现合理竞争，维护市场秩序，保护买卖双方和消费者的合法利益。可见，对市场交易活动和交易规则的监督，是保证市场正常运作、市场机制正常发挥作用的必要前提。

(3) 对社会资金运动和经济单位财务管理的监督

商品经济条件下的社会生产过程，既表现为实物形态的社会产品的运动过程，又表现为价值形态的社会资金的运动过程。社会主义市场经济条件下的宏观经济管理，主要实行价值形态的管理，所以，加强对社会资金运动情况的监督，便成为宏观经济监督的重要内容之一。由于社会资金的运动又是在各个经济单位内部和各个经济单位之间进行的，而各经济单位的财务是反映社会资金在单位内部和单位之间运动的一面镜子，所以，加强对社会资金运动监督的微观基础，就是要加强对经济单位财务管理的监督。对社会资金运动情况的监督主要包括对财政资金运动的监督、对信贷资金运动的监督、对货币发行的监督、对资金市场融通行为的监督，等等。对经济单位财务管理的监督主要是对经济单位业务活动和日常工作中所发生的各种经济往来关系和财务收支状况的监督。加强对社会资金运动和经济单位财务管理的监督，有利于社会资金总供求的平衡和有效利用，有利于强化各经济主体的预算约束，有利于节约社会资源和提高经济效益。

三、加强宏观经济监督的途径

目前，我国虽然实行的是社会主义市场经济体制，但新的体制尚在建立过程之中，很多方面还不健全，旧的体制虽然已被破除，其惯性仍然存在，所以有时会产生宏观失调、市场秩序混乱等现象。为了克服这些现象，我们必须加强宏观经济监督。从我国目前的实际情况看，加强宏观经济监督，主要应抓好以下几方面的工作：

(一) 建立和完善宏观经济监督的法律体系

国家有关经济方面的法律、法规和政策是宏观经济监督的主要依据。因此，加强宏观经济监督，首先必须建立和完善宏观经济监督的法律体系。为此，必须抓好两个方面的工作：一是立法，即建立一套比较完善、比较严密的经济法律法规，纠正各种规定中的自相矛盾、遗漏、重叠、交叉、措施失当等问题，使经济活动有一套科学规范，经济监督有章可循，司法部门有法可依。二是执法，即要严格按照法律、法规和政策的要求，检查督促各经济主体的经济行为和管理者的管理行为，做到有法必依、违法必究，以维护法律、法规和政策的严肃性。

(二) 建立和完善宏观经济监督的组织体系

宏观经济监督的任务分别是由国家的权力机关和政府的职能机构来完成的。因此，建立和完善宏观经济监督的组织体系，是宏观经济监督顺利进行的组织保证。

要建立和完善宏观经济监督的组织体系，主要应做好以下几项工作：一是要完善各经济监督部门的机构建设，正确划分各机构的具体权限和职能，做到既有分工又有协作，从各个不同的方面对经济活动进行全面监督；二是要全面提高经济监督人员的素质，在广大管理干部中宣传加强经济监督的重要性，普及有关经济监督的法律知识；三是建立和培养一支兼职的经济监督队伍，让广大人民群众掌握经济监督的武器，充分发挥群众监督的作用。

(三) 建立和完善宏观经济监督的方法体系

为了全面、有效地对国民经济活动实行监督，宏观经济监督必须根据经济活动的复杂性，采用不同的具体方法来进行。为此，必须建立和完善宏观经济监督的方法体系。宏观经济监督的方法体系,按监督的时间程序,可分为事前监督、日常监督和事后监督;按监督的系统关系,可分为自我监督、内部监督和外部监督;按监督的性质,可分为立法监督、司法监督和行政监督;按监督主体的职能,可分为预算监督、审计监督、财务监督、纳税监督、信贷监督、物价监督和计量监督等;按监督的对象,可分为一般监督和重点监督,等等。科学的监督方法体系是加强宏观经济监督的有力武器。

(四) 建立和完善宏观经济监督的核算体系

宏观经济监督的核算体系包括统计核算、会计核算和业务核算等。统计核算是对社会经济现象在数量方面进行的收集、整理和分析,以反映社会经济活动发展情况的一种核算。会计核算是对以货币表现的社会经济活动进行的记载、整理和分析,用以反映社会资金和物资运用情况的一种核算。业务核算是业务部门为了本身业务和专业管理需要,而对有关资料进行的收集、整理和分析,用以反映业务往来情况和往来关系的一种核算。没有统计核算、会计核算和业务核算为宏观经济监督提供完整、准确、及时的反映经济和业务活动的数据资料,就不能查明经济运行情况与管理目标的偏差,也就无从谈起采用什么措施加以纠正。所以,建立科学的国民经济核算体系,是进行有效的宏观经济监督的必要前提。

第二节 宏观经济监测

一、宏观经济监测及其内容

宏观经济监测是指国家在宏观经济管理过程中,对国民经济运行状况及其结果所进行的定量测定和定性分析,它是宏观调控的主要依据。通过宏观经济监测,能够正确评价宏观经济运行的当前状况,准确揭示宏观经济发展的未来趋势,及时反映宏观经济调控的实际效果。

宏观经济监测的内容主要包括:

(1) 监测宏观经济运行的总体态势

监测宏观经济运行的总体态势主要包括对经济总量基本运行轨迹的监测,对经济结构状况的监测,对社会总供求平衡状况的监测,等等。

(2) 监测宏观经济景气的变动态势

经济景气变动又称经济周期波动,它既是宏观经济运行规律的反映,又是影响宏观经济运行的重要因素。因此,监测宏观经济景气状况对加强宏观调控具有重要意义。

(3) 监测宏观经济系统环境的变化

宏观经济系统环境包括国内环境和国外环境。监测宏观经济系统环境的变化,其目的在于发现机遇、减少冲突、研究对策、促进发展。

(4) 监测宏观经济管理体系的运行过程

监测宏观经济管理体系的运行过程主要包括对各职能部门履行职责和相互配合情况的监测,对宏观管理体制变革利弊得失的监测,对宏观调控政策实施状况的监测,等等。

二、宏观经济总量与结构的监测

在社会主义市场经济体制下，宏观调控的主要任务是要实现经济总量的均衡和经济结构的均衡，这是保证国民经济持续、快速、健康发展的基本前提条件。由于市场经济体制下的经济关系日益复杂，经济活动的弹性和灵活性更大，宏观调控的难度也更大了。因此，加强宏观经济总量与结构的监测，对于准确把握国民经济发展的总体态势、实现宏观调控的主要目标、保证国民经济的健康发展，都具有重要意义。

宏观经济总量与结构的监测，主要包括以下内容：

①对经济总量基本运行轨迹的监测：经济增长速度、主要产品产量，投资总规模，消费总规模，货币供应总量，物价总水平、财政收支总规模，信贷收支总规模，进出口总规模，国民财产总量，人口总数，等等。

②对经济结构状况的监测：三类产业的结构，两大部类产品的结构，农、轻、重的结构，物质生产与非物质生产的结构，物质生产内部的结构，积累与消费的结构，进出口商品的结构，人口再生产与物质资料再生产的结构，就业结构，等等。

③对社会总供给与社会总需求平衡状况的监测：生产资料的供需平衡，消费资料的供需平衡，劳动力的供需平衡，社会资金的供需平衡，财政收支平衡，信贷收支平衡，外汇收支平衡，进出口平衡，财政、信贷、外汇与物资的统一平衡，价值形态的社会总需求与实物形态的社会总供给之间的平衡，等等。

国民经济总量的基本运行轨迹和经济结构的状况，都是通过有关经济指标的动态变动来具体反映的，这些指标的有机结合，就构成了一个完整的经济总量与结构监测的指标体系。科学完善的宏观经济总量与结构监测指标体系，一般应符合以下基本要求：

①应能全面反映国民经济的总体活动和社会再生产的主要过程，具有较强的代表性。
②应与宏观经济运行的总态势有密切的联系，具有较强的反映功能。
③应能较好地满足宏观调控总目标控制的需要，具有较强的可控性。
④信息容易获取，指标核算方便，具有较强的可操作性。
⑤各指标之间既有侧重，又有配合，具有较强的系统性。

宏观经济总量与结构的监测，目前在我国还处在试行阶段。有关部门根据宏观调控的需要和我国统计制度的现实状况，主要选择了以下指标：

反映经济增长与结构变动的指标，主要有：国内生产总值的增长率及其结构，农、轻、重的比例，积累与消费的比例，就业结构，消费结构，投资结构，分配结构，等等。

反映供给变动的指标，主要有：主要工农业产品的产量，国内生产总值，进口总额，主要产品进口量，等等。

反映需求变动的指标，主要有：投资总额，消费总额，工资总额，财政总支出，信贷总规模，出口总额，主要产品出口量，等等。

反映市场行情和供求平衡状况的指标，主要有：零售物价总指数，居民生活费用价格总指数，股票市场价格指数，外汇汇率，银行利率，重要产品的库存量，等等。

反映社会资金变动及其平衡状况的指标，主要有：财政收支差额，银行各项存款、贷款的增减额和余额，国际收支及国际储备，货币的供需平衡，等等。

三、宏观经济景气变动的监测

宏观经济景气变动又称经济周期波动，是指经济发展过程中经济增长率的周而复始的上下波动。一个完整的经济周期可分为扩张、收缩、衰退、复苏四个阶段。其中，复苏和扩张阶段组成了经济发展的高涨期，或称景气期；收缩和衰退阶段组成了经济发展的低落期，或称不景气期。宏观经济的景气变动是具有一定规律性的，这种规律性必然会通过一些指标反映出来。所谓宏观经济景气变动监测，是指通过对一些主要宏观经济指标变动情况的监测，来分析景气变动的规律性，预测景气消长的趋势，为宏观调控提供决策依据。

宏观经济景气变动的监测，一般可分为以下几个步骤：

（一）选择景气变动监测指标

宏观经济分析中使用的指标有很多，但其中能够描述景气变动的指标并不多，这就需要从大量的分析指标中选出能够准确测度经济周期波动的指标来。一般来说，所选指标的特殊循环应与经济周期的循环具有对应关系；其循环振幅的落差不应太大，波动的轨迹比较平滑；所揭示的各个循环的长度差别不应很大，稳定性较好。我国有关部门从具有10年左右月度数据的100多个宏观经济指标中，筛选出了26个指标来描述我国经济景气波动的情况。过去的实践表明，这26个指标能够比较准确地反映景气波动的具体情况。但是，由于经济景气变动的规律性与经济运行机制有密切的关系，所以，反映经济景气变动的指标体系不能一成不变，随着社会主义市场经济体制的建立和经济运行机制的转变，监测景气变动的指标体系也应不断调整、充实和完善。

（二）确定景气变动基准循环

确定景气变动的基准循环，实际上就是要准确地认定经济周期的"峰顶"和"谷底"两个转折点的日期。认定这两个景气转折点，在宏观经济景气变动监测中是非常重要的，它既是我们划分先行、同步、滞后指标的基准，也直接影响着景气变动监测结果的可靠性。由于宏观经济是一个多侧面、多过程的经济活动综合体，单个侧面的变动与宏观经济总体的运动往往不完全一致。所以，基准循环的确定是件非常复杂的工作，通常采用定量分析和定性分析相结合的方法来确定。

（三）划分景气变动时差是指标

所谓划分景气变动时差指标，就是要以基准循环为参照系，把宏观经济景气监测指标划分为先行、同步和滞后三类指标。指标的变化超前于基准循环，称为先行指标；指标的变化与基准循环大体一致，称为同步指标；指标的变化落后于基准循环，称为滞后指标。例如，在我国监测景气变动的26个指标中，先行指标主要有钢材、水泥、煤炭库存量等10项指标；同步指标主要有工业总产值、社会商品零售总额等10项指标；滞后指标主要有社会零售物价总指数等6项指标。通过监测指标与景气状况的时差关系的分析，我们就可以动态地观察和分析经济周期的波动。

（四）编制景气变动扩散指数

景气变动扩散指数又称扩张率，它是在对各个经济指标循环波动进行测定的基础上，所得到的扩张变量在一定时点上的加权百分比。若以 DI_t 表示 t 时刻的扩散指数，则有：

$$DI_t = \sum W_i I[X_t^i > X_{t-j}^i] \times 100$$

式中，X_t^i 代表第 i 个变量指标在 t 时刻的波动测定值；W_i 代表对第 i 个变量指标分配的权数；I 是一个示性函数，若 $X_t^i > X_{t-j}^i$，取 $I=1$；若 $X_t^i = X_{t-j}^i$，取 $I=0.5$；若 $X_t^i < X_{t-j}^i$，则取 $I=0$；j 代表时期间隔。权数 W_i 是根据各指标的重要程度来确定的，各指标的权数之和等于 1。当各变量的权相等时，则有：

$$DI_t = \frac{\sum I[X_t^i > X_{t-j}^i]}{N} \times 100$$

式中，N 代表变量指标的个数。

扩散指数可分别按先行、同步、滞后指标来编制。一般来说，先行指标的扩散指数用于预测未来经济总体的景气状况；同步指标的扩散指数用于当前经济总体的景气判断和峰、谷位置确定；滞后指标的扩散指数用于判定经济总体的景气或不景气时期是否已经过去并进入下一轮循环。

（五）进行景气变动分析

所谓景气变动分析，是指通过不同时点上的扩散指数的动态对比，来判定当前经济发展所处的周期阶段，并预测未来经济发展的变动趋势。景气变动分析是宏观调控政策的重要决策依据。

扩散指数的取值范围为 0~100。它的循环波动的长度由相邻两次波动的谷底组成，每一次波动可分为四个阶段。以同步指标的扩散指数为例，它的变动过程及其与经济周期波动的关系如图 13-1 所示。

第一阶段：当 DI_t 由 0 向 50 变动时，表明经济运行处于不景气阶段的后期。它所对应的是经济周期波动的衰退阶段。当 DI_t 上升至 50 时，经济周期波动处于谷底。

第二阶段：当 DI_t 由 50 向 100 变动时，表明经济运行处于景气阶段的前期。它所对应的是经济周期波动的复苏阶段。随着 DI_t 不断向 100 趋近时，经济运行的热度越来越高。

第三阶段：当 DI_t 由 100 向 50 变动时，表明经济运行处于景气阶段的后期。它所对应的是经济周期波动的扩张阶段。当 DI_t 下降至 50 时，经济周期波动处于峰顶。

第四阶段：当 DI_t 由 50 向 0 变动时，表明经济运行处于新的不景气阶段的前期。它所对应的是经济周期波动的收缩阶段。随着 DI_t 不断向 0 趋近，经济运行的热度越来越低。

上述分析说明，经济周期的波动与同步扩散指数的波动存在着时滞关系。经济周期波动的峰顶基本上和同步扩散指数的景气下转点对应，而经济周期波动的谷底基本上和同步扩散指数的景气上转点对应。这就表明，经济总量最大的时候并不是经济最景气的时候，经济总量最小的时候也不是经济最不景气的时候。所以，当我们用某一总量指标的大小作为判断经济冷热的依据时，就可能导致经济形势判断的滞后和决策的失误。如当经济总量处于峰顶时，由于经济运行已经开始进入不景气阶段，此时若采取紧缩性的宏观调控政策，无疑是雪上加霜，势必加快经济的过冷；反之，当经济总量处于谷底时，由于经济运行已经开始进入景气阶段，此时若采取扩张性的宏观调控政策，无疑是火上浇油，势必加快经济的过热，其最终结果都是加剧经济周期的波动。

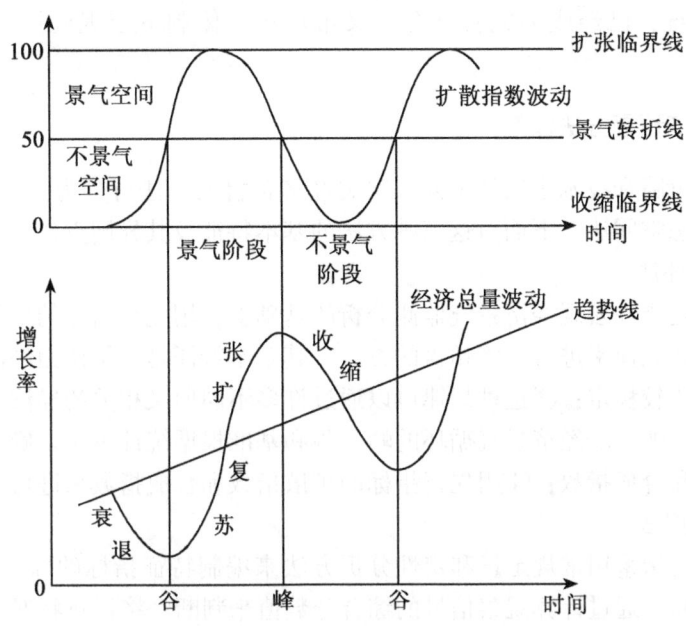

图 13-1 扩散指数变动与经济周期波动的关系

第三节 宏观经济预警

一、宏观经济预警的概念及意义

宏观经济预警是指采用类似于交通管制信号系统的方法（即信号灯显示法）来反映宏观经济的综合变化状况与变动趋势。

经济发展的历史表明，任何经济系统在其运行过程中，都可能出现严重的波动与偏差，使经济系统的结构遭受严重的破坏。为了防患于未然，避免或缓和严重经济波动和经济偏差对经济系统可能带来的严重打击和破坏，我们必须在宏观经济监测的基础之上，加强宏观经济预警工作，及时预报经济运行中重大警情的出现，并采取得力措施加以排除。

宏观经济预警方法最早见于 20 世纪 50 年代美国提出的"程式性调控制度"。20 世纪 50 年代后期，法国也设立了包括失业率、通货膨胀率和外贸入超三项指标的"经济警告指标"。20 世纪 60 年代初，日本在吸收美、法两国经验的基础之上，研究自己的经济预警方法，并于 20 世纪 60 年代中期设置了自己的包括 11 项监测指标的景气警告指标。20 世纪 70 年代以后，随着亚洲"四小龙"经济的腾飞，东南亚国家也日益重视宏观调控工作，分别建立了自己的经济预警系统。我国宏观经济预警理论的研究是从经济循环波动问题入手的，起始于 20 世纪 80 年代中期，发展大致可分为两个阶段：1988 年以前为第一阶段，这一阶段以引入西方的经济发展理论和经济波动周期理论为主，侧重对我国的经济波动及其动因进行分析；从 1988 年开始为第二阶段，主要工作是寻找我国经济波动的先行指标,并将更多的方法和模型应用到宏观经济预警模型的构建中来。建立和健全我国的宏观经济预警系统,已经成为完善社会主义市场经济体制下宏观调控手段的重要任务之一。

二、宏观经济预警方法体系

依据其基本思路和技术手段的不同,宏观经济预警的方法可分为三类:景气循环法、综合模拟法和状态空间法。下面对这三种方法的基本特征及其异同点作一简单介绍。

(1) 景气循环法

景气循环法是指在宏观经济景气监测分析的基础上,用先行指标的变化及其与同步指标之间关系的统计规律来进行经济预警的方法。其基本特征是:①认为经济运动是周期循环的,波动规律比较稳定;②这种规律可以通过许多不同但又相关的经济指标的先后不同步的周期变动来反映;③经济景气循环的峰、谷和基准根据统计事实来确定,其具体方法是编制扩散指数和合成指数;④用先行指标的扩散指数和合成指数来进行经济预警。

(2) 综合模拟法

综合模拟法是指采用常规定量和定性分析方法来编制特征指标的综合观察信号指数,并划分其判别区间,通过计算观察信号的综合分数值来判断经济运行状况,并进行经济预警的方法。其基本特征是:①依赖统计事实,采用数学方法和经验方法统筹选择确定与当前景气变动最密切相关的若干经济指标;②根据具有一定长度的指标样本区间的均衡值或公认的经济目标值,确定单个指标的较优数值区间和其他数值区间,并规定相应的分数标志和信号灯;③计算各指标的综合分数值,划分数值区间,并规定相应的综合信号灯;④依据所计算的综合指标值及其相应的信号灯来进行经济预警。

(3) 状态空间法

状态空间法是指采用现代多目标综合法来构造由特征指标集合组成的状态空间模型,用状态空间模型来识别经济运行状况并进行经济预警的方法。其基本特征是:①主要不是把反映经济运行的各指标采用某种方法综合为一条曲线,而是构造成由选出的特征指标集合组成的状态空间来描述经济运行;②以因素分析方法为主要手段,辅之以经验判断,选择主要特征变量,并确定最小维数的状态向量;③采用聚类分析法,把具有一定时间维度的有值状态向量按事先规定的类数分为不同的类别,并进行类型命名;④用趋势外推法构造未来状态向量,用判别模型判别其类型,进行经济预警。

以上三类预警方法的共同点在于:①认为经济运行具有明显的波动性;②以统计分析为基本手段来描述经济波动的过程;③以短期经济景气的预警为主要目的。它们的不同点主要表现在:①景气循环法认为经济波动具有比较规范的周期性规律;而综合模拟法和状态空间法认为经济波动不存在规范的周期规律。②景气循环法要划分先行、同步和滞后指标,并用先行指标的扩散指数和合成指数来预报经济波动;而综合模拟法和状态空间法不划分统计指标的时间关系,而是直接用特征指标的综合分数值或状态空间向量来进行经济预警。③景气循环法不需要对单项指标进行外推预测;而综合模拟法和状态空间法都必须对特征指标进行单项预测。

三、宏观经济预警工作的主要内容

宏观经济预警工作不管采用何种方法来进行，一般都应包括以下主要内容：

(一) 明确警情

所谓警情，是指那些值得引起人们警惕的经济运行状况。经济运行状况一般用若干重要的经济指标来反映。经济指标主要有两类：一类是关于经济增长速度的指标，如工业总产值的增长率、社会商品零售总额的增长率、货币供应量的增长率等，称为甲类警情；另一类是关于经济发展质量的指标，如零售物价总指数、通货膨胀率、资金周转率等，称为乙类警情。反映经济运行状况的经济指标有很多，但不是所有的指标都可以构成警情。构成警情的指标必须具备三原则：①灵敏性原则，即所选指标能够灵敏反映经济运行的主要方面；②超前性原则，即所选指标的变化应超前于实际经济的波动；③稳定性原则，即对所选指标变化幅度进行不同状态划分后，划分的标准能够保持相对的稳定。同时，不是入选指标的任何变化都会构成警情。只有当预警指标朝着消极方向变化，并超过一定限度时，这些指标才能构成警情，明确警情是宏观经济预警的基本内容和前提。

(二) 寻找警源

所谓警源，是指导致警情发生的根源，即警情产生的原因。警源主要有四类：一是经济系统的内生警源，如价格的不合理引起物价上涨和生产结构的不合理、利率水平不合理导致资金的供求不平衡、货币发行过多引起通货膨胀等。二是经济系统的外生警源，主要是指国际政治、经济环境的变化所导致的经济波动，如国际政治经济关系变动、贸易条件急剧恶化、国际封锁和经济制裁等。三是自然警源，主要是指自然条件变化引起的重大经济波动，如地震、洪水、干旱等自然灾害，生态环境恶化导致自然资源锐减等。四是非经济性警源，主要是指国内社会、政治动荡对国内经济的严重干扰，如民族纠纷、政治动乱、社会的不安定等。上述四类警源对警情的影响既有单个影响，也有综合影响；既有直接影响，又有间接影响，我们必须按照从现象到本质，再从本质到现象的方法论，运用经济理论和经济数据进行反复论证和分析，正确寻找和估计警源。寻找警源是预警过程的起点和基础。

(三) 分析警兆

所谓警兆，是指警情发生前的先兆。任何事件的产生都要经过矛盾的孕育、发展、扩大和爆发的过程，在这一过程中，必然会出现一定的先兆现象，由出现警源到产生警情也不例外。警兆的存在，是警情能够预报的根据，预警就是根据警兆来预测和预报警情的爆发及其程度。所以，分析警兆是预警过程的关键环节。从经济预警的角度分析，警兆有两类：一类是景气警兆，主要是由警情指标中的先行警情指标和来自警源的部分指标组成的，如先行指标中的主要工业产品产量的波动、警源指标中的大气环境的异常变化等，景气警兆可以直接表示经济的景气或警情程度。另一类是动向警兆，它是由警情发展过程中所产生的外部现象特征指标所组成的，如工资水平与劳动生产率相比较增长过快，价格水平与收入水平相比较增长过快等。动向警兆不能直接表示经济的景气或警情程度，而只能反映经济运行的动向。

(四) 划分警限

所谓警限,是指衡量警情强弱程度的数量标准,它是根据历史数据,经过定量分析和定性分析以后人为确定的,是划分经济发展状态的一种数量界限。划分警限是预报警度的基础。

警限可以按警情指标来设置,也可以按警兆指标来设置。其基本步骤是:第一步,进行定量处理,即根据警情或警兆指标的历史时间序列数据,采用一定的数量分析方法,确定其变化的最大值和最小值之间的可能区间。第二步,进行定性处理,即在定量处理的基础上,依据一定的理论分析和经验判断,把警情或警兆指标的最大可能区间划分为若干不同性质的小区间。警限通常划分为五个区间,即无警警限、轻警警限、中警警限、重警警限和巨警警限,其中,无警警限为警情或警兆指标变化的安全区间,如图13-2所示。图中,L_j 表示第 j 种警限,$L_j(i)$ 表示第 i 个百分点所对应的第 j 种警限。

巨警	重警	中警	轻警	无警
L_0	L_1	L_2	L_3	L_4
|	|	|	|	|
$L_0(i)$	$L_1(i)$	$L_2(i)$	$L_3(i)$	$L_4(i)$
$w \leq i < v$	$v \leq i < u$	$u \leq I < s$	$s \leq i < a$	$a \leq i \leq b$
w	v	u	s	a b

图 13-2 警情指标警限划分类型 (一)

在现实生活中,有些指标的安全区间只有下限规定,没有上限规定,如我国农业、能源、原材料工业的增长率,其警限的划分方法如图13-2所示。有些指标的安全区间只有上限规定,没有下限规定,如通货膨胀率,其警限的划分方法如图13-3所示。有些指标的安全区间既有下限规定,又有上限规定,即无警警限为一个特定的区间,其警限的划分方法如图13-4所示。警限划分以后,还要分别确定其预警信号和预警信号分值,以便进行警度预报。

无警	轻警	中警	重警	巨警
L_0	L_1	L_2	L_3	L_4
|	|	|	|	|
$L_0(i)$	$L_1(i)$	$L_2(i)$	$L_3(i)$	$L_4(i)$
$a \leq i \leq b$	$b < i \leq c$	$c < i \leq d$	$d < i \leq e$	$e < i \leq f$
a b	c	d	e	f

图 13-3 警情指标警限划分类型 (二)

巨警 L_4 | $L_4(i)$ $w \leq i < v$	重警 L_3 | $L_3(i)$ $v \leq i < u$	中警 L_2 | $L_2(i)$ $u \leq i < s$	轻警 L_1 | $L_1(i)$ $s \leq i < a$	无警 L_0 | $L_0(i)$ $a \leq i \leq b$	轻警 L_1 | $L_1(i)$ $b < i \leq c$	中警 L_2 | $L_2(i)$ $c < i \leq d$	重警 L_3 | $L_3(i)$ $d < i \leq e$	巨警 L_4 | $L_4(i)$ $e < i \leq f$
w	v	u	s	a	b	c	d	e f

图 13-4 警情指标警限划分类型（三）

（五）预报警度

所谓警度，是指警情的强度或程度。预报警度就是根据警情和警兆指标的实际变化情况，依据警限划分标准，分析和判断经济运行状态处在哪一警限区间内，并据此对警情的强度做出预报。预报警情是经济预警的目的所在。

测量和预报警度的具体方法和步骤如下：

（1）动态观察每个预警指标的实际数值；

（2）根据每个预警指标的实际数值，按其警限设置规定，给出信号分，并亮出相应信号灯；

（3）计算所有预警指标的综合信号分，并按其警限设置规定亮出相应的综合信号灯；

（4）动态观察综合信号分和综合信号灯，并做出警情程度的预报。

第四节 宏观经济管理效果的分析

一、宏观经济管理效果的概念和特点

宏观经济管理效果是指宏观经济管理过程中的物质投入与其产生的实际积极效应的对比。它的一般表达式为：

$$宏观经济管理效果 = \frac{宏观经济管理产生的积极效应}{宏观经济管理过程的物质投入} \qquad (13\text{-}1)$$

或者

$$宏观管理管理效果 = \frac{宏观经济管理过程中的物质投入}{宏观经济管理产生的积极效应} \qquad (13\text{-}2)$$

式（13-1）为衡量宏观经济管理效果的正指标，它表明一定的宏观经济管理的物质投入所产生的积极效应是多少，该指标数值越大，说明宏观经济管理效果越好。式（13-2）为衡量宏观经济管理效果的反指标，它表明取得一定的宏观经济管理的积极效应所需的物质投入是多少，该指标数值越小，说明宏观经济管理效果越好。

从上述宏观经济管理效果的一般表达式我们可以看出，提高宏观经济管理效果，实际上就是要用一定的人力、财力、物力的投入，取得较大的宏观经济管理的积极效应；或者是取得一定的宏观经济管理的积极效应，使用较少的人力、财力、物力的投入。

与其他经济效果相比，宏观经济管理效果具有以下的特点：

（一）管理效果的多样性

宏观经济管理目标因管理手段的不同组合，分别具有独立、互补和互逆关系。这种关系也体现在其效果中，形成了多样的管理效果，也就是说，宏观经济管理效果并不像一般的经济效果那样，投入与产出之间是单一的对应关系，同一种管理手段，在不同的时间、地点和条件下使用，会产生不同的作用和效果；同一种管理目标，可以分别使用不同的管理手段来实现，因而有不同的物质要素投入，产生不同的管理效果。除此以外，宏观经济管理效果还有主要效果与次要效果之分。

（二）管理效果的时效性

宏观经济管理效果是伴随着管理手段作用时间的长度和发生作用的强度而存在的。当某种管理手段刚开始使用时，由于管理主体和管理对象都比较重视，作用条件充分，所以管理手段的作用强度大、作用范围广，管理效果往往比较好。随着时间的推移。由于管理手段的内部作用机制和外部作用条件的削弱和变化，管理手段的作用强度将逐渐衰弱，作用范围将逐渐缩小，管理效果呈递减趋势，以致最后消失。换言之，宏观经济管理效果具有很强的时效性。

（三）管理效果的非计量性

一般的经济效果的投入与产出大都是可以量化的，因而其效果都可以通过一定的运算计量出来。但是，在宏观经济管理活动中，既有秩序性管理活动，也有过程性管理活动。除后者中部分可做出定量评价外。大部分管理效果很难做出准确的定量分析。所以，在大多数情况下，宏观经济管理效果分析只能局限在它对何种经济行为做了哪些调控，产生了什么样的影响，而把其影响定量化则是比较困难的。但是，这并不意味着宏观经济管理效果分析可有可无，恰恰相反，它从另一个角度说明了宏观经济管理效果分析的必要性。

二、宏观经济管理效果的影响因素

宏观经济管理活动包括决策阶段和实施阶段两个阶段。在这两个阶段中，存在着众多的影响宏观经济管理效果的因素。为了提高宏观经济管理效果，我们必须认真分析其主要影响因素，以便有针对性地采取相应措施。

科学的决策是提高宏观经济管理效果的首要前提。没有正确的决策，无论怎样改进实施管理的方式和手段，都只能是徒劳的，有时甚至还会给国民经济的运行带来负面影响。从宏观经济管理的决策过程来看，影响宏观经济管理效果的主要因素有：

对经济运行状态的分析判断是否正确

面对客观的经济运行，出于不同的利益关系和价值判断，可以得出截然不同的结论，依据这些结论，必然会制定出不同的宏观经济管理方案，从而导致不同的实际效果。例如，对于某一时期宏观经济运行是否"过热"，最起码会有肯定、否定和既不肯定也不否定三种结论，由此会形成三种不同的决策：实行收缩性管理、实行扩张性管理、实行不干预管理，这三种管理必然会产生截然不同的结果。所以，要做出科学的管理决策，必须正确地分析和判断经济运行的状态。

决策的程序是否正确

正确的决策程序和科学的论证是管理方案出台的必经之路，尤其是重大的管理目标和管理手段的实施,更需严格地按决策程序办事。在此,必须强调三点:①必须加强科学理论对决策过程的指导。没有科学理论作为依据的决策,往往是一种主观随意性强、容易摇摆多变的盲目决策。②必须坚持民主集中的决策原则。既要反对长官意志、个别人说了算,也要防止片面强调民主,议而不决、当断不断。③必须加强对决策的论证与监督。决策前,要进行充分的可行性研究,决策过程要置于群众的监督之下。

各类管理主体的参与程度如何

宏观经济管理活动是多主体参与的,一般来讲,这些主体包括国家、政府、管理机构和经济单位,它们在宏观经济管理决策中,具有不同的职能和作用。国家作为广义主体,主要是进行最终决策;政府作为本义主体,主要是提出意图和方案;管理机构作为实施主体,主要是研究组织实施;经济单位作为参与主体,主要是反映情况和意见,提出建议。如果各决策主体参与程度都比较强,既可以保证决策的正确做出,也可以为决策的顺利实施奠定基础。

严格的实施管理过程是把科学的决策变为实际行动,调节和控制宏观经济运行的重要保证。在管理实施过程中,管理手段和方式得当就能起到事半功倍的作用;反之,就有可能事倍功半。从宏观经济管理的实施过程来看,影响宏观经济管理效果的主要因素有:

管理手段的选择是否正确。要实现既定的管理目标,可供选择的管理手段有多种,每种管理手段都有其特定的功能和作用的条件,不同手段的配合使用,会产生不同的效果。所以,要提高管理效果,必须根据管理目标的要求和条件的变化,选择合适的管理手段,实现各种管理手段的最佳配合。

管理资源的投入是否充足。实施宏观经济管理,必须伴随财力、物力和人力资源的投入。在其他条件不变时,管理资源的投入数量与管理效果往往存在正比例的关系,即使是一些制度性或规范性管理,也需要一定的管理资源投入。所以,为了保证管理目标的实现,我们必须投入充足的管理资源。在管理资源有限时,则应尽可能选择消耗投入资源尽量少、效益比较大的管理手段及其组合方式。

管理机构的素质和运作效率是否高。高效率的宏观经济管理必须有健全的宏观经济管理机构、高素质的宏观经济管理人员为基础。具体地讲,宏观经济管理人员必须具备和掌握现代经济管理理论和方法,具有丰富的宏观经济管理经验,具有较强的工作责任心和较高的工作效率。宏观经济管理机构必须职责分明,能有效地进行组织实施工作,有灵活的信息传递和反馈系统。如果不具备这些条件,即使再科学的管理方案,也难以达到预期效果。

三、宏观经济管理的滞后效应分析

宏观经济管理滞后效应是指宏观经济管理手段从实施到其对宏观经济运行产生较大的显著作用,需要经过较长时间以后才能显示出来。从广义上讲,滞后效应也是一种管理效果,是宏观经济管理效果的特殊表现形式。

当管理目标确定后,存在一个管理手段的投入时间问题。管理手段的投入时间与其实际发挥作用的时间并不是同一的,这里存在一个时滞。显然,管理效果的滞后是由管理手段作用的滞后引起的。

造成宏观经济管理效应滞后的原因有很多，其中主要原因有：

(1) 由技术性生产条件引起的滞后

这是不以人的主观意志为转移的客观原因，如为实现经济增长目标，采用扩大投资手段，但投资本身不会立即增加生产能力，建设周期就是投资手段的效应滞后时间。同样，物质生产和人力资本投资，也都有长短不一的周期。

(2) 由制度因素产生的滞后

任何管理手段都是以一定的体制和制度为背景，并借助相应的运行机制发生和传导管理效应的，这里也存在一个效应滞后问题。例如，中央银行的贴现政策和公开市场业务离开了与市场经济体制相匹配的金融体制，就难以发挥应有作用，并且这种作用即使发挥，也是滞后的。

(3) 管理对象的反应造成的滞后

面对不同的管理手段，其作用对象有的会做出迅速反应，有的会迟迟才做出反应，有的可能根本没有反应，于是造成了一种效应滞后。一般来讲，管理对象对秩序管理手段的反应时间较长，而对价格、利率、税率等过程管理手段的反应时间较短。

(4) 指令传递和信息反馈过程中产生的滞后

宏观经济管理的过程实质上是指令传递和信息反馈的过程，这里也存在一个时滞问题。例如，经济形势的分析判断需要在进行调查和研究、收集和分析信息的基础上才能进行，管理方案的出台需要经过起草、讨论、修改和审批等程序，管理方案的组织实施需进行逐级的传达布置和广泛宣传，等等。这类效应滞后，往往与政策主体的工作效率密切相关。

宏观经济管理效应的滞后，有些是客观存在的，而有些则是可以避免或消除的。对于客观的效应滞后，我们既要正视它，又要经过自己的主观努力来尽量减轻它；对于人为的效应滞后，我们则应尽量地消除它。

需要补充的是，与管理效应滞后相对应的还有一个效应超前的问题。它是指在管理手段尚未正式投入或未发生作用之前所出现的管理效应。其产生的原因主要有两方面：一是在管理方案酝酿制定过程中，由于管理主体或大众传媒等事先透露主要内容，使得管理对象迅速做出对自己有利的行为调整；二是管理对象根据自己的经验和预测，估计管理主体在近期内可能提出某种管理手段而事先做出反应，调整自己的经济行为。一般来讲，宏观经济管理的超前效应通常是消极的。

四、宏观经济管理的失效

宏观经济管理活动是一项连续不断的长期工作，从总体上看，是不存在失效问题的。但是，就某一种具体的管理手段而言，则有明显的时效性，也就是说，它只能在一定时期内发生干预效应。当这种干预效应递减到不对任何经济行为发生影响作用时，即意味着管理效应的失效。

造成管理效应失效的因素是多方面的，粗略划分为以下几种：

(一) 规范性失效

宏观经济管理手段中，有许多是以法规、准则等形式出现的。它们在实施前，有关部门往往有实施期限和一定条件的限制。当实施期结束或限制条件不具备时，这些管理手段即宣告失效。一般来讲，管理手段的规范性失效与管理目标的实现是同时完成的。

（二）自动性失效

当管理目标实现后，管理手段的使命也告完成，其作用效果也不复存在，这就叫自动性失效。但这仅仅是理论上的假定，由于滞后效应的存在，这时往往还存在着残余效应。不过，对已经实现的管理目标来讲，残余效应只是其能量的无谓消耗。

（三）政治性失效

政治性失效是一种人为造成的管理手段的失效，如改换管理目标、调整管理手段、废除现行管理方案等。其成因大多与国家主权的变化、政府的更迭、政府领导人的更换以及管理机构的改变、合并与撤销等有密切关系。在许多国家，由于政府的替换，使其经济政策和管理活动形成周期性失调。这种失效是以极大的浪费为代价的，应当尽量避免。

（四）实施性失效

实施性失效也是一种人为造成的失效。这种失效通常是因为管理机构工作效率不高、组织实施不力以及管理对象的抵触和反对所造成的。当然，它与管理方案不科学、管理目标不正确、管理手段不合理也有直接关系。同样，由于管理手段出现超前效应，管理主体不得已中止某种管理手段的实施，也会造成实施性失效。

（五）环境性失效

当管理活动所必需的外部环境与条件发生变化时，管理手段也无法正常地发挥其作用，其管理效应也会部分或全部地消失，这就叫环境性失效。例如，当社会环境、国际环境、经济体制、经济制度出现重大变化或者遇到不可抗拒的自然灾害时，都会出现环境性失效。

面对管理效果的失效，首先必须判断它对管理目标和国民经济运行将会产生什么样的影响，然后采取措施，或者加速其失效，或者考虑管理手段的滞后效应，提前中止或调整管理手段，或者采取补救措施，延缓失效。

宏观经济管理过程中发生的失效，有些是正常、有利的，如规范性失效、自动性失效等；有些则是不正常、不利的，如政治性失效、实施性失效等。改善宏观经济管理，应力争减少或避免那些不正常、不利的失效，以提高宏观经济管理的实际效果。

思 考 题

1. 何谓宏观经济监督？其作用有哪些？
2. 宏观经济监督有哪些种类？其内容是什么？
3. 加强宏观经济监督的途径有哪些？
4. 宏观经济监测的内容有哪些？
5. 宏观经济总量与结构监测的内容是什么？
6. 完善宏观经济监测指标体系的要求是什么？
7. 宏观经济景气变动监测的步骤是什么？
8. 宏观经济预警有几种方法？这些方法的异同点有哪些？

9. 宏观经济预警包括哪些基本内容?
10. 宏观经济效果的含义及其特点是什么?
11. 影响宏观经济效果的因素有哪些?
12. 管理效果滞后的原因是什么?
13. 管理失效的种类有哪些?

21世纪经济学管理学系列教材

- 政治经济学概论
- 政治经济学（社会主义部分）
- 技术经济学
- 财政学
- 计量经济学
- 国际贸易学
- 管理信息系统
- 国际投资学
- 宏观经济管理学
- 统计学
- 经济预测与决策技术
- 会计学
- 人力资源管理
- 物流管理学
- 管理运筹学
- 经济法
- 消费者行为学
- 管理学
- 生产与运营管理
- 战略管理
- 国际企业管理
- 公共管理学
- 税法
- 组织行为学

图书在版编目(CIP)数据

宏观经济管理学/江勇主编.—3版.—武汉：武汉大学出版社,2011.5
(2025.2重印)
21世纪经济学管理学系列教材
ISBN 978-7-307-08716-3

Ⅰ.宏…　Ⅱ.江…　Ⅲ.宏观经济管理—高等学校—教材　Ⅳ.F20

中国版本图书馆 CIP 数据核字(2011)第 077784 号

责任编辑：胡　艳　　责任校对：刘　欣　　版式设计：马　佳

出版发行：**武汉大学出版社**　(430072　武昌　珞珈山)
(电子邮箱：cbs22@whu.edu.cn　网址：www.wdp.com.cn)
印刷：武汉邮科印务有限公司
开本：787×1092　1/16　印张：19.25　字数：440千字　插页：1
版次：1996年7月第1版　2002年9月第2版
　　　2011年5月第3版　2025年2月第3版第12次印刷
ISBN 978-7-307-08716-3/F·1512　　　定价：35.00元

版权所有，不得翻印；凡购我社的图书，如有质量问题，请与当地图书销售部门联系调换。